尚珩 程长进 关琪 著

明清以来蔚县庄堡寺庙调查与研究

第五册 调查编

上海古籍出版社

第五册目录

第二十章　白乐镇 ……………………………………………………… 1359

　第一节　概述 …………………………………………………………… 1359

　第二节　白乐镇中心区 ……………………………………………… 1360

　第三节　天照疃南堡村 ……………………………………………… 1377

　第四节　天照疃北堡村 ……………………………………………… 1380

　第五节　沙河北村 …………………………………………………… 1384

　第六节　沙河南村 …………………………………………………… 1384

　第七节　北柳枝水村 ………………………………………………… 1385

　第八节　南柳枝水村 ………………………………………………… 1387

　第九节　满井村 ……………………………………………………… 1392

　第十节　东樊庄村 …………………………………………………… 1393

　第十一节　尹家皂村 ………………………………………………… 1397

　第十二节　三河碾村 ………………………………………………… 1401

　第十三节　统军庄村 ………………………………………………… 1401

　第十四节　会子里村 ………………………………………………… 1404

　第十五节　东高庄村 ………………………………………………… 1407

　第十六节　马军庄村 ………………………………………………… 1412

　第十七节　前堡村 …………………………………………………… 1415

　第十八节　后堡村 …………………………………………………… 1418

　第十九节　方碾村 …………………………………………………… 1422

　第二十节　黎元小庄村 ……………………………………………… 1423

　第二十一节　黎元下堡村 …………………………………………… 1424

　第二十二节　章家窑村 ……………………………………………… 1427

第二十一章　柏树乡 ……………………………………………………………… 1428

　　第一节　概况 …………………………………………………………………… 1428

　　第二节　柏树乡中心区 ………………………………………………………… 1430

　　第三节　西高庄村 ……………………………………………………………… 1435

　　第四节　王家庄村 ……………………………………………………………… 1441

　　第五节　庄窠村 ………………………………………………………………… 1447

　　第六节　永宁寨村 ……………………………………………………………… 1453

　　第七节　苇子水村 ……………………………………………………………… 1461

　　第八节　达沟梁村 ……………………………………………………………… 1462

　　第九节　南康庄村 ……………………………………………………………… 1464

　　第十节　松枝口村 ……………………………………………………………… 1466

　　第十一节　山门庄村 …………………………………………………………… 1468

　　第十二节　西黎元庄村 ………………………………………………………… 1469

　　第十三节　东黎元庄村 ………………………………………………………… 1471

　　第十四节　卧羊台村 …………………………………………………………… 1473

　　第十五节　车厂村 ……………………………………………………………… 1474

　　第十六节　郑家庄子村 ………………………………………………………… 1475

　　第十七节　李家堡村 …………………………………………………………… 1476

　　第十八节　崖头寺村 …………………………………………………………… 1477

　　第十九节　其他村庄 …………………………………………………………… 1478

第二十二章　草沟堡乡 …………………………………………………………… 1488

　　第一节　概况 …………………………………………………………………… 1488

　　第二节　草沟堡乡中心区 ……………………………………………………… 1490

　　第三节　盘南头村 ……………………………………………………………… 1492

　　第四节　乱寨村 ………………………………………………………………… 1493

　　第五节　常嘴子村 ……………………………………………………………… 1494

　　第六节　仁山村 ………………………………………………………………… 1499

　　第七节　海子村 ………………………………………………………………… 1500

　　第八节　东杏河村 ……………………………………………………………… 1503

　　第九节　鲁庄子村 ……………………………………………………………… 1504

　　第十节　白家庄子村 …………………………………………………………… 1505

　　第十一节　东高庄子村 ………………………………………………………… 1506

　　第十二节　下庄子村 …………………………………………………………… 1507

第十三节　西邢岭村 …………………………………………… 1508

第十四节　麻地沟村 …………………………………………… 1509

第十五节　樊庄子村 …………………………………………… 1510

第十六节　陶家小庄村 ………………………………………… 1511

第十七节　乜门子村 …………………………………………… 1513

第十八节　甄家湾村 …………………………………………… 1515

第十九节　曹庄子村 …………………………………………… 1516

第二十节　抢风崖 ……………………………………………… 1518

第二十一节　王喜洞村 ………………………………………… 1520

第二十二节　东店村 …………………………………………… 1521

第二十三节　上里罗村 ………………………………………… 1523

第二十四节　下里罗村 ………………………………………… 1523

第二十五节　南水泉村 ………………………………………… 1525

第二十六节　马杓庵村 ………………………………………… 1526

第二十七节　大台子村 ………………………………………… 1527

第二十八节　桥峪村 …………………………………………… 1529

第二十九节　板厂下庄村 ……………………………………… 1531

第三十节　板厂上庄村 ………………………………………… 1533

第三十一节　苜蓿村 …………………………………………… 1534

第三十二节　双窑村 …………………………………………… 1535

第三十三节　苇子坑村 ………………………………………… 1536

第三十四节　行岭村 …………………………………………… 1538

第三十五节　张家店村 ………………………………………… 1539

第三十六节　北骆驼庵村 ……………………………………… 1541

第三十七节　南骆驼庵村 ……………………………………… 1541

第三十八节　沙沟村 …………………………………………… 1545

第三十九节　东庄子村 ………………………………………… 1546

第四十节　曹子水村 …………………………………………… 1548

第四十一节　东橡台村 ………………………………………… 1549

第四十二节　阁上村 …………………………………………… 1550

第四十三节　茶山村 …………………………………………… 1552

第四十四节　青崖子村 ………………………………………… 1553

第四十五节　孟家岭村 ………………………………………… 1553

第四十六节　其他村庄 ·· 1554

第二十三章　北水泉镇 ·· 1568

第一节　概述 ·· 1568

第二节　北水泉镇中心区 ·· 1568

第三节　向阳站村 ·· 1571

第四节　铺路村 ·· 1575

第五节　东窑子头村 ·· 1577

第六节　西窑子头村 ·· 1580

第七节　杨庄村 ·· 1581

第八节　醋柳沟村 ·· 1591

第九节　罗家堡村 ·· 1591

第十节　南柏山村 ·· 1594

第十一节　北柏山村 ·· 1598

第十二节　墁坡村 ·· 1603

第十三节　东沙沟村 ·· 1603

第十四节　大石头梁村 ·· 1604

第十五节　赵家嘴村 ·· 1605

第十六节　广少寺村 ·· 1606

第十七节　杜庄子村 ·· 1607

第十八节　南井头村 ·· 1607

第十九节　夹道沟村 ·· 1610

第二十节　红谷嘴村 ·· 1612

第二十一节　细弦子村 ·· 1613

第二十二节　旦岭子村 ·· 1614

第二十三节　北马圈村 ·· 1615

第二十四节　上马圈村 ·· 1618

第二十五节　其他村庄 ·· 1620

附录一　蔚县各乡镇古遗存统计表 ·································· 1622

附录二　蔚县村名沿革表 ·· 1671

附录三　蔚县村名相关问题 ·· 1708

附录四　蔚县堡寨统计表 ·· 1723

附录五　河北蔚县明清寺庙壁画颜料的科学分析检测 ················ 1742

插 图 目 录

图 20.1   白乐镇全图 ··· 1359

图 20.2   白乐镇中心区古建筑分布图 ······················ 拉页

图 20.3   白乐镇中心区古建筑分布图 ······················ 1361

图 20.4   白乐站堡平面图 ··· 1363

图 20.5   白乐东堡平面图 ··· 1366

图 20.6   白乐西堡平面图 ··· 1368

图 20.7   白乐南堡平面图 ··· 1370

图 20.8   白乐卢家堡、苗家堡平面图 ······················ 1371

图 20.9   天照疃村古建筑分布图 ······················ 1378

图 20.10   天照疃村南堡平面图 ······················ 1379

图 20.11   天照疃村北堡平面图 ······················ 1381

图 20.12   北柳枝水村古建筑分布图 ······················ 1386

图 20.13   北柳枝水村堡平面图 ······················ 1387

图 20.14   南柳枝水村古建筑分布图 ······················ 1388

图 20.15   南柳枝水村堡平面图 ······················ 1389

图 20.16   满井村堡平面图 ··· 1393

图 20.17   东樊庄村古建筑分布图 ······················ 1394

图 20.18   东樊庄村堡平面图 ······················ 1395

图 20.19   尹家皂村古建筑分布图 ······················ 1398

图 20.20   尹家皂村堡平面图 ······················ 1399

图 20.21   统军庄村古建筑分布图 ······················ 1402

图 20.22   统军庄村堡平面图 ······················ 1403

图 20.23   会子里村古建筑分布图 ······················ 1405

图 20.24　会子里村堡平面图 ·· 1406

图 20.25　东高庄村古建筑分布图 ·· 1408

图 20.26　东高庄村堡平面图 ·· 1409

图 20.27　龙泉观九连环院落布局 ·· 1411

图 20.28　马军庄村古建筑分布图 ·· 1413

图 20.29　马军庄村堡平面图 ·· 1414

图 20.30　前堡村古建筑分布图 ··· 1416

图 20.31　前堡村堡平面图 ··· 1417

图 20.32　后堡村古建筑分布图 ··· 1419

图 20.33　后堡村堡平面图 ··· 1420

图 20.34　黎元下堡村古建筑分布图 ···································· 1424

图 20.35　黎元下堡村东、西堡平面图 ································· 1425

图 21.1　柏树乡全图 ··· 1429

图 21.2　柏树乡中心区古建筑分布图 ··································· 1430

图 21.3　柏树村下堡平面图 ··· 1431

图 21.4　柏树村上堡平面图 ··· 1434

图 21.5　西高庄村古建筑分布图 ·· 1436

图 21.6　西高庄村西堡平面图 ··· 1436

图 21.7　西高庄村东堡平面图 ··· 1439

图 21.8　王家庄村古建筑分布图 ·· 1441

图 21.9　王家庄村北堡平面图 ··· 1442

图 21.10　王家庄村南堡平面图 ·· 1445

图 21.11　庄窠村古建筑分布图 ·· 1448

图 21.12　庄窠村堡平面图 ··· 1449

图 21.13　永宁寨村古建筑分布图 ······································· 1454

图 21.14　永宁寨村东堡平面图 ·· 1454

图 21.15　永宁寨村西堡平面图 ·· 1460

图 21.16　南康庄村古建筑分布图 ······································· 1464

图 21.17　南康庄村堡平面图 ··· 1465

图 21.18　西黎元庄村古建筑分布图 ···································· 1470

图 21.19　东黎元庄村古建筑分布图 ···································· 1472

图 22.1　草沟堡乡全图 ··· 1489

图 22.2　草沟堡乡中心区古建筑分布图 ·· 1490

图 22.3　仁山村古建筑分布图 ·· 1499

图 22.4　白家庄子村古建筑分布图 ·· 1505

图 22.5　陶家小庄村古建筑分布图 ·· 1512

图 22.6　乜门子村古建筑分布图 ·· 1513

图 22.7　甄家湾村古建筑分布图 ·· 1515

图 22.8　曹庄子村古建筑分布图 ·· 1517

图 22.9　抢风崖村古建筑分布图 ·· 1519

图 22.10　王喜洞村古建筑分布图 ·· 1520

图 22.11　东店村古建筑分布图 ·· 1522

图 22.12　下里罗村古建筑分布图 ·· 1524

图 22.13　马杓庵村古建筑分布图 ·· 1527

图 22.14　大台子村古建筑分布图 ·· 1528

图 22.15　桥峪村古建筑分布图 ·· 1530

图 22.16　板厂上、下庄村古建筑分布图 ·· 1531

图 22.17　苜蓿村古建筑分布图 ·· 1535

图 22.18　张家店村古建筑分布图 ·· 1540

图 22.19　南骆驼庵村古建筑分布图 ·· 1543

图 22.20　东庄子村古建筑分布图 ·· 1547

图 22.21　麻田岭村古建筑分布图 ·· 1559

图 23.1　北水泉镇全图 ·· 1569

图 23.2　北水泉镇中心区古建筑分布图 ·· 1570

图 23.3　北水泉上堡平面图 ·· 1571

图 23.4　向阳站村古建筑分布图 ·· 1572

图 23.5　向阳站村堡平面图 ·· 1573

图 23.6　铺路村古建筑分布图 ·· 1576

图 23.7　东窑子头村古建筑分布图 ·· 1578

图 23.8　东窑子头村堡平面图 ·· 1579

图 23.9　西窑子头村古建筑分布图 ·· 1581

图 23.10　杨庄村古建筑分布图 ·· 1582

图 23.11　杨庄村北堡平面图 ·· 1583

图 23.12　杨庄村南堡平面图 ·· 1590

图 23.13　罗家堡村古建筑分布图 ·· 1592

图 23.14　南柏山村古建筑分布图 ·· 1595

图 23.15　南柏山村堡平面图 ·· 1596

图 23.16　北柏山村古建筑分布图 ·· 1598

图 23.17　北柏山村上堡平面图 ·· 1599

图 23.18　北柏山村下堡平面图 ·· 1602

图 23.19　南井头村古建筑分布图 ·· 1608

图 23.20　南井头村堡平面图 ·· 1609

图 23.21　夹道沟村古建筑分布图 ·· 1611

图 23.22　细弦子村古建筑分布图 ·· 1613

图 23.23　北马圈村古建筑分布图 ·· 1615

图 23.24　北马圈村堡平面图 ·· 1616

图 23.25　上马圈村古建筑分布图 ·· 1618

拓 片 目 录

拓 20.1　白乐镇天照疃村北堡南门门额拓片 ·················· 1382

拓 20.2　白乐镇南柳枝水村堡南门门额拓片 ·················· 1389

拓 21.1　柏树乡柏树村下堡街巷门门额拓片 ·················· 1432

拓 21.2　柏树乡西高庄村西堡东门门额拓片 ·················· 1437

拓 21.3　柏树乡庄窠村堡东门门额拓片 ······················ 1450

拓 21.4　柏树乡永宁寨村东堡东门外咸丰十七年建庙碑拓片 ···· 1456

拓 21.5　柏树乡永宁寨村东堡关帝庙正殿北耳房内道光二十六年碑拓片 ··· 1459

拓 22.1　草沟堡乡乱寨村北青松寺乾隆年间《买地碑》拓片 ····· 1495

拓 22.2　草沟堡乡乱寨村北青松寺崇祯八年《新建慈幽庵》拓片 ··· 1496

拓 22.3　草沟堡乡乱寨村北青松寺乾隆十四年《慈幽庵碑记》拓片 ··· 1497

拓 22.4　草沟堡乡乱寨村北青松寺光绪三年布施功德碑拓片 ····· 1498

拓 22.5　草沟堡乡仁山村西大寺经幢拓片 ····················· 1501

拓 22.6　草沟堡乡仁山村西大寺经幢拓片 ····················· 1501

拓 22.7　草沟堡乡仁山村西大寺弘治三年《重修仁山法云寺碑记》拓片 ····· 1502

第二十章 白 乐 镇

第一节 概 述

白乐镇地处蔚县东北 29.3 公里处,小五台山西台脚下。东与常宁乡相连,南与柏树乡为邻,西与西合营镇接壤,北与吉家庄镇交界,面积 57.3 平方公里。1980 年前后共有 18 101 人。1984 年复改镇。如今,全镇共 25 座村庄(白乐镇区含 5 座村庄),其中行政村 23 座,自然村 2 座(图 20.1)。

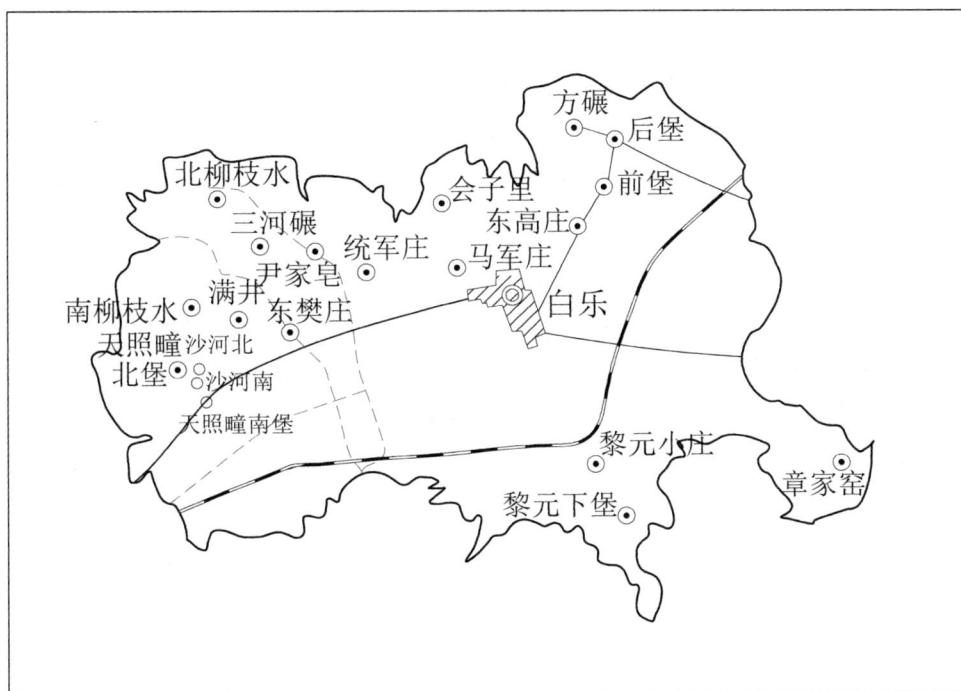

图 20.1 白乐镇全图

全镇地形为丘陵,东、南较高,土层薄,卵石多,西北部较低,有鼓匠、会子、龙泉三条小河,水源较为丰富,适宜种植水稻等作物。经济以农业为主,兼有工副业。1980 年前后有耕地 56 324 亩,占总面积的 65.5％。其中粮食作物 47 839 亩,占耕地面积的 84.9％;经济作物 8 485 亩,占耕地面积的 15.1％。1948 年粮食总产 500 万斤,平均亩产 100 斤。1980 年粮食总产 984 万斤,平均亩产 206 斤。主要农作物有谷、黍、玉米。

白乐镇现存古建筑丰富。历史上庄堡 27 座,现存 18 座;观音殿 14 座,现存 3 座;龙神庙 15 座,现存 2 座;关帝庙 13 座,现存 4 座;真武庙 10 座,现存 1 座;戏楼 14 座,现存 4 座;五道庙 33 座,无存;泰山庙 7 座,无存;阎王殿 2 座,无存;财神庙 4 座,现存 1 座;文昌阁 1 座,无存;魁星阁 5 座,无存;梓潼庙 3 座,无存;玉皇庙 2 座,无存;火神庙 2 座,无存;佛殿 3 座,无存;土地庙 1 座,无存;三官庙 4 座,无存;马神庙 1 座,无存。其他寺庙 9 座,现存 2 座。

第二节　白乐镇中心区

一、自然环境与人文历史

白乐村位于蔚县东北 29.3 公里处,为蔚州八大镇之一,属丘陵区。村庄选址在平地之上,周围地势平坦,一马平川,辟为耕地,村中有一条南北向的沙河古河道,将镇区分成东、西两部分,其中一、五村与二、三、四分别居于沙河东、西。附近为沙土质,略呈盐碱性。1980 年前后有 5 484 人,耕地 17 226 亩。曾为白乐公社及白乐一村、二村、三村、四村、五村大队驻地。

相传,明朝燕王扫北时曾在这里驻扎,曾将一头白骡子借给百姓耕地、拉磨。不久白骡死于该村,人们为了纪念它,遂取村名为白骡。后雅化白乐。当地亦传说,燕王朱棣扫北时,在白乐站跑出个白骡子,人们在捕捉时,在东高庄、马军庄、统军庄、南康庄 4 座庄的范围才圈住白骡子。因此当地地名叫白骡,后来改名叫白乐。

白乐历史悠久,村名最早见于《(正德)宣府镇志》,作"白乐堡",《(嘉靖)宣府镇志》作"白乐",《(崇祯)蔚州志》作"白乐村七堡四巷",《(顺治)云中郡志》作"日乐堡",《(顺治)蔚州志》作"白乐堡",《(乾隆)蔚县志》作"白乐五堡白乐站",《(乾隆)蔚州志补》作"白乐堡",《(光绪)蔚州志》作"白乐站镇",《(民国)察哈尔省通志》作"白乐镇"。

如今,白乐镇区规模很大,平面分布大致呈 T 字形,一条东西主干道(152/213 乡道)从镇区偏北部穿过,南北向宽而浅的沙河横贯镇区,沙河内尚有清澈的流水,两岸及河道内长有高大的树木,1 座简易的水泥桥横跨沙河,连接东西两侧镇区。白乐镇区由 5 座村庄组成,分别为白乐一村、二村、三村、四村、五村(图 20.2、20.3)。

图 20.3　白乐镇中心区古建筑分布图(局部)

1. 235 号院　2. 239 号院　3. 老宅院 2　4. 老宅院 3　5. 258 号院　6. 37 号院　7. 供销社

8. 老宅院 1　9. 92 号院　10. 93～94 号院　11. 95 号院　12. 96～97 号院　13. 87 号院

14. 86 号院　15. 83 号院　16. 69 号院

一村，位于整个镇区的东北部，沙河东岸，西与四村相邻。村庄东、南、北村外辟为大面积的耕地，村庄规模大，以新房为主，居民较多。

二村，位于整个镇区的中南部，主体在沙河西岸，但村委会位于沙河东岸。村东南为五村，北为三村，村庄规模大，以新房为主，居民较多。

三村，位于整个镇区的中部，沙河西岸，南接二村，北连四村，东北邻一村。村庄规模大，以新房为主，居民较多。

四村，位于整个镇区的西北部，呈东西长、南北短的长条形，东面以沙河与一村为界，南面以新建教堂南侧的东西街道与三村为界，村庄外辟为大面积的耕地，村庄规模大，以新房为主，居民较多。四村形成最晚，从现存建筑上看，主要是在1949年前后才形成的村落。

五村，原名刘家营（刘家村），处于镇区东南部，沙河东岸，村庄规模小，尚有100户居民，为5座村庄中规模最小者。村庄依着沙河而建，分为三个部分。

总体来说，东西主干道穿过的是四村和一村，四村在镇区的西北部，一村在东北部，东南部为五村，南部为二村，中部为三村，此外河道也作为村庄间的天然分界线，如四村和一村，二村和五村便以河道为界。据当地长者回忆，在民国至1949年前后，白乐镇由"七堡八巷九道关"组成。

七堡，是白乐镇的主体，目前当地长者仅可回忆出6堡，即白乐站堡（一村）、东堡（一村）、西堡（三村）、南堡（三村）、芦家堡（五村）、苗家堡（五村）。另据白乐五村赵姓老人回忆，还有一堡应是苗家堡的旧堡，位于五村西南侧沙河的西岸，后因地势低，居民搬迁到了芦家堡的北侧，后人为了凑成七八九，而将旧堡纳入其中。

八巷，位于七堡外周边区域，巷道或平行或垂直于堡墙。即南巷（一村，站堡南墙外）、郭家巷（一村，东堡北墙外）、小巷（三村，西堡北墙外）、西巷（三村，西堡西墙外）、陈家巷（二村，三村南堡南墙外）、吴家巷（二村，三村南堡南墙外）、辘轳把巷（二村，三村南堡南墙外）、石家巷（正北关之南侧）。这8条巷中只有石家巷是例外。

九关，"关"即当地乡民所称的胡同，与巷类似。皆分布于桥两侧沙河之西畔，呈东西走向。桥西的主道（即152/213乡道）为正关（四村），正关北侧从南至北依次为：缸房关（四村）、柳树关（四村）、委房关（四村）、大北关（四村）、小北关（四村）；正关南侧从南至北依次为：石人关（四村）、肉坊（房）关（四村）。此外，还有位于站堡东门外的东关（一村）。

最后将"七堡八巷九道关"的名称、分布及相对位置与现今白乐五村关系汇总如下：

一村（北—南）：站堡、东关、南巷、郭家巷、东堡。

二村（东—西）：辘轳把巷、吴家巷、陈家巷、西夹道，其中，西夹道未列入"八巷"之内。

三村（北—南）：小巷、西堡、西巷、南堡。

四村（南—北）：石人关、肉坊（房）关、正关、缸房关、柳树关、石家巷、委房关、大北关、小北关,还有南北向的兴隆街。

五村:卢家堡、苗家堡旧堡、苗家堡新堡。

二、城堡与寺庙(七堡)

(一)白乐站堡

1. 城堡

(1)城防设施

白乐站堡,简称站堡,即白乐站。白乐镇七堡中修建时间最早的城堡,也是白乐最早形成的聚落。据《(民国)察哈尔省通志》记载:"白乐镇站堡,在县城东六十里,土筑,高三丈六尺,底厚五尺,面积十五亩,有门二,明嘉靖元年重修,现尚完整。"[1]今站堡位于白乐镇东北部,沙河桥东侧,现归白乐一村管辖。镇中主干道(213乡道)东西贯穿城堡(图20.4)。

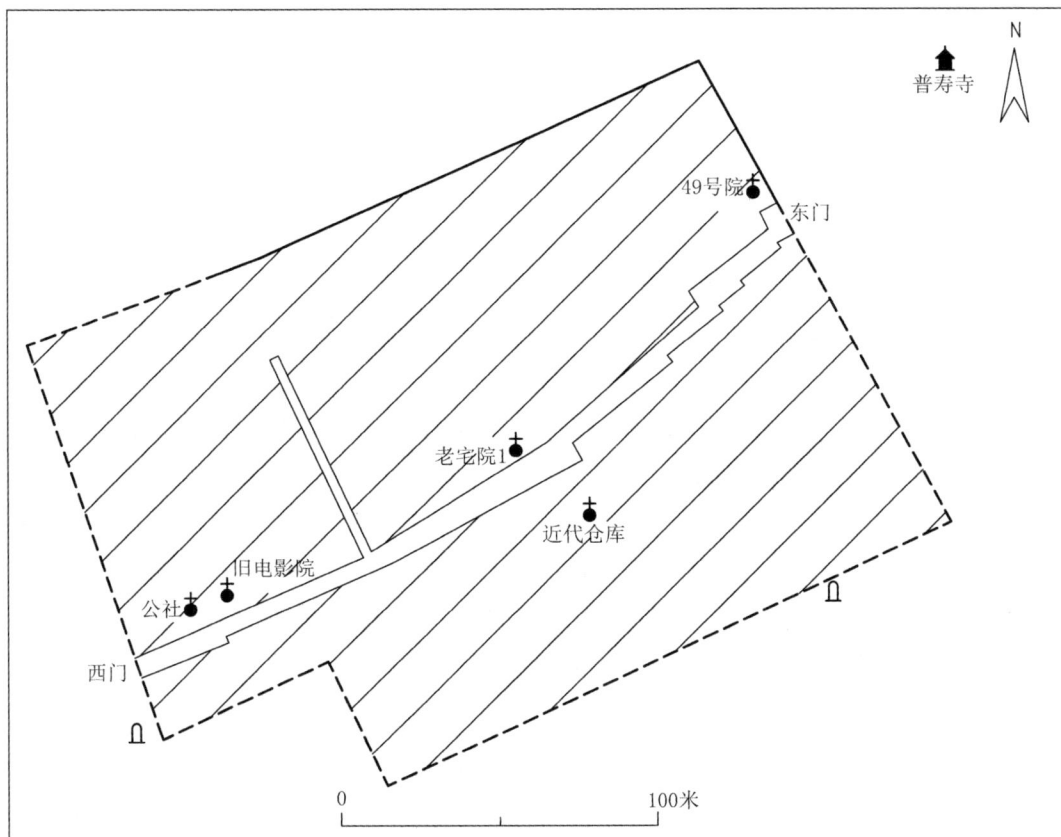

图20.4　白乐站堡平面图

---

〔1〕 宋哲元:《(民国)察哈尔省通志》,国家图书馆藏1935年铅印本,第8页。

城堡平面大致呈矩形,周长约804米,西南角因河道而不直,堡墙稍微向内收缩。开设东、西门,堡内平面布局为东西主街结构。

城堡西门位于沙河桥头东侧,东门位于普寿寺西侧。堡门已于"文革"前拆毁,据当地长者回忆,2座堡门皆为砖砌拱券门,门扇外包铁皮,门顶上皆修有门楼。东门外为东关,西门外为正关。

堡墙均为黄土夯筑,四周堡墙多数被拆毁,保存差。如今仅存有东、北墙少部分墙体,南墙在抗战时期被日军破坏。东墙南段仅存东门南侧一段墙体,长不足2米,高2.5~3米,保存较差,紧邻1座新建的房屋。东墙北段保存较差,墙体高薄,高2~4米,内外侧均为倚墙修建的民宅,墙体低薄。北墙保存一般,现存约100米墙体,墙体高薄,高3~7米,墙体面尚可见两次修筑的痕迹,墙体内侧为民宅,外侧为道路和荒地。东北角未设角台,仅存转角,高3~4米,内侧长有1株高大的杨树。

(2)街巷与古宅院

东、西堡门之间为城堡东西主街,两侧分布有近代建筑。当地长者回忆,旧时所有的商铺均在堡内,如今堡内建筑多已改造,街两侧的商铺明显没有桥西的正关多,说明商业中心已移至桥西地区。西门内主街北侧为近代的电影院和白乐镇公社所在地,现为商店。主街南北两侧分布有巷子,但巷子较短。堡内民宅以新房为主,老宅院、土旧房较少。路北侧有一间面阔四间的瓦房,现为诊所。

老宅院1 位于主街路北,额枋还保存有雀替木雕装饰。

近代仓库 位于主街路南,现为1座院子,院内有1座南北狭长的房屋,房屋高大,推测是近代仓库之类的建筑。

一村49号院 位于东门内北侧,老宅门无存,门内东厢房山墙上山影壁尚存。影壁为硬山顶,影壁砖作仿木构砖雕精美,整座影壁砖雕体现了蔚州民宅的建筑风格。两根砖雕立柱,下有鼓形柱础,上雕成垂花柱承斗拱,斗拱上承梁头,柱间施阑额与普柏枋,两侧皆出头,梁头间架撩檐檩,承方形飞子。撩檐檩与普柏枋下方原有砖花装饰,现已脱落损毁。檐下枋间还有一排花饰砖雕。影壁正中是一道圆形花边,花边内侧原有装饰,现已完全脱落,露出了墙砖。影壁四角,雕有四束花叶,皆面向中心圆。

院落已经废弃,开辟为耕地,正房面阔三间,保存较好,门厅为退一椽,门厅上面有精美的木雕装饰。门扇木雕精美,保存较好。四扇门的正中,圆形木框内,雕有形象各异的喜鹊于梅花枝头闹春。"卐"字门罩正中,圆形木框内,雕有鹿回头,鹿后站立一只小鸟,门罩边上雕有松鼠与葡萄。门顶裙边,两侧各雕一女童,一侧女童为一手捂耳,一手点鞭炮,另一侧女童一手持麦穗,另一手在逗一只公鸡。裙边正中,雕有"蝠倒",下雕有两条鲤鱼相托。明间檐下枋间,雕有三幅画,中间一幅雕鹿,两侧各雕喜鹊,皆戏于花草之间。两侧的墀头砖雕,雕有猴与鹿,其下有菊花、"蝠倒"与金元宝等。脊顶之上还有砖雕,为清末民国时期的作品。

当地以赵姓为主,由于商贸繁华,因此姓氏较杂。据当地的谢姓老人(曾任五村干部,为统购统销的宣传员。)回忆,旧时白乐镇的商贾均在站堡,这里为白乐镇的商品集散地,居民多为买卖家和财主,当地形容周围村庄的情况有句谚语:"东关房倒楼塌,郭家巷半边居民,东堡泥鳅白花。"站堡的东面原有规模很大的王子坟。

古代白乐镇交通十分发达,从金河口翻过大南山,可到达涿鹿,但路十分难走;松枝口可达涞水,为蔚县到涞水的交通要道,但这条古道不通大车,仅为骡马行走的道路,民国时期为大烟、私盐、烟叶的运输要道。即走私者从北面走私大烟前往涞水,返回时走私盐和茶叶。

日伪统治时期,这里的交通要道在松枝口,日本军队在松枝口峪口两侧的山上修建了炮楼(现已无存),在白乐镇设有商会,负责给松枝口据点的日军提供军需给养,四村的龙神庙内驻扎有皇协军。

此外,由于当地生活富庶,富商巨贾虽常住堡内,但南部大山中的土匪常来这里绑票。

2. 寺庙

据当地 80 岁的谢姓老人回忆,站堡内未曾修建有寺庙,周边曾修建有三官庙、和尚庙、财神楼、阎王殿、魁星阁/文昌阁、五道庙、关帝庙(原属三村)、白观音殿、泰山庙、普寿寺。庙宇建筑除尚存者外,其他皆于 20 世纪六七十年代拆毁。

三官庙、和尚庙 位于堡西门外侧,三官庙为三层殿,现已无存。

财神楼 位于堡西门顶,现已无存。

阎王殿 位于东门外北侧,现已无存。

魁星阁/文昌阁 位于东门顶,现已无存。

五道庙 位于东门外,现已无存。

关帝庙(原属三村)、白观音殿、泰山庙 位于堡外南侧,现已无存。

普寿寺 位于东门外主道北侧(东关),俗称大寺,为小五台中台的 1 座下院,庙院坐北面南,占地面积 4 118 平方米,曾由天王殿、中殿与正殿组成,共两进院 3 座殿,殿宇房屋共 49 间。庙宇建筑拆毁于 1953 年,拆卸下来的木料、建材用于修建学校、村委会。如今仅存天王殿。天王殿,即山门,面阔三间,硬山顶,进深五架梁。南面明间设拱券砖门,券门顶镶嵌两根门簪装饰。正门已经为水泥和砖封堵,殿的后墙体已全部塌毁,门内堆满杂物,内壁及梁架没有壁画和彩绘残存,但山尖残存有壁画,绘人物、花草。南侧设有旁门,砖券门,上有砖作仿木影作装饰,但是装饰无存,且门洞已被封堵。寺庙现在为一村村委会,天王殿西侧为新建的村卫生室。

此外，站堡西门外与沙河桥之间路南的一户居民院内有多通石碑，均漫漶不清。

（二）东堡

1. 城堡

（1）城防设施

东堡，属一村管辖，位于站堡之南，一村最南侧，在站堡与东堡之间，有南巷（站堡南墙外）与郭家巷（东堡北墙外）。

东堡平面呈矩形，周长约 496 米，开南门，堡内平面布局为丁字街结构（图 20.5）。

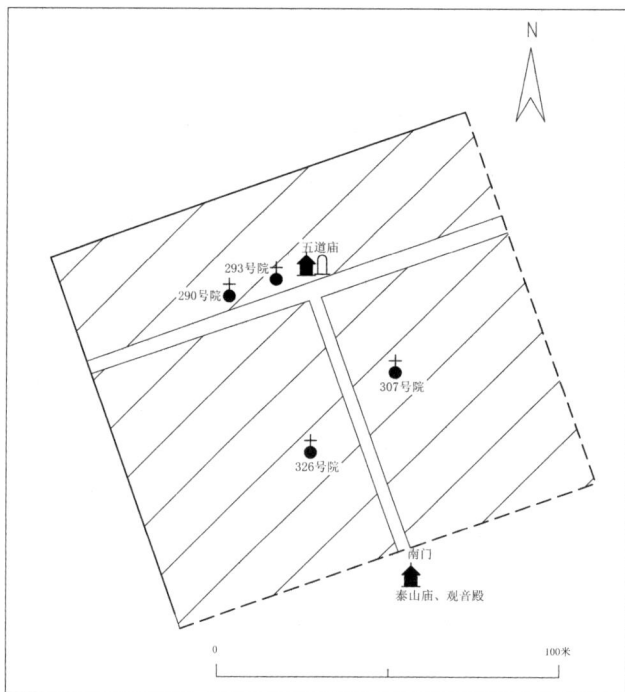

图 20.5　白乐东堡平面图

城堡南门堡门建筑无存，现为缺口。据当地长者回忆，堡门为砖砌拱券门。门内的主街较窄，大车勉强通行。

堡墙均为黄土夯筑，破坏严重，保存差。东、南墙无存。民宅多修建在墙体基础上，基础高约 1 米。西墙保存较差，仅存部分墙体，大部分墙体为民宅的后墙所侵占，墙体基础上修建房屋，外侧总高 5～6 米，墙体内侧为民宅，外侧为水泥顺城路。北墙保存较差，墙体高薄，墙外总高 6～7 米，上面修建房屋，内侧为民宅，外侧为田地、荒地和水泥路。

东南角无存，为民宅占据。西北角未设角台，仅存转角，高 5～6 米。

（2）街巷与古宅院

堡内的民宅以新房为主，南门内主街街面较窄，与一般的胡同略同，完全没有主街的气势，甚至宽度不如较大的胡同宽。东西街则相对较宽，比南街宽 1 倍。

堡内虽然宅院多已改造，但堡内大街两侧尚存几座门楼。326 号院，位于南墙西段内一条南北向的巷子尽头，一进院，保存较好。307 号院，位于主街东侧一条巷子尽头，一进院，广亮大门，硬山顶，门楣上三枚门簪仅存 2 枚。290 号、293 号院位于西街北侧，均为一进院，门楼为解放前后时期的建筑。

2. 寺庙

据当地长者回忆，东堡南门外，正对南门曾修建有泰山庙/观音殿。堡内丁字街路口曾修建有五道庙，目前仅存基础，庙宇建筑无存，村民在墙壁上掏挖出 1 座神龛，基础上尚存几通光绪六年（1880）的残碑，碑上记有泰山庙、观音殿的信息。

（三）西堡

1. 城堡

（1）城防设施

西堡，属三村管辖，位于沙河西岸，桥西兴隆街之南的小巷南侧。城堡规模较小，平面呈矩形，周长约 413 米，开东、西门，堡内平面布局为东西主街结构（图20.6）。

据当地长者回忆，东、西堡门为砖砌拱券木梁架结构，木门扇。解放后生产大队将堡门拆毁。如今堡门建筑无存，现为缺口。门外还有 1 座影壁。

堡墙均为黄土夯筑，保存差，人为破坏严重。据当地长者回忆，堡墙毁于新中国成立后，生产队时期组织村民拆毁堡墙修建猪圈。如今，东墙北段尚存一段 4～5 米长的墙体，高 4～5 米，大部分东墙为民宅占据。西墙大部分无存，为新建的民宅占据，仅存西北角附近的一段墙体。墙体外为南北向大街。北墙损毁坏严重，多为民宅占据，墙体仅存一段，高 6～7 米，内外侧均为民宅。

（2）街巷与古宅院

堡东、西门内为一条笔直的东西主街，街面较宽，已硬化为水泥路。两侧为南北向的巷子，老宅院遗存较多，但多已改造。

老宅院 1　位于主街南侧，硬山顶大门内为一条南北的巷道，巷子的南尽头为影壁，硬山顶，上有砖雕装饰，檐下饰有 6 攒斗拱，皆为四铺作，两侧饰有砖雕檐柱，砖雕保存较好。

老宅院 2、3　通道两侧有老宅院 2、3，一进院，院内正房后墙临街，一字排开，十分气派，且后墙并非大染墙，昔日财富可见一斑。巷内西侧的老宅院 3 为广亮大门，硬山顶，面东，枋间木雕尚存，院内正房面阔三间。东侧的老宅院 2 为随墙门，面南，门外侧有砖仿木构装饰。

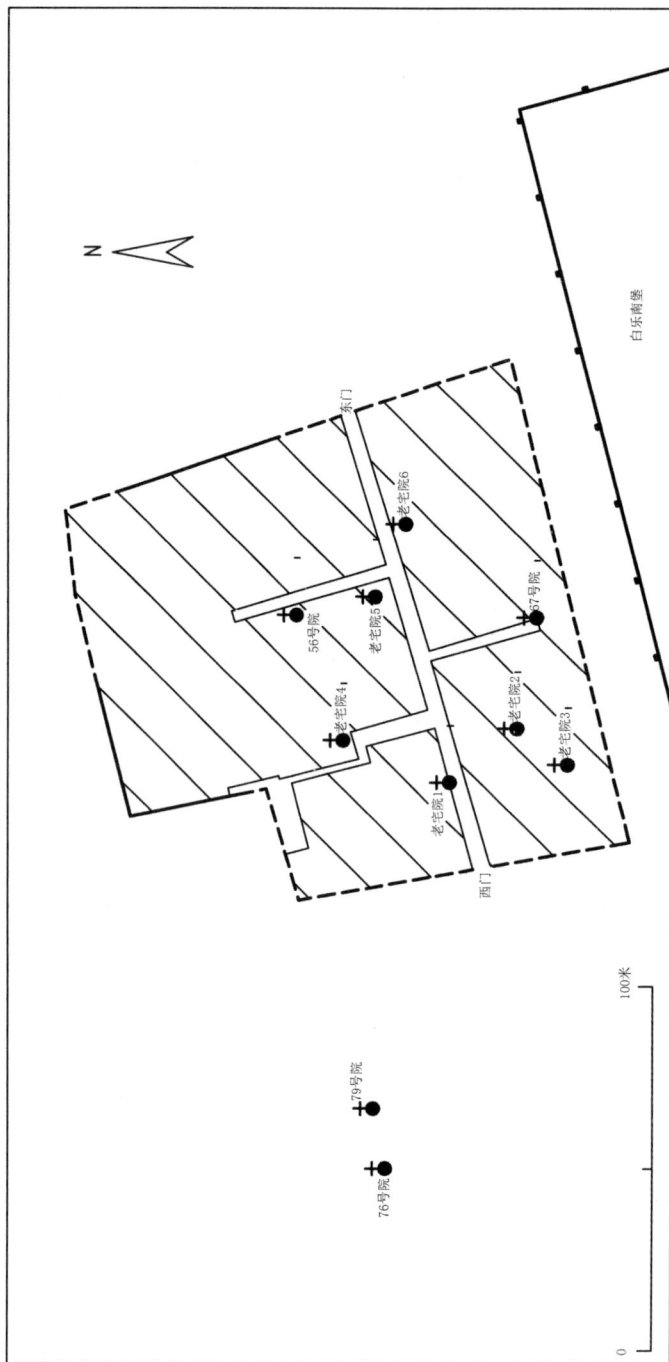

图 20.6　白乐西堡平面图

老宅院 4 位于主街北侧的巷子里，一进院，大门上的木雕多已破坏，门内墙壁上写有毛主席语录，门上镶嵌三枚门簪，分别雕刻福、禄、寿。

老宅院 5 位于主街北侧一巷子口西侧。宅门楣板上有彩绘人物装饰，保存较好。老宅院东侧为一条南北向的巷子，巷子内西侧有 56 号院，一进院。

老宅院 6 位于老宅院 5 斜对面，保存较好，门内为巷子，东西两侧各有一进院。

67 号院 位于在主街南侧一条巷子的尽头东侧，一进院，随墙门，硬山顶，枋间砖雕尚存。旧时堡内居民以赵、滑姓为主。

2. 寺庙

据当地 65 岁的滑姓老人回忆，西堡曾修建有和尚庙、五道庙、关帝庙（证通寺），此外原大队部也是 1 座寺庙，但庙名记不清。

和尚庙 位于东门外，此门外还有影壁 1 座，现已无存。

五道庙 位于西门外，现已无存。

关帝庙（证通寺） 位于西堡堡外东侧，一村东堡西南，东堡西墙外南北向水泥路路西，原属三村西堡，现今属一村管辖。寺院重建于 2004 年，完工于 2008 年，重修前寺院为三义庙，仅存 1 座大殿。重修后改名证通寺，并改作佛教寺院，重修工程是由史家堡村下圆通寺释根深师父来到三村后，发下弘愿，在旧地修建的。

重修后为一进院，建有天王殿、钟楼、鼓楼、东配殿、西配殿与正殿。天王殿即为山门，面阔三间，前后明间辟门。殿内供奉弥勒/韦驮及四大天王，塑像新塑，墙壁未施壁画。天王殿两侧为钟、鼓楼，天王殿西侧保存有 1 通同治二年（1863）的《重修三义祠碑记》。

正殿，大雄宝殿，坐北面南，基础较高，面阔五间，硬山顶，出前檐廊，前出挑檐歇山顶，西廊墙下建有面然大士龛。殿内墙壁未施壁画，供奉有新塑的三世佛塑像，正殿前面立有 2 通重修寺庙的碑记，东、西耳房分别为主持与僧人住所。殿前设东西配殿，面阔三间，单坡顶，出前檐廊，东配殿为客堂，西配殿为伽蓝殿。客堂北山墙外侧有一口井，井边供有井泉龙王龛，西配殿殿内的墙壁上挂有许多超度人接引牌位，为本村人去世后请寺中僧人超度时所留，殿北侧的院墙上镶嵌有重修寺庙的布施功德碑。

（四）南堡

1. 城堡

南堡，属三村管辖，位于沙河西岸，西堡南侧。城堡平面呈矩形，周长约 669 米，开东、西门，门内为东西中心街（图 20.7）。

据当地长者回忆，南堡设东、西门，堡门皆为砖砌拱券门，"文革"时期拆毁。现为缺口，门内为东西主街，已硬化为水泥路面。西门外有 1 座近代供销社，后改造为红星幼儿园，现已废弃。此外，西门外原修建有西庙，现庙宇建筑无存，原址上建有三村村委会。

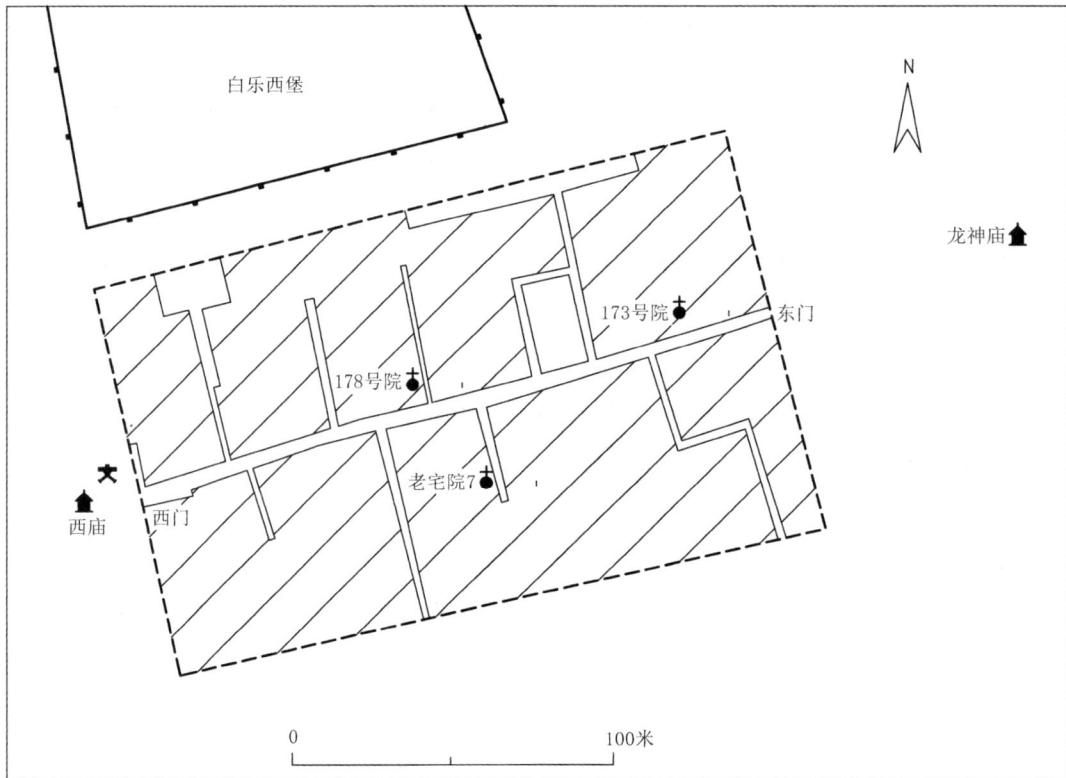

图 20.7 白乐南堡平面图

　　堡墙均为黄土夯筑,如今堡墙无存,全部为民宅所占据。但从民宅和道路的分布及对称关系上可大致判断南堡的四至范围。城堡西墙外为南北道路和新村。

　　据当地长者回忆,南堡旧称任家堡,因堡中居民以任为大姓。堡内的民宅以新房为主,老宅院少,主街两侧多为南北向的巷子,堡内中心街两侧尚遗留有老宅院。173 号院,位于主街北侧,一进院,广亮门,保存较好,但木雕装饰已被破坏。178 号院,位于主街北侧一条巷子口边上,一进院,广亮大门,保存较好。主街南侧有一条巷子,巷子内西侧有1 座老宅院 7,随墙门。

　　2. 寺庙

　　据当地长者回忆,南堡曾修建有西庙、火神庙、龙神庙。

　　西庙　位于西门外对面,殿内供奉观音,现已无存。

　　火神庙　位于南堡,具体位置不详,现已无存。

　　龙神庙　位于南堡东门外沙河东岸地势较高处,其南侧为白乐镇中心幼儿园,周围为耕地。龙神庙为清代建筑。寺庙坐西面东,坐落在高 1.7 米的庙台上,院墙、庙门已毁。现存正殿 1 座,南耳房三间,正座厢房 1 座三间。院内长有一株枝繁叶茂的古槐树。正殿面阔三间,硬山顶,进深六架梁出前檐廊,前檐额枋上尚残存彩绘,门窗无存。南耳房1座三间,正厢房1座三间,卷棚顶四檩三架。如今,庙宇建筑于近年修缮一新。

（五）芦家堡

1. 城堡

芦家堡,属五村管辖,位于沙河东岸。城堡平面呈矩形,周长约519米,规模较小,开西门,堡内平面布局为丁字街结构(图20.8)。

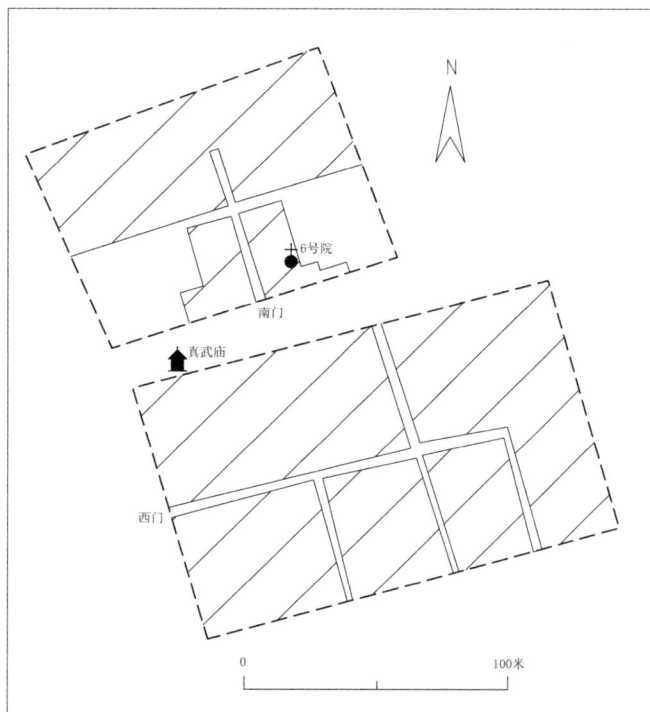

图20.8　白乐卢家堡、苗家堡平面图

　　城堡设西门,西门建筑拆毁较早,现为缺口。据当地70岁的赵姓老人回忆,堡门原为砖券拱门,但他亦未见过,仅为听老人们讲述。

　　堡墙均为黄土夯筑,拆毁时间早于堡门,在当地70岁的赵姓老人记忆中,百年前堡墙便已拆毁。至今已无痕迹可寻。根据地图,结合房屋和道路的位置关系以及布局、对称等因素,大致可以确定卢家堡的四至范围。城堡的西南角现为村委会大院。

　　旧时,芦家堡居民以芦姓为主,现已全部搬出。

2. 寺庙

据当地70岁的赵姓老人回忆,芦家堡曾建有五道庙、戏楼、真武庙。

五道庙　位于堡西门内,现已无存。

戏楼　位于真武庙对面,现已无存。

真武庙　位于卢家堡西北角上,整座庙院坐落于台明上,庙前为一片空地,寺庙坐北面南,院墙坍塌严重,山门与正殿尚存(彩版 20-1)。院内正殿前有一株高大的榆树。

山门前设高台阶。台阶下两侧原各有三间厢房,现已毁。山门为随墙门,硬山顶,门洞为券形。脊檐下砖雕有挑檐木、梁头、小斗、额枋、阑额等仿木构砖雕,枋间雕有花饰。券门拱顶,装饰门簪,但东侧的那一只已脱落。

正殿,坐北面南,面阔三间,硬山顶,进深六架梁出前檐廊,有立柱承前檐,前檐柱下置鼓形柱础。前檐额枋残存有彩绘。正殿已改作库房使用,殿内设隔墙将其分为三小间,每小间皆设门。每间殿内堆放杂物。殿内原有塑像。正面有三尊,正中为真武大帝。两边各有八尊,有周公、雷公、桃花女、封神奶奶等。"四清"后期塑像被砸毁,寺庙改作仓库使用。正殿内仅存东西两壁壁画,正面壁画损毁无存。正殿前两侧设东、西厢房,单坡顶,各两间,保存较差。

东壁壁画保存较好,色彩鲜艳,壁画表面原涂抹有白灰浆,2008 年当地村民清洗出壁画。壁画为连环画式,每面 4 排 7 列,每幅皆有榜题。西壁壁画保存状况不如东壁,保存较差。

东山墙

□□□□	黑虎驼经	白猿献桃	麋鹿献花	鹊雀灌顶	□□串胜	玉皇赠剑
文武苦留	跨鹤出城	金星指路	乌鸦领路	跨虎澄山	二虎把门	铁杆磨针
太子辞母	回朝辞父	出关闲游	太子演武	太子习文	恩赦出朝	官娥报喜
□□□□	祷天求后	梦吞日月	白象投胎	夜梦金阙	托树降生	金盆沐浴

西山墙

讲经于女	捧经于男	道子传真	真人启奏	七圣归天	真人捧敕	敕封北极
百姓供奉	路渡百姓	五圣归天	暗渡县官	威镇武当	黄河显圣	□□□□
启奏上清	启奏玉清	□□□□	□□□□	天宫启□	□□□□	□□□□
天宫启旨	启奏□清	□□□□	□□□□	□□□□	□□□□	□□□□

在榜题下方留白,以便题写供养人信息,但仅在东壁"二虎把门"榜题下方尚存有供养人信息:"刘家巷韩门王氏施银三钱三分"。

此堂壁画,东壁起于第 4 排第 1 列,呈之字向上,止于第 1 排第 1 列;西壁起于第 4 排第 7 列,呈之字向上,止于第 1 排第 7 列。东壁描述了从太子出生到出家修行;西壁"启奏玉清",已出现真武帝的形象,到"威镇武当"后,真武开始解厄民间百姓之苦难,直至"敕封北极"。这堂壁画的内容受民间影响较大,尤其是将佛传中的一些内容移植到壁画中来,与《玄天上帝启圣录》相比,内容展现与榜题用语有较大的差别,是研究真武庙壁画在蔚县民间化的重要材料。

(六) 新旧苗家堡

苗家堡,属五村管辖,城堡有新、旧2座。旧堡位于芦家堡西南方,沙河的西岸耕地中,因位置低下,居民全部搬迁至芦家堡北侧建新堡,并将旧堡内的房屋全部拆除。

苗家堡新堡,位于芦家堡北墙外侧,与芦家堡一街之隔。城堡平面呈矩形,周长约399米,规模较小,开设南门,堡内平面布局为十字街结构(见图20.8)。

城堡南门建筑无存,现为缺口,门内南北主街街道较窄。

堡墙均为黄土夯筑,损毁无存。现为耕地、荒地和民宅占据,但从房屋和道路的布局以及相对位置关系上看,大致可以复原城堡的四至范围。

据当地70岁的赵姓老人回忆,苗家堡新堡未曾修建寺庙,当地流传一句口头禅:"卢台台,苗公子。"旧时,苗家堡内居民以苗姓为主,后全部搬走,目前仅剩一户苗姓居民。堡内民宅以新房为主。南北主街东侧有一条巷子,巷子内尽头北侧有1座老宅院,即6号院,近代风格样式大门。

三、八巷

(一) 南巷

南巷,属一村管辖,位于白乐站堡南墙外侧,其南为郭家巷,再南为东堡。巷道已硬化为水泥路,与南墙平行。南巷的房屋紧邻站堡南墙而建,巷东口水泥路北侧有2通石碑,字迹漫漶不清。南巷内全部是新建的房屋,仅357号院1座老宅院。此外,在南巷的西口与南侧郭家巷西口连接的巷子内南部路西即270号院门口尚有1通石碑,保存一般。

(二) 郭家巷

郭家巷,属一村管辖,位东堡北墙外侧,巷道已硬化为水泥路,与北墙平行。郭家巷规模略大于南巷,巷内南侧的民宅紧邻东堡北墙外侧而建。民宅建筑均改造为新宅。此外,据当地长者回忆,郭家巷中曾修建有五道庙,现已无存。

(三) 西夹道

西夹道,属二村管辖,处二村最西部。西夹道不在"八巷"之内,位于三村南堡南墙外侧,巷道呈南北走向,与南堡南墙垂直。南北长530余米,其南口便是白乐镇区南部边缘,街巷狭长,巷道内两侧全部是新建的民宅。巷道北口附近尚存1座老宅院,即235号老宅院,一进院,门楼、正房与厢房皆存,门楼为广亮大门,硬山顶,墀头砖雕尚存;倒座房檐下的柱头还有砖雕装饰,内容为花草与鸟。

（四）陈家巷

陈家巷，属二村管辖，处于西夹道的东侧，三村南堡南墙外侧。巷道呈南北向，死胡同，与南堡南墙垂直。长200余米，巷北口土路北侧尚存1座老宅院1，已废弃。巷子街面不宽，为土路，两侧民宅以新房为主，在巷内北部路东尚存有1座老宅院，即239号院，一进院，广亮大门，硬山顶。另，二村位于三村南堡南墙外侧，南堡南墙外为倚墙修建的民宅，民宅南侧为一条西北—东南走向的巷子，巷子以南便是二村的地界。村内沙河岸边修建有中心幼儿园，幼儿园南侧为二村村委会大院。

（五）吴家巷

吴家巷，属二村管辖，处于陈家巷的东侧，三村南堡南墙外侧。巷道呈南北向，死胡同，与南堡南墙垂直。长200余米，巷道为土路面，略宽于陈家巷，巷道两侧民宅以新房为主，老宅院有3座，集中在北部，即老宅院2、3和258号院。3号老宅院在巷子西侧，一进院，随墙门，其余在东侧。老宅院2和258号院皆为一进院，广亮门，硬山顶。3座老宅院彼此间的距离近。

（六）辘轳把巷

辘轳把巷，属二村管辖，为二村最东部，处于吴家巷的东侧，三村南堡南墙外侧。巷道呈南北向，与南堡南墙垂直。巷子较短，长约150米，巷道不直，中间有一处拐弯，形状如辘轳把，因此而得名。巷内两侧民宅以新房为主，老宅院仅37号院1座，位于辘轳把（拐弯处）南侧路西，一进院。

（七）小巷

小巷，属三村管辖，位于三村西堡北墙外侧。小巷走向与西堡北墙并非平行，而是一条不规则的巷道，大致呈东北—西南走向，平面大致呈S形，小巷的东口即为兴隆街的南口，西口则与教堂所在街道——三四村的分界线道路相连。小巷内的居民并不富裕，两侧多见土坯砌筑的门楼与院墙，未见老宅院，多为新建的民宅。

（八）西巷

西巷，属三村管辖，位于三村西堡西墙外，与小巷的西口相近，小巷为东西走向，死胡同，与西堡的西墙垂直。

巷内街道较窄，两侧以土坯砌筑的门楼与院墙居多，尚存2座老宅院，即76、79号院，原为两进院，现为一进院，随墙门，硬山顶，檐下枋间砖雕装饰尚存。院内正房已维修。

（九）石家巷

石家巷，属四村管辖，位于柳树关北侧、委房关南侧，呈东西走向，长约40余米，街巷较窄，为死胡同，巷内民宅以新建房屋为主，老宅院仅存48号院1座。据当地长者回忆，石家巷还分为大、小石家巷，大石家巷是否就是委房关还难以定论。

四、九道关

（一）东关

东关，属一村管辖，位于白乐站堡东门外侧。东关全部为新建的民宅房屋，无老宅院遗存。

（二）石人关

石人关，属四村管辖，即正关南侧第二条东西向的巷子，兴隆街的西侧，长约 150 米，巷内土路面较宽，两侧民宅以新房为主，中部南侧有一条南北向的支巷，为死胡同，胡同内东侧有 1 座老宅院，即 160 号，一进院，广亮大门，保存一般，宅门楣板上残存有民国时期的彩绘，门前尚有两只门枕石，上面石雕装饰精美。门前面有两个倒立的覆莲式方形双层柱础，推测是来自附近庙里的石构件。石人关东口路南有李氏宅院，规模大，1956 年为供销社所占，现大院格局多有改变，修建了许多近代风格的建筑，原格局无从考证。目前正房尚存，正房面阔九间，十分气派，两侧尚有厢房，目前正房内仍住有一户居民。墙壁上尚存有"文革"时期的标语。

（三）肉坊（房）关

肉坊（房）关，属四村管辖，位于石人关北侧，沙河桥头供销社南侧，即石人关和正关之间的东西向街巷。整体呈东西向，全长 150 余米，巷内民宅以土旧房为主，正房多翻新。巷内北侧仅存 1 座老宅院，即 133 号院，一进院，广亮门，硬山顶。巷子西口为动物防疫站。

（四）正关

正关，属四村管辖，位于沙河桥西。街道是站堡西门外的一条主道。同时也是现今白乐镇东西主干道（152/213 乡道）的一部分。正关已是白乐镇主要的集市，两侧商铺林立。西段完全是现代建筑风格，应是正关东段的商业继续向西发展、延伸的结果；东段现存大量近代供销社式的商业建筑，如路南有供销社综合部，特别是沙河桥头西侧路北为连排的供销社，一字排开，长约 50 多米，分成东西两个建筑，西侧的为专业用品门市部，东面为饭馆；路南侧也尚存 1 座拐角式的供销社，现为百货门市部，昔日繁华可见一斑。建筑带有明显的 20 世纪七八十年代的风格，推测是改革开放以后，从南侧兴隆街迁移过来的。此外，供销社建筑墙壁上还悬挂有 1983 年的《集市贸易服务公约》，是用毛笔在铁皮上书写的。东段除商业建筑外还有许多公共建筑，路北有邮局、镇医院，路南为镇政府大院，院中修有 2 座手机信号塔，政府对面为有线电视管理站。

据当地长者回忆，正关旧时建有观音殿、龙神庙，现已无存。

（五）缸房关

缸房关，属四村管辖，位于桥西正关北侧，呈东西向。缸房关内老宅院众多，主要位于街巷北侧。尚存 86 号、87 号、92 号、93 号、94 号、95 号、96 号、97 号院,老宅院 1,共计 9 座老宅院。

86 号院　位于 87 号院北侧,原为两进院,现为一进院,广亮门楼,硬山顶,尚存木雕装饰。

主街北侧分布数量众多的老宅院,分布密集,自东向西依次为老宅院 1 和 92～97 号老宅院。

87 号院　位于巷东口主街北侧支巷内西侧,一进院,广亮门楼,硬山顶,两侧木制枋头尚存彩绘,门外北侧尚存小八字墙。

92 号院　两进院,广亮门楼,硬山顶,尚存木雕装饰。前院已经荒废,二道门坍塌。后院尚有人居住。

93 号院　广亮门,硬山顶,大门内为一条幽深的巷子,巷子尽头东西两侧各有 1 座一进院式老宅院。

94 号院　一进院,广亮门楼,硬山顶,正房已修缮。

95 号院　两进院,广亮门,硬山顶,前后院已经打通。

96 号院　解放前后风格大门,门内为一条幽深的巷子,巷子尽头东西两侧各有 1 座一进院式老宅院。

97 号院　两进院,解放前后风格大门,两进院已打通。

（六）柳树关

柳树关,属四村管辖,位于缸房关北侧,呈东西走向,巷内大部分是新建的民宅,老宅院尚存 69、83、82 号院 3 座。

69 号院　位于街巷北侧,广亮门楼,硬山顶,进深四椽。这是比较少见、体量很大的进深四椽门楼。门前设有两层条石台阶,门下地面铺石板,门楣上饰三颗门簪,门楣上设有二排楣板,残存有花鸟题材的绘画;门内侧墙壁上尚存《捷报》,漫漶不清;门内有 1 座影壁,仅存基座,基座束腰部饰有砖雕;院内正北东、西各有 1 座正房,西院正房已废弃,东院正房已翻建;从布局来看,推测此宅院是共用 1 座大门,门内分东西 2 座,即一门两户。

83 号院　位于街巷南侧,门楼为随墙门,与院墙齐高,门前设高台阶,其西侧还有 1 座。

82 号院　位于 83 号院西侧,广亮大门,顶山顶,脊顶已残损。

（七）委房关

委房关,属四村管辖,位于柳树关、(小)石家巷北侧,呈东西走向,巷内大部分是新建的房屋或者坍塌废弃的土旧房,老宅院较少,尚有 52 号、53 号与 45 号院的门楼,门楼皆为广亮门,硬山顶。其中,45 号院位于巷东口北侧,南北向水泥路西侧,门楼尚残有木雕。

门前立有一水泥墩，上面写"东风大桥"，推测为跨沙河的那座水泥大桥。此外，该门楼北侧路边尚存 1 通道光五年(1825)的石碑，字迹漫漶。据当地长者回忆，柳树关与委房关曾是一个"关"，后分开。

（八）北关

北关，属四村管辖，位于委房关北侧，呈东西走向，北关东口有 1 座新建的影壁，影壁的基础为宽大的 2 层条石，与影壁比例不协调、格格不入。当地长者回忆，这里曾修建五道庙。北关巷内大部分为新建的民宅，只有 9 号院门楼时代稍早。此外，西口北侧 18 号院门口路边尚存 1 通《布施功德碑》。

（九）小北关

小北关，属四村管辖，为北关内一条支巷，位于北关内中部北侧。大致呈东西走向，小北关为村庄的最北部，其北侧尚有几座零星的房屋，其余是大面积的耕地。小北关内街巷较窄，均为现代的建筑，土坯修建门楼占多数，正房多翻新，无古建筑遗存。

（十）兴隆街

兴隆街，属四村管辖，形成于解放后，因此不在"七八九"统计中。兴隆街沿沙河西岸分布，呈 Y 字形，街道大致为南北走向，北面与正关相接，南面到达沙河，沙河在其东侧拐一弯，兴隆街全长 150 米左右，街面宽阔。两侧为商铺和供销社建筑等门面房。目前全部废弃。

第三节　天照疃南堡村

一、自然环境与人文历史

天照疃南堡村位于白乐镇西偏南 5.6 公里处，属丘陵区。村选址在平地之上，周围地势平坦、开阔，一马平川，辟为大面积的耕地。周围没有河道、冲沟。为沙土质，周围辟为耕地。1980 年前后村中有 1 525 人，耕地 5 937 亩，曾为天照疃南堡大队驻地(图 20.9)。152、232 乡道穿村而过。南堡又叫周家堡，因居民以周姓为主，后庞姓迁入，堡内居住有400 余人。

相传，明成化十八年(1482)建村时，为祈苍天照应，黎民乐业，故取村名天照疃。村名最早见于《(顺治)蔚州志》，作"天照疃堡"，《(乾隆)蔚州志补》作"天照疃"，《(光绪)蔚州志》《(民国)察哈尔省通志》沿用。

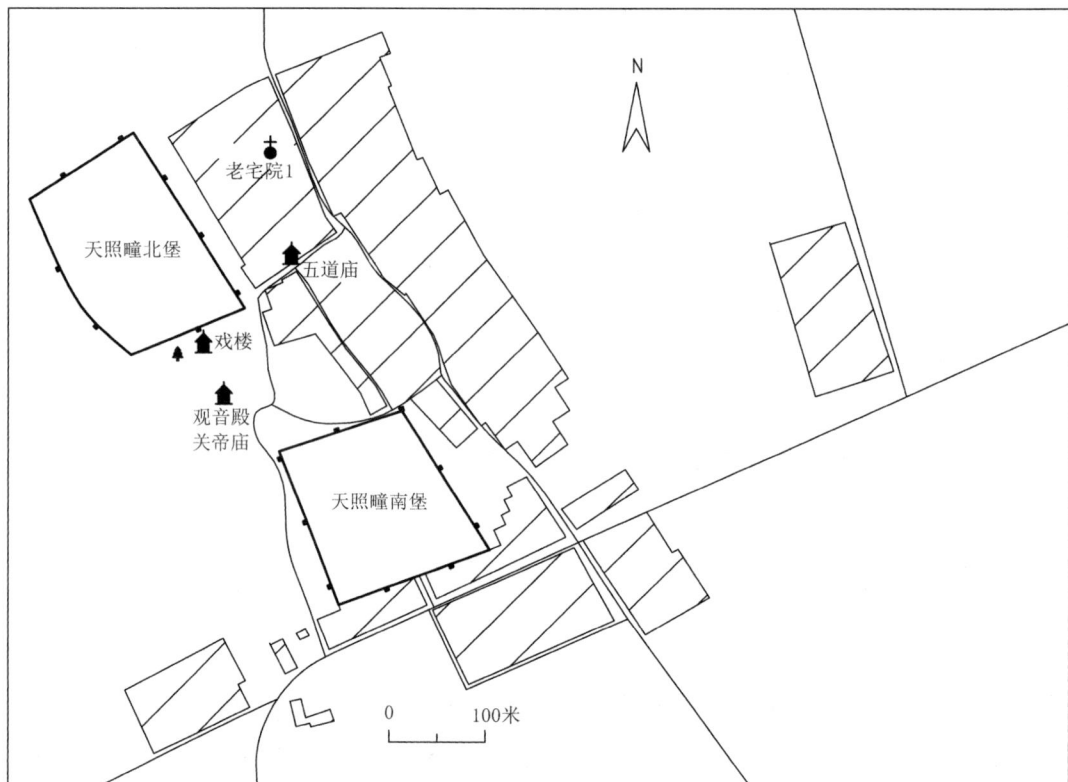

图 20.9　天照疃村古建筑分布图

二、城堡

（一）城防设施

天照疃南堡村堡，位于 152 乡道北侧，整座村庄的西南部。城堡平面呈矩形，周长约 645 米，开设南、西门，堡内平面布局为丁字街结构，以南北街为主街，西门内东西街为次街。城堡修建时间晚于北堡（图 20.10）。

城堡南门位于南墙中部，堡门已修缮，砖石拱券结构。南门基础为三层条石砌筑，上面青砖起券，外侧为三伏三券，二层伏檐，顶部及内侧为木梁架结构，门券拱顶上方原镶嵌砖制阳文门匾，正题"天照疃"。"文革"时改为水泥匾额，正题"联新村"。门券两侧门颊原有一副砖雕楹联，亦改为水泥质楹联，上联"为有牺牲多壮志"，下联"敢教日月换新天"。近年，南堡门再次重修，将匾额改回"天照疃"，楹联亦改为，"日里黄人鲁增棋""溪边白鹭室游场"。南门内为南北主街，街道有曲折。南门外两侧修建方形护门墩，南门紧邻 152 乡道，西侧有一株三人合围的大柳树和一小片空地，紧邻柏油路，路南侧为健身广场。

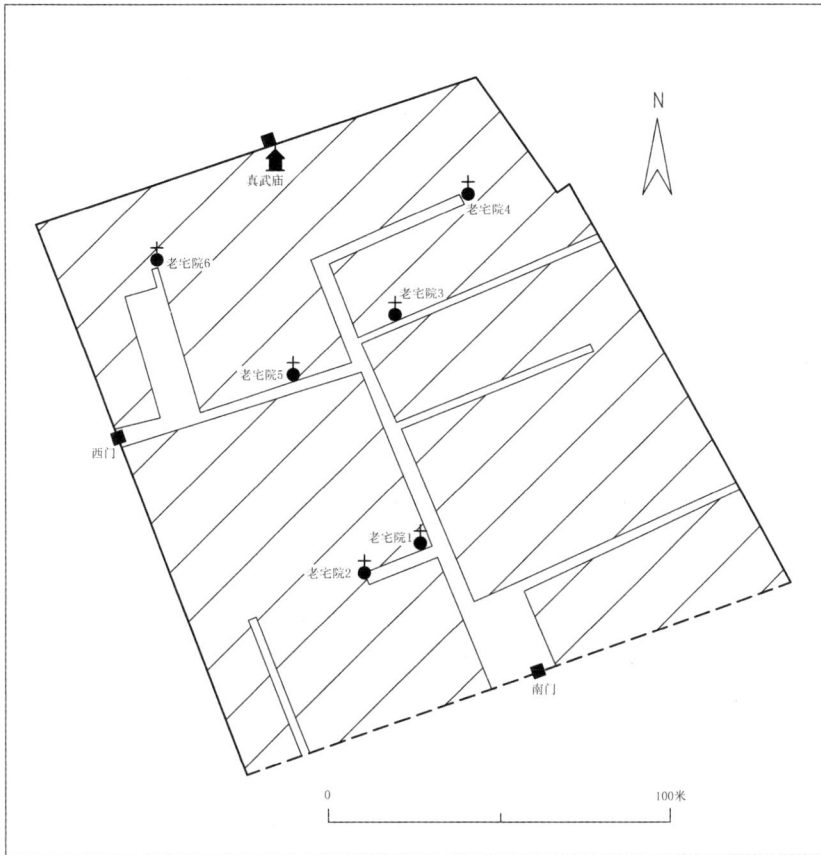

图 20.10　天照疃村南堡平面图

　　西门位于西墙中部偏北，西门较低矮，气势不如南门（彩版 20-2）。西门为砖石拱券结构，基础为旧条石砌筑，上面青砖起券，外侧为拱形门券，门券三伏三券，门券拱顶上方镶嵌砖制阳文门匾，破坏严重，正题"□□门"。顶部及内侧为木梁架结构，局部有坍塌，门道已硬化为水泥路。

　　堡墙均为黄土夯筑，保存较差。东墙长约 171 米，保存一般，墙体高薄，多坍塌成斜坡状，高 6～7 米，墙体高度自北向南逐渐降低，到东南角附近仅有 1.5 米高。墙体顶部还可见直立的墙体，高 0～2 米，下面大部分是坍塌形成的斜坡，墙体内侧为民宅，外侧为民宅或耕地。南墙长约 167 米，无存，为民宅占据。西墙长约 174 米，保存较差，墙体仅存部分基础，高 1～2 米，多为房屋占据。北墙长约 133 米，东段墙体破坏严重，多坍塌成斜坡状，高 5～6 米，外侧多坍塌成斜坡，外侧为田间小路和耕地，内侧为民宅，墙体上面修建房屋。北墙中部设有 1 座马面，保存一般，高 8 米，坍塌一半，上面长有大树。北墙东段整体保存较差，低薄，多坍塌成斜坡状，高 3～5 米。墙体内侧为民宅，外侧为道路和民宅。

西南角无存。西北角未设角台，仅为转角，保存较差，多坍塌。高 5~6 米，保存较小，当代人将基础包砌卵石，转角内侧为民宅，外侧为荒地。东北角紧邻新建的民宅，保存较小，高 4~5 米。

（二）街巷与古宅院

城堡南门内为南北主街，主街两侧多为东西向的巷子。尚存几座老宅院。

老宅院 1、2　位于主街西侧，保存较好。老宅院 1，一进院，广亮门，硬山顶，坐西面东，门檐下还残存有民国时期的彩绘装饰，山尖壁画涂黑，木雕装饰尚存，门外还有八字墙，门道为石板铺成的地面，院内为砖铺地面。院内正房、厢房与倒座房保存较好。正房的门窗已经改造。老宅院 2，位于老宅院 1 西侧，一进院，随墙门，门内有影壁，院内砖铺地面，院内正房尚存，门厅退金廊，正房门窗部分改造。

老宅院 3　位于主街东侧的一条巷内，一进院，大门已倾斜，雀替装饰尚存。

老宅院 4　位于主街北端东侧巷内尽头，宅门已倾斜，保存较差，院内已全部改造。

西门内主街也有老宅院。路南为 1 座近代大门，对面为老宅院 5，原为两进院，现已打通，保存较差，多坍塌、废弃。老宅院 6 在西北角内侧，一进院，随墙门，院内正房面阔三间，保存较好。

三、寺庙

据当地长者回忆，城堡内外曾修建有多座庙宇。城堡北墙马面上建真武庙。堡内修建有五道庙，南门外有关帝庙，对面为戏楼。寺庙因年久失修，自然损毁严重，为避免坍塌伤人，20 世纪 50 年代村民将其拆除。

第四节　天照疃北堡村

一、自然环境与人文历史

天照疃北堡村位于白乐镇西偏南 5.6 公里处，属丘陵区。地势较平坦。为沙土质。1980 年前后村中有 1 525 人，耕地 5 937 亩，曾为天照疃北堡大队驻地。村名来历与沿革与天照疃南堡相似。

据《明实录》记载，嘉靖三十八年（1559），天照疃堡遭受蒙古诸部进攻。全堡军民在庞铎能的率领下顽强作战，最终将敌人击退，化险为夷：

总督宣大山西都御史张松条上备边五事……今次虏犯蔚州天照堡。壮夫庞铎能捐资率众力抗强胡。一堡幸赖保全。又能以木石击死数贼。堡收有虏箭，贼急攻，欲得之。铎令尽取达箭约二车许，悉脱镞，中断之，投堡外，虏乃引去。其勇智可嘉。乞给以冠带。即责令守堡，以风示塞外。诏俱允行。[1]

天照疃北堡门匾落款为"嘉靖十九年"，据此推测《明世宗实录》里的"蔚州天照堡"即今日天照疃北堡。

二、城堡

（一）城防设施

天照疃北堡位于村庄西北部，城堡平面大致呈矩形，周长约 664 米，南北长，东西短，开南门，堡内平面布局为南北主街结构（图 20.11）。

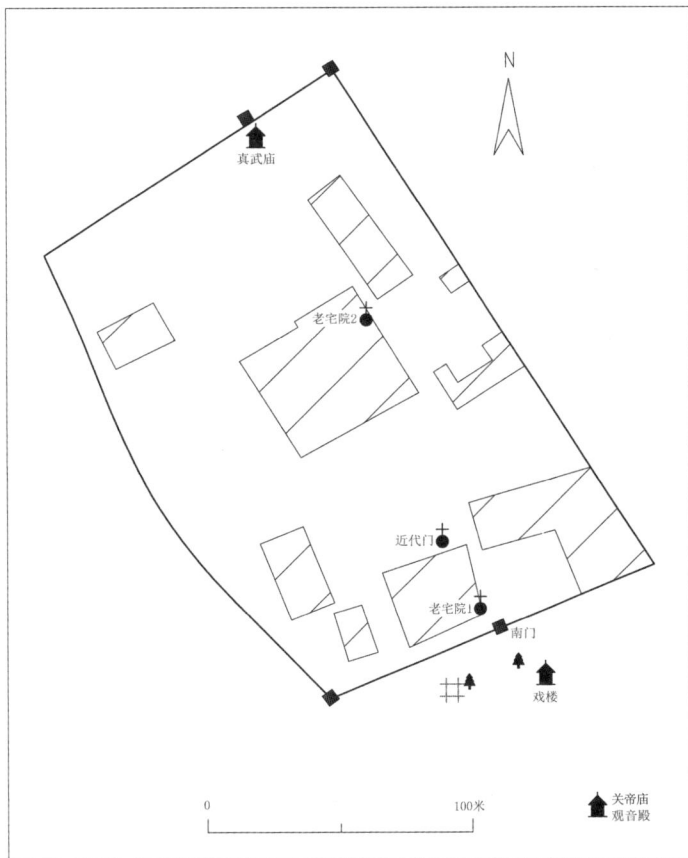

图 20.11　天照疃村北堡平面图

〔1〕 张居正:《明世宗实录》卷四百七十九"嘉靖三十八年十二月己未条"，中研院历史语言研究所，1962年。

城堡南门位于南墙正中,保存较好,砖石拱券结构,基础为条石修砌,上面青砖起券(彩版20-3)。外侧门券为五伏五券,上出二层伏檐,门券拱顶上方原镶嵌有三枚门簪,门簪上镶嵌有石质门匾(拓20.1),匾额正题"田兆疃永安堡",落款时间为"嘉靖十九年"。门匾两侧各镶嵌1块砖雕装饰,两侧门颊上也各镶嵌1块砖雕装饰,题材为"犀牛望月""天马行空""兔""鹿"等吉祥寓意的动物。内侧门券亦为五伏五券,上出二层伏檐,门券拱顶上方原镶嵌有三枚门簪,门簪上镶嵌有砖制阳文门匾,正题"永平门",落款为"道光二十一年立荷月吉日重修"。砖雕墙花四块,自东向西为:猴松树;蜂房及二只蜂,寓意"封侯";鹿回首+寿桃刻"福"字,寓意"福、禄、寿三星";"文革"时期被砸坏,漫漶不清,意不能辨,似为"单凤朝阳"。门顶为券顶结构,顶部较平。木门扇无存,上槛尚存。门道及门前为自然石铺成的入堡坡道路面,过门石、车辙印记尚存。堡门外西侧有一口古井,井口呈六边形,井口、井壁均为条石砌筑,当地长者回忆,水井与城堡同岁,堡内居民均来此井取水(彩版20-4)。古井周围有1株古柳。堡门外东侧为戏楼。堡门内为南北主街。

拓20.1　白乐镇天照疃村北堡南门门额拓片(蔚县博物馆　李新威　提供)

堡墙均为黄土夯筑,保存一般。东墙长约215米,保存较好,墙体高厚、连贯,墙体修建在台地上,总高8~10米,墙体自身高0~4米,有两次修筑的痕迹。墙体内侧为民宅,外侧为耕地。南墙长约121米,西段保存较差,墙体多坍塌,部分段落仅存基础,或为平地,墙体自身高0~4米,外侧总高6米;南墙东段保存较差,墙体多坍塌,仅存基础,高5~6米;南墙墙体内侧多坍塌为平地,高0~5米,墙体内侧为顺城道路和民宅、荒地,民宅以土旧房为主,多废弃坍塌,外侧为荒地,且长有不少树木。西墙长约195米,修建在台地边缘,呈弧形,墙体低薄,多坍塌为斜坡或基础,个别段落坍塌形成缺口;墙体外侧总高8~10米,墙体自身很低,高0~4米,墙体内侧为民宅和荒地,外侧为耕地。北墙长约133

米,修建在台地边缘,保存一般,墙体高厚、连贯,外侧总高 9～10 米,墙体自身高 5～6 米,墙体内侧高 9～10 米,北墙顶宽 3～4 米,顶部尚有垛口墙的基础痕迹;北墙中间有坍塌形成的缺口,北墙中部偏东设有 1 座马面,外侧总高 10 米,马面自身高 3～4 米,方形,体量大,为真武庙庙台。北墙内侧为民宅和荒地,外侧为一马平川的大面积耕地。

城堡东南角未设角台,仅为转角,总高 7～8 米,角台自身高 4 米。西南角设 90°直出角台,保存较好,高 8～10 米,体量大。西北角未设角台,仅为转角,高 8～10 米。东北角设 90°直出角台,总高 10 米,角台自身高 4～5 米,体量大,角台有两次修筑的痕迹。

(二)街巷与古宅院

堡内大部分区域,特别是北部已废弃,民宅大部分废弃、坍塌,沦为荒地,仅少数几户民宅尚存。原先布局未知,特别是东西向横街的数量。南部是现存民宅最集中的区域。堡内民宅以土旧房为主,废弃坍塌者的居多,新房很少。此外,堡内中部修建有 1 座新建的房屋,推测为养殖场之类的建筑。

南门内南北主街两侧尚存几座老宅院。6、7 号院(老宅院 1),位于主街西侧,一进院,广亮大门,卷棚顶,院内正房面阔五间,保存一般,尚有一位老人居住。正房的后面有 1 座近代建筑风格的大门,门内建筑全部坍塌,推测为大队部所在地。老宅院 2 位于主街中部西侧,一进院,广亮大门,保存较差,门扇上方的楣板尚存有人物、静物彩绘。

堡内居民以庞姓为主,旧时居住有 400 余人,现大多数居民外迁,现在仅有 9 户居住。

三、寺庙

据当地 67 岁庞姓长者回忆,天照疃北堡曾建多座庙宇,有和尚庙、梓潼庙、真武庙、泰山庙、大寺、五道庙、关帝庙/观音殿、戏楼,此外堡内西北角内还有 1 座庙,名称未知(彩版 20-5)。这些庙多于 20 世纪六七十年代拆毁。

和尚庙 位于关帝庙东南,现已无存。

梓潼庙 位于南门顶,现已无存。

真武庙 位于北墙顶,现已无存。

泰山庙 位于堡外西南,每年四月十七有庙会,现已无存。

大寺 位于堡外东南,旧时为寺庙群,里面建有龙神庙、阎王殿等,每年都举办庙会。大寺前面有面北的戏楼,现已无存。

五道庙 位于堡内主街西侧,现已无存。

关帝庙/观音殿 位于堡南门外,正殿面阔三间,硬山顶,进深六架梁出后檐廊。殿内采用隔墙隔南北两殿,面南为关帝庙,面北为观音殿。殿体坍塌严重,南半檐顶坍塌,南墙半塌,北墙已封堵,山墙山花损毁。殿内隔墙已拆,内壁曾涂刷白灰浆,壁画漫漶。殿宇已改造为民宅,且废弃。顶部脊檩上存有彩绘《八卦图》。

戏楼 位于南门外东侧,观音殿北侧对面,坐北面南,为蔚县少数坐北面南的正座戏楼之一。戏楼坐落在高 1.5 米的砖石台明之上,台明外立面包砌青砖,顶部四周铺条石,面阔三间,卷棚顶,前檐柱 4 根,金柱 2 根,柱下石鼓柱础。屋檐多坍塌,隔扇无存。前台两侧墙体绘西式楼阁题材壁画,为民国时期作品。壁画破坏严重,保存差,表面涂刷白灰浆,且壁画大面积脱落无存。山尖绘鞍马人物画。后台题壁有"同治七年六月十八唱戏"等字样。戏楼西侧有两株大柳树。

第五节 沙河北村

一、自然环境与人文历史

沙河北村位于天照疃北堡东南侧。沙河北、沙河南、天照疃南、北堡 4 座村庄连接在一起,形成了一片规模很大的村落,旧时统称为天照疃。据当地长者回忆,沙河北、沙河南两个自然村村民大部分来自天照疃南堡,原是天照疃的东庄,由南堡庞姓居民迁出后所建,后又分为南、北两个大队。

如今村中尚有村民 200 余人居住,庞姓为大姓。村庄内民宅大部分为新建的房屋,土旧房很少,村中有一片小广场,一条南北主街贯穿,街两侧有几条东西巷。其间零星残存几座老宅院。

老宅院 1 位于村庄内东西路(路口正对北堡东南角)的西口内北侧,大门无存,仅存正房,保存较好。

二、寺庙

据当地长者回忆,沙河北村仅修建 1 座五道庙。其位于南北主路和东西路(路口正对北堡东南角)交汇处丁字路口的北侧,紧邻民宅的院墙,拆毁于 20 世纪 50 年代,现今仅存基础。

第六节 沙河南村

一、自然环境与人文历史

沙河南村位于天照疃南堡东南侧,沙河北村南。

如今,村庄被一条南北主街贯穿,街两侧有几条东西巷,其中最早的东西街道的西尽头即为南堡北墙外侧,这条街两侧土旧房较多,推测为老村庄所在地。村中民宅以新房为主,居民较多。以庞姓为主。

二、寺庙

据当地长者回忆,沙河南村仅修建1座五道庙,现已无存。

第七节　北柳枝水村

一、自然环境与人文历史

北柳枝水村位于白乐镇西偏北5.3公里处,属丘陵区。村庄选址在平地上,周围地势平坦,一马平川,村南为宽阔而浅的河道,为壶流河支流,当地称为南河,其流向是从樊庄—三河碾—北柳枝水,其中樊庄村西是水源。河道水量大,两岸辟有大面积的耕地,为壤土质。1980年前后有794人,耕地3 111亩,曾为北柳枝水大队驻地(图20.12)。

相传,明万历十年(1582)建村于柳树成荫、溪水畅流之地,取名大柳枝水,后分成南北两村,居北者为北柳枝水。村名最早见于《(顺治)蔚州志》,作"柳子水堡",《(乾隆)蔚州志补》作"大柳子水",《(光绪)蔚州志》沿用,《(民国)察哈尔省通志》作"北柳子水"。

如今,村庄规模大,分为新、旧两部分,南面为旧村,北面为新村。村中居民多,村民以李、王姓为主,居民原住在堡内,后陆续搬至堡北的新村。新村规模大,两条南北主街结构。新村西南部修建有近代建筑风格的剧场,现已废弃,改造为羊圈,剧场内尚存"文革"时期的标语。

二、城堡

(一)城防设施

北柳枝水村堡,位于旧村中,据当地80岁李姓老人回忆,城堡开东、南门,砖石拱券门。20世纪六七十年代时将堡门拆除。东门现为缺口,东门外有近代影壁。影壁采用青砖砌筑,硬山顶。南门现为缺口,门外有高台,台下有台阶,应为观音庙遗址,如今在台上修建影壁(图20.13)。

堡墙均为黄土夯筑,现已无存,为民宅或道路。堡墙损毁较早,80岁老人记忆中未见过堡墙。虽然堡墙损毁无存,但格局尚存。城堡平面大致呈矩形。堡内平面布局为南北

图 20.12　北柳枝水村古建筑分布图

双十字街结构。

北柳枝水烽火台　位于北柳枝水村堡西南角外,台西、南侧为河道。台体平面呈矩形,保存较好,壁面斜直,体量大,高 8 米,中间长有大树,东面台体上有台阶可登顶。

（二）街巷与古宅院

堡内民宅以土坯修建的房屋为主,多废弃,坍塌,尚有人居住的房屋多已维修。堡内外尚保存有数座老宅院。东门内主街北侧有 3 座老宅院,分别为老宅院 1、2 和 198 号院,3 座宅院相邻,均为一进院,从建筑形制上看,为近代建筑,结构简单,装饰较少。198 号院大门已倾斜、坍塌。老宅院 2 内的正房保存较好,门厅为退金廊。老宅院 3 位于南墙东段内侧,一进院,保存较好,券形门洞,顶上砌有瓦花,正房门上饰有木雕。老宅院 4 位于南墙西段外侧,一进院,宅门雀替木雕装饰尚存,门内北侧墙壁上尚存有《捷报》,依稀可见"贵府赵""钦命顺府戊子""谨此驰报"等字样,从《捷报》内容得知,此院为赵氏宅院。老宅院 5 位于老宅院 4 南侧,紧邻河道边,仅存大门,院内已为荒地。老宅院 6 位于老宅院 5 东侧,一进院,保存较好。老宅院 7、8 位于烽火台北侧,均为近代风格建筑的大门,一进院。

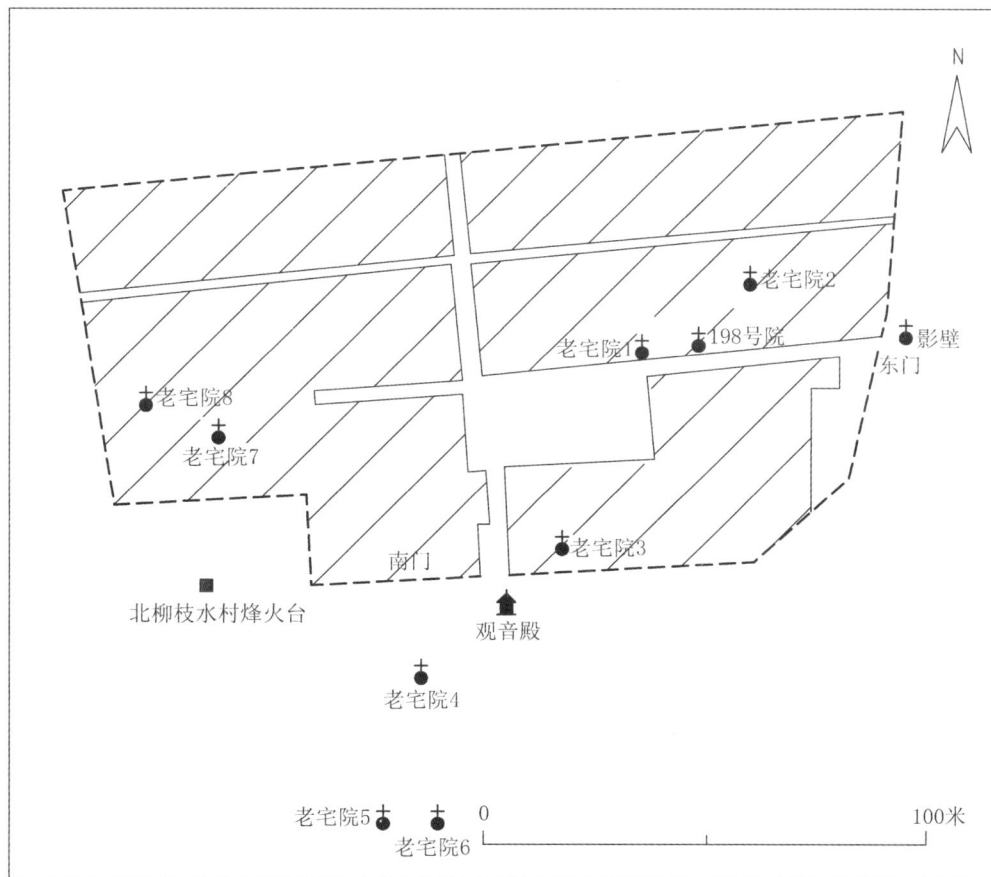

图 20.13　北柳枝水村堡平面图

三、寺庙

据当地 80 岁李姓老人回忆,城堡内外曾修建有多座寺庙。堡南门外为观音殿,堡内西南修建有龙神庙,关帝庙在北墙下,旁边为五道庙。上述庙宇于 20 世纪六七十年代拆除。

第八节　南柳枝水村

一、自然环境与人文历史

南柳枝水村,位于白乐镇西偏南 5.5 公里处,属河川区与丘陵区过渡带。村庄选址修建在平地上,周围地势平坦,一马平川,为黏土质,辟为大面积的耕地。村东、西河流较多,为壶流河的支流。村西大部呈盐碱性。1980 年前后村中有 1 180 人,耕地 2 916 亩,曾为南柳枝水大队驻地。如今,村庄规模很大,南面为新村,北面为旧村。居民多,以李、赵姓为主,约有 1 500 余人。232 乡道穿村而过(图 20.14)。

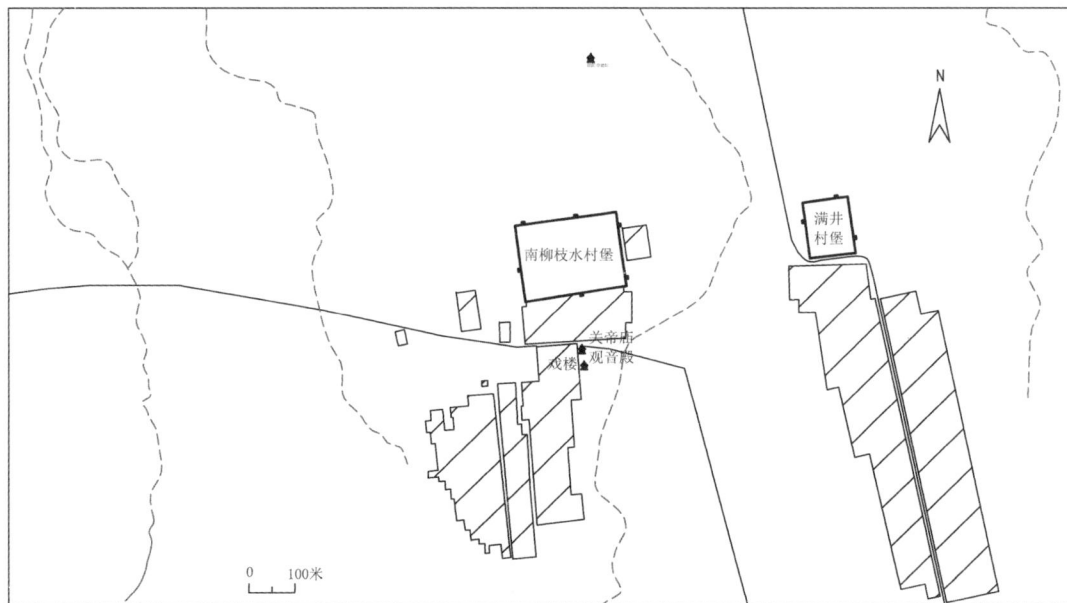

图 20.14　南柳枝水村古建筑分布图

村名来历与沿革和南柳枝水村相似,因居南称南柳枝水。

二、庄堡

南柳枝水村旧村原由大堡、小堡、南庄三部分组成。小堡位于现大堡东侧,旧时先修建小堡,随着人口的繁衍生息,小堡内人满为患、日渐狭小,于是修建大堡,但随着太平盛世的到来和人口的持续增加,又在堡外建起南庄。

(一)南柳枝水村堡(大堡)

1. 城防设施

位于村庄北部旧村中,保存较好。城堡平面呈矩形,周长约 776 米,开南门,堡内平面布局为双十字街结构。南门外为关厢(南庄),南北主街结构(图 20.15)。

城堡南门,堡门建筑高大、雄伟,保存较好(彩版 20-6)。南门为砖石拱券结构,基础为 7 层条石砌筑,上面青砖起券,墙体收分明显。外侧门券三伏三券,上出二层伏檐。门券拱顶上方镶嵌三枚门簪,门簪上镶嵌石质门匾(拓 20.2),竹节框,正题“平安门”,起款“蔚州东乡柳子水堡”,落款为“大明嘉靖二十八年己酉年季春月吉日立”。门匾两侧各嵌 1 块

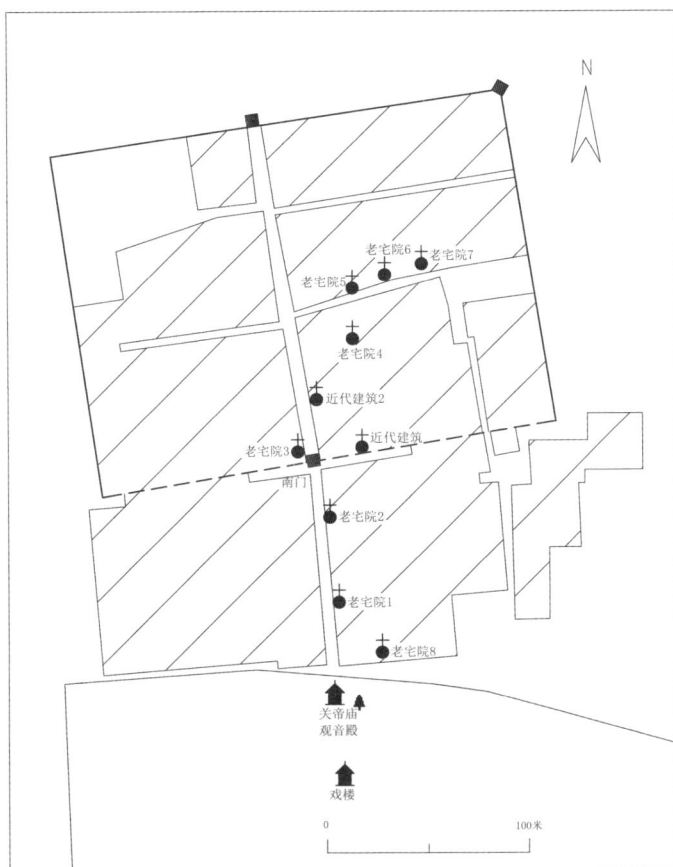

图 20.15　南柳枝水村堡平面图

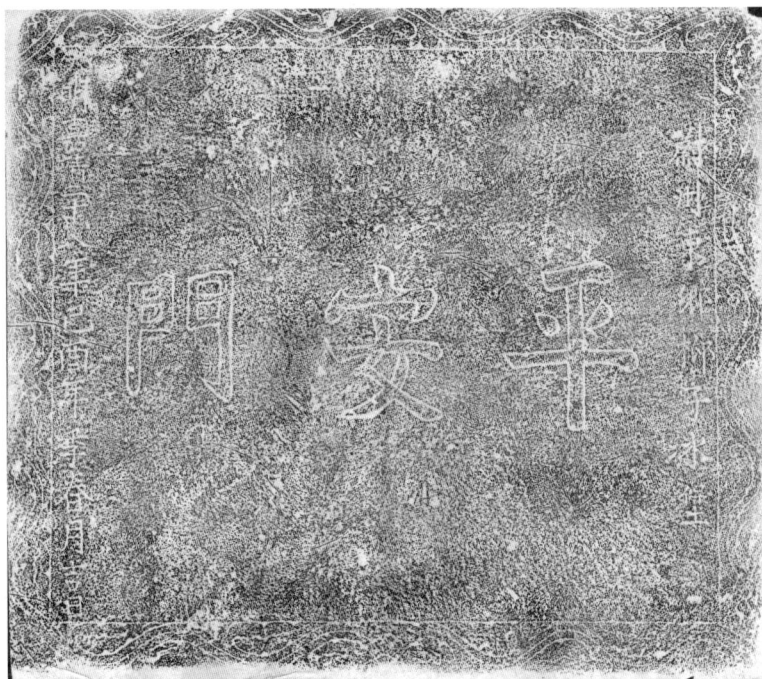

拓 20.2　白乐镇南柳枝水村堡南门门额拓片(蔚县博物馆　李新威　提供)

砖雕装饰，匾东者刻象，匾西者刻狮子；两侧门颊上也各饰有 2 块砖雕花，东刻"天马行空"，西刻"犀牛望月"，下面东刻猴，西刻鹿。内侧门券亦为三伏三券，上出二层伏檐。门券拱顶上方镶嵌砖制阳文门匾，上书"仁为美"。门顶为砖券顶，外侧门券内顶部尚存两个"星池灭火"的孔洞。门扇无存，仅存过门石，门道为土地面，门内为宽阔的南北主街。

堡墙均为黄土夯筑，保存较差。东墙长约 167 米，墙体保存较差，墙体低薄，多坍塌，墙体修建在台地上，外侧总高 5～6 米，墙体自身高 0～2 米，墙体内侧为民宅，外侧为顺墙土路。南墙长约 222 米，东段保存较好，墙体高厚，内高 2～5 米，墙体内侧为顺城路和民宅，外侧为房屋；南墙西段保存较差，墙体破坏严重，高 0～2 米，内侧为道路和民宅，外侧为民宅。西墙长约 169 米，中、南部破坏严重，保存较差，墙体多坍塌成斜坡状，上面修建房屋，墙体高 4～6 米，墙体内侧为民宅，外侧为荒地和耕地；西墙北部墙体保存较好，墙体修建在台地上，外侧总高 6～10 米，但是墙体自身高度并不高，高 2～5 米。北墙长约 218 米，墙体破坏严重，外侧多坍塌成斜坡状，总高 6～7 米，内侧高 6～7 米，墙内为民宅和荒地，外侧为荒地和耕地；北墙西段保存较低，现存呈斜坡土垅状，高 3～4 米；北墙中部设有马面，高 5～6 米，方形，保存较好，马面外侧为荒地，北墙外尚存壕沟；北墙东段保存较低，高 3～4 米，墙体坍塌严重。

东南角及部分南墙无存，为民宅占据。西南角未设角台，仅存 4 米高的转角，保存较差，破坏严重。西北角修建在台地上，坍塌严重，现存为斜坡，外侧总高 6～7 米。西北角内侧为大面积的荒地。东北角设 135° 斜出角台，高 4～5 米，保存较差。

2. 街巷与古宅院

堡内居民以李、赵姓为主，旧时堡内有四五百人。南门内主街宽阔，保存较好。堡内民宅以土坯修建的房屋为主，新房较少，老宅院较多。

南顺城街 即南墙内侧街道，东段尽头处有 1 座近代风格建筑大门，保存较好。

正街 即南北主街。老宅院 3 位于西侧，一进院，保存较好，院内正房后墙表面贴青砖，墙体雄伟、高大。对面街东侧有 1 座近代风格大门。老宅院 4，位于主街东侧一条巷内尽头北侧，一进院，保存较好。

前街 即南十字街东西街。东街路北有 3 座相邻的老宅院，保存较好，原为两进院，现均已打通成一进院。老宅院 5，广亮大门，硬山顶，门外设八字墙，屋檐下的木雕装饰已破坏，门楼墀头上各雕一个"福"与"禄"。老宅院 6，广亮大门，屋檐梁架上的装饰无存。老宅院 7，广亮大门，门前保存有抱鼓石，院内新建二道门。

（二）南柳枝水村小堡

位于大堡东墙外侧，修建时间早于大堡。小堡平面呈矩形，开南门，名"永定门"。城堡及堡内寺庙于 20 世纪六七十年代拆毁。

（三）南庄

位于大堡南门外侧，即关厢部分，南北主街布局，主街街面宽阔，两侧分布有新、旧房屋，以新房为主。尚存 3 座老宅院。

老宅院 1　位于南门外主街东侧，保存较好，一进院。

老宅院 2　位于南门外主街东侧，保存较好，一进四合院布局。宅门开于院东南角，东面西，广亮门，硬山顶，山墙垂悬鱼，门内墙壁尚存毛主席语录，保存较好。门内正对1 座影壁，影壁正面采用菱形方砖铺设，影壁正中写一个大大的"福"字，檐下砖仿木装饰保存较好。院内砖铺地面，正房、东西厢房保存较好，正房门窗已改造。

老宅院 8　位于南庄南口东侧，一进院，保存较好。

三、寺庙

据当地长者回忆，城堡内外曾修建有五道庙（3 座）、玉皇庙、真武庙、龙神庙、弥陀寺、关帝庙/观音殿、戏楼。寺庙拆毁于"文革"时期，将材料用于修建剧场。庙内曾有多通石碑，现均无存。

五道庙　共 3 座，分别在大堡内、南庄、小堡内，现已无存。

玉皇庙　位于大堡北墙下，现已无存。

真武庙　位于堡内东北角，现已无存。

龙神庙　位于东南角外，现已无存。

弥陀寺　俗称后寺，位于北墙外不远处的耕地之中。寺院占地 5 782 平方米，规模大，曾修建有七八座院子，1965 年拆除，目前仅存遗址。

关帝庙/观音殿　位于南门外，北面正对南门，南面正对戏楼。尚存正殿，面阔三间，卷棚顶，进深六架梁，中间用隔墙隔为两殿，面南为关帝庙，面北为观音殿。殿已改作村磨坊，门窗和屋顶全部改造。

戏楼　位于南门外，关帝庙南侧。保存较好，坐南面北，对面 30 米为关帝庙。戏楼面阔三间，卷棚顶，进深六架梁。从戏楼的梁架结构上看，戏楼修建时间较短，结构简单，用材纤细较差，推测为民国时期的建筑。戏楼基础较高，砖石台明前高 1 米，后高 2 米，台明除正面包砖外，其余立面包砌条石，顶部四周铺条石，其余为砖铺地面，前后台置通天柱，前台鼓形柱础。戏楼山墙为土坯垒砌，外部表砖，砖雕番草山花。戏楼内两山墙绘民国时期的西式楼阁壁画。壁画表面为白灰浆所覆盖，漫漶不清。戏楼对面为小广场，水泥地面，并长有一株大树。戏楼西侧为村委会。

第九节 满 井 村

一、自然环境与人文历史

满井村位于白乐镇西偏南4.9公里处,属丘陵区。地势较平坦。为沙土质,大部呈盐碱性,周围辟为耕地。1980年前后有487人。耕地1 217亩,曾为满井大队驻地。如今,村庄规模较大,南北狭长,南面为新村,北面为旧村,新村口修有影壁。220乡道水泥路从村中间南北穿过。村内民宅分布较散乱。

相传,明嘉靖十一年(1532)建村,因附近有一眼井,水常外溢,故取村名满井。村名最早见于《(乾隆)蔚州志补》,作"满井儿",《(光绪)蔚州志》作"满井",《(民国)察哈尔省通志》作"满井村"。

二、城堡

满井村堡,位于村庄北部旧村中。城堡修建在平地上,周围地势平坦,一马平川,西侧不远处为东南—西北向河道,为水头,流向西北方,属壶流河支流。城堡平面呈矩形,周长约446米,开设南门,堡内平面布局为南北主街,并有3条东西向横街(图20.16)。

城堡南门建筑无存,现为缺口。据当地长者回忆,堡门原为砖石拱券结构,20世纪60年代拆除。

堡墙均为黄土夯筑,年久失修,自然坍塌,保存较差。东墙墙体破坏严重,现存为斜坡状土垅,高1~4米,上面和内侧修建民宅,外侧为玉米地。南墙无存,为民宅院落占据,墙体内侧为民宅,外侧为水泥路。西墙长约122米,保存差,墙体低薄,高1~5米,墙体内侧为耕地和民宅,外侧为玉米地。北墙长约104米,保存较差,墙体多坍塌成斜坡状,外侧总高5~6米,墙体高3米,内侧为民宅,外侧为荒地和耕地,并长有不少树木。

东南角无存,为民宅占据。东南角无存。西南角无存,现为耕地。西北角未设角台,仅存转角,外侧总高5米,墙体高3米。东北角现存为转角,外总高5~6米,墙体高3米,角台上长有树木。

堡内民宅分布较乱。居民较少,堡内仅几个人居住,旧时曾居住有180余人,以李、赵姓为主。民宅以土坯修建的房屋为主,大部分居民都搬迁到新村居住。

堡内老宅院数量较少,破坏严重。老宅院1、2位于西侧,均为一进院,保存较好。老宅院3位于主街北端,一进院,保存较好。老宅院4位于主街中部东侧横街,已废弃,原为前后两进院,现墙体多坍塌,仅存后院正房,门厅退金廊,保存较好。

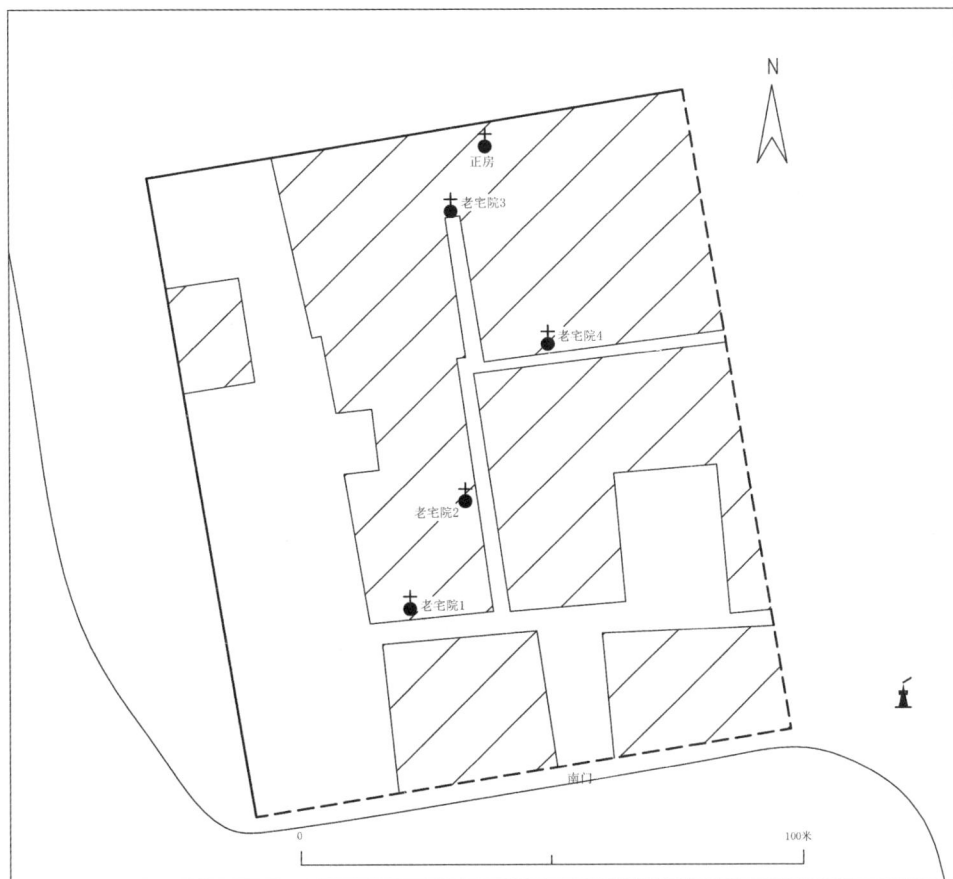

图 20.16　满井村堡平面图

三、寺庙

据当地长者回忆说，城堡内外曾修建多座庙宇。城堡东南角外修有关帝庙，对面有戏楼，1958 年拆除。龙神庙在堡南墙外侧。堡内有五道庙，正对堡门。堡东墙外有土神庙，西南角外也有 1 座寺庙，名称记不清。寺庙建筑拆毁于 20 世纪六七十年代。

第十节　东 樊 庄 村

一、自然环境与人文历史

东樊庄村，位于白乐镇西偏南 4.1 公里处，属丘陵区。村庄选址修建在平地之上，周围地势平坦开阔,一马平川,为沙土质,辟为耕地,略呈盐碱性。1980 年前后有 1 188 人,耕地 4 775 亩,曾为东樊庄大队驻地(图 20.17)。

图 20.17　东樊庄村古建筑分布图

　　如今,村庄规模大,南北长,东西短。南面为新村,民宅以新房为主,居民多,东西向的152 乡道(连接西合营、白乐镇间的主干线)从南部穿过村庄。232 乡道南北贯穿村庄,路西侧为村委会大院。此外新村中还有 3 条南北向主路。旧村在新村的西北部。

　　相传,明末建村。因樊姓居多,取名樊庄。后为区别于本县的南、北樊庄,更名为东樊庄。村名最早见于《(乾隆)蔚县志》,作"东樊家庄",《(乾隆)蔚州志补》沿用,《(光绪)蔚州志》作"东樊庄",《(民国)察哈尔省通志》沿用。

二、城堡与寺庙

东樊庄村现存有 2 座城堡,位于村庄北部旧村中。

(一) 东樊庄村堡 (大堡)

1. 城堡

东樊庄村堡(大堡),位于 232 乡道水泥路西侧,隔乡道与小堡相望。选址在平地之上。城堡规模较大，平面呈矩形，复原周长约 460 米，开东门，堡内平面布局为东西主街结构（图 20.18）。

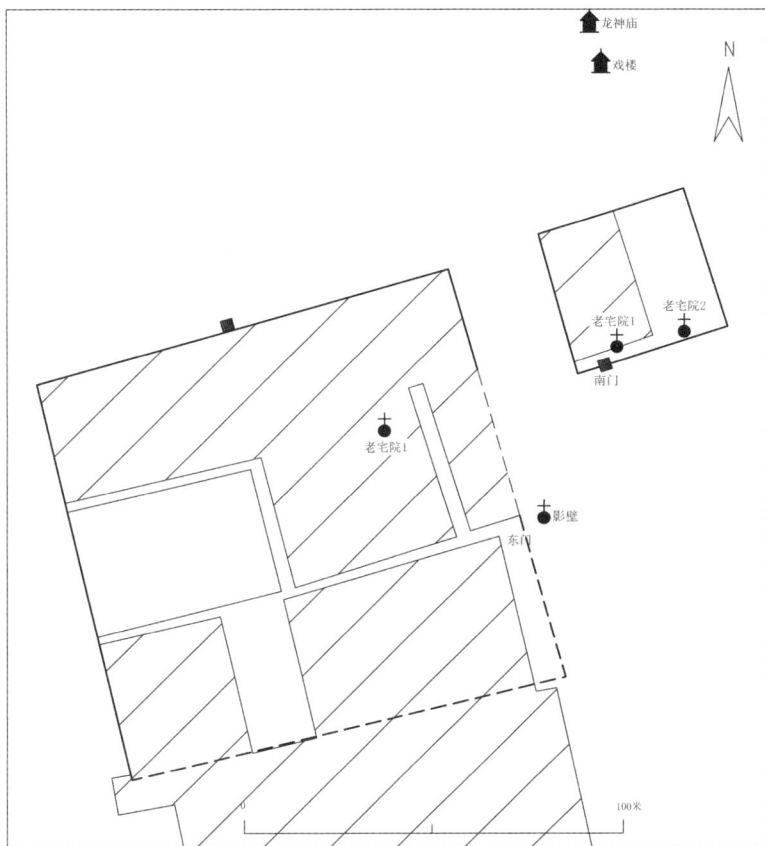

图 20.18 东樊庄村堡平面图

城堡设东门，堡门建筑无存，现为缺口，据当地 60 岁的傅姓长者回忆，1917 年当地爆发洪水，将堡门冲毁，冲至尹家皂。门外设影壁，影壁也是在原来基础上用土坯修建的简易影壁。

堡墙均为黄土夯筑，保存差。东墙复原长约 114 米，墙体仅存东北角附近一小段墙体，高 4～5 米，大部分墙体无存，现为民宅和平地。南墙复原长约 123 米，墙体无存，为民宅占据。西墙复原长约 108 米，墙体破坏严重，多坍塌成土坡，个别地方为民宅所侵占，高 0～5 米，内侧为民宅，外侧为耕地。北墙复原长约 115 米，墙体坍塌呈斜坡状，高 4～5 米，内侧为民宅，外侧为道路。北墙中部设有 1 座马面，保存较好，高 7～8 米。

东南角无存。西南角保存较差，仅存 3 米左右高的转角墙体，内外侧为民宅。西北角外有新建的水房。东北角未设角台，为转角，高 5 米，现存为基础，上面修建房屋，外侧为道路。西北角未设角台,为转角,高 4～5 米,破坏较为严重,现存为基础。

东门内为东西主街及南北向小街,街道较窄。堡内新、旧房均有分布,以土坯修建的房屋为主,居民少,房屋多废弃、坍塌,老宅院较少。主街北侧有 1 座废弃的老宅院 1,保存较好,原为前后院,但现仅存后院。村中居民旧时以樊姓为主,现以何、杜姓为主,有 1 170～1 180 人。

2. 寺庙

据当地 60 岁的傅姓长者回忆,东樊庄村堡曾建有玉皇庙、真武庙、三官庙、五道庙、魁星阁、神龛、阎王殿、关帝庙、戏楼。上述庙宇大部分拆毁于 20 世纪六七十年代之时。

玉皇庙　位于堡西北外,现已无存。

真武庙　位于北墙马面顶部,现已无存。

三官庙、五道庙　位于北墙外,现已无存。

魁星阁　位于东门顶,现已无存。

神龛　位于东门外影壁上,影壁上有五个庙龛,为火神、梓潼、财神等,现已无存。

阎王殿　位于村南村委会,现已无存。

关帝庙　位于东樊庄村南侧村委会院内,坐北面南,现存前殿、正殿与东配殿。院内长有一株松树。

前殿,坐北面南,面阔三间,硬山顶,梁架与山墙尚存,前檐额枋上有民国时期的彩绘,脱落严重,漫漶不清。屋顶与门窗已改造,现为村委会的办公场所。

正殿,坐北面南,面阔三间,硬山顶,进深五架梁。两侧墀头戗檐砖雕松树、鹿、猴、蜂、鸟等。殿内墙壁曾涂刷白灰浆,脱落处露出下面的壁画,由于吊顶原因,山尖壁画部分保存较好。

东配殿,坐东面西,面阔三间,单坡顶,三檩二挂。保存状况较差,墙体曾改造。

戏楼　位于东樊庄村南部村委会院内,坐南面北,已废弃,保存较好,对面为关帝庙(彩版 20-7)。戏楼坐落在高 1.2 米的台明上,台明外立面包砌毛石,多有坍塌成斜坡。戏楼面阔三间,卷棚顶,进深六架梁。梁架用材差,较纤细,梁架较简单,未置二架柁。大柁上为金、脊瓜柱,前檐柱 4 根,金柱 2 根,柱下古镜柱础。前檐额枋尚存彩绘。戏楼内前台两侧墙壁上尚存有民国时期的壁画,壁画表面多为白灰覆盖,漫漶不清,山尖绘"踏雪寻梅"等文人水墨画。戏楼保存较差,屋檐大部分坍塌,屋顶中、西部坍塌,西、南墙部分墙体坍塌,且南墙曾加以改造,加开窗户,戏楼内已废弃,长满杂草,堆放杂物。

(二)小堡

1. 城堡

小堡位于水泥路东侧,城堡平面呈矩形,城堡规模小,周长约 160 米,开南门,堡内平面布局为南北主街结构。保存较好。

南门为在南墙中部偏西的位置上掏挖的门洞,规模较小,砖石拱券结构,基础为条石修砌,上面青砖起券,内外三伏三券,券高 2.3 米,顶部为券顶(彩版 20-8)。近代曾经对南门加以改造,门外两侧砌有近代风格建筑的砖砌柱子,门道地面内铺条砖,外铺石板。二扇木门扇尚存。南门外旧时建有真武庙,现为遗址。

堡墙均为黄土夯筑,墙周长约 160 米。现存墙体外高 6~8 米,内高 8~10 米,近乎原高,壁面斜直,墙体高大,保存较好。

小堡内布局按蔚县老宅院布局而建,据当地长者回忆,小堡曾是村中富人为躲避匪患而修建。堡内原有 2 户居民居住,现存东西 2 座老宅院,均为两进院。东侧院宅门为三檩悬山门楼,门体倾斜、坍塌,正房五间,单檐硬山顶,西厢房三间,单坡顶。宅院已废弃。西侧院保存较好,随墙门,硬山顶檐下砖雕仿木结构尚存,上面还有近代加修的五角星门脊,门内为一户居民。民宅改建供销社,正房面阔五间,西厢房四间。解放后将西院作为大队部使用,后又改为供销社,现供销社改为商店。

2. 寺庙

据当地 60 岁的傅姓长者回忆,小堡南门外旧时建有真武庙,堡外北侧修有龙神庙和戏楼。

龙神庙 位于小堡北墙外侧,寺庙选址修建在平地上,周围为玉米地。寺庙规模较大,基础较高,高出周围地面将近 2 米,庙宇的山门、围墙、正殿等建筑全部无存,仅存基础。

戏楼 位于小堡北墙外正北 1 块台地上,龙神庙南侧,坐南面北,保存较好(彩版 20-9)。戏楼基础高 1 米,台明外立面包砌砖石。戏楼面阔三间,卷棚顶,进深六架梁。前檐柱 4 根,金柱 2 根,柱下古镜柱础。前檐额枋尚存有民国时期的彩绘,多脱落,保存较差。戏楼内的墙壁上保存有民国时期的壁画,保存较差,表面多脱落或为覆盖白灰浆。隔扇全毁。山尖绘画保存较好,绘"渔、耕、樵、读"水墨画,脊檩上彩绘《八卦图》。戏楼保存较差,后墙坍塌一半,顶部坍塌三分之二。

第十一节　尹 家 皂 村

一、自然环境与人文历史

尹家皂村位于白乐镇西偏北 3.6 公里处,属丘陵区。村庄周围地势平坦、一马平川,无较大的冲沟,为壤土质,辟为大面积的耕地。1980 年前后有 250 人,耕地 920 亩,曾为尹家皂大队驻地。如今,村庄规模小,分为新、旧两部分,新村在东侧,南北主街结构,旧村在西部,即城堡所在地。当地居民旧时以尹姓为主,现以王姓为主,现有 200 余人(图 20.19)。

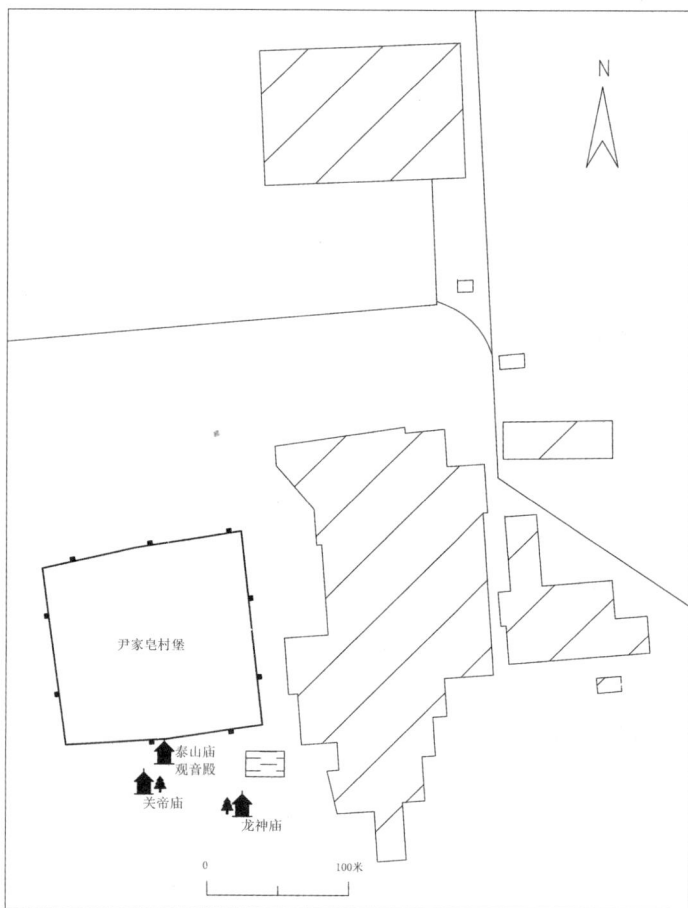

图 20.19　尹家皂村古建筑分布图

相传,明嘉靖十三年(1534)建堡。因尹姓人主居,且曾屯驻官府兵马,故取村名尹家皂,为蔚县九皂十八疃之一。村名最早见于《(正德)宣府镇志》,作"君家皂堡",《(嘉靖)宣府镇志》作"尹家",《(崇祯)蔚州志》作"尹家皂堡",《(顺治)云中郡志》作"尹家早堡",《(顺治)蔚州志》作"尹家皂堡",《(乾隆)蔚县志》作"尹家皂",《(光绪)蔚州志》作"尹家灶",《(民国)察哈尔省通志》作"尹家皂"。

二、城堡

(一) 城防设施

据《(民国)察哈尔省通志》记载:"尹家皂堡,在县城东五十五里,明嘉靖十三年土筑,清光绪二十四年、民国十四年重修二次,高三丈,底厚五尺,面积十五亩,有门一,现尚完整。"[1]尹家皂村堡今位于村西部旧村中,城堡保存一般,平面呈矩形,周长约 552 米,开南门,堡内平面布局为南十字街、北丁字街结构(图 20.20)。

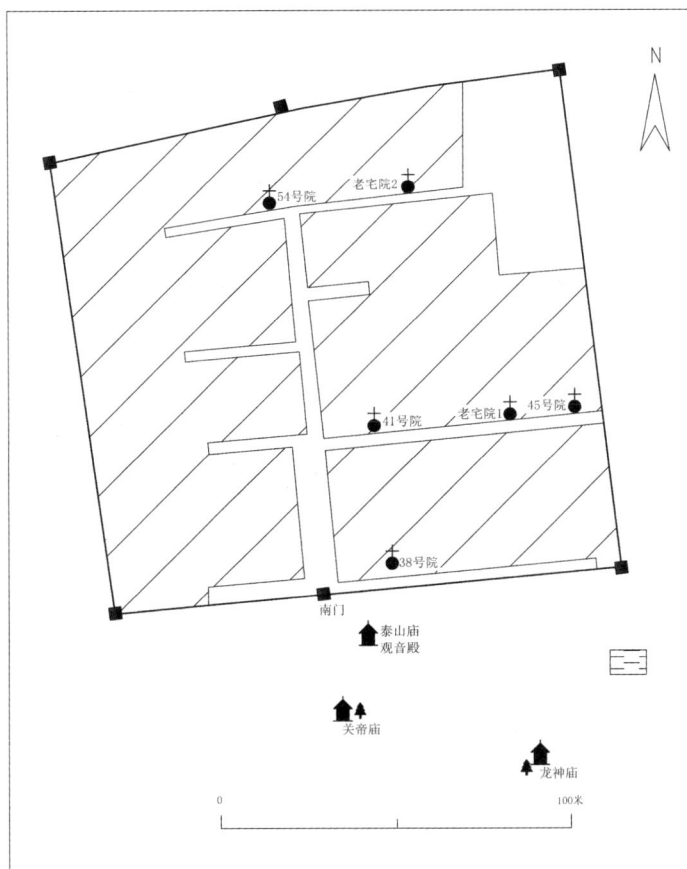

图 20.20　尹家皂村堡平面图

城堡于南墙中部开设南门,堡门砖石拱券结构,基础为条石,上部青砖起券,外侧两伏两券,内侧及顶部原为拱券结构,现改为木梁架结构(彩版 20-10)。门道为自然石铺成的路面。

堡墙均为黄土夯筑,夯层厚 20 厘米,保存较好,墙体高厚、宽大,气势雄伟。东墙长约 141 米,修建在台地上,墙体外侧高 8~10 米,中间有局部坍塌形成的缺口,内侧高 2~10 米,局部有坍塌;内侧为民宅道路和荒地,外侧为荒地和新村。南墙长约 139 米,修建在地势相对较高的台地上。南墙东段外高 8~10 米,内高 6~7 米,墙体高度几乎为原高。南墙外侧为顺城土路,土路下是旧时自然石铺成的路面,保存较好;南墙内侧为顺城道路

〔1〕 宋哲元:《(民国)察哈尔省通志》,国家图书馆藏 1935 年铅印本,第 7 页。

和民宅。西墙长约 130 米,修建在台地上,外侧总高 10 米以上,墙体自身 6～8 米,保存较好,壁面斜直,墙体高厚、宽大,几乎为原始高度,顶面较平,有坍塌形成的缺口。北墙长约 142 米,外侧总高 8～10 米,墙体高 4～5 米。近为原高,墙体高厚,北墙外侧墙体多坍塌成斜坡状,保存较好,内侧为民宅,外侧为大面积的耕地。北墙中部设有马面,马面体量大,和堡墙同高,上面长有 1 株大树。

东南角设 90°直出角台,体量很大,保存较好,高近 10 米。东南角外有干涸的水坑,周围长满高大的杨树。西南角设 90°直出角台,高 10～12 米,为原高,保存较好。西北角设 90°直出角台,高 10 米,保存较好。东北角设 90°直出角台,高 10 米,体量很大,保存较好。东北角台顶部尚存垛口墙基础,角台顶部面积大。东北角内侧保存有斜坡状马道,马道顶部宽 2～2.5 米,体量大,保存较好。且内侧没有民宅遗存,为大面积的荒地。

(二)街巷与古宅院

堡内民宅以土旧房为主,尚存多座老宅院。

顺城街　即南墙内侧墙下街道。38 号院,位于南墙东段内侧,清末民初时期建筑,两进院。广亮门楼,硬山顶,山墙脊下悬砖雕垂花柱,墀头挑檐木上的戗檐有砖雕蝙蝠、莲花瓣与菊花,三颗门簪顶端木雕各异,宅门楣板上残存有"文革"时期的两幅毛主席语录。门脊檩上有彩绘的《八卦图》,院内倒座房尚存。

前街　即南十字街东西向街道。北侧尚存 3 座老宅院,分别为老宅院 1 和 41、45 号院。41 号院原为前后两进院,现为一进,大门为近代风格建筑,结构简单,门道为自然石铺成。老宅院 1 为一进院,近代风格大门,结构简单。45 号院为一进院,保存较好,院内仅存正房和东西厢房。

后街　即北丁字街东西向街道。54 号院,位于西街,清末民初时期建筑,一进院,广亮门楼,硬山顶,门外侧墙壁上残存有《捷报》。院内正房五间,脊顶有砖雕装饰。院中有两位老人居住,其中一位叫王世敏。老宅院 2 位于东街,一进院,宅门保存较好,悬鱼尚存。

三、寺庙

据当地 60 岁的王姓长者回忆,城堡内外曾修建有泰山庙/观音殿、真武庙、五道庙(4 座)、戏楼、关帝庙、龙神庙。寺庙均于 20 世纪六七十年代拆毁。

泰山庙/观音殿　位于南门外,每年四月十八为泰山庙庙会。现已无存。

真武庙　位于北墙马面顶部,现已无存。

五道庙　共 4 座,1 座位于东墙外中部,另外 3 座分别在堡内北部、西部和东北角,现均已无存。

戏楼　位于堡内十字街口,面北,现已无存。

关帝庙 位于城堡南门外,现存 1 座台明,其南侧长有一株松树。关帝庙的山门、院墙正殿已无存,基础使用许多石碑,石碑字迹漫漶,以《布施功德碑》为主。

龙神庙 位于城堡南门外东南方,现为遗址,仅存基础,高约 0~2 米,周围有 4 株大松树。

第十二节　三 河 碾 村

一、自然环境与人文历史

三河碾村位于白乐镇西偏北 4.5 公里处,属丘陵区。村庄选址修建在平地之上,周围地势平坦,为壤土质,辟为大面积的耕地,村西紧邻河道,为壶流河支流,水量大,河道内开辟大面积的水稻田。1980 年前后有 540 人,耕地 1 292 亩,曾为三河碾大队驻地。

如今,村庄规模较大,现为新村,居民较多,尚有 600 余人居住,村民以李姓为主。新村为东西主街结构,东村口有 1996 年新修的影壁。村中部有一小广场,广场南侧为卫生站,北面为村委会,西侧有清代的墓碑。旧村在新村西侧坡下河边,靠近河道,临水而居,解放后陆续搬迁。关于三河碾的由来,70 岁的老人回忆,村西三条河(如今尚能看到二条河的影子,另一条河已成为田地)交汇处有 3 座油坊,但只有一个碾盘。

相传,明万历年间建村,据村中有三盘碾,取村名为三合碾,后演变为三河碾。村名最早见于《(民国)察哈尔省通志》,作"三河碾"。

二、寺庙

据当地 70 岁长者回忆,村庄修建有三官庙,位于村西河边,三条河交汇处,旁边修建有五道庙。20 世纪六七十年代村民将庙拆毁。

第十三节　统 军 庄 村

一、自然环境与人文历史

统军庄村位于白乐镇西偏北 2.7 公里处,属丘陵区。村庄选址修建在平地之上,周围地势平坦开阔,一马平川,大部为壤土质,辟为大面积耕地。村东侧有河道,为壶流河的支流之一,东北侧有水库。1980 年前后有 1 117 人,耕地 3 534 亩,曾为统军庄大队驻地。

如今,村庄规模大,居民多,村民以田姓为主,现有1 300余人,民宅以新房为主。村庄分为新、旧两部分。旧村在东北部,即为村堡所在地,基本与新村融为一体(图20.21)。232乡道穿村而过。

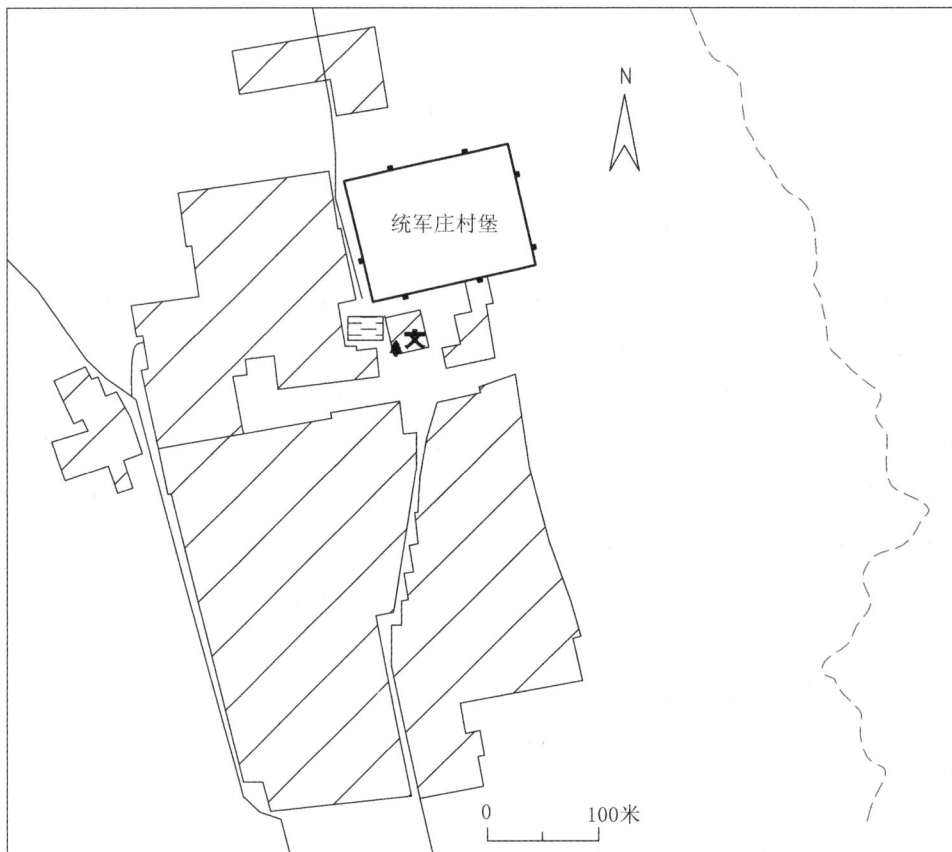

图20.21　统军庄村古建筑分布图

相传,明洪武四年(1371)建堡,据传,燕王朱棣扫北时,有一将军曾驻扎于该村,故取村名统军庄。村名最早见于《(顺治)蔚州志》,作"统军庄堡",《(乾隆)蔚县志》作"统军庄",《(光绪)蔚州志》《(民国)察哈尔省通志》沿用。

二、城堡

据《(民国)察哈尔省通志》记载:"统军庄堡,在县城东五十五里,明洪武四年土筑,高一丈五尺,底厚五尺,面积三十亩,有门一,现尚完整。"[1]统军庄村堡今位于旧村中,城堡平面呈矩形,周长约525米,开南门,城堡内平面布局为南北主街结构(图20.22)。

---

〔1〕　宋哲元:《(民国)察哈尔省通志》,国家图书馆藏1935年铅印本,第7、8页。

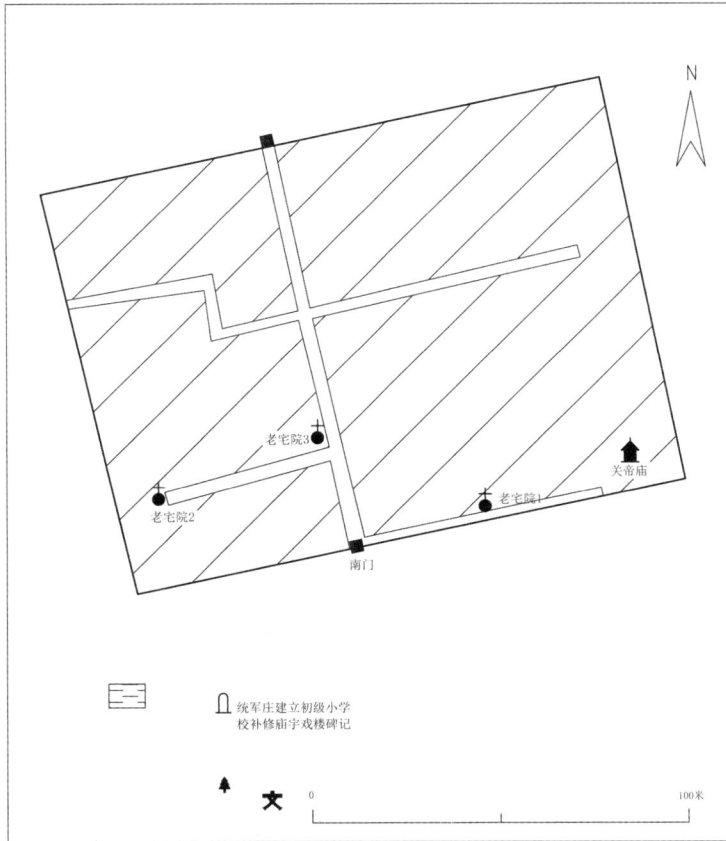

图 20.22　统军庄村堡平面图

城堡南门保存较好,堡门为砖石拱券结构(彩版 20-11、12)。外侧为条石修建的拱券,一伏一券式,拱顶上方镶嵌有石质阳文门匾,正题"统军庄堡"。南门内侧为石、砖混筑而成,砖砌门券,三伏三券,但西侧门颊外包石,应为后代维修所致,东侧门颊仅存夯土,外包砖石无存。堡门内顶部亦为券顶。门外侧原设护门墩台,现仅存西侧护门墩,东侧护门墩坍塌。门槛和门扇无存。门道为自然石铺成的路面,石砌路牙尚存。门内为南北向主街。

堡墙均为黄土夯筑,保存较差。东墙长约 114 米,墙体破坏严重,呈斜坡状,高不足 1 米,上面修建民宅,且民宅多废弃;墙体内侧为民宅和耕地、荒地,外侧为荒地和耕地。南墙长约 151 米,东段保存差,墙体低薄,多坍塌、消失,高 0～3 米,墙体外侧为民宅,且墙体多作为后墙使用,内侧为顺城道路和民宅;南墙西段墙体呈斜坡状,外高 3～4 米,外侧为道路,内侧为民宅。西墙长约 111 米,保存较差,墙体多坍塌成斜坡状土垅,高 4～5 米,其中基础部分高 2 米左右;南段保存相对好,墙体内侧为民宅,外侧为顺城路和民宅;墙体北段保存较差,现为约 2 米高的斜坡状土垅。北墙长约 149 米,内侧为民宅,外侧为荒地和耕地;西段破坏较重,多坍塌为斜坡状,高 2~3 米,墙体内侧为民宅,外侧为荒地和耕地;北墙东段保存较差,墙体低薄,多坍塌,墙体高 3~4 米,坍塌成斜坡状,并有新建的大棚破坏墙体;北墙偏西部设有 1 座马面,方形,保存较好,马面体量大,高 4~5 米,近为原高,外面包砌土坯和青砖,马面南侧有坍塌的坡道,尚可登顶,马面顶部立有测绘航标架。据当地 73 岁的田姓老人回忆,城堡北墙外旧时曾修有田家大院,占地 20 亩地。

城堡东南角无存。西南角仅存转角,高 4~5 米,外面有废弃的水坑,周围长有树木。西北角设有角台,保存较差,高 6 米,角台现存一半,形制无从得知。

堡内老宅院较少,以土坯修建的房屋为主,多坍塌、废弃,部分尚有人居住的房屋经过了维修。南墙东段内侧有 1 座老宅院,保存较好,近代风格建筑大门。在主街西侧有一条小巷子,巷口有老宅院 3,巷里尽头为老宅院 2,均为近代建筑样式。

三、寺庙

据当地 73 岁的田姓长者回忆,城堡内外曾修建有真武庙、龙神庙、五道庙、戏楼(2 座)、关帝庙、泰山庙/观音殿。20 世纪六七十年代时村民拆除庙宇建筑。

真武庙 位于北墙马面上,现已无存。

龙神庙 位于南门外松树处为,曾为 1 座庙院,正殿内旧有 12 尊泥像,现已无存。

五道庙 位于南门外电线杆处,现已无存。

戏楼 2 座。1 座位于南门外,正对北墙真武庙,现已无存;1 座位于关帝庙南侧平地上,与北面关帝庙形成高差。戏楼仅存部分基础,周围种植玉米,保存差。

关帝庙 位于城堡东南角外北侧,地势较高,其南侧较低,寺庙仅存夯土台明,几乎和堡墙融为一体,由此可知寺庙修建时间较晚。

泰山庙/观音殿 位于城堡南门外台地上,庙宇建筑无存。现院内长一株粗壮的松树,寺庙原址修建近代风格的学校,现仅存大门。门匾上书"统军庄学校"。门后为一个独立的院子,现为一处私人的家具厂,院内西侧立有 1 通 1924 年的《统军庄建立初级小学校补修庙宇戏楼碑记》,保存较好。此外,旧时村中曾有七八块石碑,全部削磨做石碾盘。据石碑记载,本村有 600 多年的历史。

第十四节 会 子 里 村

一、自然环境与人文历史

会子里位于白乐镇西北偏北 2 公里处,属河川区。村庄选址修建在平川之上,周围地势平坦开阔,一马平川,为壤土质,辟为大面积的耕地,村东有会子河向北注入定安河。232、214乡道穿村而过。1980年前后村中有1 163人,耕地2 062亩,曾为会子里大队驻地。如今,村庄规模较大,民宅以新房为主,居民多,老宅院和土、旧房较少。新村由三条南北主街和一条之字形东西主街组成。旧村在整个村庄的东北部。当地村民以杨姓为主,现有1 300余人(图20.23)。

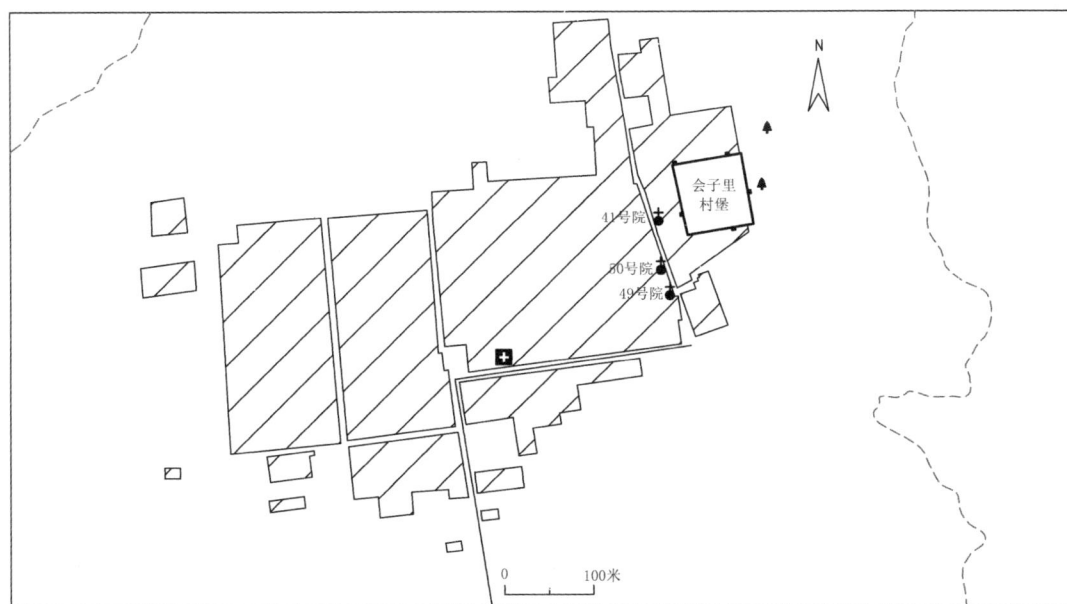

图20.23 会子里村古建筑分布图

相传,明万历年间有一远方杨姓人逃荒途中于此村落户,十余年后,他的儿子路经此村时,父子得以相会,人们为祝贺他们父子团聚,故更村名为会子里。村名最早见于《(顺治)蔚州志》,作"会子堡",《(乾隆)蔚县志》作"会子里",《(光绪)蔚州志》《(民国)察哈尔省通志》沿用。

二、城堡

会子里村堡,位于村庄东北部旧村中,城堡规模小,平面呈矩形,周长约320米,开东门,堡内平面布局为东西主街结构(图20.24)。

堡门建筑无存,现为缺口。东门内为东西主街,街尽头西墙下为关帝庙旧址。东门外有新建的影壁,上书"会子堡",东门外的大柳树下曾建有1座梓潼庙,后因为树木生长,将庙挤塌。堡门外东侧坡下有一眼水井,当地称为龙泉,为来自小五台山的泉水,曾为堡内居民生活取水之地,如今泉水量大,声音响彻。龙泉已修缮,周围环境整治成公园,成为村

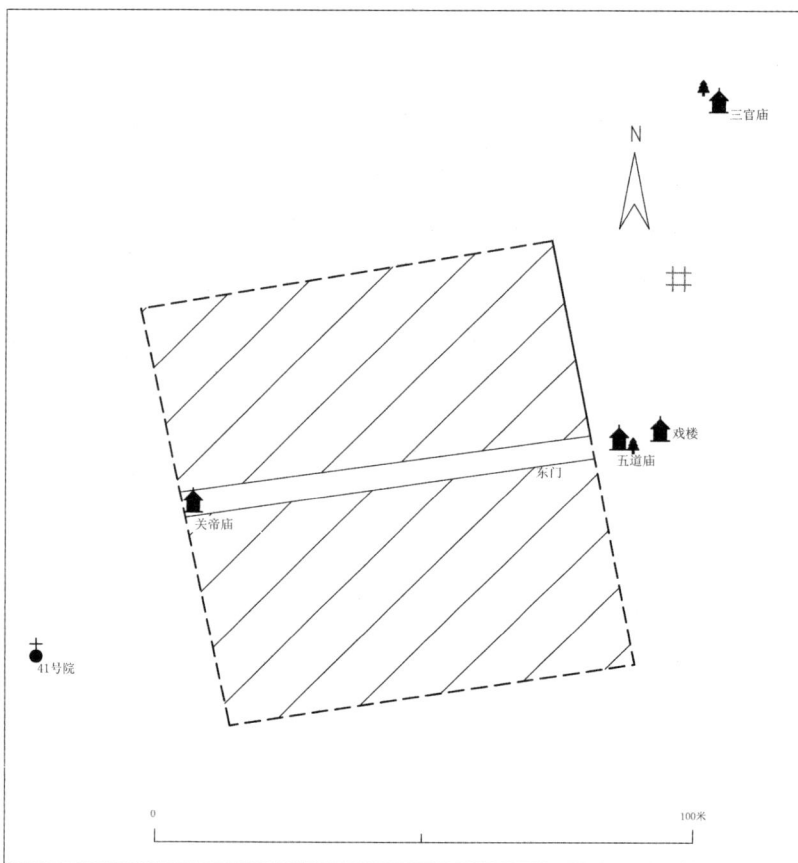

图 20.24 　会子里村堡平面图

民休闲之地,并利用龙泉的流水,人工改造成小瀑布,整个环境绿树成荫,泉水清澈见底。龙泉边上还立有1通石碑,为旧碑磨平后再次利用,原字迹不清,现雕刻"龙泉"两个字,背面为公园介绍。龙泉北有一株大松树,为三官庙遗址,附近有1座坑塘,村民利用龙泉的水,在这里洗衣服或浸泡麻黄。

堡墙均为黄土夯筑,保存差。东墙仅存不足1米高的基础,内侧为民宅,外侧为道路。南、北、西墙全部损毁无存,现为民宅占据。城堡四至只能依据布局、形制划出大致的范围。

堡内民宅以土旧房为主,新建房屋较少,无老宅院。堡外尚存3座老宅院,位于东侧南北主街(232乡道)街道两侧。主街西侧2座即41号和50号院,均为一进院。41号院仅存1座广亮门,硬山顶,枋下雀替木雕尚存。50号院,平顶院门,门内正对着厢房山墙上的影壁,影壁为硬山顶,檐下飞子、椽、枋、梁头、檐柱皆为砖雕,壁面为菱形方砖砌筑,院内正房、厢房皆存。街东侧1座即41号院,一进院,民国时期建筑,广亮门,硬山顶,枋间垫木木雕尚存。

三、寺庙

据当地长者回忆,村庄曾修建有多座寺庙。东门外修有三面戏楼,分别对应龙神庙、关帝庙和三官庙。东门外南侧附近有龙神庙(南庙),城堡的东北角外侧有三官庙(北庙),堡北面有马神庙,此外东门内还修建有观音庙/财神庙,门外大柳树下为梓潼庙,东门顶修建魁星楼。堡内东西主街尽头西墙下修建关帝庙,本村未修建五道庙、真武庙。因村民以杨姓为主,"杨"音同"羊",五道庙壁画中有狼的图案,杨姓村民认为不吉利,故不建五道庙。20世纪六七十年代时,村民拆毁城堡及庙宇建筑,庙内众多石碑亦被破坏。

第十五节　东 高 庄 村

一、自然环境与人文历史

东高庄村位于白乐镇东北 1.6 公里处,属丘陵区。村庄选址修建在平地之上,周围地势平坦开阔,一马平川,为沙土质,辟为大面积的耕地,村西略呈盐碱性。1980 年前后全村有 927 人,耕地 3 089 亩,曾为东高庄大队驻地(图 20.25)。

相传,清天聪六年(1632)建村。因村址位于白乐东,且高姓居多,故取村名东高庄。村名最早见于《(正德)大同府志》,作"高家庄堡",《(正德)宣府镇志》作"高家庄堡",《(嘉靖)宣府镇志》作"高家",《(崇祯)蔚州志》作"高家庄堡二处",《(顺治)云中郡志》作"高家庄堡",《(乾隆)蔚县志》作"高家庄",《(乾隆)蔚州志补》作"东高家庄",《(光绪)蔚州志》作"东高家庄",《(民国)察哈尔省通志》作"东高庄"。

如今,村庄规模大,213 乡道穿村而过,南面几乎与白乐镇一村连接在一起,北面与前堡村近在咫尺。民宅以新房为主,城堡在村中,213 乡道水泥路西侧,新村的民宅主要分布在城堡东、北方向,南面只有零散的房屋,西面则是耕地和树林。如今村内常住人口有 670 余人,村民以张、刘姓为主,部分村民迁到新村,部分仍在庄堡内居住,所住老宅院已改造。

二、庄堡与寺庙

(一)东高庄庄堡

1. 城堡

位于村中,城堡为庄、堡相套型,村庄发展、演变轨迹明显:旧时为 1 座规模小的城堡,

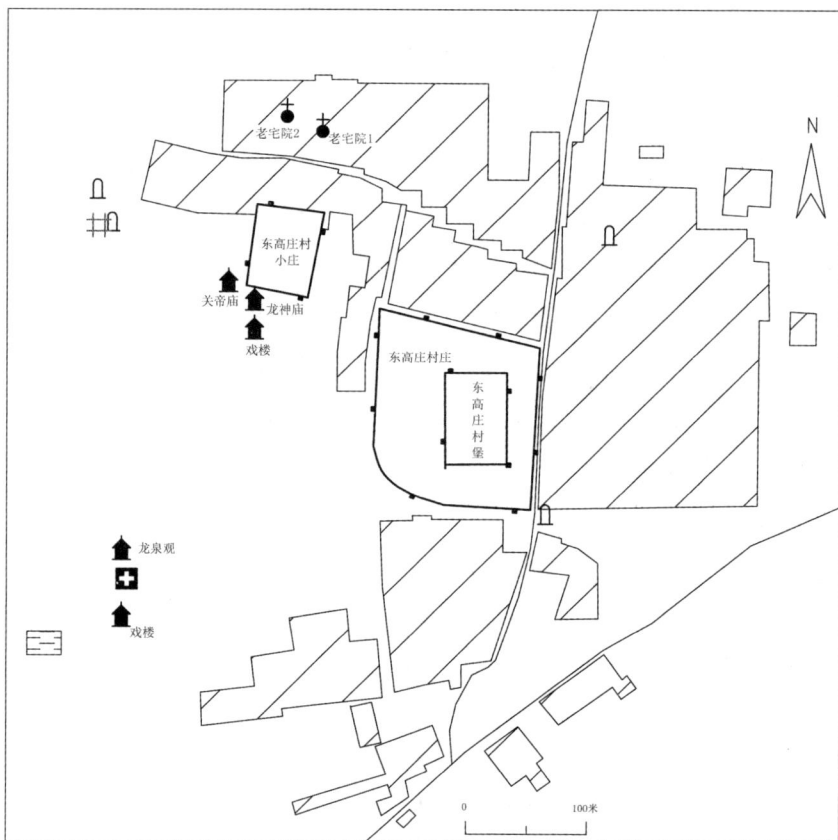

图 20.25　东高庄村古建筑分布图

　　随着人口数量增加,堡内居住狭窄,故搬迁到堡外居住,并修建外侧庄墙以护卫。后随着人口数量的持续激增,扩建的庄子亦无法容纳,此时社会升平,无需修建庄堡自卫,故陆续在庄外面居住。

　　城堡平面呈矩形,周长约 252 米,呈东西短、南北长的狭长的城堡,规模小,开南门,堡内平面布局为南北主街结构(图 20.26)。

　　城堡于南墙中部开设南门,城门建筑无存,现为缺口。仅存东侧宽厚高大的夯土门体。南门外曾修建有观音殿,亦无存,南门内为一条南北主街。

　　堡墙均为黄土夯筑,保存一般。东墙长约 77 米,保存一般,墙体高薄,多坍塌,高 2～7 米,墙体内侧为民宅,外侧为顺城道路和民宅。南墙长约 46 米,东段保存较差,内外侧均为房屋,墙体低薄,高 3 米;西段无存,为民宅占据。西墙长约 78 米,墙体破坏严重,多为房屋的后墙侵占,墙体高约 3 米,上面为房屋,外侧总高 5～6 米,保存较差。墙体内侧为民宅,外侧为顺城道路。北墙长约 51 米,仅存基础,上面修建房屋,作为房屋的后墙,中部有较大的缺口修建房屋,高 3～8 米,北墙内外均为民宅。北墙上曾修建有真武庙。

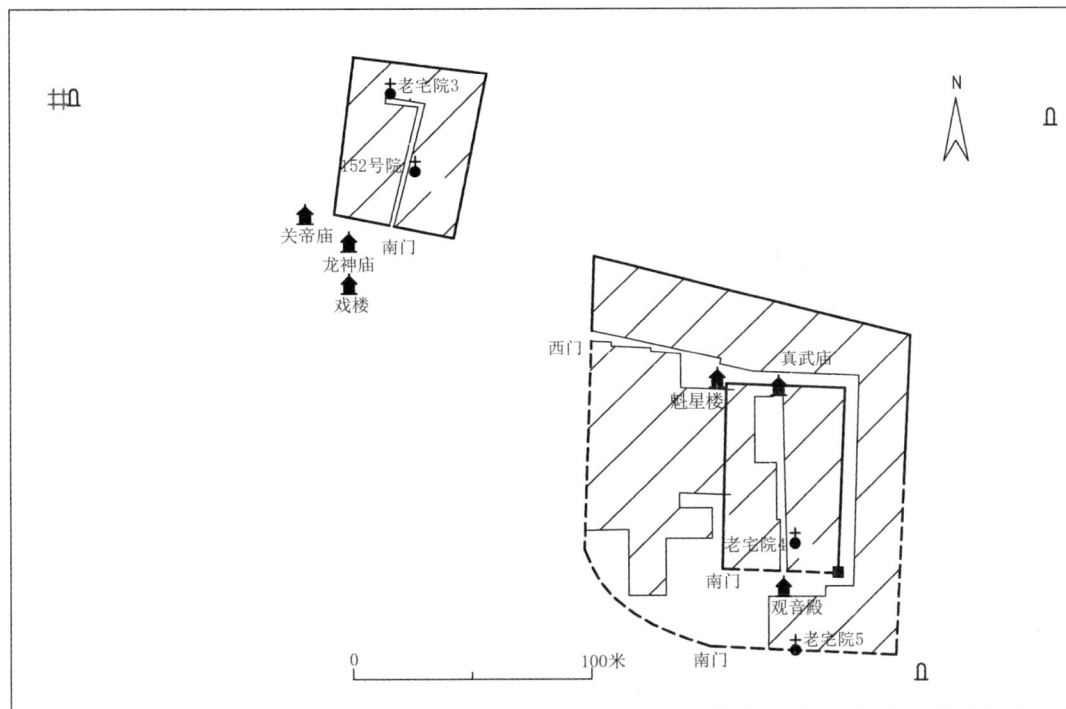

图 20.26　东高庄村堡平面图

东南角设 90°直出角台,保存较差,坍塌一半,体量大,角台高 7～8 米,内侧为房屋,外侧为顺城道路和房屋。西南角无存,为民宅占据。西北、东北角未设角台,仅为转角。西北角外侧还有魁星楼遗址,现在为菜地,据说这里的魁星与前后堡的泰山庙有关系,可惜魁星楼在 1958 年时拆毁。

堡内民宅多已翻新,仅存老宅院 4,位于主街东侧,广亮门,硬山顶。

2. 东高庄庄

东高庄庄位于堡外周边,平面大致呈矩形,周长约 532 米,庄内平面布局为丁字街结构。规模范围大,但墙体已不完整,仅存北墙全部以及部分东、西墙体,南墙及东南、西南角无存,根据布局和街巷,大致可以复原出庄子的四至范围。

庄开西门,现为缺口,门道为自然石铺成的路面,从布局上考察,庄内存在南北主街,因此推测也应开南门。

庄墙均为黄土夯筑,保存较差。东墙长约 131 米,墙体低薄,保存较好,顶部宽平,几乎为原高,高 4 米左右,墙外侧紧邻水泥路。南墙无存。西墙保存较差,仅存北部部分墙体的基础,上面修建民宅,墙高 4～5 米,大部分西墙无存,为民宅所占据,西墙内侧为民宅,外侧为顺城水泥路。北墙长约 131 米,墙体连贯,中间有局部坍塌,总体保存较好,高

2～4米,墙体夯土中夹杂有许多石子,可见修建的时候不是很讲究,北墙内侧为民宅,外侧为道路。

四角均为转角,未设角台。

3. 寺庙

据当地长者回忆,东高庄曾修建有观音殿、真武庙、魁星楼、五道庙、龙泉观。

观音殿　位于堡南门外,现已无存。

真武庙　位于堡北墙上,现已无存。

魁星楼　位于堡北墙上,由于在前堡与后堡之间有泰山庙,因此建有1座魁星楼,以在气势上压过泰山庙,现已无存。

五道庙　位于村北,现已无存。

龙泉观　位于庄西南角外村委会院内,选址在1块台地上,与庄之间隔一片农田,观四周亦为农田,观建筑高出农田1.5米,整座观坐北面南。据村中76岁的张仲德老人(曾为龙泉观学校代课教师)回忆,龙泉观由中路的前院、后院,以及东路与西路组成,构成一个九连环院(图20.27)。龙泉观拆毁于1958年至"文革"时期。

旧时观前建有戏楼(现存基础),戏楼后、钟鼓楼前立有两根旗杆;其北为山门,山门外两侧分别是钟楼(东)与鼓楼(西);进入山门是天王殿,内供奉有四大金刚,山门与天王殿间两侧为碑亭,内有石碑。过天王殿为前院。前院东西配殿为十殿阎君;前殿是玉皇/灵官殿,灵官面北,金脸红胡须,手持钢鞭;前殿两侧,东耳房为哥哥殿,西耳房为泰山庙。前殿的东西两侧各有跨院,西院为火神庙,东院为土神庙。后院南部修建牌楼,寺院改作学校后,在牌楼南东西两侧修建学堂和教师宿舍,正殿两侧东配殿为五祖殿,西配殿为七正殿,正殿为三清(老君)殿;正殿中供奉老君,两侧为三清四御;殿内立有两根金龙盘柱,柱身盘有二龙戏珠。后院东南角开一便门。

如今的龙泉观仅存正殿与东配殿,西配殿已改造(彩版20-13)。戏楼仅存基础。正殿,保存较好,坐北面南,面阔三间,硬山顶,进深六架梁出前檐廊,门窗已全部改造,屋檐局部坍塌,西山墙砖雕花瓶中有缠枝忍冬。因殿内曾改为教室,内壁抹白灰浆,顶部吊棚,壁画全毁。此外,殿内还曾有悬塑。东配殿,坐东面西,面阔三间,硬山顶,进深四架梁出前檐廊。门窗全部改造,殿内亦改造。西配殿四檩三架,单坡顶。

龙泉观内原有10余通石碑,如今石碑散落在村中四处。庙外耕地中的小桥上有3通《布施功德碑》;庄墙的东南角外水泥路东侧路边有1通《布施功德碑》;龙泉观北侧不远处的龙泉(已干涸)边上有4通《布施功德碑》;城堡南门外的磨坊内有2通石碑;村庄东北部、庄子墙的东北角外侧的磨坊内有1通《布施功德碑》。上述石碑除磨坊内者还残有字迹外,其他表面已经磨平。

三清殿

七正　　五祖

牌楼

宿舍　学堂

火神庙｜泰山庙｜玉皇、灵官殿｜哥哥庙｜土地庙

十殿阎君　　十殿阎君

天王殿

碑　碑

山门

鼓　○　　○　钟

戏楼

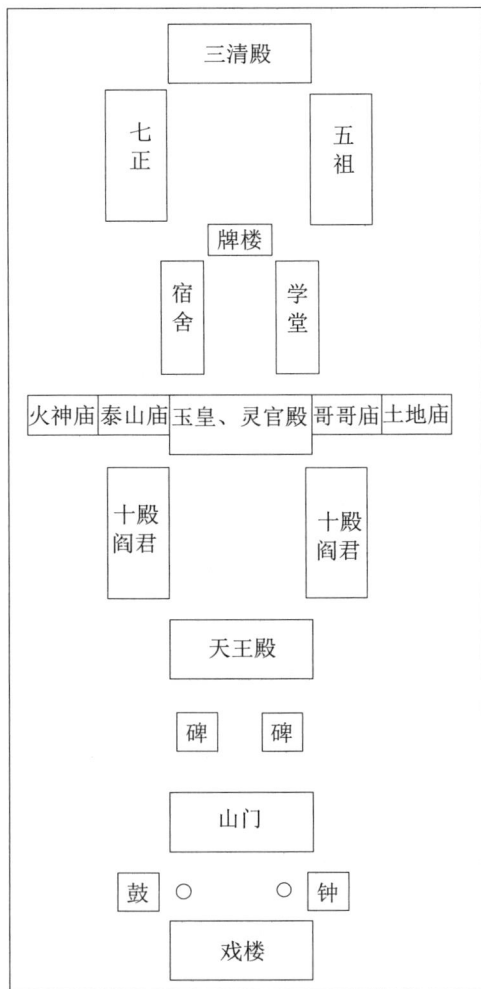

图 20.27　龙泉观九连环院落布局

龙泉观西南方有一龙泉,泉眼旧时用条石修葺边缘。龙泉周边遍植松树,为龙盘松,老人回忆说此地偏僻、阴森,每逢刮风时,松树林呼呼作响,一个人不敢前往。如今龙泉还有一片水面,成为 1 座小湖,湖面长宽差约 30 米左右,里面长有不少芦苇,周围环境好,树木高大,绿树如茵,但周边的大松树已被伐尽。

（二）东高庄小庄

1. 庄

小庄位于村庄西北部,庄子平面呈矩形,周长约 240 米,开南门,庄内平面布局为南北主街结构。

小庄开南门,现庄门建筑无存,仅为缺口。庄墙为围屋式,即将民宅正房后墙、厢房墙和院墙连接一体,作为庄墙使用。

庄内民宅数量较少,以土坯修建的房屋为主,南门内南北主街街面较窄,仅可走车。主街的东侧有1座老宅院,即152号院,一进院,广亮大门,硬山顶,门前有三层石板台阶。主街尽头西侧有一巷,巷内尽头为老宅院3,广亮大门,硬山顶。院内房屋已改造。

2. 寺庙

西南角外西侧曾修建有关帝庙、南侧为龙神庙(戏楼),现已无存,为平地。

三、庄外居民区

东高庄村西北角外尚存一片老宅院,地名缸房街。街中有老宅院1,保存较好,广亮大门,硬山顶,雀替和墀头装饰尚存,门内院子为砖铺地面,院内正房面阔五间,硬山顶,正脊顶上有三组砖雕,正中在花草之上浮雕"五福自天来"5字;东侧在莲叶之间雕有蝙蝠,两端为双鱼,寓意年年有福到,年年有鱼;西侧在莲叶上雕有一只喜鹊,两端为双鱼,寓意喜事临门,年年有鱼。屋脊上的2座烟囱,整体就是1座砖雕,上层四面雕有妇人启门(彩版20-14)。正房门格原每扇皆有木雕,如今仅残存门楣之上的三只圆形木雕,内容分别为"福禄寿""马上封侯",另一个内容尚需进一步考证。正房前院子地上尚有石柱础之类的构件,为办仪式时搭棚子的支点。该院内居住着一位80多岁的老人。老宅院2位于老宅院1西侧,为院子的后门,门内为一门两院的大院,正房均为5间大瓦房,并成一排,十分壮观,且后墙均不是"大苲泥"砌筑。

缸房街南侧的东西大路称为后街,亦位于庄北墙及西北角之外,路边有大面积的坍塌废弃的老宅子,为温姓居民的宅院。

第十六节　马军庄村

一、自然环境与人文历史

马军庄村,位于白乐镇西北1.3公里处,几乎与白乐镇连接在一起,属丘陵区。村庄选址在平地上,周围地势平坦开阔,一马平川,为沙土质,辟为耕地,主要种植玉米。1980年前后有675人,耕地1 633亩,曾为马军庄大队驻地。如今,村庄规模较大,居民多,民宅以新房为主,旧村在村庄的东北部边缘(图20.28),232乡道穿村而过。

相传,明代燕王朱棣扫北时,该村曾驻过骑兵,故取名马军庄。村名最早见于《(民国)察哈尔省通志》,作"马军庄"。

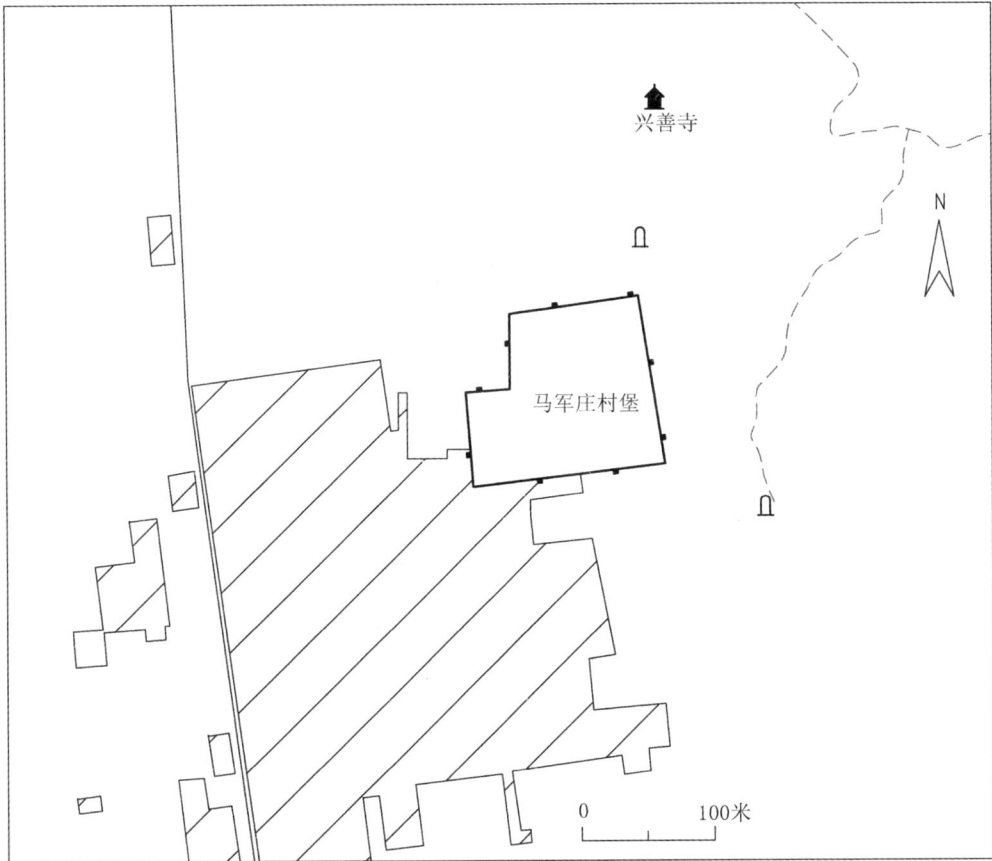

图 20.28　马军庄村古建筑分布图

二、城堡

据当地 67 岁谢姓和 74 岁的石姓长者回忆，村庄东北部的旧村中旧时修建有城堡，现损毁无存，为民宅和荒地。从民宅和道路的位置关系、范围上大致可以推测城堡的四至范围。城堡平面呈矩形，周长约 527 米，开设南门，堡内平面布局为十字街结构（图 20.29）。

城堡南门无存，当地老人均未见过堡门建筑，现为缺口。门外有坍塌废弃的磨坊，其东侧有碑额。南门内为宽阔的主街，中心街口并不居中，而略偏东，因此东西主街的西街部分较长，东街短。堡内的民宅以土、旧房为主，多数翻修，居民少，由于城堡规模较小，因此村民主要在堡外居住。堡内居民以谢、石姓为主。堡内北部共有 4 座老宅院，为 75 号院、80 号院、81 号院和老宅院 1，均为一进院，其中 75 号院正房为面阔 5 间的瓦房，最为气派。

城堡东南角外，旧时为马军庄村到白乐镇的主干道，现已废弃，荒废成为一条羊肠小路。从地图上看，这条路可从马军庄直接通到白乐四村的大北关西侧。

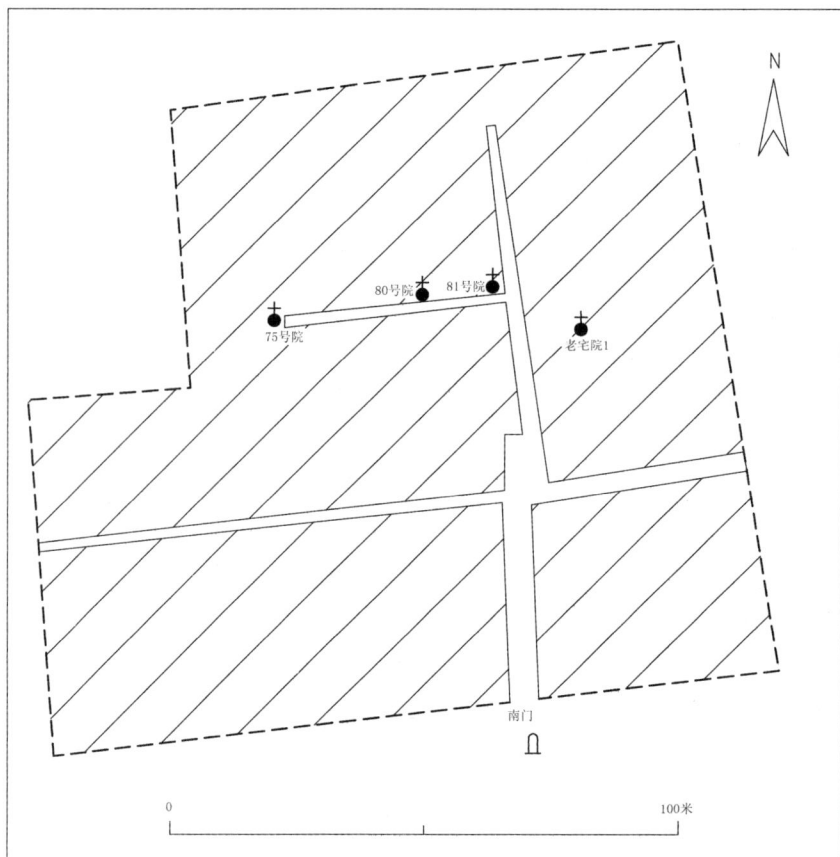

图 20.29 马军庄村堡平面图

三、寺庙

据当地老人回忆,堡内外曾修建有五道庙、龙神庙、兴善寺(20 世纪 70 年代拆毁),2 座庙拆毁于 1958 年。

五道庙 位于堡南墙外,现已无存。

龙神庙 位于堡外东南部,现已无存。

兴善寺 曾为县级文保单位,并立有文保碑,位于堡外东北耕地中。旧时,寺院为1 座规模很大的庙院,占地约 10 亩,寺庙内为九连环,规模大于东高庄的龙泉观,据说龙泉观的规模不足兴善寺的四分之一。寺内僧侣众多,院内为一组建筑。兴善寺中路由天王殿、过殿、大雄宝殿组成,共二进院,三层殿。寺庙东北角外还建有 13 座和尚灵骨塔,塔身上刻法号,周围还有小墓,亦无存。据当地老人回忆,兴善寺为全庙,即殿中供奉神灵较全,四大天王为泥像,过殿中接引佛为石像。当地有句谚语:"马军庄的罗汉数不清。"罗汉供奉在过殿里,全部为铸铁制作,约半人高,1958 年大炼钢铁时拉走熔化炼铁。

如今庙宇建筑无存,全部为荒地。寺庙建筑陆续被拆毁,拆庙下来的材料主要用于修建修剧场。此外,寺内以前长有很多松树,亦全部被砍伐。寺庙拆毁之后,村民仍在这里烧香祈祷,并未开辟为耕地,而是在遗址上种植杨树,如今杨树已成参天大树。

寺庙内石碑众多,据老人回忆,在正殿前的配殿内佛像后面,镶嵌着记述寺院地产的石碑。据碑文记载,寺庙创建于明代以前,明代时重修。此外,在寺院南部耕地中,有由石碑修建的跨水渠小桥,共有 2 通石碑,其中 1 通为康熙六十一年(1722)的墓碑。城堡南门外磨坊中的磨盘亦用石碑制作,石碑已经被切割成数块,磨损严重,字迹不清。

第十七节　前　堡　村

一、自然环境与人文历史

前堡,位于白乐镇东北偏北 2.3 公里处,属丘陵区。村庄选址修建在平坦开阔的平地上,周围地势平坦,一马平川,为黏土质,呈盐碱性,周围辟为耕地。1980 年前后全村有1 006 人,耕地 3 725 亩,曾为前堡大队驻地。如今,村庄规模大。旧村堡在村中,新村分布于堡南及东北面。村中民宅以新房为主,居民多,以李、韩、方三姓为大姓(图 20.30),213、232 乡道穿村而过。

相传,明洪武三年(1370)建堡,该村曾驻防一龙虎将军,骁勇无敌,屡战屡胜,被人颂为千胜将军,村名亦随曰千胜疃,后分南、北两村,该村居北,遂冠前曰"前千胜疃",1948 年更名为前堡。村名最早见于《(正德)宣府镇志》作"千胜町堡",《(嘉靖)宣府镇志》作"千胜",《(崇祯)蔚州志》作"千胜疃堡",《(顺治)云中郡志》《(顺治)蔚州志》沿用,《(乾隆)蔚县志》作"前千胜疃",《(乾隆)蔚州志补》作"千胜疃",《(光绪)蔚州志》《(民国)察哈尔省通志》均作"前千胜疃"。

二、城堡

(一)城防设施

据《(民国)察哈尔省通志》记载:"前千胜疃大堡,在县城东六十三里,明洪武三年土筑,清光绪九年重修,民国十五年补修,高一丈五尺,底厚四尺,面积四十亩,有门一,现尚完整。"[1]前堡村堡今位于村中,城堡平面呈矩形,周长约 691 米,开南、西门,堡内平面布

---

〔1〕 宋哲元:《(民国)察哈尔省通志》,国家图书馆藏 1935 年铅印本,第 8 页。

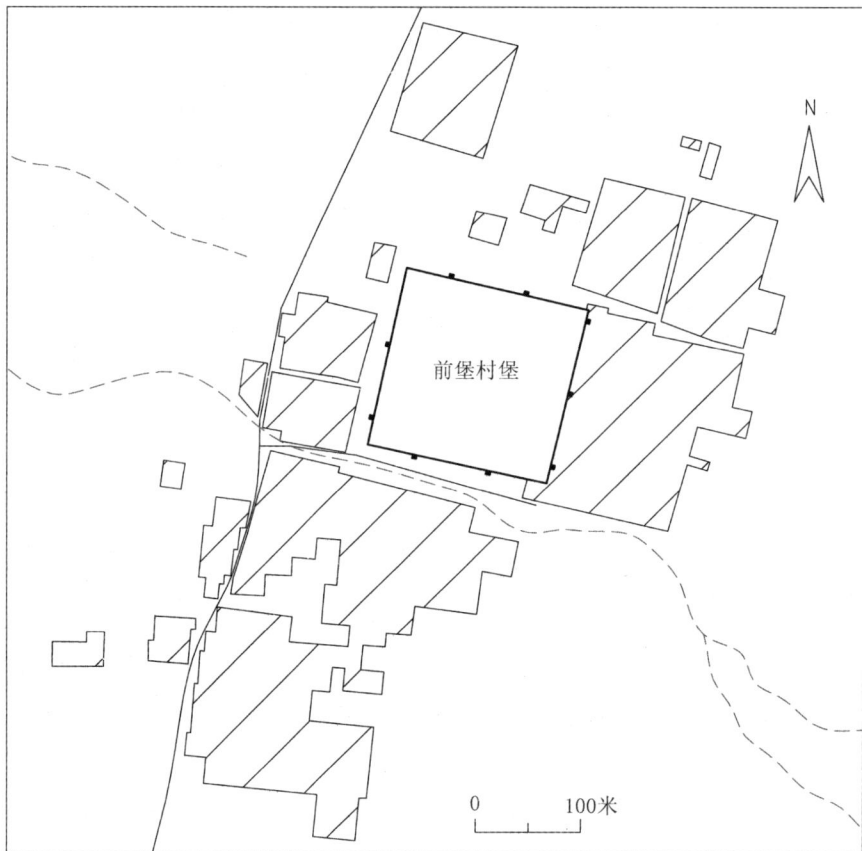

图 20.30 前堡村古建筑分布图

局为南北双十字街结构(图 20.31)。

南堡门无存,现为缺口。西门仅存南侧墙体,基础为条石砌筑,墙体高 3～4 米,门道及门外为自然石铺成的路面,过门石尚存,门外正对 1 座新建的影壁。西门外原设护门墩,现仅存南侧护门墩,方形,高 4～5 米,体量小,保存较好,顶部较平,为原始高度。

堡墙均为黄土夯筑,破坏严重。东墙无存,全部是新建的民宅。南墙东段仅存斜坡状基础,高 2 米,内侧为民宅和道路,外侧为顺城道路;南墙西段保存较差,墙体低薄、断续,多倾斜、坍塌,高 2～3 米,内侧为房屋,外侧为道路。西墙南段无存,仅存 2 米高的基础,内侧为顺城道路和民宅,外侧为顺城道路和民宅;西墙北段保存较好,墙体高薄,高 4～5 米,几乎与角台同高。北墙长约 175 米,修建在台地之上,因此墙外侧较高,高 7～8 米,但墙体本身仅高 3～4 米,北墙内侧为民宅,外侧为耕地和道路;墙体中部设有方形的马面,保存较好,顶部还有三合土防水层。

东南角无存,为基础和民宅占据。西南角未设角台,仅存转角,高 5～6 米。西北角设90°直出角台,保存一般,西半部坍塌,东半部尚好,高约 7～8 米。西北角台有两次修筑的

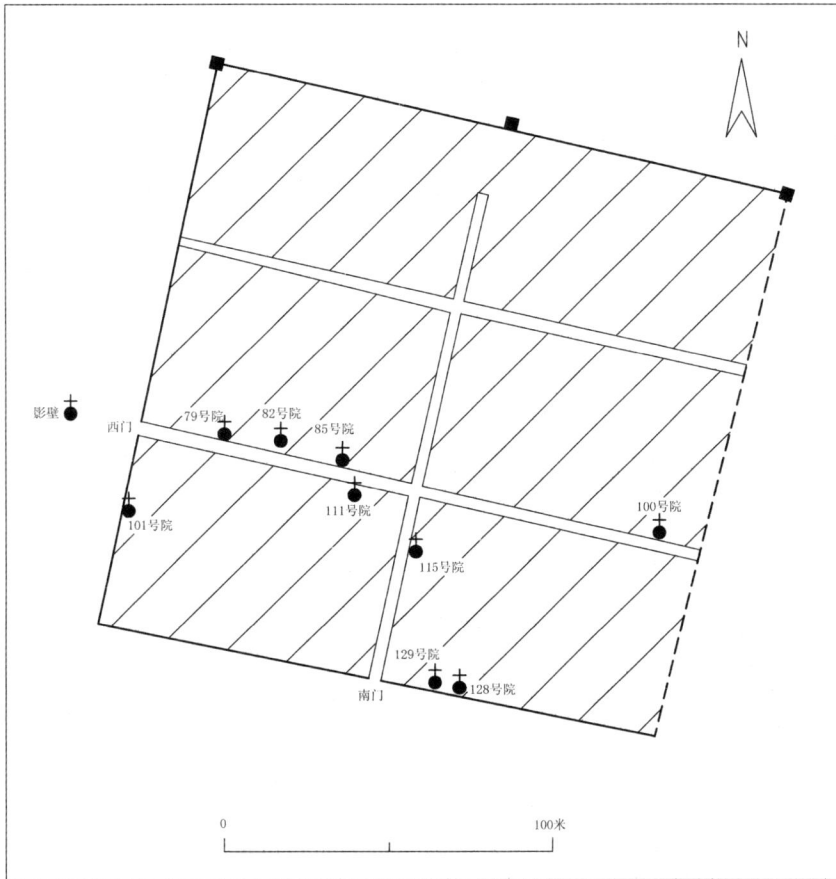

图 20.31　前堡村堡平面图

痕迹,接缝明显。西北角台外有警务室。东北角设 90°直出角台,保存较差,角台修建在台地上,高 4～5 米,紧邻民宅。

(二) 街巷与古宅院

堡内老宅院较多。

正街　即南门内主街,南段东侧有 1 座老宅院,即 115 号院,一进院,已废弃,正房面阔七间,明间退金廊,倒座房面阔三间,保存较好,整个宅院十分气派。

南顺城街　即南墙内侧墙下街道。东段内侧有 2 座老宅院相邻,东侧为 128 号院,西侧为 129 号院,皆为一进院,广亮门,硬山顶,梁柁为象出头装饰。

前街　即南十字街东西街,街面宽阔。东段尚存 1 座老宅院,即 100 号院,位于东段街北,一进院,为广亮门,硬山顶,正脊上有装饰,虎头瓦当别具特色。西段尚存 5 座老宅院,111 号院位于南侧,宅门规模大。北侧有 2 座老宅院,为 85 号院、79 号院。85 号院为一进院,随墙门。79 号院为两进院,门楼十分气派,但东墙开裂,用木棍支撑,门上还保存有较好的雀替装饰,门下有排水口,做工较精致,门对面为房屋的后墙,上面有宣传画,应是 20 世纪八九十年代的作品,有连环画和说明文字,可惜大部分都已漫漶。西段街北侧有一条巷子,巷子口内西侧有 1 座老宅院,即 82 号院,一进院。101 号院位于西墙南段内侧墙下,一进院。

三、寺庙

据当地长者回忆,城堡内外曾修建多座庙宇。城堡西北角外杏林为泰山庙,西南角外旧有下庙(庙内有神像)、五道庙。西北角外建有龙神庙,现为大队部占用。堡外还有魁星庙。观音殿在堡内十字街。寺庙于 20 世纪六七十年代拆毁。

第十八节　后　堡　村

一、自然环境与人文历史

后堡,位于白乐镇驻地东北偏北 3 公里处,属丘陵区。村庄选址修建在平地之上,周围地势平坦开阔,只有较少宽而浅的冲沟,为沙土质,周围辟为耕地。1980 年前后全村有720 人,耕地 2 681 亩,曾为后堡大队驻地(图 20.32)。

相传,明万历年间建村,因村址位于前千胜疃之后,故取名后千胜疃,1948 年更名为后堡。村名在《(乾隆)蔚县志》中始作"后千胜疃",《(乾隆)蔚州志补》作"千胜疃",《(光绪)蔚州志》《(民国)察哈尔省通志》均作"后千胜疃"。

如今,村庄规模大,以旧村堡为中心,东、西、南、北逐渐发展成新村,以东面和北面的新房最多。新村以新房为主,居民多。如今有 200 余人居住,且多数在堡外的新村,村民以陈姓为主。213、232 乡道穿村而过。旧时村庄分为堡内、西巷、南关三部分。

二、城堡

(一)城防设施

据《(民国)察哈尔省通志》记载:"前千胜疃小南堡,在县城东六十三里,明万历间土筑,民国十五年补修,高八尺,底厚五尺,面积二十二亩,有门一,现尚完整。"[1]后堡村堡今位于村中,城堡平面为矩形,周长约 646 米,开西门,堡内平面布局为东西向双一字街结构,分为前、后两条街(图 20.33)。

---

〔1〕 宋哲元:《(民国)察哈尔省通志》,国家图书馆藏 1935 年铅印本,第 8 页。

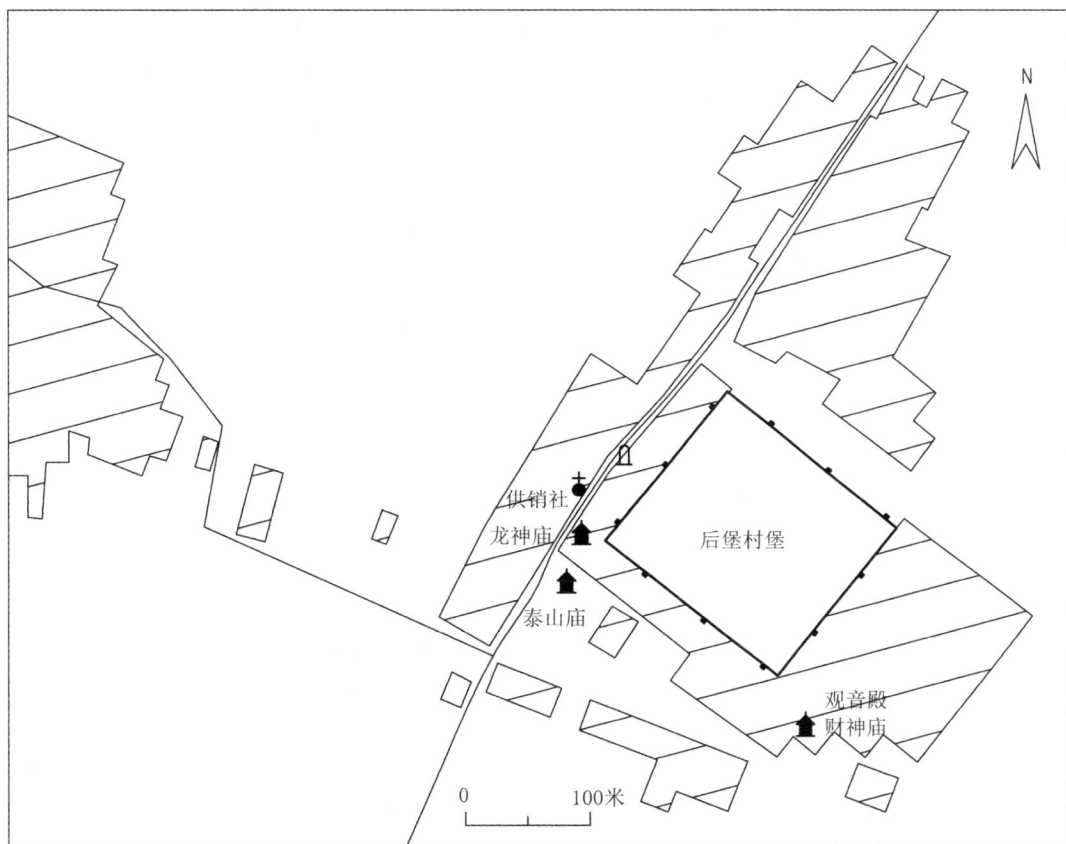

图 20.32　后堡村古建筑分布图

　　城堡西门建筑无存,现为较大的缺口。西门方向稍斜,因当地村民认为堡门向阴不向阳的讲究,随地势而建,且下雨有利于排水。门外南侧的护门墩保存较好,体量大,建筑雄伟,高 10 米,几乎为原始风貌。

　　堡墙均为黄土夯筑,保存较好,墙体高大、宽厚,蔚为壮观。东墙长约 148 米,修建在平地上,保存一般,墙体高薄、连贯,高 6～10 米,顶部尚可行走;墙体上有一处缺口,为后街的东端,居民为便于交通而掏挖墙体。东墙内外为倚墙修建的民宅。南墙长约 173 米,修建在台地上,保存较好,墙体高薄、连贯,总高 5～10 米,墙体自身高 4～5 米;南墙内外侧均为倚墙修建的民宅。南墙中部设 1 座马面,保存较好,体量大,高 10 米。西墙长约 152 米,保存较好,有两次修筑、加厚的痕迹,墙体高厚、连贯,壁面斜直,原始风貌尚存,墙体高 8～10 米,基础厚 4 米左右,顶部宽 1.5 米左右,蔚为壮观,西墙内外均为倚墙修建的民宅。北墙长约 173 米,修建在台地上,墙体高大雄伟,墙体高厚、连贯,壁面斜直,保存较好,几乎为原高,墙体自身高 8～10 米,墙体内侧高 10 米,顶部宽 2 米左右;北墙局部坍塌,残高 4～6 米;墙体内侧为民宅,外侧为荒地和耕地。北墙上设有 2 座马面,体量大,保存较好。

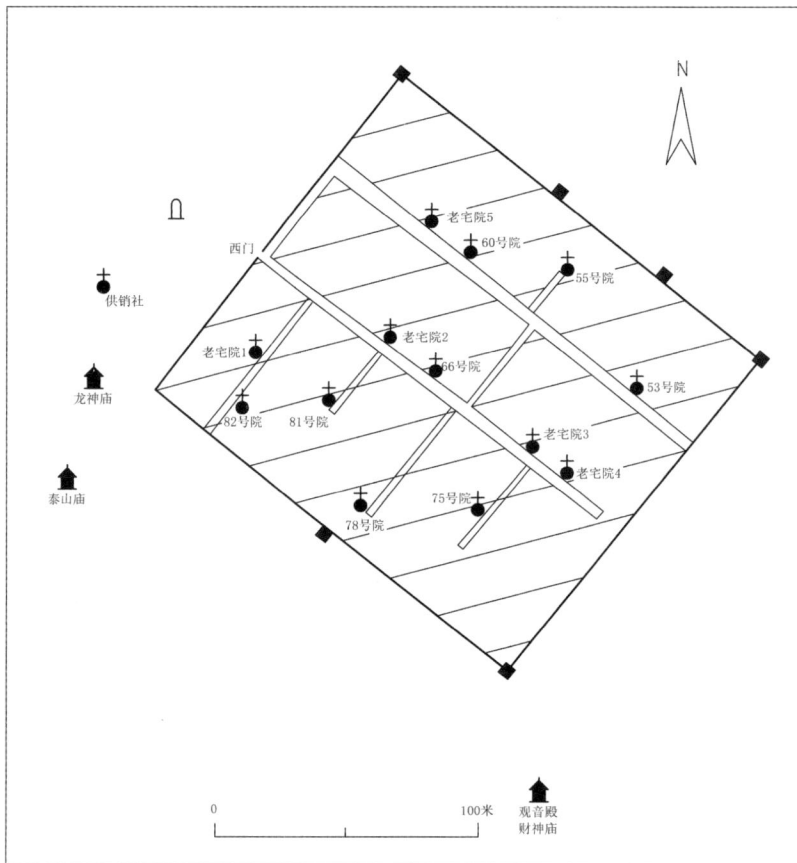

图 20.33　后堡村堡平面图

东南角设 90°直出角台,高 10 米,角台高大雄伟,保存较好,几乎为原始高度。外侧为民宅和耕地,内侧为民宅。西南角未设角台,仅存转角,外侧为房屋,水泥路边保存有供销社,大门上书"后堡分销店"。西北角设 90°直出角台,台体高大宽厚,保存较好,壁面斜直,十分雄伟,几乎为原始模样,高 8～10 米,台体外为民宅。内侧为一大片荒地。东北角设 90°直出角台,高 10 米以上,角台体量高大,二次修建痕迹明显,保存较好。东北角外有 1 座水井房。

(二) 街巷与古宅院

堡内为大片民宅,新房较少,老宅院较多。堡内由前街与后街组成,前街即是西门内大街,后街在前街的北侧。

前街　东西向主街,街道宽阔,两侧为民宅大门,街道南面有巷子,北面只有两条巷子通向后街,主要的支巷均在南面。西门内第一条巷子里面共有 2 座老宅院,巷子口内西侧有 1 座老宅院,广亮门,硬山顶,现房主陈立志根据族谱记载,推算老宅院为清嘉庆年间修建,老人今年 62 岁,为家族第九代传人。老人回忆,西门内南侧的大部分院子均是老人祖辈的房屋,现在家族已传到第 12 代人,如今,这家宅院已废弃无人居住。宅院为前后院,大门保存较好,二门亦存,正房因废弃屋顶和墙壁多有坍塌,门窗无存,破败不堪。巷内东侧为 82 号院,门前有条石台阶 2 级,大门所用木料都十分粗壮,推测这里距离南山较近,取材方便所致。前街北侧有老宅院 2,正对第二条巷子口。巷子内只有 1 座老宅院,在巷子内西侧,为 81 号院,广亮大门,硬山顶。前街北侧有 66 号院,广亮大门,硬山顶,宅门保存较好,檐下枋间垫木饰有木雕,两侧为鹿回头,中间为倒挂的蝙蝠,门内为一进老院子,从进深看,原应为前后两进院。院内建筑已改造为红砖重砌。第三条巷子,巷子内西侧有 1 座老宅院,为 78 号院,广亮大门,硬山顶,大门无装饰,门内为前后院,砖铺地面,前院恰好在南墙马面内侧,中间的二道门无存,正房面阔五间,保存较好十分气派。主街街北还有老宅院 3、4,均保存较好。第 4 条巷子,巷子内西侧有 1 座老宅院,为 75 号院,广亮大门,硬山顶,大门的南墙坍塌,山墙外砖脱落,院内正房为旧构,厢房已改造。

后街 从人气和房屋建筑上看,后街明显不如前街气派、繁华,不仅街道较窄,且十分冷清,后街地势稍微高于前街,房屋以土旧废房为主,居民少。后街的东端有 1 座老宅院,为 53 号院,广亮大门,硬山顶,大门结构简单,无装饰。后街中部街北有一大片废弃的民宅,坍塌形成荒地,并且有条自然石铺成的道路直通北墙下,这条路的尽头为 1 座老宅院,55 号院,广亮大门,硬山顶,院子很大,正房紧邻北墙而建,土旧房,屋顶翻修。后街街北有 1 座老宅院,为 60 号院,广亮大门,硬山顶,保存较好,门内山墙上尚存壁画,西侧的题材为喜鹊、梅花,寓意为喜上眉梢。院内已改造。

此外,南墙—东南角之间墙体外侧有后堡村 1 号民宅,民宅大门上多贴有计划生育管理牌,已褪色。

三、寺庙

据当地长者回忆,前堡曾修建有泰山庙、五道庙(3 座)、龙神庙、观音殿、财神庙。村中的寺庙除生产队时期拆除部分外,多数寺庙因年久失修自然坍塌。

泰山庙 位于龙神庙南侧高地上,现已无存。

五道庙 3 座,其中堡内有 2 座,堡外有 1 座,现已无存。

龙神庙 位于城堡西南角外,现为 1 座庙院,地势较高,院墙、山门已坍塌,院内一片狼藉,院内长有一株高大的榆树。院内尚存正殿与北配殿。此外,城堡西门外有 1 通残碑,从碑文来看与龙神庙有关。

正殿坐西面东,面阔三间(坐二破三式),硬山顶,进深六架梁出前檐廊,耳房、配殿已无存,现存为基础,前廊南墙下设有面然大士龛。殿内壁已抹白灰浆,局部露出壁画,山尖绘画保存较好,顶部脊檩上有彩绘《八卦图》。

北配殿,坐北面南,面阔三间,硬山顶,北配殿保存较差,墙体开裂,屋檐坍塌,门窗已无存,建筑整体摇摇欲坠。

观音殿 位于堡东南角外,现为 1 座新建的独立庙院,规模小,未设山门,整体坐东面西,正殿面阔单间,硬山顶,出前檐廊,前廊北墙下设面然大士龛,前廊下悬挂功德榜匾额。据功德榜记载,观音殿建于"大清道光十一年五月二十五日",后由木工郭金、砖瓦工高红喜、王永山于 2008 年 5 月 27 日组织重修。庙内为全新的壁画和塑像。

财神庙 位于观音殿东北侧,城堡南墙外侧东西街道的东尽头,即城堡东南角外,新修有 1 座坐东面西的影壁。影壁之上建有 1 座小殿,与龛类似,硬山顶,是为财神庙。财神庙建筑样式奇特,下部基础高,上面修有 1 座龛式的殿,从影壁后面伸出。

第十九节　方　碾　村

一、自然环境与人文历史

方碾村,位于白乐镇北偏东 3.1 公里处,属丘陵区。村庄选址修建在山前冲积扇的平地上,四周地势平坦开阔,为壤土质,辟为耕地,种植玉米、水稻。村东有会子河向北入定安河。1980 年前后全村有 825 人,耕地 2 206 亩,曾为方碾大队驻地。如今,村庄规模较大,居民较多,民宅以新房为主,一条东西主街即 232 乡道横贯村庄,两侧均为巷子。村东口水泥路北侧有村委会大院。

相传,明朝初建村,名龙泉碾,据村中碾坊使用龙泉水做动力而得名,1948 年后,因村中方姓多,故更名为方碾。村名最早见于《(乾隆)蔚县志》,作"龙泉碾",《(光绪)蔚州志》《(民国)察哈尔省通志》沿用。

二、村庄

蔚县地名中凡是带"碾"字的村庄多数未建有城堡,因碾坊普遍在村外河边或溪边修建,碾工聚集地逐渐成为村庄,从需求与经济实力考察,也达不到建堡的要求。方碾与大多带"碾"字的村庄一样,亦无堡墙。

村中现有 800 余人居住,以杨、方姓为主。村北有 1 座龙泉井,井泉位于村中部北侧边缘,井泉周围树木茂盛,绿草如茵,环境较好,该井泉为一眼天然的泉水,是旧时碾坊的水源。龙泉井井口呈八角形,直径在 1.8 米左右,井壁共用 7 层条石修砌,泉眼的北边地面上竖立一石,上刻"井泉龙王"四个字,井中泉眼尚出水,泉水清澈见底,可直饮,水质甘洌,如今村民的生活用水还源于此井。

三、寺庙

据村中 63 岁的杨元老人回忆,村中曾修建有龙神庙、戏楼、五道庙、真武庙/观音殿。上述寺庙于 20 世纪六七十年代拆除。

龙神庙　位于村中东西主街偏西路北侧,现为一片地势较高的荒地。

戏楼　位于龙神庙对面,水泥路南侧;

五道庙　共 5 座,其中 1 座是大五道庙,位于村中东西主街中部路南,其余的均为五道庙龛。

真武庙/观音殿　位于村庄西北角的一户居民院中,仅存夯土庙台部分,高 2～4 米,且为大树所包围。

第二十节　黎元小庄村

一、自然环境与人文历史

黎元小庄村,原属柏树公社,现属白乐镇管辖。原位于柏树乡驻地东北偏北 6.4 公里处,属丘陵区,地势南高北低,村庄选址修建在平地之上,周围地势平坦开阔,一马平川,为沙土质。村东南为铁路和 S36 高速公路,214 乡道从村西通过。村西、东北各有一条冲积沙河,西面源于白石口和东任家庄,东面源于章家窑,均属于山前冲积扇范围。两条冲沟在村北汇合后北上进入白乐镇,穿镇区而过。1980 年前后有 546 人,耕地 2 497 亩,曾为黎元小庄大队驻地。

相传,元朝末年建村,因村小,且距东黎元庄近,故取名黎元小庄。村名最早见于《(民国)察哈尔省通志》,作"梨元小庄"。

如今,村庄规模较大,东西、南北主街各一条。东西主街南侧为旧村,民宅较少,以土旧房为主,少数翻修屋顶。主街南侧有 1 座老宅院,广亮门,硬山顶,山墙存砖雕垂花柱。主街北侧为新村,南北主街结构,规模较大,居民较多,以新房为主。村西口有大柳树和新建的影壁。

二、寺庙

据当地长者回忆,村庄未曾修建城堡,曾建有龙神庙、关帝庙,现庙宇建筑坍塌无存。

第二十一节 黎元下堡村

一、自然环境与人文历史

黎元下堡村原属柏树公社,现属白乐镇管辖。原位于柏树乡驻地东北偏北6.2公里处,属丘陵区。村庄选址修建在平川之上,山前冲积扇的末端范围,地势南高北低,相对平坦,为沙土质。村四周以杏树林为主,耕地较少。村西南、东北侧均有不少宽而浅的冲沟,来自南面山中,村中亦有沟。村北为S36高速公路。1980年前后有443人,耕地2 164亩,曾为黎元下堡大队驻地。如今,村庄规模较小,分为新、旧两部分。西部为新村,规模较小,由两条南北主街和一条东西主街组成,民宅以新房为主,居民较少。旧村在新村的东北方,为城堡所在地(图20.34)。

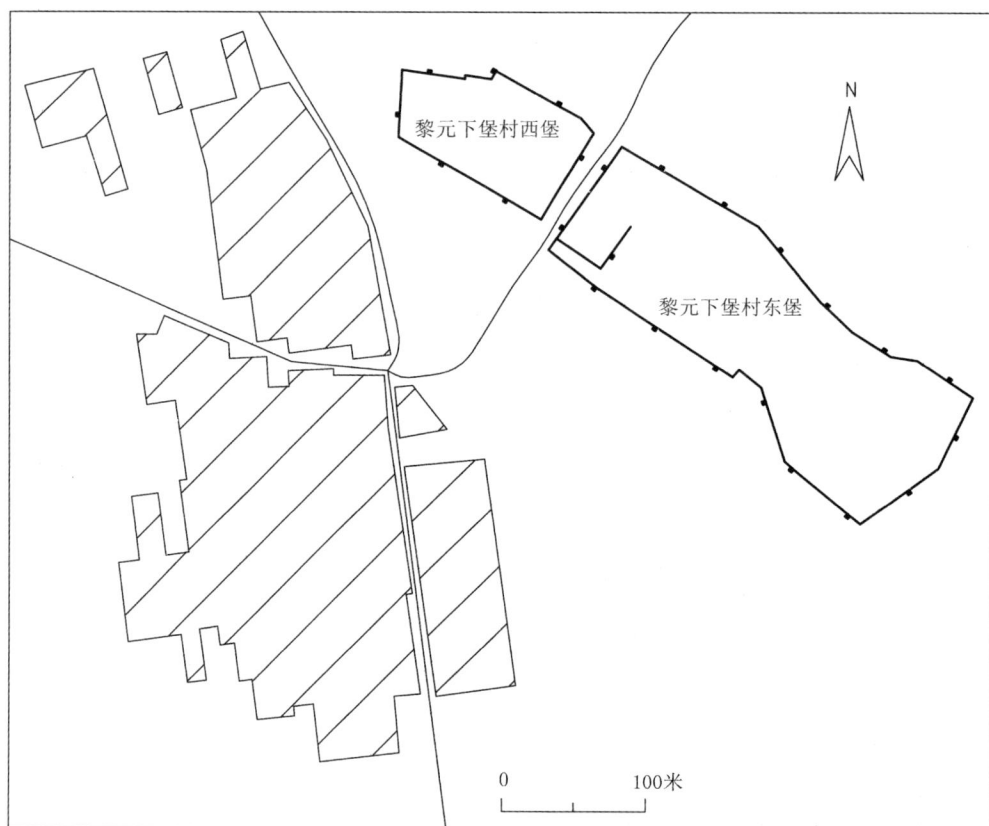

图 20.34 黎元下堡村古建筑分布图

相传,建村于明朝末年。因地势位于东黎元庄之下,筑有堡墙护村,故取名黎元下堡。村名最早见于《(民国)察哈尔省通志》,作"梨元下堡"。

二、城堡

黎元下堡村分为东、西2座城堡,城堡修建在宽而浅的冲沟中部的台地上,地势相对较高。

(一) 东堡

1. 城防设施

东堡南、北两侧皆有河沟,城堡坐落于狭长的河沟间台地上,向东南倾斜30°左右。由于受地形制约,城堡狭长。东堡平面大致呈矩形,周长约790米,开设东、西门,堡内平面布局为东西主街结构(图20.35)。

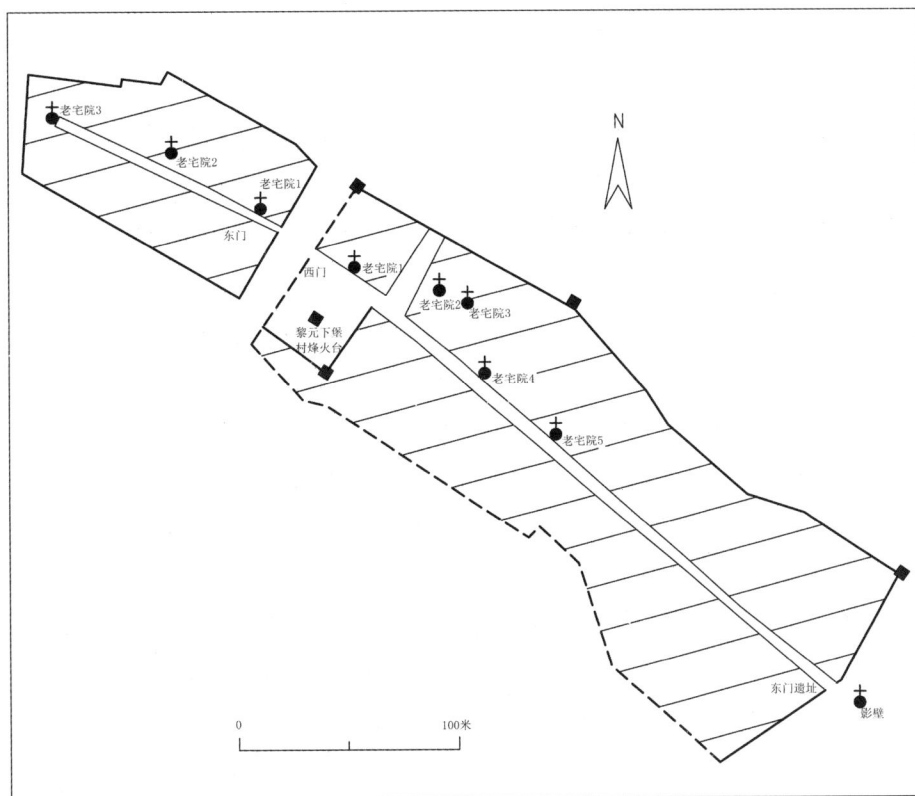

图20.35 黎元下堡村东、西堡平面图

城堡东、西门已毁。西堡门建筑无存,仅存缺口。东门亦为缺口,堡门建筑无存,东门外设有影壁,保存较好。影壁建于毛石基础上,束腰基座,硬山顶,采用四角硬砌筑,中间土坯填充。影壁南墙中部辟有一神龛,不知供奉何神祇。

堡墙均为黄土夯筑,保存差,受地形制约,墙体多有曲折。东墙保存较差,墙体修建在2米高的台地上,墙体不直且低薄,高2～3米,破坏严重。南墙无存,墙体修建在3～4米高的台地上,南墙外为宽阔的冲沟,台地上面没有墙体,而为房屋占据,南墙内侧为民宅,外侧为荒地,且南墙不直,中间向内凹陷,南墙距离烽火台的南墙约10米左右。西墙无存,现为一大片荒芜的平地。西墙内有1座独立的烽火台。北墙修建在台地边缘,外侧为冲沟,北墙低薄,高2～5米,多倾斜坍塌成斜坡,内侧为民宅,外侧为冲沟中的荒地,墙体与冲沟的边缘几乎融为一体,且墙体不直。在北墙中部偏西的位置上设有马面,高于城墙1米。

东南角、西南角无存。西北角设90°直出角台,保存较好。东北角设90°直出角台,保存较好,台体高5～6米,外侧为杏树林。

2. 街巷与古宅院

堡内居民较少,民宅以土旧房为主,多废弃坍塌,目前只有西门内附近尚有几户居民居住,东、西门内为东西主街。

主街北侧有5座老宅院尚存,编号为老宅院1～5。

老宅院2 原为前、后院格局,现宅院大门已毁塌,设有木栅栏。前后院间的二道门门楼保存较好,尚存精致的仿木构砖雕装饰。正脊中部饰有五攒砖雕,中间者为元宝上承一串葡萄,两侧各两朵也为元宝承吉祥物。仿木构砖雕柁头顶端,各雕有一只动物,枋间之中的砖雕装饰为盛开的花朵。

正房面阔五间,明间退金廊,门厅天花板装饰绘画尚存,但曾遭人为划损。木门扇为双层,内层装饰圆雕,与两侧假门扇合为一体,皆为花草。两侧内墙也是木格装饰,中间圆木雕,一边为"棋琴",一边为"书画"。中间门厅隔为内外两间,隔扇中间辟门。隔扇上部装饰四块木雕楣板,饰有人物故事。内间东墙上挂有一幅牌位,牌位列出了始祖至今的六代先人与夫人。西墙上悬挂两牌位,一为"供奉保家平安张老太太神位",另一是"东厨司命九皇皂君神位"。

老宅院3 原为前后院格局,现仅存后院。正房面阔五间,明间退金廊,门厅天花板已毁,四扇木门几何木格保存较好,但木雕装饰受损。正中客房隔成内外间,隔扇下部木板上绘有彩画,皆是人物故事。而外间与内间天花板,皆绘有圆形图案,类似于藻井。外间尘埃厚,画面已不清。内间圆形图案,从内至外至少有六层,中间四层绘有各式装饰。隔间内的墙壁上贴有家谱,为祠堂所在地。

(二)西堡

1. 城防设施

西堡与东堡仅隔一条南北向土路,城堡选址地形、地貌相同。西堡平面形状呈不规则形,周长约375米,规模小,开设东门,堡内平面布局为东西主街结构(图20.35)。西堡东门现为缺口,堡门建筑无存。

堡墙均为黄土夯筑,破坏严重,保存差。堡墙依台地修建,墙体与天然的台地融为一体,外侧看尚有高度,但内侧没有明显高差。墙体内侧为民宅。

2. 街巷与古宅院

堡内为一条东西主街,街两侧断壁残垣,民宅以土旧房为主,多废弃坍塌,形成荒地,老宅院基本废弃。只有几处民宅尚有人居住。主街北侧尚存有3座老宅院,编号为老宅院1~3。

老宅院2 随墙门,为1座宅院的内门楼。券式门洞,尚存砖作仿木构砖雕。券门洞券拱顶上装饰有两根门簪。硬山顶檐下是仿木构砖雕的椽子、飞子,还有檩、枋等构件。两侧枙梁下砖雕悬垂花柱,可惜装饰已毁,留下了插装饰的孔洞。枋间雕有倒悬蝙蝠,寓意"福到"。蝙蝠上方交叉两面旗帜。

老宅院3 随墙门,平顶门洞,硬山顶,檐下砖作仿木构砖雕椽子、飞子,还有檩与枋。枙头外端的兽形砖雕,应是狮子头像,嘴上悬挂三只圆环。此宅院已废弃,西厢房坍塌。

三、黎元下堡村烽火台

黎元下堡村烽火台处于东堡西南角内侧。烽火台由台明、围墙、墩台三部分组成。围墙仅存东墙和大部分南墙,围墙高4~5米,西墙和北墙无存,西墙应和西堡西墙重合,北墙处于堡内中心街位置,台明仅存对角线的一半,另外一半为平地,围墙的东南、东北角设有90°直出角台,东南角台保存较好,东北角台坍塌一半。墩台残存一半,体量大。台体高8~9米。从烽火台与西堡的修建早晚关系上考察,西堡应为在烽火台的基础上扩建而成。

第二十二节 章 家 窑 村

章家窑村,原属柏树公社,现属白乐镇管辖。原位于柏树乡驻地东北9.2公里处,居五台山西麓,属丘陵区。村庄选址修建在山前冲积扇上,地势东高西低,村南有1条冲沟,北侧有2条冲沟,西北为两条冲击沟的交汇处。村庄附近为沙土质,辟为耕地和杏树林。1980年前后有421人,耕地1 907亩,曾为章家窑大队驻地。如今,村庄分为新旧两部分,旧村位于新村东约950米的山坡上,处于山前冲积扇上,东高西低,村南北两侧均有沙河。民宅已全部废弃,无完整建筑。新村为1985年迁建,规模小,不足10排房屋,212乡道穿村而过,形成南北主街,两侧民宅规划整齐划一,无古建筑。

相传,约五百年前,曾有章姓流落到此挖窑定居,建村后故取名章家窑。村名最早见于《(民国)察哈尔省通志》,作"张家窑"。

第二十一章 柏 树 乡

第一节 概 况

柏树乡地处蔚县东南部,东与涿鹿县相接,北与白乐镇、小五台自然保护区交界,南与草沟堡乡相邻,西与南杨庄乡、西合营镇相邻。现今柏树乡由原柏树乡(1984 年由公社改乡)和张家窑乡合并(1996 年并入)组成。分述如下:

柏树乡地处蔚县东部小五台山西台脚下。面积 87.3 平方公里。1980 年前后共有 11 915 人。辖 21 个大队,划分为 102 个生产队。

全乡地处丘陵,境内东、南高,西、北低,水源匮乏。经济以农业为主,兼工副业。1980 年前后有耕地 53 901 亩,占总面积的 31.5%。其中粮食作物 51 102 亩,占耕地面积 95%;经济作物 2 805 亩,占耕地面积 5%。主要粮食作物有谷、玉米。1949 年粮食总产 400 万斤,平均亩产 65 斤。1980 年粮食总产 706 万斤,平均亩产 144 斤。

张家窑乡地处蔚县东南部。面积 117.3 平方公里。1980 年前后共有 2 573 人。辖 21 个大队,划分为 24 个生产队。

全乡位于小五台山东、西两台脚下。境内山峦起伏,沟壑纵横。经济以农业为主,兼有林、工副业。1980 年前后有耕地 5 759 亩,占总面积的 3.3%,其中粮食作物 5 000 亩,占耕地面积的 83%,经济作物 759 亩,占耕地面积的 17%。宜种马铃薯、莜麦。1948 年粮食总产 60 万斤,平均亩产 120 斤;1980 年粮食总产 105.8 万斤,平均亩产 211 斤。

2013 年,柏树乡面积 237 平方公里,人口 1.23 万人。全乡共 41 座村庄,其中行政村 20 座,自然村 21 座(图 21.1)。区域分为北部的平川丘陵区与南部深山区两部分,两部分的交界处即松枝口。峪口内修建有 X417 县道,该峪为一条古道,周围山势较平缓,无垂直的陡崖。从地图上看,这条山谷向南可直通现涿鹿县的大河南乡,之后进入涞水的其中口、龙门乡、赵各庄等地,因此为一条交通要道。山谷内视野开阔,个别区域较狭窄,谷中溪水清澈,水量大。主山谷中亦有岔路,北部有一条向右的岔路,通往茨莉沟、松树岭方向。车厂村再次分岔,向东北去辉川,向东南去郑家庄子村,而主通道继续向东南,道路开始逐渐上坡,过了上、下蛮子沟村之后,上坡到山顶,为制高点分水岭。过分水岭后逐渐下行,进入山谷,即郑家庄子村,之后为岭南村,谷中风景优美,植被较好,谷底有较大的溪水,一直通往县界附近的洋河滩、八岭子村,之后继续向东南方行进,为涿鹿县的下安、口子、石片、三里棚村等村。

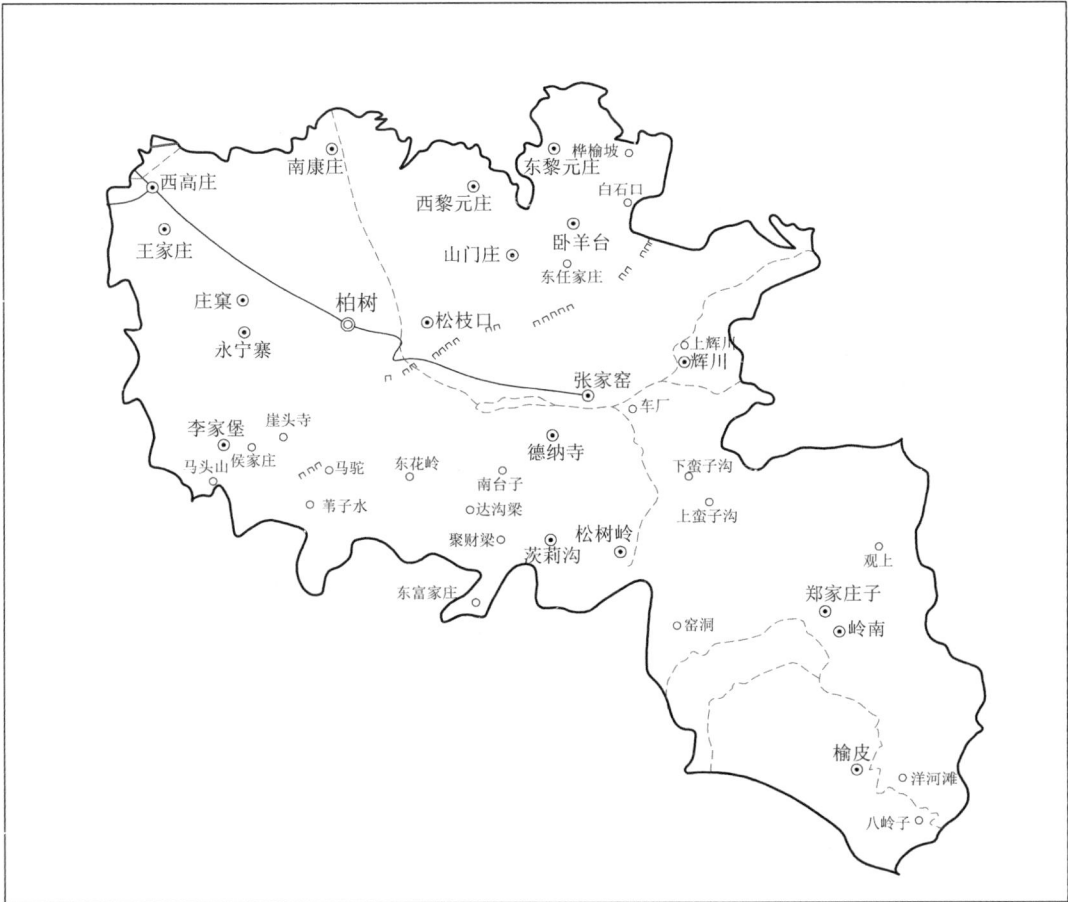

图 21.1　柏树乡全图

柏树乡现存古建筑丰富。历史上庄堡 11 座,现存 11 座;观音殿 12 座,现存 4 座;龙神庙 27 座,现存 4 座;关帝庙 13 座,现存 8 座;真武庙 9 座,现存 2 座;戏楼 13 座,现存 12 座;五道庙 25 座,现存 1 座;泰山庙 5 座,现存 1 座;阎王殿 2 座,现存 1 座;财神庙 1 座,无存;梓潼庙 1 座,无存;魁星阁 1 座,无存;玉皇庙 3 座,现存 1 座;山神庙 13 座,无存;眼光娘娘庙 2 座,现存 2 座;药王庙 1 座,无存;佛殿 2 座,无存;二郎庙 2 座,无存;三官庙 1 座,无存;其他 18 座,现存 1 座。

第二节　柏树乡中心区

一、自然环境与人文历史

柏树村位于蔚州古城东偏北 24.8 公里处,属丘陵区。村庄选址修建在山前冲积扇上,东侧为松枝口峪口沙河,南为南台子山,地势西南高东北低,总体来说较平缓,为沙土质,南部为梯田,北部为平川,辟为耕地。1980 年前后有 724 人,耕地 3 078 亩,曾为柏树公社、柏树大队驻地。

相传,明成化元年(1465)建村,因村四周皆为柏树,故取名柏树。村名最早见于《(顺治)蔚州志》,作"柏树村堡",《(乾隆)蔚州志补》作"柏树村",《(光绪)蔚州志》作"柏树村",《(民国)察哈尔省通志》沿用。

如今,村庄规模不大,由上堡、下堡两部分组成。堡内旧村民宅以土石房屋为主。堡外新村民宅以新房为主。乡政府东侧路南为供销社大院,近代建筑。X457 县道从村庄中部穿过,新村民宅布局不规则,总体来说有 5 条南北主街,居民较多(图 21.2)。

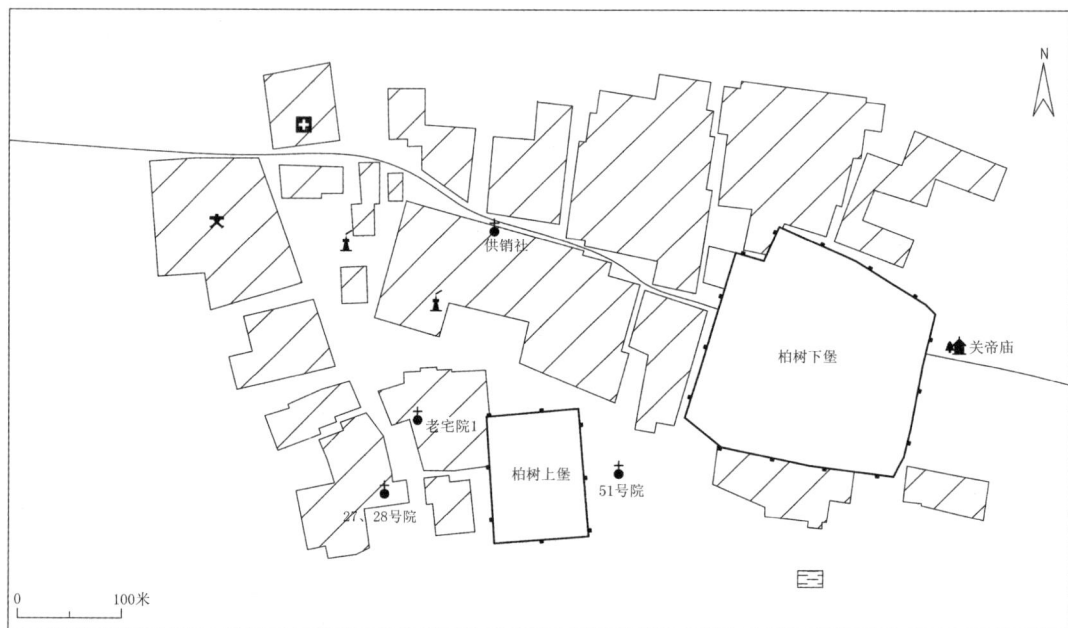

图 21.2　柏树乡中心区古建筑分布图

二、城堡与寺庙

（一）下堡

1. 城堡

（1）城防设施

下堡，位于村庄东南部，俗称果子堡、果家巷门，从地图和平面布局考察，应为庄，非堡，平面呈不规则形，开东、西门，堡内平面布局为东西主街结构，门内为巷子，堡内北部为平川，南部为坡地。堡墙拆毁无存，南墙修建在山坡上，墙体低矮，仅存基础。据当地80岁的长者回忆，旧时，居民均住堡内，有700余人，现在仅600余人，以陈、赵姓为主。

（2）街巷与古宅院

堡内居民较少，民宅以土石修建的房屋为主，多数翻修屋顶，没有翻修的多已废弃坍塌，居民较少。东西主街南侧现存1座巷门，结构简单，规格较低（彩版21-1）。石条砌拱券结构，一伏一券式，券矢高2.2米，券上镶石匾，正题"福禄"，落款为"嘉靖岁在□□月良日吉时　李金义"（拓21.1）。门内为一条南北向巷子（图21.3）。戏楼西侧的南北向巷子

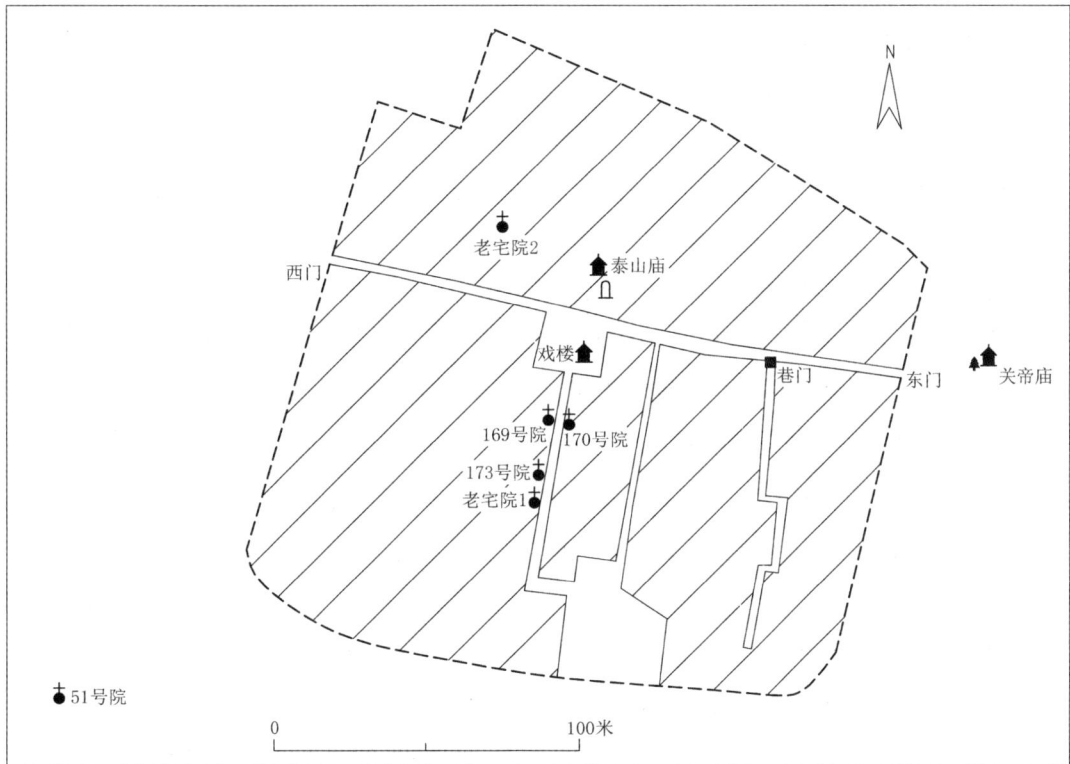

图21.3　柏树村下堡平面图

拓21.1　柏树乡柏树村下堡街巷门门额拓片(蔚县博物馆　李新威　提供)

内尚存有老宅院 1 和 169、170、173 号老宅院。169 号院,一进院,门楼尚存。170 号院,一进院,门楼尚存,正房脊顶已改造,铺上红瓦。正房外东侧门框上贴有一神位,为天地神位,中间竖字"天地君亲师十方万灵真宰神位",据说这是姜子牙,初一、十五上香。173 号院,一进院,尚存有门楼与正房,老宅院内墙壁上有"文革"时期的标语,且张贴有《捷报》。泰山庙西侧有一户老宅院,即老宅院 2。南堡的南侧有新建的敬老院。

2. 寺庙

据当地 80 岁的长者回忆,旧时下堡曾修建有五道庙、观音殿、泰山庙、戏楼、关帝庙。

五道庙　位于泰山庙旁边,现已无存。

观音殿　位于堡西北角外,现已无存。

泰山庙　位于堡内中部,坐北面南,修建在高 2.4 米的庙台之上(彩版 21-2)。庙台外立面包砌条石,西南角设有台阶可登顶,台明前立 1917 年的《重修泰山庙前廊庭山门楼钟鼓楼五路神祠创修戏楼东西引壁西院禅室碑记》,布施功德碑上刻捐款人姓名和施银钱数,保存较好。此外,登顶台阶上也有残存的石碑,多为半块,破坏严重,其中有"[泰]山圣母庙作为香火随带……伍拾囗年……左侍郎……"等字样。泰山庙仅存正殿,单檐硬山顶,面阔三间,进深六架梁出前檐廊,两山墙镶菱形卷草山花,门窗已全部改造,殿内已空,砖铺地面,墙壁表面涂刷白灰浆。后墙辟门窗,殿内梁架上尚存有彩绘,顶部脊檩上施有彩绘《八卦图》,山尖壁画尚存。

泰山庙西北方为村委会大院,西南方路边有水井,为村民取水之地。

戏楼　位于泰山庙对面,1917 年建筑,整体坐南面北,戏楼已修复,整体坐落在高 1.3 米的砖石台明之上,台明外立面条石包砌。戏楼为单檐卷棚顶,面阔三间,进深六架梁,前檐柱4根,鼓形柱础。前檐额枋上残存民国时期的彩绘,戗檐砖雕凤鸟图案。戏楼内墙壁表面涂刷白灰浆,壁画和题记无存,山尖壁画保存较好,水墨人物画,画中有吟诗与人物之景。前后台木隔扇窗格与门楣裙花尚存,裙花雕刻精致,保存完好,次间设出将、入相二门。地面条砖错缝铺墁。

关帝庙　位于柏树村东侧,柏树下堡东门外,X457县道北侧。现存一进院落,院墙重修,新砌红砖。现有村民专门管理。正南为新建的三檩硬山顶门楼1座,院内正中砖砌甬路,两侧各有一株枝繁叶茂的古松,形似伞盖,郁郁葱葱。院内地面上有1通石碑,碑上部已丢失,仅存下部的人名,落款可见"伍拾伍年玖月",从落款看,此碑应立于清康熙或乾隆年间。院内正北为正殿,坐北面南,单檐硬山顶,面阔单间,进深六架梁出前檐廊,檐下置六抹斜方格隔扇,次间四抹斜方格槛窗。殿内正壁壁画已毁。东西两侧山墙壁画尚存,题材选自《三国演义》中的关羽故事,连环画式,每面7列4排,各28幅,共56幅,除少数画外,大部分壁画榜题皆存,半数以上可释读。整篇连环画故事从东山墙北下角"天地三界□□□"起,到西山墙"帝君左右镇荆州"。此处所说的是镇荆州,而不会提大意失荆州。这堂壁画表现的人物也较多,在总共56幅壁画中,有22幅表现的其他人,有吕布、董卓、刘玄德、曹孟德、诸葛亮等。

东山墙

张辽义说回曹营	离曹营封金挂印	曹孟德赐十美女	秉烛达旦谋春秋	曹孟德下马赠银	关张擒刘岱王忠	关帝君袭斩车胄
孙策大战严白虎	□孟德许田射鹿	青梅煮酒论英雄	酒未温时斩华雄	白门楼操斩吕布	□孟德□□□□	曹孟德上马赠金
陶恭祖三让徐州	吕布濮阳大战	刘玄德北海解围	吕奉先辕门射戟	曹孟德谋杀董卓	废汉王董卓弄权	吕布刺杀丁建阳
天地三界□□□	(榜题毁)	(榜题毁)	安喜张飞鞭督邮	(榜题毁)	(榜题模糊)	董卓议立□□王

西山墙

帝君左右镇荆州	帝君松下歇马	帝君大战徐晃	帝君水战庞德	庞德抬棺战帝君	帝君威震华夏	关定庄收关□
曹操败走华容道	帝君义释曹操	黄忠献长沙	卧牛山前收□□	帝君单刀赴会	诸葛亮傍略四郡	周瑜南郡战曹仁
周公瑾赤壁鏖兵	刘玄德据水断桥	长阪坡赵云救主	刘玄德败走江陵	定三分亮出茅庐	□□风雪请孔明	刘玄德三顾茅庐
帝君策马刺颜良	帝君延津诛文丑	帝君千里独行	帝君五关斩将	帝君擂鼓斩蔡阳	□□德古城□□	刘玄德败走荆州

（二）上堡

1. 城堡

（1）城防设施

上堡选址修建在村庄西南部的山坡之上，四周为坡地，地势高阜，视野开阔。城堡平面呈矩形，周长约 390 米，规模小，开设东、西门，堡内平面布局为东西主街结构。据当地长者回忆，堡门为土坯墙木梁架结构，如今，堡门建筑无存，现为缺口，门外尚存有坡道，其中东门外坡道边尚存有破碎的石碑，为光绪年间的《重修三元宫龙王庙碑记》。门内为东西主街，街道略有曲折（图 21.4）。

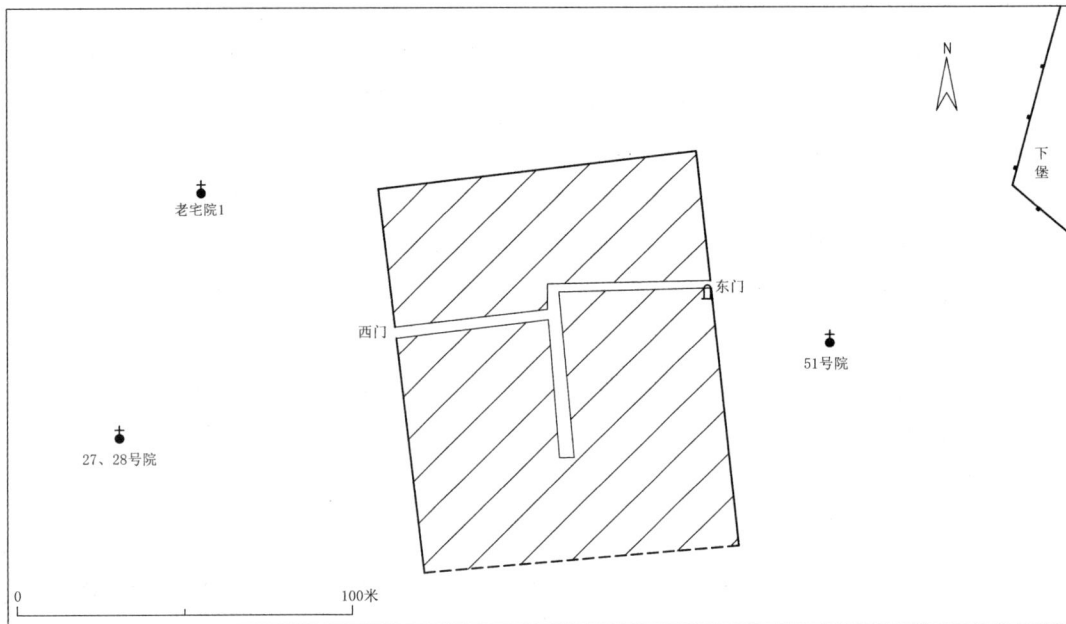

图 21.4　柏树村上堡平面图

堡墙均为黄土夯筑，坍塌严重。墙体外侧利用台地，内侧为平地。东墙长约 107 米，外高 3～4 米，内侧高 0 米。南墙无存，现为平地，推测长约 83 米。西墙长 109 米，外侧高 3～5 米，上面修建房屋，内侧为平地。北墙长约 91 米，外侧高 3～5 米。东南、西北、东北角为转角。西南角无存。

（2）街巷与古宅院

堡门内为东西向主街，两侧多为坍塌废弃的土石修建的房屋，尚有 10 户左右居民居住，正房屋顶多翻修，大部分民宅废弃。东墙外有一户独立的老宅院，即 51 号院，一进院，规模大，但房屋多已坍塌，全部废弃。西墙外有两处老宅院，一处为老宅院 1，一进院，院门开于院的东南角，面南，随墙门，门山墙内侧残存有毛主席语录。院内有正房与东厢房。

另外 1 座为 27/28 号老宅院,一进院,保存较好,门开于院东南角,面东,广亮门,硬山顶,檐下墀头砖雕尚存,门内两侧墙壁有毛主席语录,门外修建有 1 座影壁,影壁面阔单间,硬山顶。门内为石子铺就的地面,院内正房、东厢房与西厢房保存。正房格扇保存较好,其上的棂子为几何形。该院为当地赵姓家族的祖宅,"文革"时期曾被乡政府占用,之后又归还。正房内门厅墙壁上还贴有当年的"乡约",正面还有常先生神位,不知何意。

2. 寺庙

据当地长者回忆,旧时上堡堡内曾修建有观音殿,东门外有龙神庙,北墙马面上有真武庙,庙宇建筑于 20 世纪 60～70 年代拆除。

第三节 西高庄村

一、自然环境与人文历史

西高庄村位于柏树乡西北 6.2 公里处,属丘陵区与河川区过渡带,三关河东岸上,村东有一条沟壑,该村恰位于两条季节沙河中间。村庄选址修建在平地之上,地势南高北低,周围地势平坦开阔,一马平川,为沙土质,辟为耕地,村西为三关河由南向北流过。1980 年前后有 959 人,耕地 4 412 亩,曾为西高庄大队驻地。如今,村庄分为东、西两部分,之间为一条宽而浅的河道分隔。西面为旧村,东面为新村,有东、西 2 座城堡,西堡早于东堡,X457 县道、213 乡道穿村而过。村庄规模较大,居民多,西面的旧村民宅以土坯修建的房屋为主,东面的新村民宅以新房为主。村民大多数居住在新村(图 21.5)。

相传,明隆庆年间建村于低洼处,因村东、西两沟常泛水灾,为取吉利,故名为西高庄。村名最早见于《(乾隆)蔚县志》,作"西高家庄子",《(乾隆)蔚州志补》作"西高家庄",《(光绪)蔚州志》沿用,《(民国)察哈尔省通志》作"西高庄村"。

二、城堡与寺庙

(一)西堡

1. 城堡

(1)城防设施

西堡位于村庄内中西部,X457 县道南侧路边,堡墙利用台地而建。平面呈矩形,周长约 433 米,地势西高东低,开东门,堡内平面布局为双十字街北丁字街结构(图 21.6)。

图 21.5 西高庄村古建筑分布图

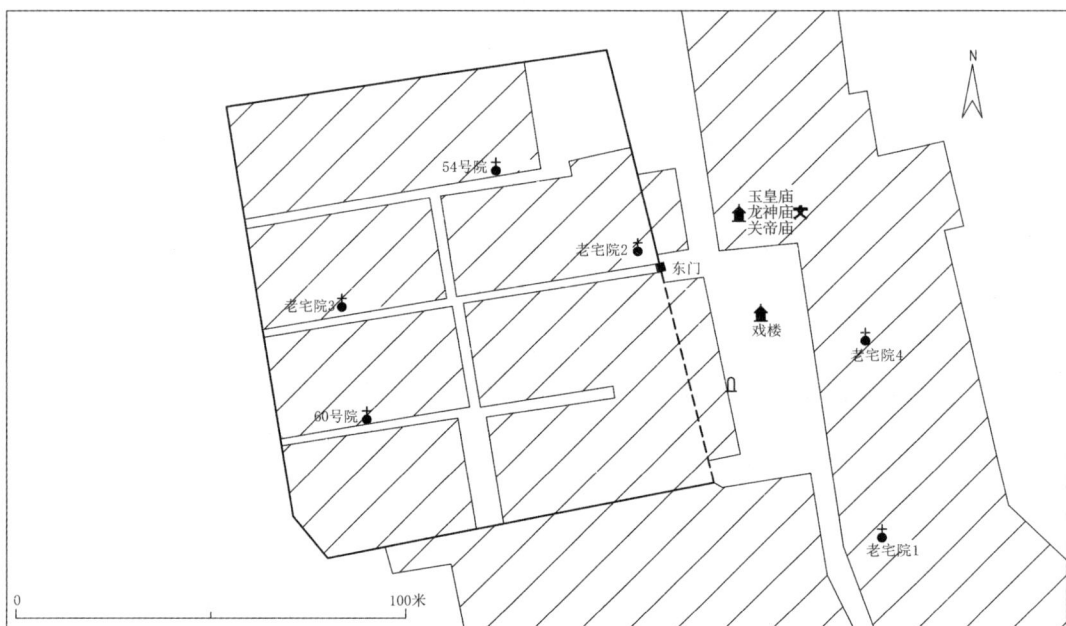

图 21.6 西高庄村西堡平面图

城堡东门为毛石砌拱券结构,券形门洞,内外侧为一伏一券式,无伏檐(彩版 21-3)。外侧门券拱顶上方镶嵌有四枚石质门簪,多已破坏,门簪上方镶嵌有青石质门匾(拓 21.2),正题"永安",前款为"大同府蔚州高家庄堡",落款为"嘉靖三十二年孟秋立"。内侧门券拱顶上方也镶嵌有石质门匾,字迹漫漶。门闩孔为条石错缝形成的方形孔。门顶部为砖砌拱券式,已坍塌,为"文革"时期人为破坏所致。门道为土路,门外两侧设有方形护门墩台,北侧护门墩因生长一株古榆树而坍塌。门外建有玉皇庙和戏楼,门内为宽阔的东西主街。

拓 21.2　柏树乡西高庄村西堡东门门额拓片(蔚县博物馆　李新威　提供)

堡墙均为黄土夯筑,墙体收分明显,夯土层厚 0.2 米,保存一般。东墙长约 113 米,保存差,北段墙体低薄,多坍塌,外侧高 2～6 米,内侧高 0～3 米,内侧为民宅,外侧为荒地和顺墙道路;南段墙体无存,为村委会占据,墙体的位置多为近代的房屋,且已废弃。村委会门口南侧有 1 通光绪十九年(1893)的墓碑。南墙长约 107 米,墙体保存较差,墙体高薄,高 4～5 米,墙体内外均为倚墙修建的房屋。西墙长约 112 米,墙体破坏严重,现存多为 2 米高的斜坡状基础,墙体内侧为民宅,外侧为耕地,西墙外有宽而浅的河道,墙体便修建在河边台地上。北墙长约 101 米,保存一般,墙体修建在台地上,外侧总高 6～7 米,墙现存 1～2 米,低薄,北墙内侧高 3 米,墙体内侧为民宅,外侧为民宅和道路。

东南角仅存转角,高 3～4 米。西南角无存,为新建的民宅破坏。西北角为转角,外总高 6 米,墙高 4 米,上面长有大树。东北角修建在台地上,体量高大,保存较好。外侧总高 10～12 米,角自身高 4 米,东北角内侧高 6～7 米。

(2)街巷与古宅院

堡内居民较少,旧时居住 120 余人,现不足 20 人,以张姓为主。民宅以土坯修建的房屋为主,老宅院和新房较少,房屋多废弃、坍塌。堡内有三条东西街和一条南北街,十分规整,为了便于叙述,三条东西横街分别为北侧的后街,中间的正街和南侧的前街,正街即东门内的主街。

正街 尚存 2 座老宅院。老宅院 2 位于正街北侧,一进院,保存较好,门前设三步条石台阶,雀替尚存,门内墙壁尚存反帝反修时期的标语(彩版 21-4)。老宅院 3,位于正街的西尽头北侧,一进院,宅门为新中国成立前后时期风格的大门。

后街 尚存 1 座老宅院。54 号院,一进院,近代风格大门,门内建有影壁。

前街 尚存 1 座老宅院,60 号院,一进院,位于西尽头北侧,宅门为解放后风格样式。

堡外 堡东南角外路边有老宅院 1,一进院,保存较好,开西、南门,均为随墙门。院内正房面阔三间,卷棚顶。堡东门外,戏楼的东南侧还有老宅门 4,一进院。

2. 寺庙

据当地 76 岁的张姓长者回忆,旧时西堡曾修建有五道庙(2 座)、观音殿、戏楼、玉皇庙(龙神庙、关帝庙)。

五道庙 共 2 座,分别位于堡外北面、南面,现已无存。

观音殿 位于东门外,现已无存。

戏楼 位于堡东门外,坐南面北,北有玉皇庙与其相对,相距 10 米之间为广场。戏楼整体坐落在高 1.4 米的砖石台明上,台明外立面包砖,顶部四周铺条石板,戏楼为单檐卷棚顶,面阔三间,进深五架梁,前檐柱 4 根,鼓形柱础。额枋无外撩檐檩枋,清式雀替。前山墙墀头部分下置较长的挑檐木。后墙为土坯墙,后檐出椽。两山墙置菱形高浮雕山花,内容为富贵花篮,象征吉祥、富贵。台内采用隔扇分前后台,前台两侧山墙壁画隐约可见。戏楼现存风格为清中期建筑,历史上演出时悬挂宫灯八个,近年遭盗窃。

玉皇庙(龙神庙、关帝庙) 位于堡东门外,整体坐北面南。堡门外建玉皇庙现象较为特殊,不符合蔚县寺庙的规制。该庙在 20 世纪 70 年代被村委会、学校占用,壁画遭破坏、门窗改变,寺庙现有村民专门管护。

玉皇庙由院墙、山门与正殿组成,保存完好(彩版 21-5、6)。现存一进院格局。庙对面 10 米为倒座戏楼。玉皇庙山门为广亮门楼,进深三架梁,硬山顶,前檐额枋尚存部分彩绘。院内甬道西有一株古松,东西配殿各三间,单坡顶。正北为玉皇殿,单檐悬山顶,面阔三间,进深六架梁出前檐廊,两山墙置通天柱,土坯山墙,西墙通天柱柱头卷刹,前檐下置一斗二升交麻叶斗拱,柱头科四攒,平身科每间各二攒,脊檩下置襻间斗拱,一斗二升交麻叶,额枋、梁架多为明代惯用的"青绿彩绘"。大殿与东西配殿间各有 1 座砖式券门通往后院,后院有古松一株,院内条砖铺墁。

该庙被村委会、学校占用期间,殿内墙壁曾涂刷厚厚的一层白灰浆。2018 年蔚县文体局对正殿进行了修缮,将厚厚的白灰浆清理掉,露出了原有的墙面。正壁墙皮没有受损,东壁与西壁各有近一半墙皮已脱落,采用水泥抹覆。虽然壁画受损严重,也仅有部分人物形象残存,但基本上可以判定出各壁所表现的内容。正殿为多神共祀一堂,殿内供奉三位神祇,即玉皇、关帝与龙神。

明间正壁正中为主神,两侧各有三位大将与众随从,中间贴有一张玉皇大帝的牌位,但老乡在其中贴一横幅,上书"天官赐福",因此明间是玉皇还是天官,还无法判定。

东次间正壁与东壁为关帝信仰的内容,正壁为《关帝坐堂议事图》,东壁为连环画式壁画,7列4排。只有第一排的7幅较完整,但画面与榜题皆受损,已无法辨认。

西次间正壁与西壁为龙神信仰的内容,正壁为龙母、五龙王与雨师坐堂议事场景,西壁分为上下两层,上层为《出宫行雨图》,下层为《雨毕回宫图》,壁画受损严重。

庙的西南角围墙外有2通墓碑,字迹漫漶。

玉皇庙为明代风格建筑,具有较高的历史、艺术价值,现为河北省重点文物保护单位。

(二)东堡(小东庄)

1. 城堡

东堡,位于村庄东北部柏油路边。平面呈矩形,复原周长约274米,规模小,开设南门,堡内平面布局内为南北主街结构(图21.7)。

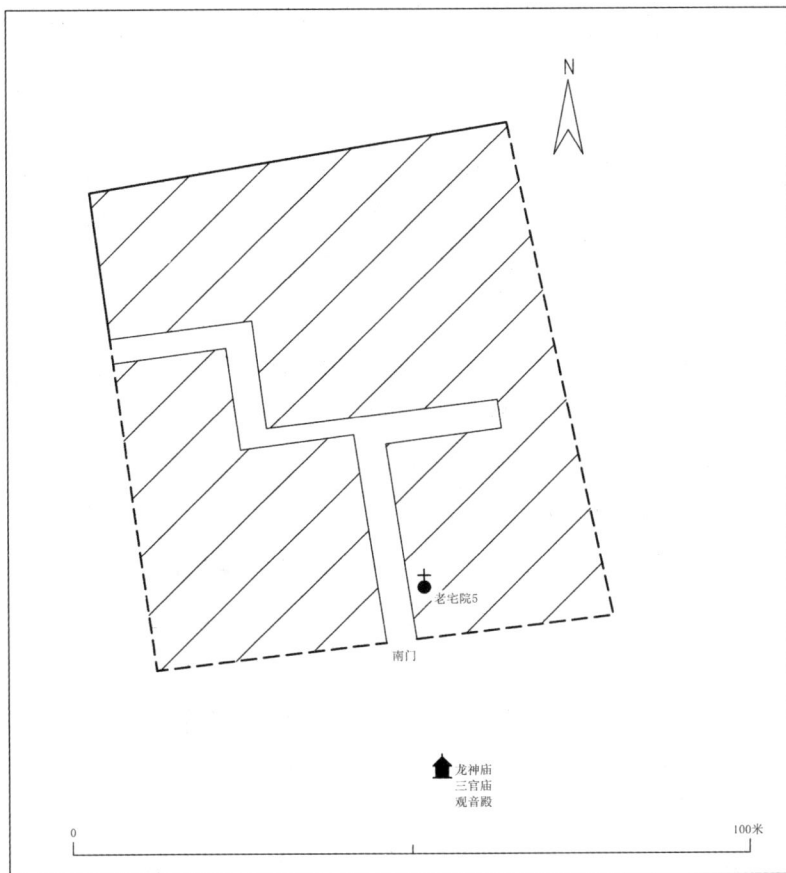

图21.7 西高庄村东堡平面图

东堡南门堡门建筑已无存,现为缺口,南门外有 1 座影壁,毛石基座,砖砌束腰,土坯墙体,砖砌檐顶,影壁的南侧正对寺庙的正中开设 1 座方形神龛。此外,南门外还有龙神/观音殿的庙院。

堡墙均为黄土夯筑,保存差。东墙墙体无存,或为废弃的房屋或为荒地,部分地段尚存 1～2 米高的基础,其余为平地。南墙墙体无存,为平地和废弃的民宅。西墙仅存西北角附近墙体,南部为一户新建的民宅所占据,墙体无存,西北角附近的西墙高 2～5 米,墙体高薄多坍塌,内侧高 3 米。北墙长约 60 米,保存相对较好,墙体连贯,外侧多坍塌形成的斜坡,内侧为民宅,墙体外侧总高 4～5 米,墙体高 1～2 米。

东南角无存,为民宅。西北角仅存转角。东北角无存,现为 1 米高的基础。

旧时,东堡有 800 余人居住,以张姓为主。如今,堡内居民少,房屋多废弃、坍塌,形成大面积的荒地。除堡周围附近为一片旧村之外,堡外为新村,民宅以新房为主。堡西侧的柏油路边有新建的学校。

2. 寺庙

据当地 76 岁的张姓长者回忆。东堡内外曾修建有五道庙(2 座)、龙神庙(三官庙)/观音殿。

五道庙 共 2 座,1 座位于堡内,1 座位于堡外,现均已无存。

龙神庙(三官庙)/观音殿 位于堡南门外对面。庙院土坯院墙、院门与正殿尚存。院南、北各开设一门,南门是 1 座土坯修建的简易门,北门为随墙门,硬山顶,门外正对 1 座影壁。院内有两株大树。正殿,面阔单间,硬山顶,南侧为三官庙,北侧为倒座观音殿。正殿东耳房,面阔 2 间,已废弃。

三官庙(龙神庙),殿内正壁表面已抹白灰浆,两侧山墙壁画残存,虽神像脸部全部损毁,但色彩仍艳丽(彩版 24-21)。两侧壁画内容为,在云雾翻腾之中,主体表现的是三匹瑞兽,一匹为马身龙首,一匹为马身凤首,还有一匹为马身、凤蹄、凤首,三位主神各骑其上,其上部为四位功曹和其他神像。图面底部云雾之下,东壁为旱中盼甘霖的乡民,西壁为庆丰收的乐队。此构图内容,像是三元宫与水晶宫的结合。再看村民贴的对联,既有"三元三品",也有"日出东海龙霄宫,月降西山水晶宫"。因此,推测此殿供奉的神祇为三官、龙神共享一堂。

观音殿,殿内正壁已刷白。两侧山墙壁画尚存,虽然神像脸部全部损毁,但色彩仍艳丽,为民国时期的作品。壁画上部为《观世音菩萨普门品》中的"救八难"题材,各 4 幅,内容根据需要作了一些变化。

东侧自北向南为:降雹注大雨,虎走无边方,不得损一毛,换毒与本人。

西侧自北向南为:□身自回避,刀刀断三截,火花变莲池,道路开枷锁。

壁画中部各画有四朵花,这四朵花让人感觉到圣洁。壁画下部绘有九尊罗汉,或打坐,或站立,形态各异。东壁尚存布施功德榜题壁,以张、王姓为主。

第四节 王 家 庄 村

一、自然环境与人文历史

王家庄村位于柏树乡西北 5.2 公里处,属丘陵区。选址修建在山前冲积扇上,地势南高北低。村庄周围地势相对平坦开阔,一马平川,为沙土质,辟为农田。1980 年前后有821 人,耕地 4 560 亩,曾为王家庄大队驻地。如今,村庄分为南、北两部分,分别为南、北2 座城堡,规模较大,民宅多在原土坯房屋的基础上翻修(图 21.8)。

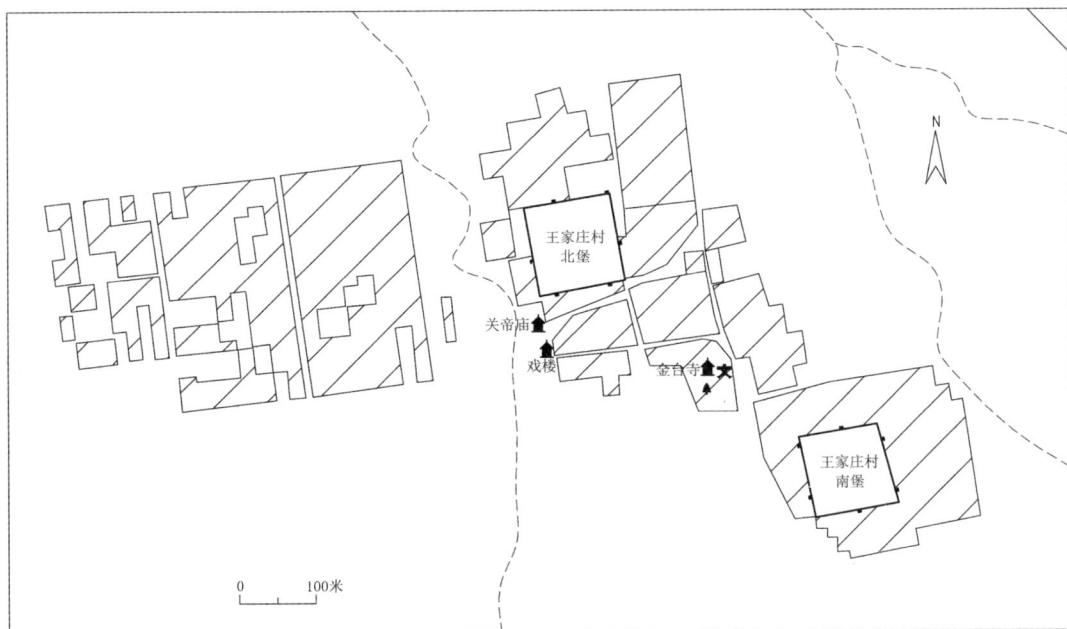

图 21.8 王家庄村古建筑分布图

相传,明隆庆年间建村,因王姓主居,故取名王家庄。村名最早见于《(正德)大同府志》,作"王家庄堡",《(崇祯)蔚州志》《(顺治)云中郡志》《(顺治)蔚州志》沿用,《(乾隆)蔚州志补》作"王家庄",《(光绪)蔚州志》作"王家庄子",《(民国)察哈尔省通志》作"王家庄"。

二、城堡与寺庙

（一）北堡

1. 城堡

王家庄北堡位于村庄西部，选址修建在平地之上，周围地势平坦宽阔，一马平川。城堡平面呈矩形，周长约 466 米，开设东门，堡内平面布局为东西主街结构，此外还有南北街，但街道较窄（图 21.9）。

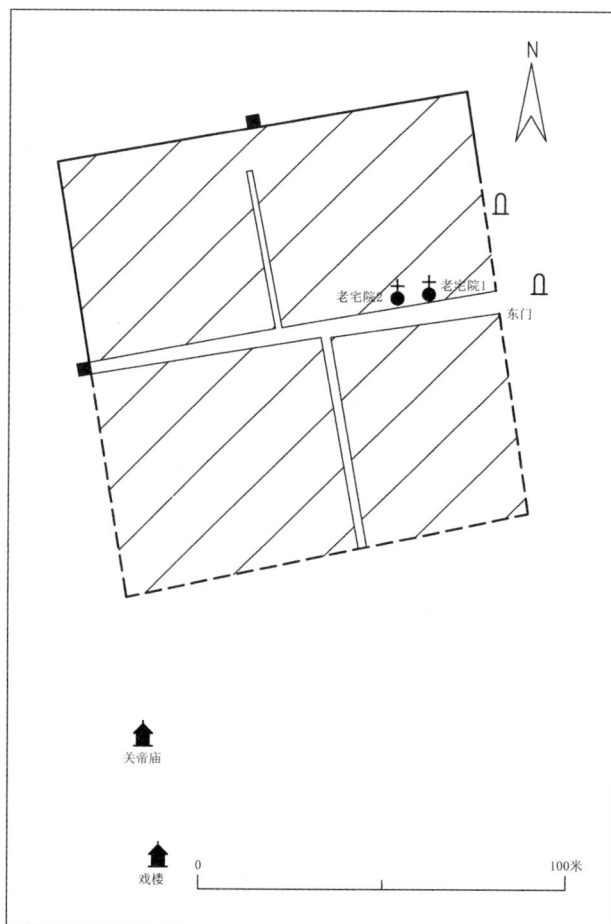

图 21.9　王家庄村北堡平面图

北堡东门堡门建筑破坏较早，当地长者已记不清其建筑形制。东门外空地边原井台处尚存有多通石碑，包括乾隆二十五年（1760）的《重修三元宫观音殿碑记》、乾隆二十七年（1762）的《重修三圣庙碑记》，还有 2 通石碑字迹漫漶。水井南侧尚存 1 通石碑，为道光八年（1828）的《重修碑记》，现为村民座椅。另外还有 2 通残碑用于修建台阶，表面已磨损。

东门内为东西主街。

堡墙均为黄土夯筑，早已拆毁，破坏严重。东墙仅存东北角附近墙体，外侧高5～6米，其余为坍塌形成的斜坡，上面修建房屋，外侧为道路，内侧为民宅。东墙南段无存，为民宅占据。南墙无存，原址修建民宅。西墙南段无存，为民宅所占据；西墙北段仅存不足1米高的基础；西墙内侧为民宅，外侧为道路；西墙中部设1座马面，正对堡门，应修建有寺庙。北墙约112米，保存相对较好，高4～5米，内外侧均为民宅，中部设有1座马面，位于一户居民院中，保存较好，高5～6米。北墙东段多坍塌为斜坡，高4米，上面修建民宅，破坏严重。

东南角无存，为民宅占据。西南角仅为转角，角外为关帝庙。西北角仅为转角，高4～5米，未设角台。东北角仅存转角，高6米左右。

堡内在20世纪30年代有居民400余人，现整体有900余人，以任姓为主。堡内居民较少，民宅以土坯修建的房屋为主，多废弃、坍塌。主街北侧有老宅院1和2，一进院，保存一般。160号院，硬山顶宅门，院内迎面为1座影壁，硬山顶，檐下砖作仿木构砖雕，影壁四周为砖砌，正面正中为"大菓墙"。院内保存西厢房。此院后面，还有一排旧宅保存较好。

2. 寺庙

据当地长者回忆，北堡旧时修建有关帝庙、戏楼、金台寺、真武庙、观音殿、五道庙（2座）。

关帝庙　位于王家庄村西端、堡外西南侧，西邻农田，东北邻民宅，南20米为倒座戏楼。关帝庙整体坐北面南，原为1座庙院，山门、院墙已毁，现存1座正殿，坐落在一高2米的夯土庙台之上，台明外立面包砌毛石，台明南北长14米，东西宽12米，正殿前为砖铺甬路，路东西各有古松树一株。正殿坐北面南，单檐硬山顶，面阔三间，进深五架梁出前檐廊，未施三架梁，大柁上皆为金瓜柱承托金檩。正殿保存较差，东、西山墙倒塌，前后脊顶残损。但梁架基本保存，脊檩正中绘有彩绘《八卦图》。殿内壁曾涂刷白灰浆，加之脊顶与山墙残塌，内壁表面布满泥水，壁画已毁，只残存极少部分颜色。

戏楼　位于村正西，西邻旷野农田，对面为关帝庙。坐南面北，整体坐落在高1.3米的台明上，台明外立面包砌毛石。戏楼面阔三间，单檐卷棚顶，进深六架梁。前台已被封堵，前檐损毁。戏楼内梁架上挂着一些纸扎的物品，为节日表演社火时所用道具。戏楼内两侧山墙上尚存有壁画，绘西式城堡，为中华民国时期惯用的题材，后台明间绘麒麟望日，后墙尚存舞台题壁两处，一处为"光绪"年间，另一处为"宣统二年"。

金台寺　位于王家庄村北堡与南堡之间，村委会边学校内。该庙据传为金河寺的1座下院，为地方军政要员所建。寺院坐北面南，由前、后两进院落组成，建有山门、过殿、大殿。山门和过殿在村委会院中。原山门、钟鼓楼、禅房、碑廊均已毁。现仅存过殿、大殿和残破不全的东西配殿。

寺院坐落在高约1米的庙台上，现存为一进四合院布局，整体坐北面南，过殿、正殿、东西配殿均为单檐硬山顶。前过殿为地藏殿，面阔三间，进深五架梁，鼓形柱础，过殿内原供奉有弥勒，两侧有壁画。前甬路西有一株古松，上悬铁钟，有铭文，由过殿向北为主院。主院在村委会边的学校内，现废弃。院内正北为大殿，即大雄宝殿，面阔三间，进深三架梁出前檐廊，上置人字叉手，殿前有月台。正殿内原供奉一尊塑像，两侧为十八罗汉，两侧山墙绘有壁画，"文革"时期拆毁。东、西配殿均面阔三间，硬山顶，进深四架梁，院内地面条砖铺墁，甬路东有古松二株，西有一株。东院墙上曾镶砌石碑2通，1通可见"大明弘治拾伍年岁在壬戌秋中元日钦差守备蔚州地方指挥使章杰奉直大夫蔚州知州"等字样，另1通有"万历四十七年岁次己未"字样。

如今，前院为村委会，后院为学校所占。

真武庙　位于北墙马面上，现已无存。

观音殿　位于堡南，现已无存。

五道庙　2座，1座位于堡内，1座位于堡外东南角，现已无存。

（二）南堡

1. 城堡

（1）城防设施

南堡位于南部村庄的中部，平面呈矩形，周长约432米，开设北门，门内为南北主街，两侧为巷子（图21.10）。

城堡北门结构简单，基础为条石砌筑，上面为砖砌门颊，木梁架平顶结构，门道为自然石铺成的路面（彩版21-7）。北门上旧时镶嵌有门匾，"四清"时期破坏。

堡墙均为黄土夯筑，保存一般。东墙长约102米，保存较好，高0～7米，内侧为民宅，外侧为道路。南墙墙体无存，复原长度约116米，墙体外侧为民宅，内侧为荒地。西墙长约106米，保存一般，墙体高薄，现存多处坍塌形成的缺口，墙体高0～6米，墙体内侧为民宅，外侧为树林或荒地，还建有烤烟房，西墙外不远处为冲沟。北墙长约108米，保存较好，东段墙体高4～5米，高薄、连贯，内侧为民宅，外侧为荒地；北墙西段地势较低，墙体高大，高6～7米，内侧为民宅，外侧为顺墙道路。

东南角无存，为民宅占据。西南角设90°直出角台，高6～7米，体量大，但坍塌一半。西北角仅为转角，高3～4米，破坏严重。东北角未设角台，仅为转角，高4～5米，上面修建房屋。

（2）街巷与古宅院

堡内居民较少，生产队期间南堡有居民250人左右，现仅50余人，以孙姓为主，堡内多为废弃、坍塌的民宅。老宅院尚存数座，均为一进院。

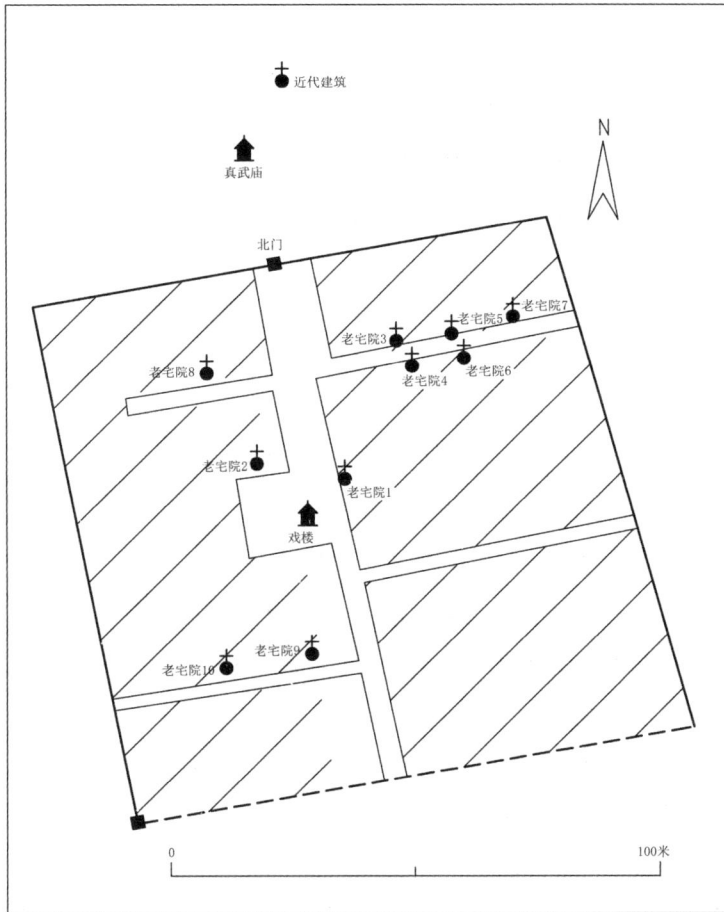

图 21.10 王家庄村南堡平面图

北门内主街东侧第一巷 自然石地面,巷内有老宅院 3、4、5、6、7,保存一般。

北门内主街西侧第一巷 巷内有老宅院 8。

堡内中央空地 空地东侧有老宅院 1,西侧为老宅院 2,南侧为戏楼。

南墙西段顺城街 尚存老宅院 2 座。老宅院 9(41 号院)和 10(42 号院),均为孙姓居民的宅院。老宅院 9(41 号院)为四合院式布局,保存较好,院东南角设门,广亮门,硬山顶,门前上马石尚存,檐下雀替木雕尚存,门内建有影壁,硬山顶,正壁方砖菱形铺设,院内为砖铺地面,正房面阔五间,硬山顶保存较好。42 号院(老宅院 10)与 41 号相似,广亮大门,正房面阔五间,门厅退金廊,现房东为一位 54 岁的老妪,据她回忆,该院是她太爷爷 18 岁时修建。如此计算,该宅院约有一百多年的历史。

2. 寺庙

据当地长者回忆,南堡旧时建有真武庙、戏楼、龙神庙、五道庙。村内寺庙内旧时供奉有泥像,20世纪六七十年代时将部分寺庙拆毁。

真武庙 位于南堡北门外10米处,选址修建在1座高3.8米的夯土庙台上,西侧紧贴一排单坡民居,东北侧有1座近代建筑,现为小卖部(彩版21-8)。东侧有一条半环形入堡道路,地面南高北低,铺墁自然石。院墙和山门无存,台明南面中央尚存石台阶。正殿为单檐硬山顶,面阔三间,进深五架梁出前檐廊,前檐下有前檐柱,檐柱下置古镜柱础。檐下蝉肚雀替雕草龙;明间四抹万字隔扇,次间四抹方格槛窗。殿后墙明间与西次间坍塌,西山墙北部坍塌,剩余部分墙面已开裂,面临坍塌。殿两侧各有东西配殿,均坍塌。

从堡内戏楼西侧"玄帝庙碑"中的落款得知,真武庙建于或重建于"天启四年岁次甲子孟春吉日"。殿内有两处乾隆时期的题记。一处位于门扇上,为"乾隆叁拾年"的墨书题记,另一处题记在东侧门框上,为"乾隆贰拾年重□"(彩版21-9)。从碑记与这两处题记来看,真武庙在明天启年间已建,乾隆年间重修。

殿内残存壁画,正壁明间与东次间墙壁坍塌,壁画已毁,西次间残存;东山墙保存较好,但北侧墙皮已空鼓;西山墙局部破损漏洞。东壁壁画的南侧边缘,发现了一列题记,前后部分漫漶,中间一段为"同治十年七月廿八日下雨尽夜卅日下雨八月初三日晚此上房倒",亦为壁画的断代提供了线索(彩版21-10)。

两侧山墙壁画为连环画式,4排8列,各有32幅,两侧山墙共有64幅;西次间残有4排3列,推测东次间也为4排3列,两个次间正壁共有24幅(彩版24-22)。整堂连环画共有88幅,这一数量在蔚县真武庙中是最多的。

东壁保存最为完整,32幅全部保存;西侧因北部坍塌,保存了南部的6列半,共有24幅完整;后墙壁画西次间,保存了12幅。一共有68幅保存下来。

东山墙

左腋降生	金盆沐浴	引见君王	国母养育	太子游园	太子习文	太子习武	三清点化
毛山打坐	二虎引路	远离皇宫	出宫商惨	送出皇宫	辞别国母	辞别君王	太子骂妃
白鹤同伴	仙人献果	麋鹿来参	比丘□□	神人说法	摩王奉送	桥夫问信	国舅参见
比丘说法	猿猴献宝	割肉喂鹰	舍身喂虎	麋鹿送路	仙人指路	上清显化	国舅面朝

西山墙

国王应□	玄帝显圣	□□□□	真人受法	玉皇制晏	三曹对案	□□□□	□□□□
道子传真	野兽恕罪	魔王朝圣	君民瞻养	魔女说对	魔王受降	民女传法	□□□□
胞腹法心	胞□磨针	太子□□	肤梁磨针	玉龙□□	降伏魔精	收伏柳精	□□□□
玉皇赠剑	柳精恶魔	梅精恶魔	跨鹤出宫	参见国母	开斋破界	□□□□	□□□□

后墙西次间

	威镇武当	三圣归天
	国舅择法	降伏勾毕
	降伏张陶	降伏唐柳
		太子回朝

从排列顺序来看,应是从东次间正壁第一排,向东至东山墙第一排向南;然后第二排,从南向北,回到正壁第二排;第三排,第四排如此循环;东山墙回到正壁第四排最内一幅结束。再从此传至西侧,西侧从西次间第四排最内一幅开始,循环如东侧规律。从这堂壁画的"柳精恶魔""收伏柳精"等内容来看,柳精为害在蔚县五道庙的捉妖场景中有充分的展示,柳精在蔚县与奸夫淫妇都为人所不齿,是正统文化中所不能接受的,所以要清除,这说明真武庙的壁画故事已开始与蔚县本地习俗融合。

真武庙内曾供有塑像,"文革"中被毁。如今,每年大年三十时由村委会统一为真武庙上供馒头、饭菜等。

戏楼 位于堡内,坐南面北,对面为北堡门及堡门外的真武庙(彩版 21-11)。戏楼坐落在高 1.3 米的砖石台明上,台明外立面包砌青砖,四周边缘石条铺墁,戏楼为单檐硬山顶,面阔三间,进深五架梁,梁架用材纤细。前檐额枋尚残存彩绘,前檐下挑檐檩、额枋与垫木等残有彩绘,柱间替木两端还保存着雕花。雀替雕草龙,戏楼内前、后台间为木隔扇,中间走马板三幅还残存戏曲人物绘画。隔扇的中间走马板后面,尚存两列题字:"大中华民国七年立"与"起盖动工",说明此戏楼重修于 1918 年(彩版 21-12)。前台两山墙各绘六扇屏风壁画,屏心绘山水、花卉,两侧山尖壁画保存较为清晰,虽为工笔勾绘,但其笔法流畅,分别绘有寻仙访道、观棋烂柯、刘阮遇仙、王羲之爱鹅等仙乡奇遇的传说。后台尚存题壁"民国拾五年""民国拾柒年"等字样。

龙神庙 位于堡东北角外,解放战争中被国民党军队拆毁,材料用于修建岗楼。

五道庙 位于真武庙北侧,现已无存。

第五节 庄 窠 村

一、自然环境与人文历史

庄窠村位于柏树乡西偏北 2.8 公里处,属丘陵区。选址修建在山前冲积扇上,村庄周围有不少大小不等的冲沟,村西有沙河,村南为永宁山,地势南高北低。村庄周围地势平坦,一马平川,为沙土质,辟为耕地。1980 年前后有 700 人,耕地 2 672 亩,曾为庄窠大队驻地。如今,村庄分为新、旧两部分,北为新村,规划整齐划一,由两条南北主街和一条东西主街组成,民宅以新房为主。旧村在西南角,为城堡所在地。居民以康、徐姓为主,全村1 000 余人(图 21.11)。

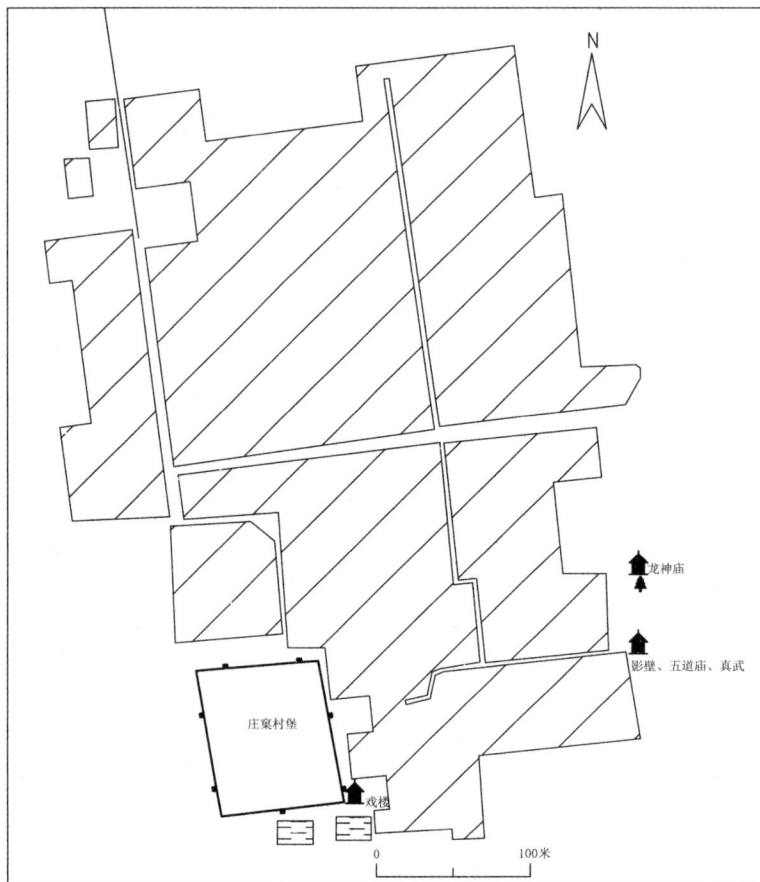

图 21.11　庄窠村古建筑分布图

相传,明朝初期建堡,原名永宁寨北堡,后因人多聚集,又在堡外安庄,故更名为庄窠。

二、城堡

据《(民国)察哈尔省通志》记载:"永宁寨北堡,在县城东南五十里,万历四十年八月土筑,高一丈三尺,底厚三尺,面积八十七亩,有门一,现尚完整。"[1]庄窠村堡今位于旧村中,城堡平面呈矩形,周长约 344 米,开设东门,堡内平面布局为东西主街结构(图 21.12)。

〔1〕 宋哲元:《(民国)察哈尔省通志》,国家图书馆藏 1935 年铅印本,第 11 页。

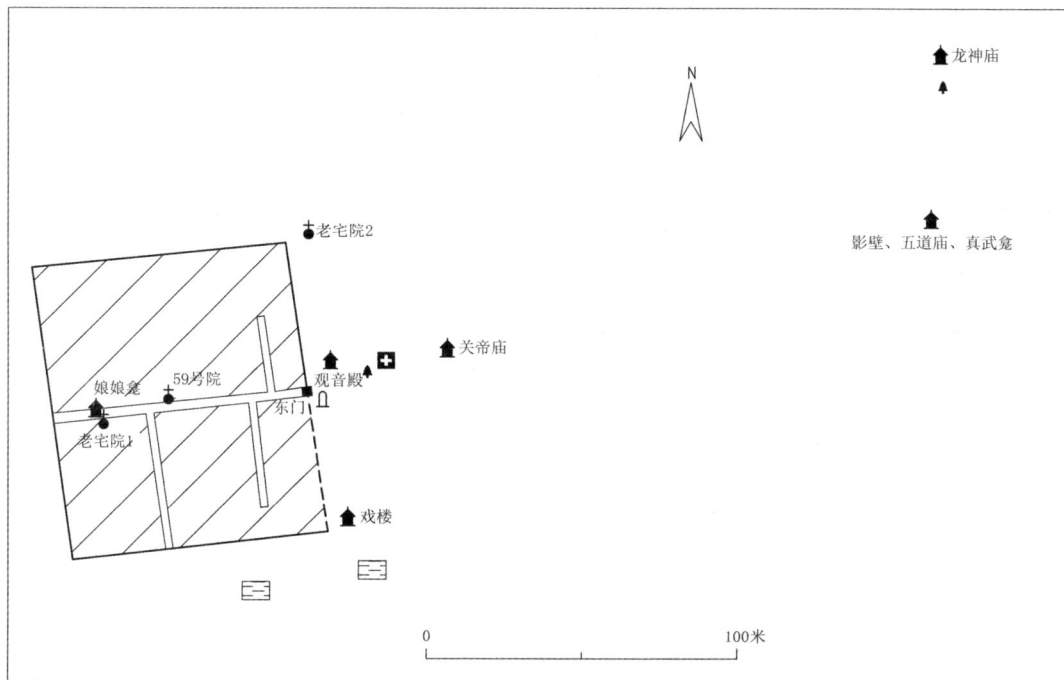

图 21.12　庄窠村堡平面图

城堡东门堡门为石拱券结构,内外均为一伏一券式,外侧北门颊上半部条石损毁,采用土坯补修(彩版21-13、14)。门顶为木梁架结构,门闩孔为条石错缝而成,堡门上原镶门匾已佚。门外南侧立有1通石碑,石碑立于台上,周围红砖砌筑碑龛,上建檐顶。碑由上下2块垒叠一起。上部应为东门匾(拓21.3),所有刻字被红彩描过,上书"永宁塞'庄窠村'福禄门",右侧落款为一列竖字"嘉靖二十四年四月十一日癸卯上旬吉日造门"。下部是当今所立,碑上没有刻字,而是直接用毛笔写的红彩字,内容为"当时明朝世宗皇帝朱厚熜在位即公元一五四五年,距今已有四百六十四年的历史"。落款为"乙丑二○○九年四月廿五日"。由碑可知,庄窠村在明嘉靖年间已建,但属永宁寨所辖。东门外长一株大树,树下建有卫生室。

堡墙均为黄土夯筑,保存较差。东墙长约91米,墙体高薄,高4～5米,内侧为民宅,外侧为顺墙道路,东墙南段无存,为民宅占据。南墙长约81米,保存较好,墙体高大,高4～8米。南墙外侧为道路,内侧为民宅。西墙长91米,保存较差,墙体高5～6米,墙体连贯,多坍塌为斜坡,外侧为荒地,内侧为民宅。北墙长约81米,墙体高薄、连贯,内侧为民宅,外侧为荒地。

东南角仅为转角,高5～6米,外侧为戏楼。戏楼的南侧有两个坑塘,四周长满树木。西南角未设角台,仅为转角,坍塌严重,高4～5米。西北角为转角,体量高大,高7～8米。东北角仅为转角,东北角外还有1座坍塌的老宅院2,仅存角柱石,破坏严重。

拓21.3　柏树乡庄窠村堡东门门额拓片（蔚县博物馆　李新威　提供）

　　堡内辟有一条东西街和两条南北巷。东西主街西尽头修建有影壁，正对堡门，影壁辟眼光娘娘龛。旧时村中曾有800余村民，如今有900余人居住，居民杂姓。堡内民宅以土坯修建的房为主，居民较少。堡内尚存2座老宅院。59号院，位于主街北侧，一进院，宅门尚存雀替装饰，保存较好。老宅院1，位于主街尽头南侧，门内为一条巷子，分为东西两院，均为一进院。

三、寺庙

　　据当地长者回忆，庄窠曾建有观音殿、戏楼、关帝庙、五道庙、龙神庙、眼光龛。观音殿、关帝庙由村中78岁的村民陈玉英管理，她的孙媳妇李秀娟看管龙神庙。

　　观音殿　又称南海大士殿，位于东门外北侧，其东侧为大队部，对面50米处为倒座穿心戏楼。庙院、正殿皆坐北面南。蔚县境内的观音殿以倒座为主流，此地正向的观音殿为少数特例之一。据殿内正脊题记得知，观音殿创建于"雍正陆年"，重修于"民国肆年"。

　　观音殿院门为砖式小门楼，与院墙皆采用红砖砌筑，近期重修。正殿坐北面南，面阔三间（宅二破三式），硬山顶，进深六架梁出前檐廊，前廊西墙下设面然大士龛，前檐额枋尚存清末民国时期的彩绘。三架梁架上置人字叉手。门窗、前槛墙新修，殿内供奉有新塑的塑像，殿内西山墙壁画尚存，为民国时期的作品。下部为9尊罗汉像，上部的四幅为"救八难"题材,分别为雷击、火烧、下毒、坠崖的场景。西壁山尖水墨画尚存,下面两幅绘有一叶渡江的故事,即《达摩渡江图》,上面两幅一幅为松下问童子,另一幅为戴草帽的老者骑于毛驴上,前有仆人拉着,具体含义还待解。正壁两侧次间残存有壁画,但多已漫漶。东壁重新垒筑。脊檩正中部绘有阴阳《八卦图》,两侧贴有题记。东侧为"雍正陆年岁次创建"(彩版 21-15),西侧为"中华民国肆年补修"(彩版 21-16)。

戏楼 位于东门外南侧,与观音殿正对(彩版 21-17)。西为堡墙,南有 2 座池塘。戏楼坐南面北,穿心式,戏楼下为通道,是蔚县仅存的几座穿心戏楼之一。台明铺石条,戏楼面阔三间,单檐六檩卷棚顶,前檐柱 4 根,鼓镜石柱础,后檐出椽、飞。前后台间置木隔扇,次间设出将、入相二门。戏楼两侧山墙北端写有一副对联,上联为"歌颂龙腾虎跃人间景",下联为"唱尽喜怒哀乐剧中情"。戏楼下过道宽、高均为 2.3 米,进深 9.3 米,南部为拱券式,北部及内部平过梁。台下通道向南行是一片树林与田野,其间有一条土道,通往永宁寨村。1989 年村民修缮戏楼,过道改为水泥板结构,山墙改为红砖。隔扇与后墙皆新绘戏曲中的人物与情节。相传该村明清时期戏剧较繁荣,有戏班子。

关帝庙 位于东门外东端,东西大街向北拐角处,现存建筑为一进院布局,西侧为小学校院。庙院坐北面南,院门楼尚存,硬山顶,如意门,门前设三步台阶,院墙采用红砖新砌。院内一根电杆上悬有一口素面铁钟。院内正殿坐北面南,面阔三间,单檐硬山顶,进深五架梁,置人字叉手。前檐额枋、柁头尚存清末民国时期的戏剧人物内容彩绘,正脊顶正中置 1 块砖雕,上雕"天下太平"。殿顶与梁架为原构,两侧山墙为新砌的红砖墙,门窗新补配,殿内壁画已毁。院内正殿前方立有一根四面石柱,正面刻有"大明洪武拾叁年大明国崇祯七年大清国康熙三年"的纪年,其他三面未见文字。从石柱可知,至少在明洪武年间,此地便已有庙宇。殿内脊檩上彩绘《八卦图》,五架梁上绘有彩龙。

五道庙(真武龛) 位于堡东门外,东西大街的东端。正殿坐落于高 0.5 米的条石砌筑的庙台上,背靠 1 座影壁,正殿坐东面西,面阔单间,单坡顶,进深一椽。殿内墙壁表面曾抹白灰浆,题写毛主席语录,山墙上残存有清末民国时期的壁画,斑驳不清。

五道庙背靠 1 座影壁,面阔单间,硬山顶。影壁南侧山墙上部辟有 1 座龛,当地长者回忆,龛内供奉真武,即崇祯。供奉崇祯在蔚县多处村庄均听乡民提起过。如,涌泉庄乡涧北村乡民说,真王即为崇祯,有的堡内对联干脆将"真王"写成"祯王"。当地百姓传说,崇祯当了 18 年皇帝,由于皇袍在身,挡住了眼睛,不知蔚县已是大旱,于是蔚县大旱 18年,当崇祯离开皇位后,蔚县旱情方解。影壁的东墙写有庄窠村名。

龙神庙 位于堡外东侧的一块旷野台地上,西侧邻沟谷(彩版 21-18)。现存正殿 1 座。大殿坐落在高约 1 米的自然石砌台明上,坐北面南,面阔三间,单檐硬山顶,进深五架梁出前檐廊,前檐柱下置古镜柱础,戗檐砖雕二龙戏珠,正脊砖雕"天下太平"四字,左右各有一位穿袍的立像。两侧花脊。东西山墙保存着完整的山花。殿内脊檩上一共贴有三个时期的题记，东次间脊檩为"嘉靖贰拾捌年孟夏初建"（彩版21-19），西次间脊檩为"天启五年重修"（彩版21-20），明间脊顶为"康熙拾捌年重修，画工崔文利"（彩版21-21）。初步可以判定此殿是清康熙年间重修，从壁画的色彩与构图来看，也有可能为康熙时期的作品。殿前有古松一株。

殿内墙壁上保存有完整的壁画，壁画精美，颜色古朴典雅，人物造型生动。北墙正壁，除东侧下部部分脱落外，基本保存完好，绘有《龙母龙王坐堂议事图》；东、西两侧壁画保存较好，东壁绘《出宫行雨图》，西壁绘《雨毕回宫图》。正壁曾被切割出七八道竖痕，将壁画划出几乎相等的数块，为盗割壁画所留下的痕迹。村民回忆，此事发生于2010年底的一个晚上，早上村民才发现壁画被切割。虽然偷盗未成，但造成东侧龙王4下身墙皮脱落，幸而在修缮时又将墙皮复原。两侧山墙山尖绘画皆为两层，下层绘有"渔、耕、樵、读"，上层绘有另一个主题。外侧山尖还各有一幅绘画。

北墙正壁绘《龙母龙王坐堂议事图》。明间正中为龙母，龙母两侧各立两位侍女。东侧为三位龙王，西侧为两位龙王与雨师，龙王与雨师身后或左或右皆伴有随从，随从手中持行雨时的法器。东次间与西次间两侧分别立一位雨官，怀中抱有雨簿。其顶上分布着降雨诸神，东侧依次为月值功曹、年值功曹、未知1、未知2、风伯1、未知3、四目神与雷公，西次间依次为日值功曹、时值功曹、风伯2、风婆、虹童、电母1、电母、耙神、钉神。

东壁为《出宫行雨图》，画的左侧是水晶宫，龙母与侍女立于宫中，宫外侧有一位神童骑于小神身上（彩版24-23）。《行雨图》的中间是一顶轿，轿中置有牌位，这是抬着牌位出宫行雨的典型粉本。冲在行雨大军最前面的从上至下依次为风伯1、四目神、风婆、风伯2，雷公居中紧随风婆。在其中是龙王5、水车、雨师。队中便是抬轿小神们，轿前各有一位电母，轿上方为龙王3，前后各有两位功曹。轿前一位雨官引领，轿前下方有一位雨官，轿下方为龙王3，在其后有两位怀抱雨簿的随从。轿的后侧上方为钉耙神与龙王2。在最后的是龙王1，回首紧盯水晶宫，而判官手中的玉旨飞出，正着急向前冲抢。

西壁为《雨毕回宫图》，西壁右侧为水晶宫，龙母侍女与骑神场景与东壁相似，水晶宫前台明下立有土地神、山神与天犬（彩版24-24）。水晶宫上方是急驰交差的传旨官。銮轿仍位居回宫大队的正中，周边绕着的是龙王、雨师。上部有虹童，电母风婆在水车中居后，彩虹弧顶下是钉耙神。钉耙神下是龙王1，正向判官询问降雨是否符合要求。

两侧山墙壁底部皆是人间的场景。东壁底部是久旱盼甘霖的场面，西壁底部是庆丰收的场面。东、西两壁底部是反映当时民俗与人物的线描画，是历史的真实写照。

殿内两次间窗下槛墙的内壁也有绘画。画中内容为两位静坐的老年夫妇与立于其旁的两位仆人，东侧两位老人双手置前套于袖内，西侧两位老人手持成熟的禾穗。由此来说明，旱时受灾与雨后丰收。

依据正脊遗存的题记,此殿壁画可能为清康熙时期所绘,这也是所知的蔚县龙神庙最早的纪年壁画,因此了解此壁画的特点,对研究蔚县龙神庙壁画变迁有着重要的意义。

在几次进庙时,村民一直在修缮龙神庙,东门外村委员会院墙上贴有一张 2015 年修龙王庙善人布施名单,其中既有捐 200 元的,也有捐 20 元的,首位的北京众居士捐了54 820 元,总收入为 69 645 元,总支出为 70 927 元。还有一张义工人员的名单,从中可以了解,因善款不足庙的修缮并没有完成。从现场来看,新建了影壁、山门、院墙、东配殿、东耳房,院内用红砖铺了甬道,修缮了正殿门窗等木构,殿内新塑龙神像。将东次间正壁剥落到地面的一片壁画补回,画面得以完整。现龙神庙的主持为本村人,名叫徐启,今年60 岁。

眼光龛 位于堡内东西街西端 1 座面东的影壁正中,龛内供奉眼光娘娘。龛内还有清末民国时期的壁画,斑驳不清。

第六节　永　宁　寨　村

一、自然环境与人文历史

永宁寨村位于柏树乡西偏南 2.8 公里处,属丘陵区与深山区过渡地带,选址修建在山前冲积扇上,村东、西两侧和村中均有不少大小不等的冲沟,南为永宁山。东靠绵羊峪沙河,西靠马峪。地势东南高西北低,为沙土质。1980 年前后有 1 465 人,耕地 5 492 亩,曾为永宁寨大队驻地。如今,村庄规模较大,居民多,民宅分布散乱,北面几乎与庄窠连接,228 乡道穿村而过(图 21.13)。

相传,元朝末年建村。因金、宋打仗时常在此安营扎寨,后为求安宁,故取村名永宁寨。村名最早见于《(嘉靖)宣府镇志》,作"永宁",《(顺治)蔚州志》作"永宁寨堡",《(乾隆)蔚州志补》作"永宁寨",《(光绪)蔚州志》《(民国)察哈尔省通志》沿用。

二、城堡与寺庙

(一)东堡

1. 城堡

(1)城防设施

东堡位于村庄的中南部,城堡平面大致呈矩形,周长约 694 米,南北长,东西窄,略不规则,开设东门,堡内平面布局为十字街结构(图 21.14)。

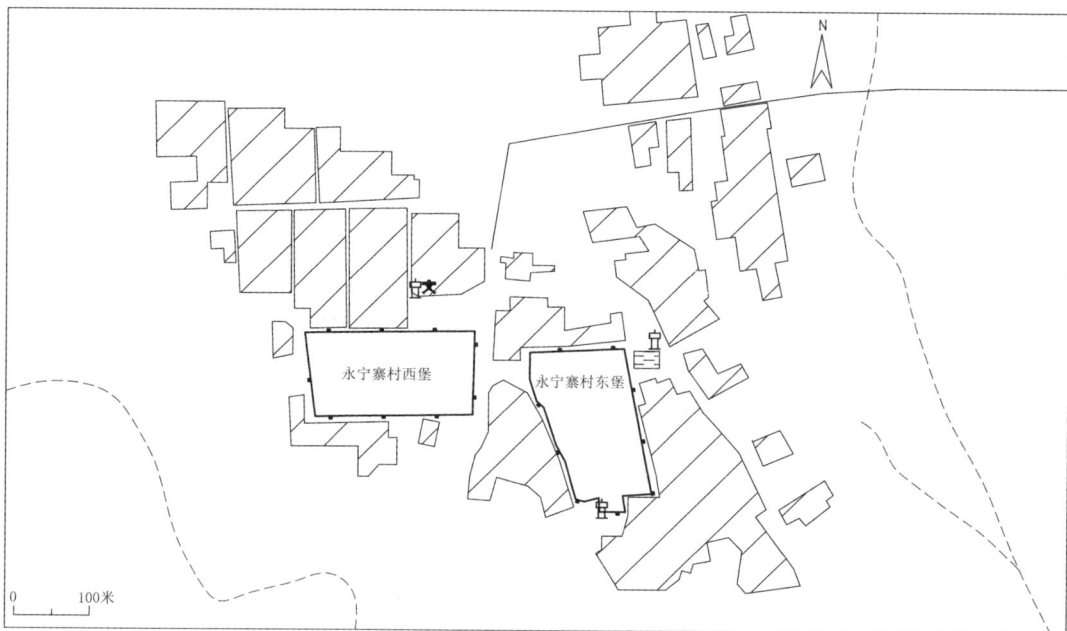

图 21.13　永宁寨村古建筑分布图

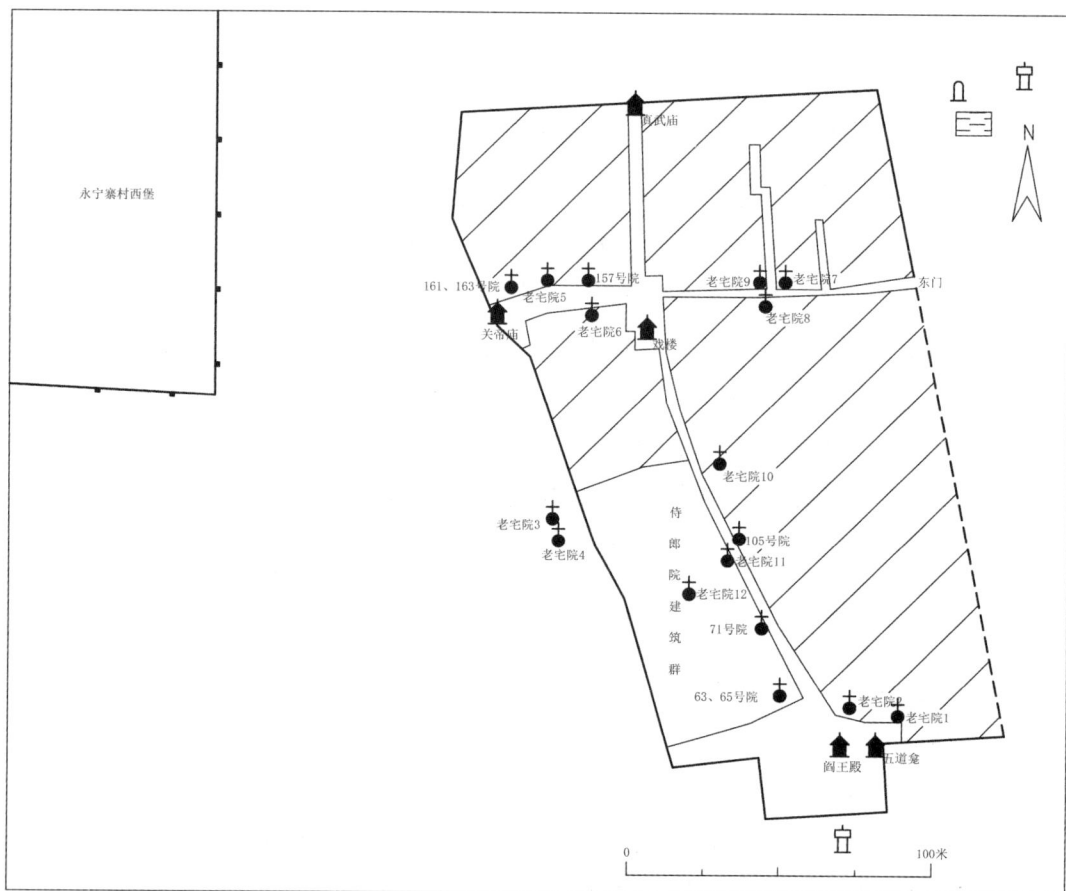

图 21.14　永宁寨村东堡平面图

城堡东堡门建筑已毁,仅存豁口。东门外有一坑塘,如今已修整,成为 1 座储水池,周边有高大的老树环绕。坑北侧建有水塔,尚存 3 通石碑,石碑字迹漫漶,1 通为"……永宁寨东堡村南有寺 1 座,名曰永兴庵……光绪丙……",1 通字迹无法识别,1 通为"咸丰十七年……龙母之所……"(拓 21.4)。石碑保存普遍比较差。水坑西侧有石碑 1 通,为道光十二年(1832)的《补修永兴庵碑记》。

堡墙均为黄土夯筑,保存较差。东墙长约 217 米,保存较差,墙体高 3～5 米,顶部、内侧修建有房屋,外侧为道路。东墙中部有缺口,应是堡门的位置。东墙南段大部分墙体无存,多为民宅所占据,堡墙破坏较早,墙体断续存在,个别地方的堡墙高约 5 米。南墙长约 115 米,墙体不直,高 3～4 米,且较短。南墙外尚存 1 通《重修□□庵碑记》残石碑,字迹漫漶,难以辨认。西墙长约 226 米,墙体不直,墙体仅存 3～4 米高的基础。内侧为民宅,外侧为顺墙水泥路,西墙上修建有房屋,墙外有老宅院 3、4,西墙外还有 1 座公司大院。北墙长约 136 米,保存一般,墙体高 5～6 米,较为连贯,内侧为民宅,外侧为道路。

东南角、西南角无存。西北角为转角,高 5～6 米,保存一般,内侧为民宅,外侧为道路。东北角高 4～5 米,上面修建房屋。

(2)街巷与古宅院

堡内为十字街结构,街中心为广场。东堡现在尚有约 1 500 人,以徐姓为主,堡内尚有成片的老宅院。

南墙内侧 尚存有老宅院 1 和 2,已荒废。

十字街南街 这一片现有 63/65 号、71 号、99 号、101 号、105 号等几座老宅院,保存较完整,村民回忆说这里曾是一片九连环大院,建于清嘉庆年间,又称侍郎院。据传清末八国联军进北京,慈禧西逃,一兵部侍郎携家眷避难于祖宅。据传其妻为大脚,满族人,在该宅居住不久,又迁走,不明其踪。旧时为一处庞大的建筑群,坐北面南,由 5 套四合院和 2 套闲杂院落组成,共有 66 间房舍,4 座广亮大门楼,其平面布局为西路有前后二进标准的四合院,院内现多有人居住。如今,在九连环东南还有几座老宅院与门楼残存。

63/65 号院,位于南街的最南端,也是九连环最南侧的院。院门位于倒座房与东厢房之间,广亮大门,硬山顶,进深五架梁;中槛置有两只门簪,四边形向边内凹;楣板分为两层,每层 2 块,上绘有八宝格,其中放置花、瓶、棋、书等物件,这个与筛子凌罗的壁画风格相近。院内正房、东厢房、西厢房、倒座房尚存。正房面阔三间,卷棚顶,明间退一椽设门。檐枋下饰有梁托与替木,梁托为荷叶,两侧替木为梅花;四面格扇棂子中饰有圆形木雕,分别为葡萄、鹿回首等;中间帘架的花心中部饰有一个圆形雕,雕有莲花童子。进入正房明间,迎面是祭祖隔间,由四面格扇组成,其中设两扇门,门上设有帘架。这是多数蔚县家庭的标准设置,在隔间内供有几代的族谱与最近亡人的牌位。隔间内设置 3 块天花板,其上残留有绘画。

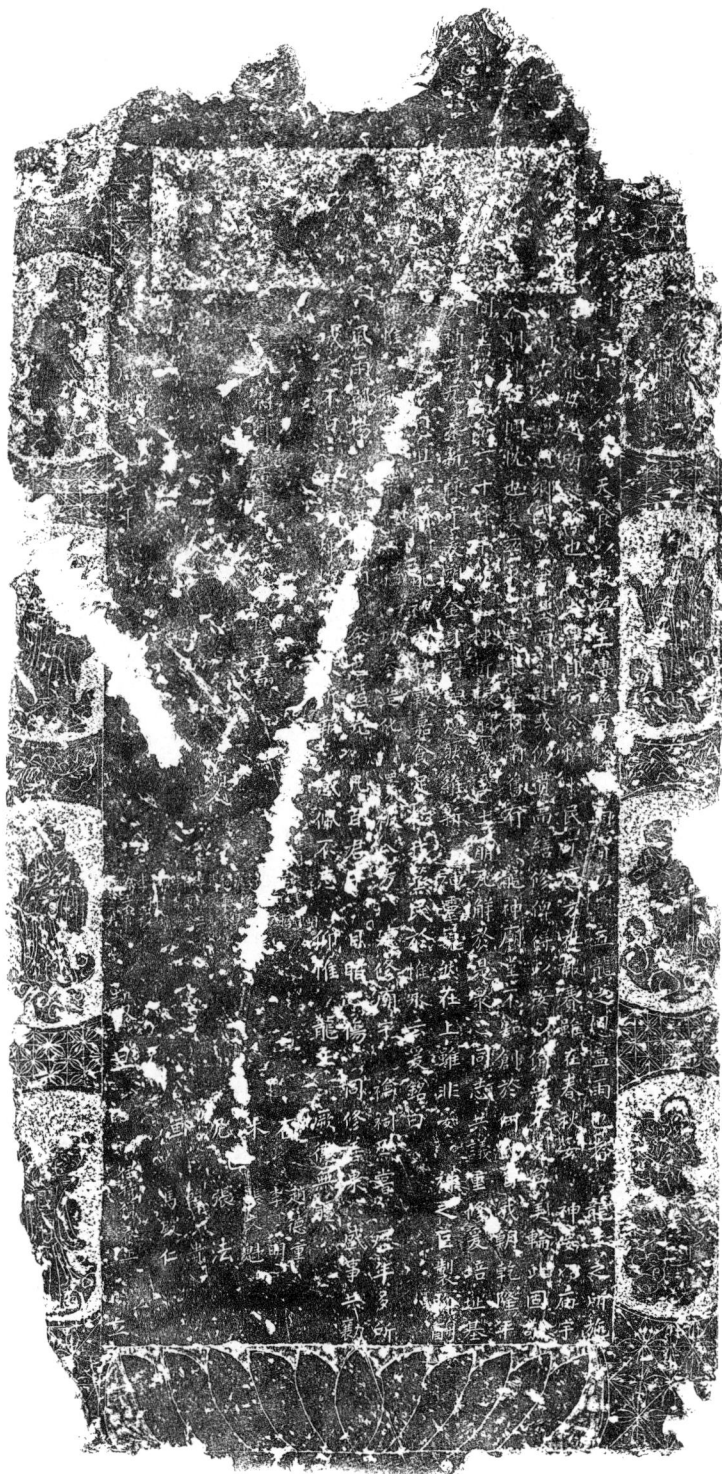

拓 21.4　柏树乡永宁寨村东堡东门外咸丰十七年建庙碑拓片（李春宇　拓）

71 号院，紧贴 65 号院正房之北侧，院门面东，随墙门，门前五层条石踏跺。门内为 63/65 号院的后院，连为一体。

71 号院北侧有老宅院 11，面东，广亮大门，硬山顶，进深五架梁。中槛设有三只门簪，四面棱形，四边内凹；其上置 2 块楣板，板上遗留有绘画，但画的内容已模糊。两侧山墙内侧写有"文革"时期的毛主席语录，字不是很清楚。山尖绘画为各类物品。大门内为一条通道，尽头为影壁，正对大门，影壁檐下枋间饰有斗拱。顺影壁向南进入前院，前院已经废弃，前院南侧是影壁，北侧二道大门（二进院）。影壁与二进院大门相对。

二进院为 99 号院（老宅院 12）。院门为广亮大门，进深三架梁；山墙山尖有绘画，是彩色的山水画（彩版 21-22、23）。院内正房坐北面南，面阔三间，卷棚顶，前檐额枋尚存有彩绘，两侧墀头戗檐上饰有砖雕，整体像一只倒挂的寿桃，以卷云饰纹构成主体，中间为阴阳八卦，周边五只蝙蝠，象征"五福捧寿"（彩版 21-24）。二进院内正房的东侧还有一道门，进入门内便是后面的三进院落。

三进院是 101 号院，四合院式，院门是 1 座拱形门洞，院内正房、东厢房与西厢房存。正房坐北面南，面阔五间，硬山顶。两内里厢房皆为面阔三间，硬山顶。正房的中间堂房，其后也有祭祖隔间，四面格扇，棂子部分饰有木雕。其后面隔间内，西侧供祖上牌位，东侧供奉佛像。

105 号院，位于老宅院 11 的北侧，院门面东，广亮大门，硬山顶，进深五架梁。中槛上置有三只门簪，门簪为长方形。门内迎面是一道木门。院内正房、东厢房与西厢房尚存。正房坐北面南，面阔五间，卷棚顶。正房的门厅内有新修缮的隔间，里面有祖宗牌位。倒座房面阔三间，东西厢房面阔 2 间。

南街中部东侧的一个巷子里有 1 座老宅院 10，已经废弃。

十字街西街　尚存有 3 座老宅院，从西至东分别为 161 号院、老宅院 5 和 157 号院。原为 1 座大院，是为李家大院。157 号院对面还有大门面北的老宅院 6。

161 号院，位于西街西端关帝庙边上，院门位于院西南角，面南，广亮大门，硬山顶。院门正对 1 座影壁，影壁位于一进院东厢房南山墙上，硬山顶，仿木结构的檐、枋、柱、梁托等砖雕。梁托为两朵盛开的荷花。一进院内剩下东厢房，西厢房已毁。院的北侧为二道门，是 1 座垂花门，硬山顶，前后两根檐柱，两侧宽大的博风板。二进院，南侧为过房，两侧存有东厢房与西厢房。厢房皆为三间，过房面阔三间，明间前后辟有门。过房北侧的三进院，这片院落未见任何建筑。其东侧，还有 1 座东跨院。东跨院，是一排房子，中间三间正房高大，两侧各有较低的五间房。正房，明间退一步设有门。前檐柱间枋下饰有一圈替木，替木雕有双喜、文房四宝，两内里为莲花童子、刘海戏金蟾等。大门格扇棂子为几何形状。帘架中间饰有圆形木雕，应是梅花。上槛两间外延伸出龙头，边挺上端有云形装饰。

老宅院 5,院门面南,广亮大门,硬山顶,三架梁。中槛设三只门簪,门簪为圆形。上槛与中槛之间为栅栏。门内正面为影壁,硬山顶,砖仿木结构。前院东厢房存,西厢房改造。北侧为二道门,为随墙门。二进院内,正房已改造。

157 号院,院门面南,广亮大门,硬山顶,五架梁。中槛设 3 只门簪,门簪为四边形。中槛与上槛间的楣板有 6 层,其上存有绘画,为花草。院内正房、东厢房与西厢房存,倒座房被拆。正房改作供销社,其内是堡中的小商铺。

十字街东街 尚存有老宅院 7、8、9,保存较好。

2. 寺庙

据当地长者回忆,东堡曾修建有关帝庙、戏楼、真武庙、阎王殿、五道庙,真武庙、五道庙已于 20 世纪六七十年代拆毁。

关帝庙 位于东堡内东西主街西端,紧邻西墙内侧,西部临沟,地势较低,包砌 3 米的石条基础,条石台明达到 15 层左右。如此高台明在庙殿中较为少见。庙院坐西面东,存有山门、正殿、北耳房。山门为广亮大门,进深三架梁,硬山顶,门楼雀替雕狮子,鼓形柱础,前檐额枋尚存彩绘。门前设有 6 步石条台阶。院内石板材铺墁,但较紧促,大门与正殿之间不足 1 米。正殿坐西面东,单檐硬山顶,面阔三间(坐二破三式),进深五架梁出前檐廊,人字叉手。脊檩绘《八卦图》,梁架绘"金龙牡丹"。殿内新塑三尊神像,中间为关帝,两侧为关平与周仓。殿内地面方砖斜墁,正壁因屋顶漏雨,明间墙壁挂有泥浆,壁画受损,两次间壁画保存较好。

正壁绘有《关帝坐堂议事图》,两侧簇拥侍从,边上为左丞相陆秀夫,右丞相张世杰,丞相外侧各有一将,东持头盔,西持甲胄,再外侧分别是持刀的周仓和持剑的关平。

两侧山墙壁画保存较好,完整性仅次于崔家寨关帝庙。壁画为连环画式,东西山墙各 5 排 6 列,壁画水平较高,画面色彩艳丽,为清代中晚期作品,题材为《三国演义》中的关羽故事。

东、西山墙两侧总共有 60 幅画。每幅画皆有 5 字的榜题,只有南山墙第三排第三列的"胡班投降"1 幅为 4 字。其中,只有 5 幅榜题个别题字无法辨认,其他榜题皆能认出。整个连环画从北山墙西下角的"桃园三结义"起,到南山墙东上角的"玉泉山显圣"结尾。

北山墙

东岭斩孔秀	洛阳斩韩福	沂水斩卞喜	胡□献密谋	荥阳斩王植	黄河□秦琪
胡华□□□	廖化杀杜远	霸陵桥饯行	挂印封金银	河北斩文丑	匹马刺颜良
代天子射鹿	赚城斩车胄	擒王刘二将	土山约三事	一宅分两院	曹赠赤兔马
白门楼斩布	盱眙斩荀正	盱眙战纪灵	陶谦让徐州	北海斩管亥	三英战吕布
桃园三结义	二客送金马	初斩程远志	三英破黄巾	翼德打□邮	酒温斩华雄

南山墙

玉泉山显圣	活捉吕子明	大战徐公明	用水淹樊城	怒斩庞令名	周仓擒庞德
立斩夏侯存	进兵攻樊城	大战庞令名	决水淹七军	于禁乞性命	箭射成何将
用计取襄阳	兴师伐曹操	胡班投降	单刀惊鲁肃	镇守荆州府	大战周公瑾
三请诸葛亮	汉津战曹操	柴桑口保驾	华容道挡曹	长沙斩杨龄	义释黄汉升
□□□聚义	城壕斩蔡阳	收关平为子	卧牛山收仓	郭子夜盗马	郭常庄止宿

榜题虽有规律,但也有个别错格,尤其是底排,全部错到右侧一格内,推测是画师画错,无奈只能如此将就。

据殿内画工介绍,壁画是直接在纸筋泥上刷白,再在其上绘画。东西壁分别由2名画工绘制完成,绘制正壁壁画的画工手法功底好,尤其是胡须,勾得很有功底。新塑塑像采用胶泥与棉花制成的纸筋泥塑造,然后再在其上绘彩。以前使用麻纸,现在已很少使用。泥土与棉花混合后,要有胶皮锤来回捶打,增加其韧性,称为纸筋泥。

北耳房,面阔单间,年久失修,屋顶已坍塌。耳房内南墙上镶嵌1通石碑(拓21.5),为清道光二十六年(1846)村民在村南山坡上公议种植一坡松树,花费大钱三万三千文整。

拓21.5　柏树乡永宁寨村东堡关帝庙正殿北耳房内道光二十六年碑拓片(李春宇　拓)

戏楼　位于东堡内中心广场南侧,坐南面北,前为十字路口,对面街北端为真武庙(已毁)。戏楼坐落在高1.4米的石条台明之上,单檐硬山顶,面阔三间,进深六架梁,该戏楼为1966年拆旧立新所建,结构较简单,用材纤细,无砖木雕刻。戏楼对面为卫生所。

真武庙　位于北墙上,据当地长者回忆,北墙曾修建有庙台,台前设有踏步台阶,并立有旗杆。20 世纪六七十年代拆毁庙宇与台明,并在北墙上开一豁口便于交通。旧时真武庙每年正月十五唱戏。

阎王殿 位于南墙外,倚南墙而建。原为 1 座庙院,如今正殿仅存后墙,西配殿和部分东、西院墙尚存。由于此处城堡为制高点,阎王殿前修建有水塔。在阎王殿基础的东北角墙上还辟有 1 座五道龛。

五道庙 位于真武庙南侧,北墙下,现已无存。

(二)西堡

1. 城堡

(1)城防设施

西堡,位于村庄的西南角,与东堡间隔一条冲沟。城堡平面呈矩形,周长约 710 米,东西堡墙短,南北堡墙长,开设东门,堡内平面布局为东西主街结构(图 21.15)。

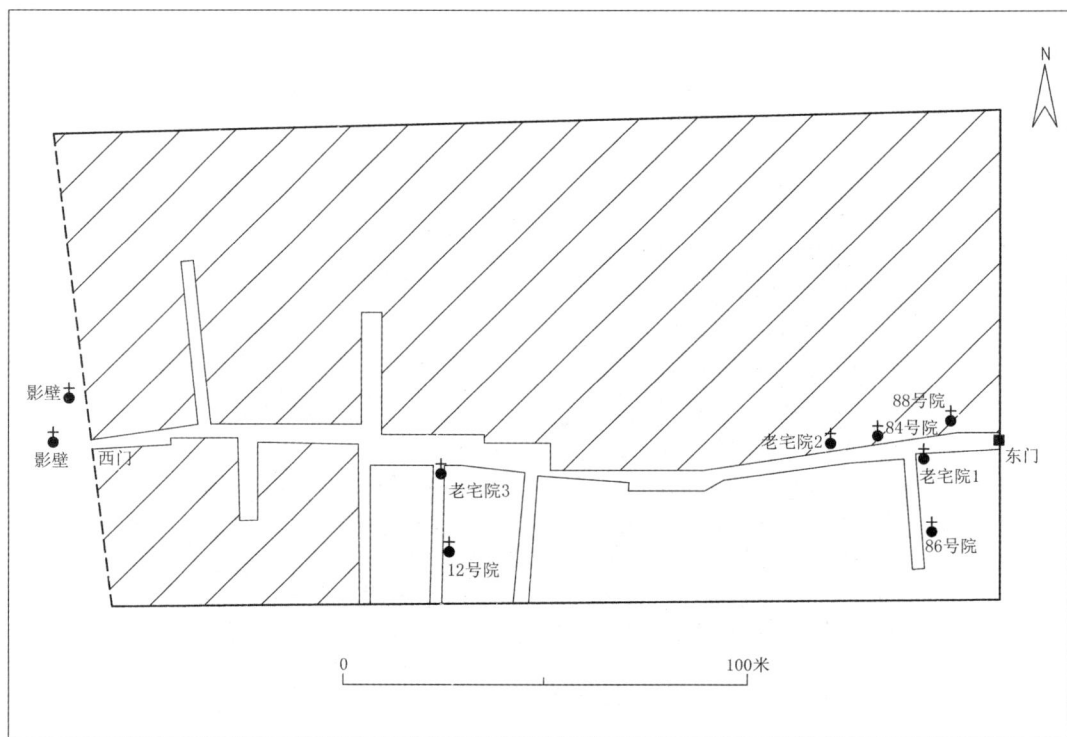

图 21.15 永宁寨村西堡平面图

城堡东门为砖石拱券结构,条石砌筑基础,上面青砖起券,内、外侧门券三伏三券(彩版 21-25)。砖砌拱券门顶。村民回忆,东门于几年前修缮,部分采用红砖补修,外抹水泥。门外尚存自然石铺成的斜坡道路,门道亦为自然石铺成的路面,东门内为东西主街。东门外断崖处有"┐"形照壁围护。

堡墙均为黄土夯筑,保存差。东墙长约 115 米,墙体仅存 4~5 米高的土垅,外侧包石,上面修建房屋,东墙内侧为平地,外侧为荒地。南墙长 232 米,内侧为民宅,外侧为顺墙道路;南墙东段多为民宅,墙体仅存土垅,高 3～4 米;南墙西段墙体尚存,高 3～4 米,破坏严重。西墙长 122 米,大部分墙体无存,为民宅所占据,墙体外侧为顺城道路,内侧为民宅。西墙中部有一缺口,为近代为便于交通所开辟,口外侧的北、西面各有一个保存较差的影壁,仅存土坯墙芯,西墙北段仅存 3 米高的土斜坡,上面修建民宅。北墙长约 241 米,破坏严重,现存土垅状墙体,高 2～3 米,上面为民宅,外侧为顺墙道路,东北角附近墙体无存,墙体紧邻冲沟修建,且不直,外侧利用了冲沟,所以较为高大。北墙外为新村,以新房为主,建有水塔、学校、村委会和健身园。

东南角无存,为民宅。西南角无存,仅存高 2 米的基础。西北角为转角,高 4 米,保存较小,破坏严重。东北角外总高约 8 米,充分利用了台地。

（2）街巷与古宅院

堡内为东西主街结构,街道略有弯曲,两边为巷,两侧宅院多已改造,只有几座老宅院,均为一进院。东门内主街北侧为 88 号老宅院,对面为老宅院 1,里面为一条巷子,尽头为 86 号老宅院,此外主街北侧还有老宅院 2 和 84 号院。84 号院门楼面东,院内正房与东、西厢房尚存。在中部主街南侧为老宅院 3,广亮大门,里面为一条巷子,进入门内有几座院子,其中 1 座为 14 号院,门楼已残破;尽头为 12 号老宅院,门楼檐下北侧残留有木雕雀替,院内正房与西厢房尚存。老宅院 3 西侧为废弃的碾坊。旧时堡内居住 500 余人,现在多搬出堡子居住,仅有 50～60 人。杂姓。

2. 寺庙

据当地 60 岁金姓老人回忆,西堡曾建有多座庙宇。堡外西侧建有龙神庙,龙神庙之北 200 多米处建有二郎庙,堡外南侧建有观音殿,堡内有一座小五道庙,堡门顶建有魁星庙与梓潼庙。如今,庙宇建筑损毁无存。龙神庙于 20 世纪六七十年代拆毁,二郎庙拆于 1962～1963 年间。

第七节　苇子水村

一、自然环境与人文历史

苇子水村位于原张家窑乡（今属柏树乡）西偏南 7.3 公里处,居恒山余脉前山带马头山间小梁上。村庄选址修建在山顶附近相对低洼处,周围群山环抱,地势南高北低,因村庄位置较低,避风效果好,属深山区。曾为抗日革命根据地。1980 年前后有 203 人,耕地 839 亩,为沙土质。曾为苇子水大队驻地。如今,村口处有一眼水井。村中有一条小冲沟,将村庄分为新、旧两部分。西面为新村,规模小,民宅以土石修建的房屋为主,大部分翻修了屋顶。东侧为旧村,旧村比新村规模大,布局大致为倒丁字形,依山而建,民宅以土石房为主,但居民少,民宅多废弃坍塌,一片断壁残垣景象。旧村村口南北两侧各有1座老宅院,均为一进院,保存较好。村周围山坡上辟有大面积的梯田,大部分荒废,只有少部分在耕种。据当地长者回忆,本村有100多户,以田姓为主,10多年前,村民陆续外迁,多搬迁到西合营居住,如今只有10余人居住。

相传,村庄建于辽重熙年间。据本村水泉边有山芦苇,故取名苇子水。村名最早见于《(乾隆)蔚州志补》,作"苇子水",《(光绪)蔚州志》《(民国)察哈尔省通志》沿用。

二、寺庙

据当地长者回忆,旧时村庄建有龙神庙、五道庙、观音殿、关帝庙。寺庙多拆毁于20世纪60年代,目前仅观音殿、关帝庙尚存。

龙神庙、五道庙　位于村中,现已无存。

观音殿　位于旧村东南村外山坡上,地势相对较高。正殿坐南面北,面阔单间,硬山顶,进深五架梁出前檐廊。前廊东侧坍塌,屋檐坍塌,梁架多倾斜,前檐额枋残存有清末民国时期的彩绘。殿内壁抹过泥浆,壁画覆盖于泥浆下,尚残存有山尖彩色壁画。殿内堆放柴草。殿前生长一株老榆树,树干枝杈弯曲多变,造型怪异。

关帝庙　位于旧村东北村边的土疙瘩上,为整座村庄的制高点。与观音殿遥遥相对。庙宇建筑已拆毁,仅存庙台,庙台较高,外立面包毛石。庙台顶部尚存二通石碑。1通为布施功德碑,另1通残碑为雍正二年(1724)的《重修关帝庙碑记》。

第八节　达沟梁村

一、自然环境与人文历史

达沟梁村位于原张家窑乡(今属柏树乡)西南4公里处,居恒山余脉前山带大黄梁前山梁上。选址修建在材树尖(海拔2 050米)山梁脚下北侧的山顶平坡上,主体位于山顶及南坡上,地势南高北低,以毛石垒出平台,层层叠叠,民宅即建于平台之上。村庄规模小,依山势而建,东、北临沟,南靠梁,属深山区。曾为抗日革命根据地。1980年前后有61人,耕地128亩,为沙土质,曾为达沟梁大队驻地。如今,民宅以土石修建的房屋为主,旧时村中居民以闫姓为主,10多年前陆续迁出,如今,仅夏天时候有放羊人居住,其余全部废弃,一片断壁残垣的景象,十分荒凉。

村东北山顶平地上，有一家族墓群。墓地内已无封土，尚存5个界柱石柱和2通石碑，以及一些方形的石块。其中1通完整的石碑立于光绪三十三年(1907)，为阎秀位和徐氏的墓碑，另1通为残碑，仅存"山后土神位"几个字，复原后应为"神山后土神位"，落款可见"三十三年五月"。此外还有一碑座。墓地已废弃。

相传，明朝正统年间建村于沟梁，故以地势取村名垯沟梁，后演变为达沟梁。村名最早见于《(乾隆)蔚州志补》，作"搭连沟"，《(光绪)蔚州志》沿用，《(民国)察哈尔省通志》作"鞑连沟"。

二、寺庙

卧云山寺庙群　位于村西北山梁下的崖壁上，属崖洞式寺庙，根据洞中石碑记载，此山称卧云山。山门位于庙群西侧，位置高于庙群。山门为随墙门，面北，条石砌筑。门外松树上悬一口铁钟。门前地面尚存半通石碑，为乾隆四十一年(1776)的《重修碑记》。

庙群位于面南的崖壁上，坐北面南，于崖壁上开凿，并用石块扩建出平台，平台边用条石砌成围栏。在这片狭窄的崖壁上共有4个洞窟，西洞为玄明洞，中间洞为禅房，东洞为三清观，从三清观内向东进一洞(东侧洞)，此洞分为两层，下层供奉观音，上层供奉关帝。

玄明洞，与东侧三洞相比位置较高，需攀崖壁而上。洞口采用青砖砌筑券形门洞，拱顶两侧各饰一枚门簪，拱顶上方嵌有一砖制阳文门匾，正题"具福神"，匾右侧起款为"嘉庆五年"，左侧落款为"嘉庆廿五年"。洞内有泥制彩绘神像底座，彩绘为清晚期作品，上置一篮，内放一具中年男性遗骸，周边有香炉、香、碗等用品。供人类遗骸不知何意。攀壁进洞的石崖上，立1通石碑，字迹漫漶不清，落款为"康熙四十一年"。

禅房洞，已废弃，洞窟很深，门窗仅存框架，内有木质柜子和灶台等生活设施。

三清观，洞前平台宽大，洞口建有铁门，门上悬匾"三清观"，落款为"甲午年二月"，洞内空间小，悬有纸、布材质的画像，并供奉小塑像。门前西侧有废弃的房屋遗址。

观音洞/关帝庙，位于三清观东侧，通过一过洞后，为一双层洞龛，下层供瓷质观音小像，洞窟南侧为窗户，窗下为炕；有木楼梯可登上层，上层为梁架式地面，修建有关帝庙，单檐硬山顶，面阔单间，顶部、东、北墙、前檐墙坍塌，仅存西墙，墙壁上有清末民国时期的壁画，保存较差，多已破坏，殿外为洞口悬崖。

玄明洞西侧崖边，立有五通石碑，保存较好，自东而西依次为：1号碑，布施功德碑，未见年号。2号碑，光绪九年(1883)的《重修卧云山玄明洞外道碑记》。3号碑，道光二十六年(1846)的《重修卧云山向阳洞碑记》。4号碑，同治九年(1870)的《重修碑记》。5号碑，嘉庆二十四年(1819)的《卧云山玄明洞重修三清殿碑记》。

另据村民回忆，在主寺庙洞窟的东侧还有1座泰山庙洞窟，仅为一洞。庙宇建筑虽在20世纪六七十年代遭拆毁，但三清观、观音洞/关帝庙均由来自西合营的信徒集资修复。

关帝庙　位于村南山梁顶上，距离村庄较远，据南台子村的老人回忆，关帝庙原为

1座庙院,开南门,正殿面阔单间,由毛石砌筑。如今石砌院墙全部坍塌,仅存基础,正殿也已完全倒塌。庙址尚存1通布施功德碑,字迹漫漶。

第九节 南 康 庄 村

一、自然环境与人文历史

南康庄村位于柏树乡北偏西4.5公里处,属丘陵区。村庄选址修建在平地之上,周围地势平坦开阔,一马平川,为沙土质,辟为耕地。村北不远处为运煤铁路,村西不远处为松枝口峪口河道,分布多条纵横交错的河沟。村南为杏树林。1980年前后有878人,耕地4 222亩,曾为南康庄大队驻地。如今,村庄规模较大,东面为新村,西面为旧村,东西主街连接新、旧村。新村规模较大,由三条南北主街组成,民宅以新房为主,规划整齐划一。旧村在西南部,规模小,民宅以土坯修建的房屋为主,多翻修屋顶,居民较少,规划较乱。213、220乡道穿村而过(图21.16)。

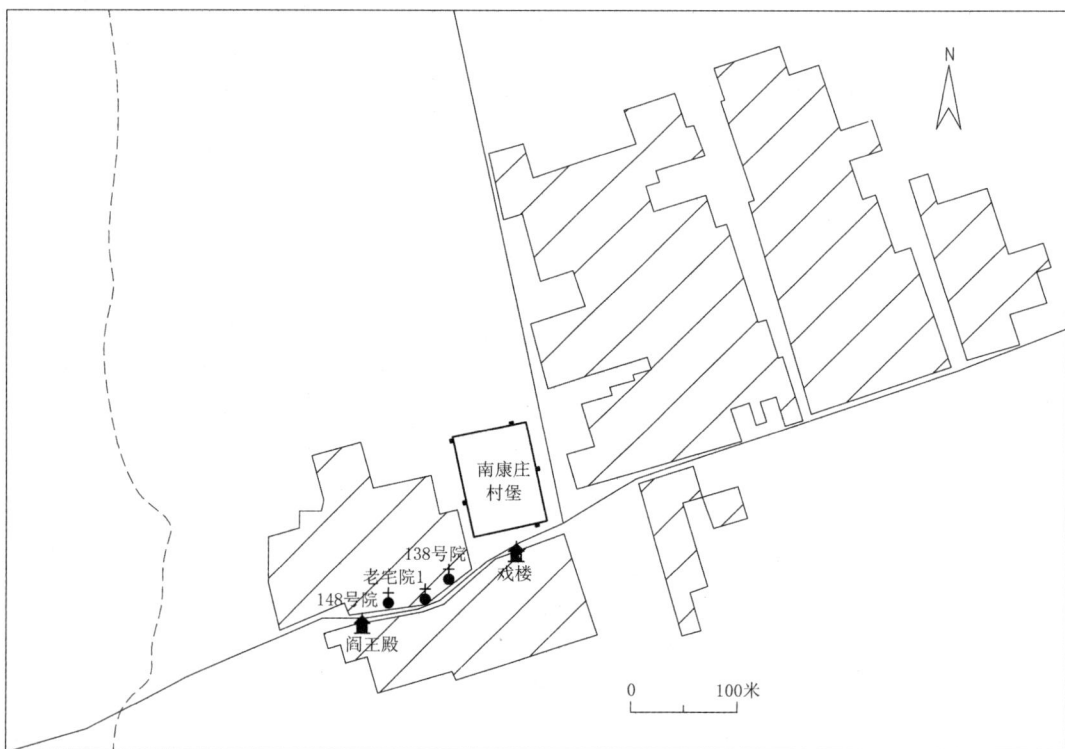

图21.16　南康庄村古建筑分布图

相传,明万历十年(1582)时,有康、朱、张三姓从山西迁居于此。三姓商定,以同一天最早起者之姓为村名,结果康姓领先,即取名康庄。后为区别于本县康庄(原上、下康庄亦名康庄),又更名为南康庄。村名最早见于《(光绪)蔚州志》,作"南康庄",《(民国)察哈尔省通志》沿用。

二、城堡

南康庄村堡,位于旧村东北角。城堡平面呈矩形,复原周长约328米,规模小,开设南门,堡门建筑无存,现为缺口。堡内平面布局为丁字主街结构(图21.17)。

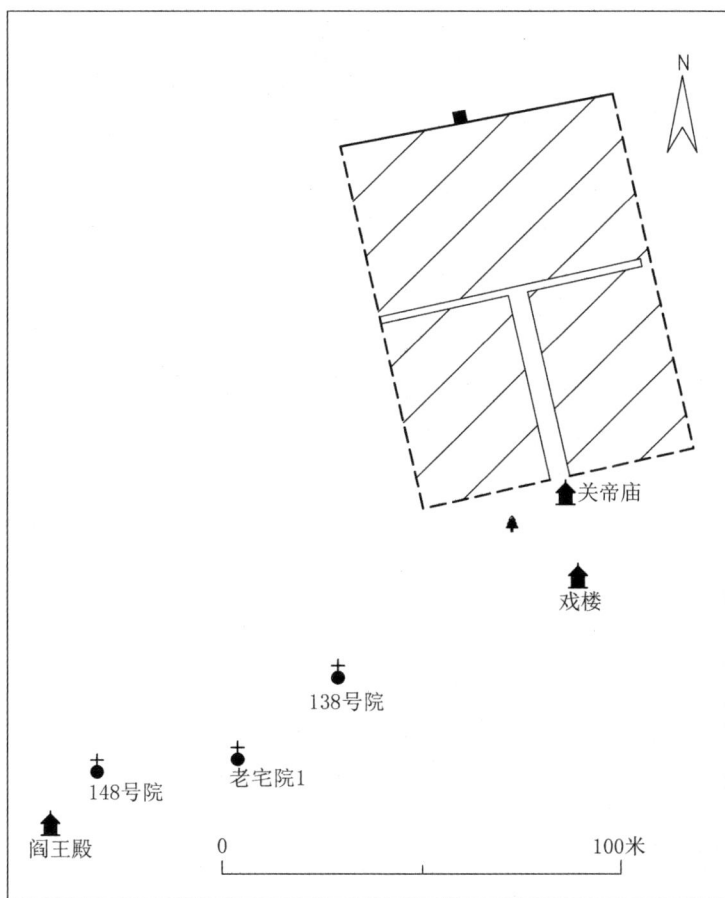

图 21.17　南康庄村堡平面图

堡墙均为黄土夯筑,保存差,堡墙仅存北墙。北墙长约70米,东段保存较差,墙体低薄,高3米,内侧为民宅,外侧为耕地;西段亦如此,墙体破坏严重,墙体低薄,高3米,外侧多坍塌。内侧为民宅和荒地,外侧为耕地。中部设有1座马面,为真武庙庙台,体量高大,高 6～7 米,保存较好。东北角无存。

堡内民宅以土旧房为主,多废弃坍塌,形成大片空地,居民较少。堡外西南的主路北侧有 3 座老宅院,分别为 138 号院、148(150)号院和老宅院 1,新建的水井房在村的西南部主路南侧,为革命老区项目,其东侧便为阎王殿。

三、寺庙

据当地长者回忆,南康庄原有龙神庙、真武庙、财神庙、关帝庙、戏楼、阎王殿、药王庙/观音殿、五道庙(3 座),但大部分现已无存。

龙神庙　位于村西,现已无存。

真武庙、财神庙　位于北墙庙台上下,现已无存。

关帝庙　位于堡南门外东侧,隔街正对倒座戏楼。庙西侧长有一株大树。正殿坐落于毛石砌筑的台明上,台明高近 1.3 米,坐北面南,单檐硬山顶,面阔三间,进深六架梁出前檐廊,屋檐有部分坍塌,门窗改造。正殿保存基本完好,已改作库房使用,殿内壁画已全毁。

戏楼　位于关帝庙对面,坐南面北,整体坐落在高 1.4 米的砖石台明之上,台明外立面正面包砖,其余三面包砌条石,顶部四周铺条石。戏楼面阔三间,单檐六檩卷棚顶,前檐柱 4 根,金柱 2 根,柱下石鼓柱础。前檐额枋彩绘大部分脱落,尚存撑拱蕉叶兽首,脊檩彩绘《八卦图》。明间土坯墙分隔前后台,左右出将、入相二门。戏楼内堆满着玉米秸秆,楼内墙壁表面涂刷白灰浆,壁画已毁。

阎王殿　位于堡外西南,坐北面南,现存 1 座正殿。正殿单檐硬山顶,面阔三间,进深六架梁出前檐廊。殿顶与墙坍塌严重,墙上壁画已毁。据说,殿内原有三尊大塑像。

第十节　松枝口村

一、自然环境与人文历史

松枝口村位于柏树乡东偏北 1.6 公里处,属丘陵与深山过渡地带,选址修建在松枝口峪口东坡。该峪为通往小五台南台的主要通道。212、214 乡道穿村而过。村东南山脊上有北齐长城遗迹。地势东南高、西北低。村南为松枝山,北面和东面为耕地,西面为峪口河道。1980 年前后有 838 人,耕地 3 468 亩,为沙土质,周围辟为耕地和梯田,曾为松枝口大队驻地。如今,村庄规模较大,民宅以新房为主,分布不规则,居民较多。村内修建有公安局和森林防火站。一条水渠穿村而过，整座村庄树木林立，绿树成荫，夏季时整座村庄的水渠都流淌着溪水，风景优美。据当地长者回忆，村庄未曾修建城堡。村内尚有几座老宅院，主要集中分布在眼光庙西侧街道。

相传，四百年前建村。因该村建于长满松树的坡北，一道峪口的东侧，故名松枝口。村名最早见于《（崇祯）蔚州志》，作"松子口堡"，《（顺治）蔚州志》沿用，《（乾隆）蔚州志补》作"松子口"，《（光绪）蔚州志》《（民国）察哈尔省通志》沿用。

二、寺庙

松枝口村曾修建有二郎庙、佛殿、观音殿、石碾洞、眼光庙、戏楼、龙门寺、龙神庙、泰山庙、关帝庙、五道庙（3 座）、法云寺。

二郎庙 位于村东一株松树下，现已无存。

佛殿 位于村北，现村委会大院内，现已无存。

观音殿 位于松枝山半腰，已重修。

石碾洞 位于村南山上，原修建有玉皇阁，现已无存。

眼光庙 位于旧村北部，左右为街巷，前对大街。现为 1 座庙院，整体坐东面西。院墙采用土坯砌筑，院门为砖砌方形门。两株高大的榆树挺拔于院内。院内眼光殿坐东面西，单檐硬山顶，面阔三间，进深六架梁出前檐廊，正殿墙体采用毛石砌筑，保存较差。明、次间置槛墙，窗为直棂窗。殿内北墙上部残存小块壁画，连环画形式，从残存的情况看每排 4 幅，每幅有题榜。北墙山尖壁画尚存，绘有修行故事。东墙墙皮脱落，露出其中的毛石。脊檩正中彩绘《八卦图》，图中尚有金龙形象，较为少见。

眼光庙供奉眼光娘娘。据载，碧霞元君左边的娘娘是眼光明目元君，俗称眼光娘娘；右边为耳光元君，俗称耳光娘娘。眼光娘娘手托一只明亮的眼睛，耳光娘娘双手捧着一只人耳朵。眼光娘娘专主人间眼病，患者在神前许愿，如眼疾痊愈，即献上"纸糊眼光"以酬神了愿。又世俗以日月为玉帝双目，不分昼夜，俯察天下，故有谓月神即眼光娘娘。闽中姑娘，终日刺绣，极耗眼力，多祀眼光娘娘，祈佑双目清晰。眼光庙在蔚县较为少见。

戏楼 位于村中心广场南侧，坐南面北，前为广场，南为民宅，东、西为小巷。戏楼整体坐落在高 1.3 米的砖石台明上，单檐卷棚顶，面阔三间，前檐柱 4 根，鼓形柱础，前檐撑拱龙首在"破四旧"时锯掉。前后台间置木隔扇，西次间隔扇残缺，走马板上绘"凤仪亭"。脊檩彩绘《八卦图》。前台两山墙绘四扇山水屏风，每条屏风皆画有山水花草，屏前半掩出一位着斜襟上衣执扇妇人，面容娇美。后墙题壁"义顺班"，但无纪年。

戏楼对面为旧村委会大院，原为泰山庙旧址，村委会搬迁后，将旧殿拆毁，在原屋基上建起松枝口村卫生室。门口新立 2 通石碑。1 通为咸丰十年（1860）的《重修戏楼碑记》，另 1 通碑额为"碧霞元君"，正文漫漶，可见"大明……山……大同府蔚州……"。戏楼对面还有一株粗大的柳树。

龙门寺　位于村西南，现已无存。

龙神庙　位于戏楼南侧，现已无存。

泰山庙　位于戏楼北侧，正对戏楼，现已无存。

关帝庙　位于现学校内，现已无存。

五道庙　共 3 座，位于村中，均已无存。

法云寺　位于松枝口村南松枝口峪口内 6 里处的石板沟西侧的一块山间台地上，距离本村五里地，归南台子村管理。为蔚县名刹古寺之一。法云寺始建于唐，历辽、金，元大德年间清慧大师重修，明弘治中临济正宗第二十六代绍自然、成显师徒重修，清初蔚县第一望族，大蔡庄李家捐舍土地重修寺院，至近代时废弃、毁坏。

相传，寺院从南至北有 3 座建筑，泥、木、石匠各建 1 座，泥匠建山门，无梁殿；木匠建大殿，大木作结构；石匠开凿石窟，成为远近闻名的一桩盛事。

如今，寺院遗址南、西、北三面环山，东面邻峪沟。东西 60 米，南北 200 米，由南至北渐次增高，正北孤峰上开凿一规整的长方形石窟。现寺院一片残垣断壁景象，地表散见残砖断瓦，有绿琉璃瓦件，金、元时盆唇滴水等遗物。

第十一节　山 门 庄 村

一、自然环境与人文历史

山门庄村，位于柏树乡东北 4.2 公里处，属丘陵区与半山区过渡地带，村庄选址修建在山前冲积扇上，地势东高西低，为沙土质，村东、南、北面有冲沟，且村中还有冲沟。东南为小五台山南台，山势陡峭、险峻。山脊上有一段保存较好的北齐长城。1980 年前后有671 人，耕地 3 138 亩，曾为山门庄大队驻地。

相传，四百年前建村。因村北三里处有座玉皇庙，用山石垒门，并与该村正对，故取名山门庄，村名最早见于《（乾隆）蔚县志》，作"山门庄"，《（光绪）蔚州志》《（民国）察哈尔省通志》沿用。

如今，村内民居、街道由于随山取势，多向西倾斜，村庄规模较大，新旧房均有分布，大部分民宅翻修屋顶，居民较多，村周围辟为梯田耕地和杏树林，其中村东、南、西以梯田杏树林为主,村北以耕地为主。212乡道从村南经过。村庄内为三条东西主街布局,民宅分布较乱。村中部主街东口,尚存有戏楼、坑塘。水塘四周古树成荫,周边有新修的井房。村西北角有大树和影壁,古树主干粗壮,曾经断裂,又出一片树杈横跨道中,顶上断裂处长出新干,枝繁叶茂的树冠皆根于此干。乡民们对这株古树很虔诚,在古树西侧立有一影壁,上书"万载安宁"。

村内老宅院较少,民宅多已翻修。目前仅存老宅院1。

二、寺庙

戏楼 位于山门庄村中部主街东口,水塘北岸。戏楼东侧为村委会,南侧为卫生室。戏楼坐北面南,对面为龙神庙。戏楼整体坐落在高1.5米的砖石台明上,台明外立面包砌青砖,顶部铺条石,戏楼为单檐卷棚顶,面阔三间,进深六架梁,前后台置通天柱。前出歇山翼角,翼角角梁后尾搭在六架梁上。前檐柱四根,鼓形柱础,撑拱龙首被锯掉。前台口两侧新砌八字墙。两山墙外镶圆形山花,雕有双龙戏珠。戏楼后墙采用红砖重砌并维修屋顶。前檐额枋尚存清末民国时期的彩绘,大部分脱落。戏楼内隔扇仅存框架和部分走马板,上面尚存有彩绘,表面为白灰浆覆盖。戏楼内墙壁于"文革"时期重新绘画,包括山尖绘画在内皆为20世纪六七十年代的作品。后台两侧山墙,分别绘有"白毛女"与"智取威虎山"两部现代剧;前台两侧山墙,分别绘有"敢改日月换新天"与"改天换地创新□"。山尖绘画,有毛主席语录,也有在原绘画基础上添加的现代作品。

龙神庙 位于戏楼对面,现已无存。

关帝庙 位于村中部主街边高台上,坐西面东,新建庙院,院内有一株高大的松树。

第十二节　西黎元庄村

一、自然环境与人文历史

西黎元庄村,位于柏树乡东北4.6公里处,属丘陵区,村庄选址修建在平地上,周围地势平坦,一马平川,地势南高北低,为沙土质,辟为耕地。1980年前后有1 144人,耕地6 150亩,曾为西黎元庄大队驻地。

相传,四百多年前,从东黎元庄迁来几户居民在此定居建庄。因村位于东黎元庄以西,故取名西黎元庄。村名最早见于《(乾隆)蔚县志》,作"西黎元庄",《(乾隆)蔚州志补》

作"西黎元堡",《(光绪)蔚州志》作"西梨元庄",《(民国)察哈尔省通志》作"西黎元庄"。

如今,村庄规模大,居民多,民宅以新房为主,214乡道穿村北上去白乐镇。村内街巷较乱,民宅分布散乱。村中西南部尚存有城堡,当地称为南堡,但无北堡。村东有1座大水塔,水塔南为村委会大院,村委会南为旧时的学校,学校旧时为大寺(图21.18)。

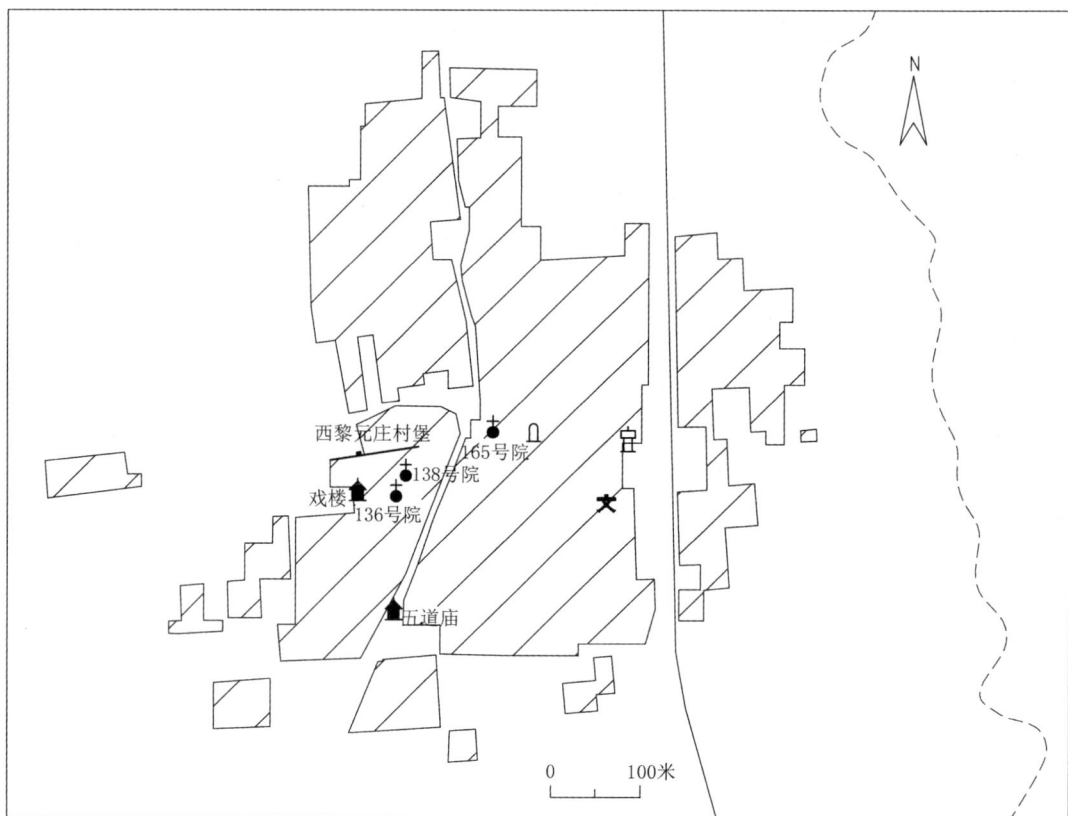

图21.18 西黎元庄村古建筑分布图

二、城堡

西黎元庄村南堡,位于村西南部村边。据当地长者回忆,南堡开东门,土坯修建堡门,堡门破坏较早,现为一缺口。堡墙均为黄土夯筑,破坏严重,东、南、西墙及转角无存,现为民宅或耕地。如今仅存一小段北墙,在124号民宅院内,墙高3~5米。

堡内居民以方姓为主,旧时有60多户,200余人,分7个队,均在堡内居住。如今村庄有1200~1300人。戏楼东侧有一条南北向的巷子,巷内残存几座老宅院,其中巷子口有136号院,巷子里有138号院。南北主街东侧一东西向巷子内尚存165号院和163号院。157号院门口尚存1通残石碑,为光绪年间的《重修佛寺碑记》。

三、寺庙

据当地 87 岁的郑姓长者回忆,南堡曾修建有五道庙(2 座)、泰山庙/观音殿、关帝庙、戏楼、真武庙、玉皇庙、大寺。庙宇建筑大部分于"四清"时期破坏,旧时庙内有许多石碑,也被全部砸毁。

五道庙 2 座,1 座位于堡东南村口影壁处,现为遗址。1 座位于村东,现已无存。

泰山庙/观音殿、关帝庙 位于堡北墙外,现已无存。

戏楼 位于西黎元庄村西旷野中,原位于堡南墙内侧,南为进出村大道,其对面原建有真武庙。戏楼整体坐落在高 1.4 米的砖石台明上,台明正立面包砖,顶部四周铺石板,其余立面已经用毛石和水泥修缮。戏楼坐南面北,单檐六檩卷棚顶,面阔三间,前后台置通天柱,无二架柁。前檐柱四根,擎檐柱二根,古镜柱础。前檐额枋尚存清末民国时期的彩绘,雀替雕龙。前台口两侧置八字墙。山墙土坯垒砌,外部表砖,后墙为土坯墙。南、北侧屋檐有部分坍塌。戏楼内为砖铺地面,明间土坯墙分隔前后台,左右设出将、入相二门。山尖水墨山水画,仿元人笔意,但技法粗拙。戏楼内墙壁题有"修建戏楼公元一九六九年七月一日起工□□月一日止工"字样,殿内两侧题有毛主席语录。

真武庙 位于北墙马面上,正殿坐北面南,面阔三间,院内原有一只大铁钟,现已是一片空地。

玉皇庙 位于村东一里处,原由 7 座村庄共同供奉,即西黎元庄、东黎元庄、黎元小庄、卧羊台、山门庄、任家庄、黎元下堡。从地图上看,该庙正好处于这几座村庄之间。庙宇建筑占地面积很大,共有 4 座院,建有 33 间房屋。现已无存。

大寺 建于村东,是 1 座佛、道合一的寺院。原为二进院落,过殿三间,二进院有东配殿、西配殿,各为三间,正殿五间,为佛殿。大寺的东路院,正殿面阔三间,分别供奉龙神、马神与关帝,其对面建有 1 座戏楼。大寺旧址曾改为学校,有两排校舍,现亦废弃。

本村在 20 世纪 60 年代仍举行行雨活动,天旱便行雨,没有固定日期,行雨时村民头戴柳条帽,将龙神抬出,沿街泼清水,且女人不许参加活动。每年阴历六月二十四举行祭龙王活动,届时由道士带领,杀一只羊供奉。活动仅本村人参加。

第十三节 东黎元庄村

一、自然环境与人文历史

东黎元庄村,位于柏树乡东北 6.5 公里处,属丘陵区,地势东高西低。村庄选址修建在山前冲积扇上。村东为从白石口、桦榆坡村出山的冲积扇,冲沟数量众多。总体来说,村南、北外侧各有一条冲沟,村中有两条冲沟交汇,村周围地势平坦,辟为耕地和杏树林,为沙土质,周围辟为耕地和杏树林。1980 年前后有 956 人,耕地 4 935 亩,曾为东黎元庄大队驻地(图 21.19)。

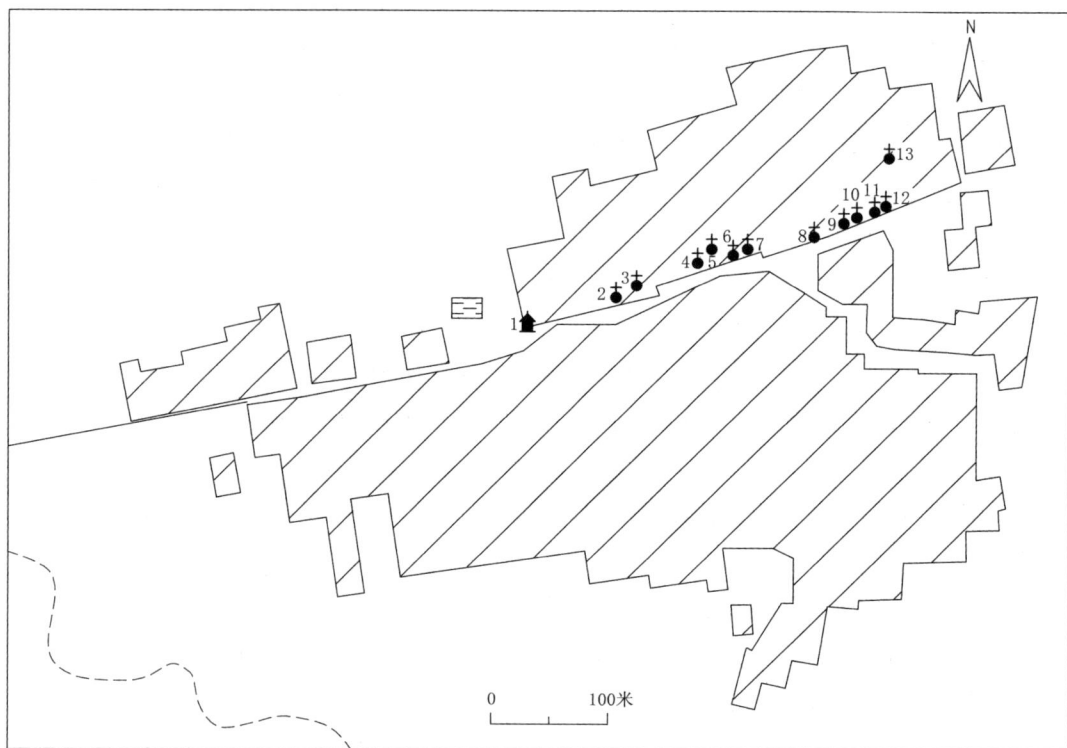

图 21.19　东黎元庄村古建筑分布图

1. 戏楼　2. 老宅院 1　3. 老宅院 2　4. 老宅院 3　5. 老宅院 4　6. 老宅院 5　7. 老宅院 6
8. 老宅院 7　9. 老宅院 8　10. 老宅院 9　11. 老宅院 10　12. 老宅院 11　13. 老宅院 12

相传,明朝初建村时,赵、张、任几姓老者商计,黎明时开工,并取村名黎元庄。后村西又建一庄,遂有东、西之分,该村居东,即取名东黎元庄。该村曾出文、武二举人,历史上有 3 座戏楼,今存 1 座。村内明清戏剧文化繁荣,其村名或许也与戏剧梨园有一定的关联。村名最早见于《(顺治)蔚州志》,作"黎元庄堡",《(乾隆)蔚县志》作"东黎元庄",《(光绪)蔚州志》《(民国)察哈尔省通志》沿用。

二、街巷与古宅院

如今,村庄规模较大,东西主街结构,旧村在主街北侧,新村在主街南侧。民宅以新房为主,旧房也多翻修了屋顶,居民较多。东黎元庄未曾修建过城堡,只有一条东西主街,街北侧保存有 12 座老宅院。

老宅院 1,原为两进院,现已打通,宅门尚存有木雕装饰。老宅院 2,原为两进院,现已打通,宅门的雀替上尚存木雕装饰和垂莲柱。老宅院 3,原为两进院,现已打通,宅门门扇上方的木板上尚存标语口号,为在近代彩绘的基础上书写。老宅院 4,原为两进院,现已打通,宅门前存有上马石,上面刻有"一百五十井"字样。老宅院 5、6 相邻,均为两进院,保存一般,格局尚存。老宅院 5 的宅门前有拴马桩。老宅院 7,位于分岔路口以东,一进院,宅门内的东墙上写有毛主席语录,西墙上张贴有民国时期的《捷报》。老宅院 8、9,原为两进院,现已打通,宅院已废弃。老宅院 10、11,均为一进院。老宅院 12,一进院,仅存正房、西厢房,正房面阔五间,硬山顶,西厢房面阔三间,单坡顶。

三、寺庙

据当地长者回忆,东黎元庄村未曾修建城堡。村中原有龙神庙、戏楼、泰山庙、关帝庙、观音殿(村中三岔路口,现在的小卖部为旧址)与五道庙。如今仅存戏楼,其他皆已拆毁。

戏楼 位于东黎元庄村东西主街西端北侧,坐南面北,对面龙神庙已毁,现为学校。戏楼整体坐落在高 1.1 米的砖石台明之上,台明外立面包砌毛石。戏楼面阔三间,单檐六檩卷棚顶,前檐柱 4 根,柱下石鼓柱础。前檐额枋象首撑拱,屋檐多坍塌,屋顶也有部分坍塌,土坯山墙。戏楼内两山墙上有黑板,墙壁表面涂刷白灰浆,依稀可见壁画内容为西式楼阁,为民国时期的作品。两侧山尖绘画保存较好,皆是人物形象。东南角开设券门,便于后台演职人员进出。戏楼已废弃,戏楼的东南角外主街两侧各有一个旗杆石。推测为原龙神庙前的旗杆石,被移于街两侧作为路障而设。

第十四节　卧羊台村

一、自然环境与人文历史

卧羊台村位于柏树乡东北 5.8 公里处,居小五台山西麓,属半山区与半丘陵区,村庄选址修建在山前冲积扇上,地势东高西低,较平坦,村南、北两侧均有一条冲沟,村中还有冲沟穿村而过。村周围为坡地,为沙土质,周围辟为梯田耕地和杏树林。1980 年前后有 332 人,耕地 1 264 亩,曾为卧羊台大队驻地。如今,村庄规模较大,村内为十字街结构,212 乡道穿过村庄,东西穿村的河道也改造成土路,村内居民较少,民宅以土坯房为主,多已翻修屋顶,新房较少,且村中民宅分布不规则,尚有耕地分布。

相传,约三百八十年前建村。川下放羊人常在此地平台卧羊,建村后故取名卧羊台。村名最早见于《(光绪)蔚州志》,作"卧羊台",《(民国)察哈尔省通志》沿用。

二、寺庙

卧羊台旧时有龙神庙、关帝庙、戏楼。庙宇皆已拆毁。

龙神庙　位于戏楼北侧柳树下,现已无存。

关帝庙　位于村中,现已无存。

戏楼　位于卧羊台村中东西主街的北侧,南邻一条进入山上的缓坡山路,西北为池塘,北为古柳树,树龄已有百年以上。东侧为"河北小五台国家级自然保护区金河口管理区卧羊台管理站"大院。戏楼坐南面北,整体坐落在高 1.5 米的砖石台明上,台明正面包砖,其余三面包自然石。戏楼面阔三间,单檐硬山顶,进深六架梁,置中柱。前檐柱四根,古镜柱础。明间梁下撑拱雕龙首,次间雕象首,草龙雀替,檩垫之间夹小斗,每间一朵,斗上出要头。梁架无二架柁,梁架用材简单纤细。前檐额枋上有残存的彩绘,破坏严重,正脊檩彩绘《八卦图》。戏楼内为砖铺地面,隔扇仅存主要框架,上面尚存有清末民国时期的彩绘。楼内墙壁表面涂刷白灰浆。屋檐有部分坍塌,东次间屋顶坍塌。

第十五节　车　厂　村

一、自然环境与人文历史

车厂村位于原张家窑乡(今属柏树乡)驻地东偏南 0.7 公里处,居恒山余脉小五台山南台脚下,属深山区。村庄选址修建在山谷的北坡上,村庄顺山脚下坡地而建,东南临沙河,南面正对去郑家庄子村的山谷岔口。曾为抗日革命根据地。地势南高北低。为沙土质。1980 年前后有 66 人,以李姓为主,耕地 159 亩,曾为车厂大队驻地。X417 县道从村南经过。

相传,元大德年间建村,因常有马车中途在此休息,故取名车场,后传为车厂。村名最早见于《(乾隆)蔚州志补》,作"东厂里",《(光绪)蔚州志》《(民国)察哈尔省通志》沿用。

如今,村庄地势较高,规模小,居民少,村内的道路多为自然石铺成,较窄,民宅以土石修建的房屋为主,多废弃坍塌,尚有人居住的房屋翻修屋顶,新房少。村西部的宅院皆建于碎石垒起的台地上,石板台阶路沟通各家各户,这一片已被废弃,无人居住。村中有一株大松树,目前村中只有一户居民,居住在村东端。

二、寺庙

龙神庙　位于村东端山坡上,原为1座庙院。该庙选址位置极佳,南面正对去往郑家庄子村的山谷口,处于三个路口的交汇处:向西去松枝口,向东去辉川,向南去郑家庄子。其选址特点与下平油村泰山庙类似。

正殿选址修建在台地上,坐北面南,庙台周围用毛石垒砌,正面设有石台阶,已破坏殆尽,庙宇建筑无存,仅存5通石碑,位于庙院内东侧,原始位置,自北向南排列。1号碑,雍正二年(1724)《重修龙王庙碑文》,碑阳为正文,碑阴为布施功德榜。2号碑,雍正元年(1723)《龙王庙碑文》,碑阳为正文,碑阴为布施功德榜。3号碑,《重修五村龙王庙彩画庙宇金庄神像众善人资材开列于左碑记》,碑阳部分,碑首刻有"道光二拾四年"字样,碑文为布施功德榜,落款为"光绪二十五年";碑阴有"大清光绪柒年"《重修禅室围墙碑记众善人开列于左》,说明曾3次利用该石碑。4号碑,咸丰九年(1859)《龙神庙碑文》。5号碑为无字碑。通过石碑得知,龙神庙的修建不晚于雍正元年。

第十六节　郑家庄子村

一、自然环境与人文历史

郑家庄子村位于张家窑乡(今属柏树乡)东南7.8公里处,居恒山余脉后山带小五台山南台脚下,属深山区。村庄选址于主山谷东北侧支谷内两边的台地上,西南临沟。地势北高南低。受地形限制,民宅比较分散,村中和村南山谷中均有清澈的溪水,水量较大,为沙土质。曾为抗日革命根据地。1980年前后有203人,耕地379亩,曾为郑家庄子大队驻地。

如今,村庄规模大,居民多,现户口有220人,常住60~70人,杂姓。民宅以土石修建的房屋为主,屋顶多翻修,主要道路边立有太阳能路灯,村中北部有1座近代建筑,推测为大队部、大礼堂。村东侧的山坡上有大片的松树林,西山坡上也有大面积的树林,村西山谷中溪水较大,可见小五台南台。此外,村北2里山沟中长有蓝景花(高山杜鹃花)。

相传,元朝天历年间建村,因郑姓始居,故名郑家庄。1982年5月,更名为郑家庄子。村名最早见于《(乾隆)蔚州志补》,作"郑家庄子",《(光绪)蔚州志》沿用,《(民国)察哈尔省通志》作"郑家庄"。

二、寺庙

据当地74岁的长者回忆,村中曾修建有五道庙、山神庙、龙神庙、戏楼、西寺(泰山庙)。

五道庙 位于村中,现已无存。

山神庙 位于村西北山坡上,现已无存。

龙神庙 位于村中部,现为遗址,仅存毛石砌筑的庙台基础,坐北面南,南面尚有石台阶,庙台上长有一株大松树,庙前即为去观上村的岔路口,观上村距此5里地。龙神庙拆毁时间较早,当地70多岁的老人都未曾见过。

戏楼 位于龙神庙南侧,现已无存。

西寺(泰山庙) 位于村西山坡上。西寺原为1座全神庙院,寺内供奉各路神仙,旧时正殿内供奉有泥像。每年阴历四月十五日有泰山庙庙会。庙宇建筑拆毁于"文革"前后。

第十七节　李　家　堡　村

一、自然环境与人文历史

李家堡村位于柏树乡西南4.3公里处,地处马头山北脚下山梁,属深山区。地势东高西低。村庄选址修建在山南坡上,周围群山环抱,沟壑纵横。村庄周围辟为梯田,为沙土质。曾为抗日革命根据地。1980年前后有193人,耕地601亩,曾为李家堡大队驻地。

相传,约三百八十年前建村,因李姓主居,故取名李家堡。但该村在蔚县诸版方志中均失载。

如今,村庄规模较小,受地形限制,民宅分布散乱,居民较少,户口有百十人,常住40～50人,杂姓。由于孩子读书问题,大部分村民搬迁到柏树乡中心区居住。民宅以土石修建的房屋为主,多废弃坍塌。村口尚存有坑塘,并长有2株大柳树,水坑西南新修建有水窖。村西为新建村委会大院。村北山谷内有1977年修建的水井。

村北较远处,水泥路东侧有一片墓地,墓地内尚存6根石柱,标示着墓地的范围,墓园内尚存石供台和2通墓碑,以及众多封土。其中的1通墓碑为同治元年(1862)六月"李公讳天保妣韩王氏墓",即李天保和妻子韩氏、王氏的合葬墓。墓地东北角立有后土神位碑。

目前该墓地尚有后人祭祀,并新立有墓葬。

二、寺庙

据当地长者回忆,旧时曾修建有五道庙、龙神庙、真武庙。庙宇建筑年久失修,因村中无戏楼,旧时行雨时临时搭建戏楼。

五道庙、龙神庙 位于村西,现已无存。

真武庙 位于村委会西北方,现为遗址。正殿面阔单间,已坍塌,一片断壁残垣,尚存1通石碑,为光绪五年(1879)的《重修碑记》,碑文中记载的地名有永宁寨(东堡、西堡)、九宫口、苇子水、崖头寺、水北、侯家庄、马头山。

第十八节　崖 头 寺 村

一、自然环境与人文历史

崖头寺村位于柏树乡西南3.2公里处,地处马头山北脚下山湾,属深山区。村庄选址在山顶南坡上,依山坡而建,周围群山环抱,沟壑纵横,辟为梯田,为沙土质。曾为抗日革命根据地。村东北有巨大的独立石。村东为山谷,是为永宁寨村东山谷口的上游。山谷向北为永宁寨,向南则可到马驼、苇子水、东花岭村。1980年前后有75人,以温姓为主,耕地369亩,曾为崖头寺大队驻地。

相传,约三百八十年前建村,因村附近崖头上有座寺院,故取名崖头寺。村名最早见于《(民国)察哈尔省通志》,作"崖头寺"。

如今,村庄规模较小,民宅以土石修建的房屋为主,大部分废弃、坍塌。居民少,仅3户3个人居住,居民多已外迁。村南山谷中有泉眼,为村民的汲水之地。

二、寺庙

据当地长者回忆,村东对面的山顶上有巨石山崖,原有寺庙,并有石塔(经幢),十几年前被盗。如今,村西南山梁上有龙神庙。

龙神庙 位于崖头寺村西南山梁上。寺庙仅存正殿,面阔单间,硬山顶,进深四架梁出前檐廊,墙体为土坯修建,外立面包砌片石。屋顶部分坍塌,前廊大部分坍塌,门窗仅存框架,彩绘无存,殿内砖铺地面,墙壁尚存清末民国时期的壁画,破坏严重,漫漶不清。

第十九节 其 他 村 庄

一、侯家庄村

侯家庄村位于柏树乡西南 3.8 公里处,地处马头山北脚下山梁,属深山区。地势东高西低。村庄选址修建在山梁南坡上,周围群山环抱,沟壑纵横。村庄周围为沙土质,辟为梯田。曾为抗日革命根据地。1980 年前后有 80 人,杂姓,耕地 311 亩,曾为侯家庄大队驻地。

相传,明朝万历年间建村,因村东有座山峰其状如猴,村人借"猴"字谐音,取名侯家庄。村名最早见于《(光绪)蔚州志》,作"侯家庄"。

如今,村庄规模小,仅一条东西主街,居民少。村民多外出打工、读书。目前仅四五人居住。民宅以土石修建的房屋为主,尚有人居住者翻修了屋顶。其余房屋多废弃、坍塌。村内主街北侧尚存五道庙遗址,"四清"时期拆毁。村东北山上有龙神庙,与崖头寺村共建。

二、马头山村

马头山村位于柏树乡西南 5 公里处,地处马头山北梁,属深山区。地势东南高、西北低。村庄选址修建在马头山主峰北侧的小山顶上。北齐长城在主峰上蜿蜒而行。周围山坡为沙土质,均辟为耕地,面积较大,但多荒芜。曾为抗日革命根据地。1980 年前后有 35 人,以徐、李姓为主,耕地 150 亩,曾为马头山大队驻地。

相传,约五百年前建村,因村南有 1 座马头山,村名故以山名冠之。村名最早见于《(乾隆)蔚州志补》,作"马头山",《(光绪)蔚州志》《(民国)察哈尔省通志》沿用。

如今村口长有一株大松树,树边是废弃的坑塘,坑壁用块石修葺。村庄规模小,民宅以土石修建的房屋为主,大部分废弃坍塌,居民少,无老宅院。据留守的村民回忆,因本村无水,日常用水需去村南五六里地的马头山北坡下的山沟中取水,十分不便,且村内无学校,故大部分村民于十几年前陆续外迁到九宫口、西合营居住,目前村内只有 4 户居民,六七人居住。村民种植谷、黍、粟、玉米、葵花、山药。

村南坡上旧有 2 座寺庙,拆毁较早,名称未知,推测为龙神庙、山神庙。此外,村西南山坡上有两株大松树,是为墓地,与村庄隔一条冲沟。

三、马驼村

马驼村位于原张家窑乡(今属柏树乡)西偏南 6.6 公里处,居马峪东坡马驼山湾处。

东、西临沟,南、北靠梁,属深山区。地势南高北低。多为沙土质。1980年前后有48人,以徐姓为主,耕地210亩,曾为马驼大队驻地。

相传,该村建于辽天庆年间,因村紧傍马驼山,故以山冠村名为马驼。村名最早见于《(民国)察哈尔省通志》,作"马驼里"。

如今村庄周围辟为大面积的梯田,村庄规模小,民宅以土石修建的房屋为主,大部分废弃坍塌。马驼村北侧正对一条山谷,山谷的北出口为永宁寨和庄窠村,从马驼顺着这条山谷向南可上山顶平梁,推测这条山谷为一条古道。村民于十几年前外迁,如今村庄已经废弃,只有1户放羊人居住,村内只有1座龙神庙。

四、东花岭村

东花岭村位于原张家窑乡(今属柏树乡)西南4.9公里处,居恒山余脉前山带大南梁前梁头上,属深山区。村庄选址修建在山顶平地的南坡上,山顶地势平坦,起伏不大,村庄北面视野极好,一目千里,可见柏树乡、松枝口,远处可见白乐。曾为抗日革命根据地。地势南高北低。为沙土质。1980年前后有159人,以阎姓为主,耕地568亩,曾为东花岭大队驻地。

相传,辽大安年间建村于山岭。相传,村内曾有山花,到冬天才开,故以此取村名冬花岭,后演变为东花岭。村名最早见于《(乾隆)蔚州志补》,作"东花岭",《(光绪)蔚州志》沿用,《(民国)察哈尔省通志》作"东华岭"。

如今,村庄规模不大,民宅以土石修建的房屋为主,全部废弃,大部分坍塌,因村中无水,村民陆续搬迁到永宁寨、西合营居住。目前无人居住,村庄为南北主街结构,中部有1座坑塘。村周围辟为梯田,沦为荒地,梯田规模很大,正面多用山石包砌,蔚为壮观。村东南有一片树林围成的方形区域,推测是墓地。据苇子水村的长者回忆,旧时村中有2座寺庙,村外有2座寺庙,名称早已忘记。

五、南台子村

南台子村位于原张家窑乡(今属柏树乡)西南3.1公里处,居恒山余脉前山带石板沟西坡小平台上。西靠梁,南依沟,东侧的山谷中有清澈见底的溪水,水量较大,属深山区。曾为抗日革命根据地。地势西高东低,为沙土质。1980年前后有66人,以唐姓为主,耕地162亩,曾为南台子大队驻地。

相传,建村于清初,因位于法云寺南一台状地方上,故取村名为南台子。村名最早见于《(民国)察哈尔省通志》,作"南台子"。

如今,村庄规模小,居民少,民宅全部是土石修建的房屋。村口有水泥修建的方形蓄水池。村内为一条东西向主街,房屋多废弃、坍塌,目前只有 2 户居民,均为独居的老人,村民于十几年前外迁。

本村的寺庙位于村东口,在 1 座天然石上修建小庙,推测为山神庙,20 世纪六七十年代拆毁。南台子村北侧有一株大松树,形如伞盖。

六、聚财梁村

聚财梁村位于原张家窑乡(今属柏树乡)西南 4.2 公里处,居恒山余脉中山带羊嘴崖下梁头上。东、西临沟,属深山区。曾为抗日革命根据地。地势北高南低。为沙土质。1980 年前后有 54 人,以闫姓为主,耕地 115 亩,曾为聚财梁大队驻地。

相传,明天启年间建村于山梁上,村人怀聚财致富的愿望,故冠村名为聚财梁。村名最早见于《(民国)察哈尔省通志》,作"聚财梁"。

如今村庄规模很小,村民在 20 多年前外迁,现无人居住,全部废弃,大部分民宅坍塌,且没有寺庙。

七、德纳寺村

德纳寺村位于原张家窑乡(今属柏树乡)西南 1.3 公里处,居恒山余脉前山带红沙坡平台上。村庄处于三面环山的山坳处,只有北面无山,村西侧有一排峭壁,蔚为壮观,南依光葫芦山,北邻沙河,属深山区。曾为抗日革命根据地。地势南高北低。为沙土质。1980 年前后有 138 人,以王、任、赵姓为主,耕地 338 亩,曾为德纳寺大队驻地。

相传,明永乐年间建村时,这里有 1 座叫德纳寺的庙,故村名遂称德纳寺。村名最早见于《(乾隆)蔚州志补》,作"得纳寺",《(光绪)蔚州志》作"德纳寺",《(民国)察哈尔省通志》沿用。

如今,村庄分为东、西两部分,东面地势较低者为旧村,西面地势较高者为新村。新村规模小,有少量新建房屋,大部分房屋为土石建材修建,屋顶已翻修,村民较少,村庄附近多为梯田。村庄的布局为不规则的十字街结构。旧村在新村的东侧,地势相对较低,与新村连接。旧村内为自然石路面,房屋大部分废弃坍塌,民宅多为石砌房屋,尚有人居住者屋顶翻修。如今村中只有 10 余人居住,旧村村南有水井。

据旧村的长者回忆,德纳寺为佛教寺院,位于村北,庙宇建筑为日军烧毁。此外,村内东北有山神庙、真武庙(碾坊处),村西也有 1 座庙,名称未知,村东南为龙神庙(水井处),村西北峭壁上为普贤洞。普贤洞洞窟口尚存木构建筑,内为三层洞,均修建在峭壁上,如今通往洞窟的栈道坍塌。寺庙旧时有石碑,"文革"时期被破坏。

八、茨莉沟

茨莉沟村位于原张家窑乡（今属柏树乡）南偏西 3.7 公里处，居恒山余脉中山带北沟前东、西两坡上，依山势而建，主体在西侧山坡上，东侧支谷中也有少量的民宅分布，属深山区。曾为抗日革命根据地。地势西高东低。为沙土质。1980 年前后有 237 人，以李姓为主，耕地 488 亩，曾为茨莉沟大队驻地。

相传，元至元年间建村于长有茨莉的山沟里，故取村名茨莉沟。村名最早见于《（乾隆）蔚州志补》，作"茨黎沟"，《（民国）察哈尔省通志》沿用。

如今，村庄民宅布局不规则，民宅以土石修建的房屋为主，大部分废弃、坍塌。居民少，村庄小，均为羊倌。夏季回村放羊，冬季离开。其余大部分村民外迁到县城、白乐、西合营居住。

据松树岭村的老人回忆，本村有龙神庙和山神庙，山神庙尚存，为石头修建的神龛。

九、松树岭村

松树岭村位于原张家窑乡（今属柏树乡）南偏东 4 公里处，居恒山余脉前山带光葫芦山前梁头阳坡上，属深山区。曾为抗日革命根据地。地势北高南低，为沙土质。1980 年前后有 187 人，耕地 369 亩，曾为松树岭大队驻地。

相传，辽统和年间建村，取村名光葫芦山。据传，因村建址于 1 座秃山上而得名。1966 年，以附近山上有松树，而更名为松树岭。村名最早见于《（乾隆）蔚州志补》，作"光葫芦山"，《（光绪）蔚州志》《（民国）察哈尔省通志》沿用。

如今，村庄规模不大，民宅分散，民宅以土石修建的房屋为主，大部分废弃，少数翻修了屋顶，村附近为大面积的耕地。村庄处于高山草甸上，周围环境较好，为户外徒步穿越运动的天堂。旧时村里有 50 余人居住，以田姓为主，目前大部分村民搬迁到西合营，村内只有 5 户居民，均为羊倌，仅夏天放羊在此，冬季返回西合营。留守的村民以种植玉米、山药、油菜籽为生。

据当地 63 岁韩姓长者回忆，村中北侧建有龙神庙，村西有山神庙，"文革"时期拆毁庙宇。

十、桦榆坡村

桦榆坡村位于柏树乡东北 8.6 公里处，居小五台山西麓。村庄选址修建在山口处北侧的坡地上，属丘陵区。地势东高西低。为沙土质，周围辟为梯田。1980 年前后有 89 人，耕地 509 亩，曾为桦榆坡大队驻地。

相传,明万历十年建村于长满桦、榆树的坡上,故取名桦榆坡。村名最早见于《(民国)察哈尔省通志》,作"桦榆沟"。

如今,旧村规模小,全部废弃。新村搬迁到旧村西侧约 800 米的山前冲积扇上,村南、北、西侧各有一条冲沟,新村规模小,只有约 20 户居民。村附近辟为梯田耕地和杏树林。

十一、白石口村

白石口村位于柏树乡东北 7.3 公里处,居小五台山西麓。村庄选址修建在山谷出口处的坡地上,村南、北各有一条冲沟,村中还有一条小冲沟,属丘陵区。地势东高西低,为沙土质。1980 年前后有 160 人,耕地 748 亩,曾为白石口大队驻地。

相传,四百八十年前建村。因村南、北两沟都是白石头,且村坐落于沟口,故取名白石口。村名最早见于《(民国)察哈尔省通志》,作"白石口"。

如今,白石口村周围辟为梯田和杏树林,村庄规模小,居民少,民宅多翻修屋顶,受地形影响,民宅分布散乱。村北有土路连接桦榆坡村,村西也有土路连接乡道。

十二、东任家庄村

东任家庄村位于柏树乡东偏北 5.2 公里处,属丘陵区,选址修建在山前冲积扇上。村东面的地形山势险峻,蔚为壮观。村南、北、东面有许多冲沟,村中也有较小的冲沟,村庄周围辟为梯田耕地和杏树林。地势东高西低,为沙土质。1980 年前后有 272 人,耕地 1 260 亩,曾为东任家庄大队驻地。

相传,四百年前建村,因任姓多居,故名任家庄。1982 年 5 月,加方位字为东任家庄村。村名最早见于《(光绪)蔚州志》,作"任家庄儿",《(民国)察哈尔省通志》作"任家庄"。

如今,东任家庄村规模较大,新旧房屋均有分布,普遍翻修屋顶,村庄的布局不规整,总的来说为东西主街结构。村中南部有大松树 5 株,为三官庙遗址,村委会大院、学校位于庙北侧,村庄未曾修建过城堡,亦无老宅院遗存。

十三、张家窑村

张家窑村,原为张家窑乡驻地,位于蔚州古城东偏北 30.1 公里处,居小五台山南台脚下,属深山区。村庄选址修建在山谷北侧的山坡台地上,采用碎石垒成层层的台地,逐次修建宅院。西临松枝口峪,南靠沙河,北依坡。地势北高南低,为沙土质。曾为抗日革命根据地。1980 年前后有 148 人,以张姓为主,耕地 235 亩,曾为张家窑公社、大队驻地。乡政府紧邻山崖,视野好,院中房屋尚存,院中前部有两排红砖瓦房相连,后面有一排瓦房,已废弃,后院成居民的羊圈。

相传,张姓于元朝末年在此挖窑定居,建村后故取名张家窑。村名最早见于《(乾隆)蔚县志》,作"张家窑子",《(光绪)蔚州志》沿用,《(民国)察哈尔省通志》作"南张家窑"。

如今,村庄规模较大,居民较少,民宅以土石修建的房屋为主,翻修屋顶者较少。坡上的宅院多已废弃,仅有的村民大多已迁至沟底平地居住。如今仅 10 余人居住,村庄附近的山谷里有农家院(村委会),供去小五台山的驴友使用。村中的道路以自然石路面为主,坡度较陡。X417 县道从村南经过。

本村共有 5 座寺庙。关帝庙在村西,山神庙在村北,五道庙在村中十字路口,龙神庙在村东,此外还有梨园寺,位于村西北方较远处。抗日战争期间,日军烧毁梨园寺,20 世纪六七十年代拆毁龙神庙、五道庙,其余寺庙因年久失修而坍塌。村中部有 1 座 1977 年修建的剧场,坐西面东,已废弃,里面堆放柴草,西墙有部分坍塌。两侧的水泥对联为"天翻地覆慨而慷""虎踞龙盘今胜昔",横批为"百花齐放推陈出新"。此外,村西南部有一株大松树,推测旧时曾为 1 座庙址。

十四、上辉川村

上辉川位于原张家窑乡(今属柏树乡)东北 3.1 公里处,居恒山余脉前山带小五台山南台西脚下,属深山区。曾为抗日革命根据地。村庄选址修建在山谷中北坡台地上,东南临沙河沟,北靠人头山,村前有来自小五台山清澈的溪水流过,村庄附近树木茂盛,周围环境怡人。地势东高西低,为沙土质。1980 年前后有 115 人,以张姓为主,耕地 180 亩,隶属辉川大队。

相传,元至元年间建村,因住户始散居于深山沟中,后搬迁至平坦处,取回到川下之意,故称回川,后人更为辉川。因该村居址地势较高,又取名上辉川。但该村在蔚县诸版方志中均失载。

如今,村庄规模较小,居民少,民宅以土石修建的房屋为主,多废弃、坍塌,个别房屋翻修了屋顶。村中目前还有 3 户居民,其余大部分村民因交通不便于 20 世纪 90 年代陆续外迁至下辉川村。

据当地长者回忆,上辉川村曾有多座寺庙。山神庙在村西,为 1 座用石头修建的神龛。村北有普贤庙,现已无存。寺庙于"文革"时期拆毁。

十五、下辉川村

下辉川村(辉川村)位于原张家窑乡(今柏树乡)东北 2.5 公里处,居恒山余脉前山带小五台山南台脚下,属深山区。村庄选址修建在山谷北侧山坡上,依山势而建,四周环山,东临沙河沟,村南为溪水,水量大,曾为抗日革命根据地。1980 年前后有 57 人,耕地

105 亩,隶属辉川大队。

相传,元至元年间建村,因住户始散居于深山沟中,后搬迁至平坦处,取回到川下之意,故称回川,后人更为辉川。因该村居址地势较低,又取名下辉川。但该村在蔚县诸版方志中均失载。

如今,村庄规模较大,民宅以土石修建的房屋为主,屋顶多翻修,居民较多。由于去小五台山的驴友多途经此地,村民开始经营农家院。村口建有金河口林场的办公房和信号塔。村中户口有 100 多户,200 余人,如今常住 100 余人,以张姓为主。

据当地长者回忆,旧时村庄修建有龙神庙和山神庙。村东北松树下为龙神庙。村东上、下辉川村之间建有下寺,曾为 1 座寺院,里面有泰山庙、关帝庙等,"文革"中拆毁。

十六、下蛮子沟村

下蛮子沟村位于原张家窑乡(今柏树乡)东南 2.6 公里处,居恒山余脉中山带挂钟山脚下蛮子沟东侧,选址在一条支谷和主山谷交汇处的阳坡上,依山而建,属深山区。曾为抗日革命根据地。地势西高东低,为沙土质。1980 年前后有 66 人,以庞姓为主,耕地 102 亩,隶属蛮子沟大队。

相传,明朝永乐年间有一南方人曾居住在此沟看坟地,后建两村,以地势低者称下蛮子沟。村名最早见于《(乾隆)蔚州志补》,作"蛮子沟",《(光绪)蔚州志》《(民国)察哈尔省通志》沿用。

如今,村庄规模小,民宅以土石修建的房屋为主,无新房,个别尚有人居住的房屋翻修屋顶,现在只有 10 余人居住。X417 县道从村西经过。

村口处有寺庙遗址,当地称南寺。寺庙与村庄间隔一条冲沟。寺院仅存毛石砌筑的庙台基础,并存 1 通残碑,字迹漫漶。

十七、上蛮子沟村

上蛮子沟村位于原张家窑乡(今柏树乡)东南 3.3 公里处,居恒山余脉中山带挂钟山脚下蛮子沟东侧一小平台上,属深山区。曾为抗日革命根据地。地势西高东低,为沙土质。1980 年前后有 32 人,以李姓为主,耕地 70 亩,隶属蛮子沟大队。

相传,明朝永乐年间有一南方人曾居住在此沟看坟地,后建两村,以地势高者称上蛮子沟。村名最早见于《(乾隆)蔚州志补》,作"蛮子沟",《(光绪)蔚州志》《(民国)察哈尔省通志》沿用。

如今,村民用碎石垒成几级台地,依次在台地上建宅院。村中有溪水从山上流下,村民将溪水集于一眼井内,为村中唯一的水源。村庄规模小,居民少,民宅以土石修建的房屋为主,多废弃、坍塌,只有 2 座民宅翻修了屋顶,目前只有 1 户李姓居民,3 人居住。20 年前村民集资通电,这里每逢冬季便大雪封山,长达四五个月,封山时食物全部靠人工搬运,且只有夏天才有水,冬季需融冰取水。本村未建寺庙。

十八、观上村

观上村位于原张家窑乡(今柏树乡)东南 8 公里处,居恒山余脉后山带小五台山南台脚下。村庄选址修建在山谷尽头的台地上,北依大山,南临溪沟,东、西临沟,属深山区。曾为抗日革命根据地。地势北高南低,为沙土质。1980 年前后有 72 人,耕地 126 亩,曾为观上大队驻地。

相传,清初建村,因村址较村南观音庙地势高,故取村名观上。村名最早见于《(民国)察哈尔省通志》,作"观上村"。

如今,村庄规模小,居民少,房屋以土石修建的房屋为主,屋顶多翻新。常住有 40 余人,以张、刘姓为主。村民以种植土豆和玉米为主。春季时节,村南溪沟边与山坡上开满蓝景花,村中的坡地上长满樱桃树。

据当地长者回忆,村北以前有山神庙,村东有龙神庙,此外还有和尚庙,均年久失修,自然坍塌。

十九、窑洞村

窑洞村位于原张家窑乡(今柏树乡)南偏东 6 公里处,居恒山余脉后山带茶山脚下,属深山区。曾为抗日革命根据地。村庄选址修建在一条冲沟尽头的山坡上,三面环山,村东南山梁上建有防火望楼。地势东高西低,为沙土质,村西为山谷,有泉眼,泉水清澈,水量大。1980 年前后有 88 人,以张、潘、刘姓为主,耕地 196 亩,曾为窑洞大队驻地。

相传,清道光年间建村时,借当地一沟名,冠村名为窑洞。村名最早见于《(民国)察哈尔省通志》,作"窑洞村"。

如今,村庄规模小,民宅以土石修建的房屋为主,个别屋顶翻修,新房少,居民少。村中有 15 户居民,常住 20 余人。

据当地长者回忆,村南曾修建有龙神庙、山神庙,现已无存。

二十、岭南村

岭南村,位于原张家窑乡(今柏树乡)东南 8.6 公里处,处松树岭南沙河沟,属深山区。村庄选址修建在台地上,四面环山,地势东高西低,为沙土质。1937～1945 年间,岭南村是蔚县抗日民主政府驻地。1980 年前后有 198 人,耕地 294 亩,曾为岭南大队驻地。

相传,明末建村,因位于松树岭之南,故取名岭南。但该村在蔚县各版方志中均失载。

如今,村庄规模较大,村西北方的山坡上长有大片落叶松林,村外山谷中有来自南台的溪水,水量大。村中居民较多,民宅多为土石修建的房屋,大部分翻修屋顶,新房少,受地形所致,村庄分成南、北两部分,南面为旧村,规模小,北面为新村,规模较大。村委会位于新村内主路西侧。本村户口尚有 300 余人,常住有 100 余人,以张、孙姓为主。因这里贫穷、交通不便,大部分村民陆续搬走。X417 县道从村西经过。

据当地长者回忆,村南建有玉皇庙和龙神庙,二三十年前拆毁。如今寺庙仅存毛石砌筑的庙台。庙北侧有老宅院 1,已废弃,大门的墙壁上尚存有毛主席语录,院里有 1 通石碑,双面字,一面为"重修",一面为"碑记",字迹漫漶。

二十一、榆皮村

榆皮村,位于原张家窑乡(今柏树乡)东南 11.4 公里处,居恒山余脉后山带银水沟侧平台上,东、南、北三面靠沙河,属深山区。曾为抗日革命根据地。地势西高东低,为沙土质。1980 年前后有 54 人,耕地 130 亩,曾为榆皮大队驻地。

相传,明宣德年间建村,因这里榆树较多,灾荒年村人常以榆树皮为食度日,故取村名为榆皮。村名最早见于《(乾隆)蔚州志补》,作"榆皮里",《(民国)察哈尔省通志》作"榆皮村"。榆皮为行政村,附近的洋河滩、八岭子村均归其管理。

如今,村庄规模小,民宅土石修建的房屋为主,片石作瓦,没有新建的房屋,个别房屋翻修屋顶。村内主要道路新立有太阳能路灯。村内居民少,目前只有 20 多户,60～70人,以芦、赵姓为主。大部分村民因孩子读书而外迁。村庄附近多为山地梯田,种植玉米、土豆,当地村民也挖草药,如柴胡、朱令等。此外还有采石场。本村人多去往涞水县的其中口乡。

据当地 60 岁的张姓长者回忆,村北山上修建有龙神庙,位于 1 块独立的大山石上,为在旧址基础上新建的庙宇,殿宇是用毛石修建的面阔单间的神龛,内供龙王像,采用 1 块木头雕凿绘画而成。此外村南还有山神庙。

二十二、洋河滩村

洋河滩村位于原张家窑乡(今柏树乡)东南偏南 11.9 公里处,居恒山余脉后山带八岭梁下沙河滩,属深山区。曾为抗日革命根据地。地势东高西低,为沙土质。1980 年前后有 13 人,耿姓,耕地 30 亩,隶属榆皮大队。

相传,明末建村于沙河滩,相传当时这里杨树较多,故取村名杨河滩,后误传为洋河滩。村名最早见于《(民国)察哈尔省通志》,作"羊河滩"。

如今,村庄分为两部分,以南北向的山谷内溪水为界,东、西两侧各分布有民宅,X417县道从村中穿过,在东西两部分村庄中间有1座水泥桥,名"榆洋桥"。东侧的民宅修建在山谷里,规模小,只有几户居民。西侧的村庄修建在山谷北侧的阳坡上,规模也小,村西口为进村主路,片石铺成路面,村内只有2户耿姓居民。大部分民宅采用土坯砌墙,片石作瓦,院墙采用山洪冲出的卵石堆砌,已废弃。

据榆皮村民回忆,洋河滩村东旧有山神庙,现已无存。

洋河滩村为柏树乡最东南角的村庄,水泥路到该村成为沙石路,继续向东南方在山谷中行进,可到交界处的八岭子村,继续沿山谷东南行,则为涿鹿县的下安、口子、石片、三里棚村等村。下安村虽有人居住,但是未通水泥路,水泥路仅修到口子、三里棚村。

二十三、八岭子村

八岭子村位于原张家窑乡(今柏树乡)东南13.3公里处,处恒山余脉,东临沟,属深山区。曾为抗日革命根据地。地势东高西低,为沙土质。1980年前后有38人,全部姓张,耕地48亩,隶属榆皮大队。

相传,该村建于明末,是榆皮村南的一个小村。因从榆皮到该村要途经八道小岭,故取村名八岭子。村名最早见于《(民国)察哈尔省通志》,作"八岭子"。

如今,八岭子村已废弃,只有羊倌居住,六七年前村民已迁出。

据榆皮村民回忆,该村旧有龙神庙,为毛石垒砌的神龛。

二十四、东富家庄

东富家庄村,位于原张家窑乡(今柏树乡)西南偏南5.9公里处,居恒山余脉中山带北阳坡下,西临沟,属深山区。曾为抗日革命根据地。地势北高南低,为沙土质。1980年前后有46人,以陈姓为主,耕地124亩,曾为东富家庄大队驻地。

相传,清末建村,因村址位于三个坡背,曾取名小背村。1947年,人们为求生活富裕,更名为富家庄。1982年5月,又更名为东富家庄。该村在蔚县诸版方志中均失载。

如今,村庄修建山谷尽头,沿这条山谷西南行下山,可到桥峪、石门和刑山村。村庄全部废弃。村中已通电。民宅以土石修建的房屋为主,多坍塌,目前只有三间房屋尚存。村东侧有泉眼,为这条山沟山泉的源头,水质清澈,水量大。据苇子水村长者回忆,东富家庄村民在十几年前陆续外迁。

第二十二章　草　沟　堡　乡

第一节　概　况

草沟堡乡地处蔚县南部,东与涿鹿县、涞水县相邻,南与涞源县交界,西与宋家庄镇接壤,北与南杨庄乡、柏树乡接界。现今草沟堡乡(1984年由公社改乡)由原草沟堡乡、苜蓿乡、东杏河乡合并(1995年并入)组成。分述如下:

草沟堡乡面积180.7平方公里。1980年前后共有8 275人,辖34个大队,划分为82个生产队。

全乡地处山区,境内沟壑纵横,土质瘠薄。经济以农业为主,兼工副、牧业。1980年前后有耕地24 450亩,占总面积的9%。其中粮食作物18 000亩,占耕地面积的73.6%,经济作物2 400亩,占耕地面积的9.9%。1948年粮食总产260万斤,平均亩产150斤;1980年粮食总产491万斤,平均亩产273斤。宜种马铃薯、莜麦。

苜蓿乡面积166.7平方公里。1980年前后共2 491人,辖13个大队,划分为23个生产队。1984年改乡。

全乡位于深山区,境内山峦起伏,沟谷交错,九宫口东峪贯穿全乡。经济以农业为主,兼工副业、林业。1980年前后有耕地5 300亩,占总面积的2.1%。其中粮食作物4 300亩,占耕地面积的81.1%。1948年粮食总产86万斤,平均亩产200斤;1980年粮食总产131万斤,平均亩产305斤。主要粮食作物有马铃薯、莜麦。工副业主要有修造站、木货加工等。

东杏河乡面积147.3平方公里。1980年前后有3 391人,辖24个大队,划分为45个生产队。1984年改乡。

全乡地处山区,山峦起伏、沟壑纵横、森林茂密。九宫口峪纵贯全境。经济以农业为主,兼有林、副业。1980年前后有耕地9 897亩,占总面积的4.5%。其中粮食作物8 323亩,占耕地面积的84%;经济作物475亩,占耕地面积的4.8%。1948年粮食总产

148 万斤,平均亩产 140 斤;1980 年粮食总产 138.6 万斤,平均亩产 166 斤。宜种莜麦、马铃薯。

2013 年草沟堡乡全乡共 76 座村庄,其中行政村 35 座,自然村 41 座(图 22.1)。面积 465.1 平方公里。

图 22.1　草沟堡乡全图

草沟堡乡现存古建筑丰富。历史上有庄堡 1 座,现存 1 座;观音殿 11 座,现存 5 座;龙神庙 59 座,现存 31 座;关帝庙 14 座,现存 5 座;真武庙 9 座,现存 1 座;戏楼 24 座,现存 14 座;五道庙 52 座,现存 23 座;泰山庙 9 座,现存 5 座;佛殿 4 座,现存 1 座;财神庙 2 座,现存 1 座;井神庙 1 座,现存 1 座;娘娘庙 1 座,现存 1 座;神仙庙 1 座,现存 1 座;玉皇庙 1 座,现存 1 座;山神庙 32 座,现存 11 座;三官庙 7 座,现存 1 座;马神庙 3 座,现存 1 座;

老君观 1 座,现存 1 座;三教寺 1 座,无存;土地庙 1 座,现存 1 座;河神庙 1 座,现存 1 座;阎王殿 1 座,无存;其他寺庙 13 座,现存 1 座。

第二节　草沟堡乡中心区

一、自然环境与人文历史

草沟堡村位于蔚州古城东南 28.2 公里处,居恒山余脉华庭尖山脚下,属深山区。村庄选址修建在九宫口峪中,山谷整体呈南北走向,村庄附近的山谷为东北—西南走向,村庄在山谷的北侧坡地上,地势北高南低,西靠朝阳寺沙河,南面不远处为沙河。周围地势平坦,为黏土质,辟为大面积的耕地。1980 年前后有 558 人,耕地 1 375 亩,曾为草沟堡公社、草沟堡大队驻地。如今草沟堡村是乡政府所在地,作为国道在大南山中的一个重要枢纽。村庄为狭长型,沿着山谷分布,G112 国道从中部穿过村庄,此外,219、226 乡道亦穿村而过,村庄分为新、旧两部分,南部国道两侧为新村,西北部山坡上为旧村,即城堡所在地。当地村民以宋、李姓为主,现以外地人居多,本地人少。G112 国道南侧有新修的剧场,为改革开放前后修建的建筑(图 22.2)。

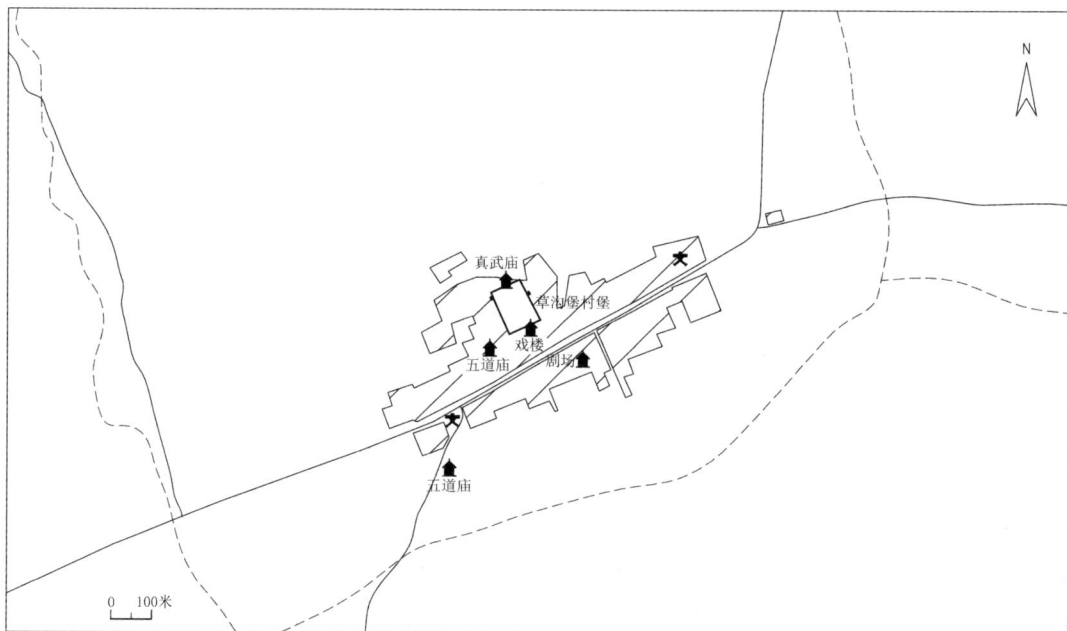

图 22.2　草沟堡乡中心区古建筑分布图

相传,明万历年间建堡于长满蒿草的山沟里,故取村名草沟堡。村名最早见于《(乾隆)蔚州志补》,作"草沟堡",《(光绪)蔚州志》《(民国)察哈尔省通志》沿用。

二、城堡

草沟堡村堡,位于山坡上旧村中,依台地山坡而建,地势北高南低,城堡平面呈矩形,周长 367 米,开设南、西门,堡内平面布局为南北主街结构。堡内地面高于堡外。

城堡南门于 1957 年前后拆除,现存为缺口。据当地长者回忆,南门并非砖券门,而是砖砌门颊,木梁架结构门顶。

城堡西门又称小西门,建筑现已无存,为缺口。门内巷子也为自然石板铺成的道路。

堡墙均为黄土夯筑,外立面曾包砌毛石,保存较差。东墙残长约 104 米,保存较差,仅存基础,高 2 米。南墙残长约 81 米,西段尚可见外侧的包石遗迹,片石垒砌,高 2～3 米,内侧为民宅,外侧为道路。西墙残长约 106 米,墙体外高 2～3 米,与南墙类似,外侧墙体包砌片石,墙体内外侧均为房屋。北墙残长约 76 米,保存较差,墙体低薄,高约 2 米,墙体内外侧倚墙修建民宅,外侧为荒地。北墙中部设有马面,骑墙,现为真武庙庙台,马面高大,方形,高 6～7 米。堡北面的高山顶上曾建有日军据点,现存遗址。

堡东南角仅存转角,高 2 米,片石垒砌。西南角无存,西南角外为新建的村委会大院,院对面为水坑,尚有积水,周围长有高大的柳树,院墙的东南角新建有五道庙神龛。西北、东北角仅存转角,保存差,高不及 2 米。

堡内平面布局为南北主街结构。自然石板铺成的路面,自南而北逐渐上坡升高。两侧为巷子,巷内地面亦为自然石板铺成。堡内民宅以土旧房为主,多废弃、坍塌,旧时有 3 座老宅院。主街西侧的大队部原为公社所在地,后改为大队,如今为个人所有。这里原为李姓居民的大宅院。大队部北侧尚存解放后修建的敬老院,仅存大门,里面为民宅。堡内旧时有百十人居住,以李姓为主,现在堡内只有 14 人居住。村中缺水,旧时堡内居民去堡北沟中取水。

三、寺庙

据当地 64 岁李姓长者回忆。城堡内外曾修建戏楼、真武庙、五道庙(2 座)、龙神庙。

戏楼 位于草沟堡村堡南门外侧,正对南门与北墙上的真武庙(彩版 22-1)。戏楼坐南面北,整体坐落在毛石砌台明上,台明长 7.5 米、宽 7.5 米、高 1.3 米,戏楼为单檐卷棚顶,面阔三间,进深六架梁皆用通材。前檐柱 4 根,金柱 2 根,明间鼓形柱础,次间古镜柱础。前檐额枋尚存民国时期的彩绘,多氧化呈黑色,木雕装饰无存。前台两侧置八字墙,挑檐木出挑较短。前后台设木隔扇,隔扇仅存框架,上部的走马板上绘戏剧人物。绘画为清末民国时期的作品。其中西侧者绘晋剧《牧羊圈》,东侧绘《打金枝》,中间者漫漶。山墙砖砌土坯心，后墙土坯墙。戏楼内地面条砖铺墁。戏楼内已废弃，堆放杂物。戏楼内墙壁上没有壁画和题记遗存。戏楼东侧原为龙神庙，近代改建为小学校，现为民宅。戏楼西侧地面上有"大清光绪贰拾年"的李公英、张太君的墓碑。

真武庙　位于堡北墙高大的庙台上，正殿采用红砖砌筑，坐北面南，面阔单间，硬山顶，进深四架梁出前檐廊，内墙刷白灰，未施彩绘和壁画。真武庙台北立面长有一株树龄在100年以上的榆树。真武庙拆毁于日本占领时期，日军为长期占领草沟堡，拆毁真武庙，在村北山峰上建2座岗楼。10多年前村民在北墙庙台上重建真武庙。

五道庙　2座，1座位于村西南角，G112国道路南侧耕地中，新建建筑，正殿坐北面南，单檐硬山顶，面阔单间，无门窗、彩绘、壁画。1座位于堡内正街，解放初拆毁。

龙神庙　位于堡外戏楼东侧，庙内旧有1通石碑。解放初拆毁。

第三节　盘南头村

一、自然环境与人文历史

盘南头村位于原东杏河乡（今属草沟堡乡）北偏西6.3公里处，居恒山余脉孤山北，属深山区。村庄选址于九宫口峪谷底及东西两侧的一级台地上，村庄依地形而建，周围山谷开阔，村东山顶上有巨石山峰兀立。谷底和一、二级台地地势较平，为沙土质，辟为梯田，南北向的沙河、G112国道从村中穿过，河道内尚有清澈的溪水，并凿有水井。1980年前后有111人，耕地330亩，曾为盘南头大队驻地。如今，村庄民宅分布散乱，大致分为四片区域，其中山谷西侧一级台地2片（含大花峪新村），谷底1片，东侧一级台地1片，民宅以土旧石房为主，大部分翻修屋顶，新建房屋较多。村庄整体规模小，居民少。现在村内户口有180人，常住仅20～30人，以赵、沈、张姓为主。

相传，明洪武年间建村。因此地砍山柴需从南到北盘桓3座山头，故取村名盘南头。村名最早见于《（乾隆）蔚州志补》，作"盘道南头"，《（光绪）蔚州志》沿用，《（民国）察哈尔省通志》作"盘道南"。

二、寺庙

据当地长者回忆，本村曾修建有龙神庙、山神庙和松文寺（泰山庙）。

龙神庙　位于东北部村庄的西北角，G112国道路东侧，寺庙选址修建在台地上，台明高大雄伟，外立面包砌毛石，南立面修建石砌台阶，顶部修建正殿。正殿坐北面南，面阔单间,屋顶无存,仅存三面石砌墙体,殿前长有一株大油松。据当地人回忆,龙神庙为日军拆毁,木料用于修建岗楼。

山神庙　位于村西南,寺庙早在"文革"前便已拆除。

松文寺(泰山庙)　又称手佛寺。位于村南公路路桥(盘南头中桥)东南方,处于一处东西向山谷的北侧半坡上,接近山顶,附近山中上部巨石、峭壁较多。寺庙为崖洞式,方形洞窟,建筑无存,仅存遗址。当地相传为唐代所建,民国时期有庙会,寺内供奉神像,"文革"时期拆毁庙宇。寺中旧有泥像、石碑,现均无存。

第四节　乱　寨　村

一、自然环境与人文历史

乱寨村位于原东杏河乡(今属草沟堡乡)西北3.7公里处,居恒山余脉孤山北麓,属深山区。选址于九宫口峪西侧谷底及坡地上,依地形而建,南北为台地,西侧为山坡,东侧为宽平的谷地,地势较平,为沙土质,村东、南、北三面辟为梯田耕地,村东不远处为南北向沙河河道,G112国道从村东边绕过。1980年前后有180人,以张姓为主,耕地316亩,曾为乱寨大队驻地。如今,村庄规模不大,民宅以土旧石房屋为主,多翻修屋顶,村民较少,现有40~50人居住。

相传,明正德年间建村,当时人们盖的宅院凌乱,不在一起,各自围起院墙(当时人们称寨),故取村名乱寨。村名最早见于《(乾隆)蔚县志》,作"乱宅里",《(乾隆)蔚州志补》《(光绪)蔚州志》《(民国)察哈尔省通志》沿用。

二、寺庙

据当地72岁郝姓长者回忆。旧时村内外修建有五道庙、青松寺。

五道庙　位于村中,现已无存。

青松寺　又称慈幽庵,位于村北G112国道西侧的半山山凹处,处于一东西向山谷的北坡上,接近山脊。从乱寨村前往该寺的进香道路保存较好,个别地段尚存自然石铺成的路面。

寺庙坐北面南,选址依山坡地形而建,自南而北由层层条石砌起梯次台地,寺庙建筑无存,现为遗址。从现存状态上看,寺院前部有东、西2座山门,均可进出。东边山门两侧碑廊,碑廊之上为钟楼,西边山门置鼓楼。东西山门之间为一个长方形的院落,院落正中为戏楼,坐南面北,戏楼的两侧各有房舍数间。正对戏楼登数级石阶而上,正中为大山门,两侧为数米高的石墙。进入山门西侧为泰山庙,东侧为山神庙。院内正中有七间殿堂,分别为佛殿、地藏殿、关帝庙等。院西侧为伙房,院东侧为禅房院,南北禅房、碾坊、库房等。

寺院西不远处有山泉一眼供寺用。该寺院主要由五座村庄供养，即乱寨、丁羊峪、常嘴子、盘南头、王家湾子。每年农历三月初八唱戏、赶庙会。

寺院建筑无存，杂草丛生，戏楼仅存台明，殿基南侧墙体与石阶可见，在寺院的东南角，尚存石碑 7 通，编号 1～7 号碑。1 号石碑为清乾隆时期的《买地碑》(拓 22.1)，碑文上为"清水寺"。2 号碑为崇祯八年(1635)的《新建慈幽庵》(拓 22.2)，双面字，长 177、宽 64、厚 21 厘米。3 号碑为清乾隆十四年(1749)的《慈幽庵碑记》(拓 22.3)，石碑长 169、宽 64、厚 26.5 厘米。4 号碑为嘉庆七年(1802)的布施功德碑。5 号碑为双面，一面是新建青松观的布施功德碑，另一面为康熙四十三年(1704)的《重修碑记》。6 号碑字迹漫漶。7 号碑为光绪三年(1877)的布施功德碑(拓 22.4)。

附近村庄的村民还常去青松寺祭祀龙神，但仅仅是在寺中取水，三天后将水送回。在村中行雨时，也不抬龙神出庙。

第五节　常嘴子村

一、自然环境与人文历史

常嘴子村位于原东杏河乡(今属草沟堡乡)西北 3.1 公里处，居恒山余脉孤山北麓票山东端，属深山区。村庄选址在九宫口峪和其西侧一条支谷交汇处的北坡上，为沙土质。村庄依地形而建，地势较高，北、西侧靠山，南侧为东西向山谷，东侧为南北向山谷，谷中有沙河河道，G112 国道从村东侧经过。一条沙石坡道连接村庄和国道。1980 年前后有105 人，以常姓为主，耕地 313 亩，曾为常嘴子大队驻地。如今，村庄规模较小，民宅依山坡地势而建，分布集中，但不规则，民宅以土旧石房为主，少数翻修了屋顶，村民较少。现户口有八九十人，常住 30 余人。

相传，明正统年间常姓建村于一崖嘴子处，村名故取常嘴子。村名最早见于《(乾隆)蔚州志补》，作"常家嘴"，《(光绪)蔚州志》作"常家嘴子"，《(民国)察哈尔省通志》作"常家嘴"。

二、寺庙

据当地长者回忆，旧时村内外曾修建有五道庙、鲇鱼寺，此外村东北山谷中还有寺庙，具体情况未知，庙内有石碑。

五道庙　位于村东口榆树下，现已无存。

鲇鱼寺　位于村西，距离本村 2 里多地，整体坐北面南，寺院由正殿、过殿、东西配殿、钟鼓楼组成，过殿内有四大天王，寺内还立有石碑。寺院于 1976 年拆毁，现为耕地。

拓 22.1　草沟堡乡乱寨村北青松寺乾隆年间《买地碑》拓片（李春宇　拓）

拓 22.2　草沟堡乡乱寨村北青松寺崇祯八年
《新建慈幽庵》拓片（李春宇　拓）

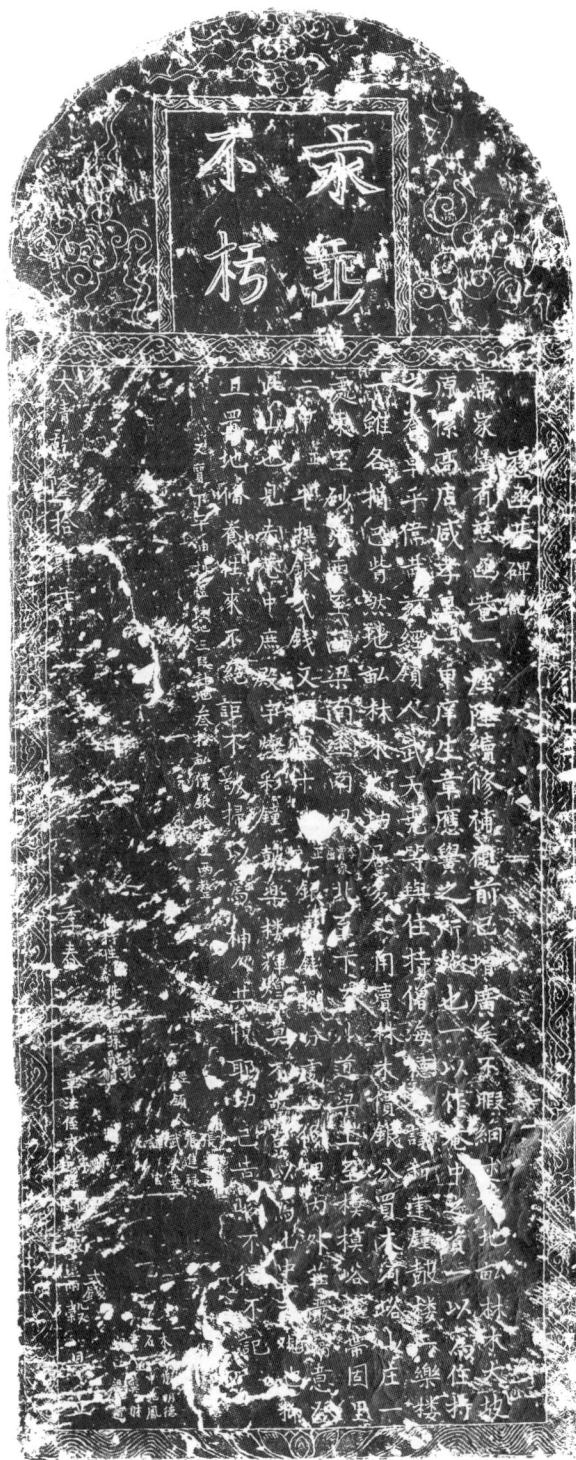

拓 22.3　草沟堡乡乱寨村北青松寺乾隆十四年
《慈幽庵碑记》拓片(李春宇　拓)

拓 22.4　草沟堡乡乱寨村北青松寺光绪
三年布施功德碑拓片（李春宇　拓）

村中尚存数通石碑。村西口水井房有 1 通石碑，保存较好，落款为同治九年(1870)，字迹漫漶。另 1 通石碑位于村东北方九宫口峪西侧的坡地上，东侧紧邻谷地沙河，原为 1 座寺庙，现建筑无存，仅存毛石垒砌的基础，顶部尚立 1 通石碑。石碑表面风化严重，字迹漫漶，落款可见嘉庆二年(1797)。碑中提到了"风雨""榆林郡□涧里住持""□住持隆庆岁次壬午""……万……启造钟磬二口"字样，据此推测其为龙神庙、河神庙之类的寺庙。

第六节　仁　山　村

一、自然环境与人文历史

仁山位于原东杏河乡(今属草沟堡乡)西偏北 3.2 公里处，居恒山余脉孤山北羊蹄岭东北，属深山区。选址在九宫口峪西侧的支谷中，该山谷大致呈西南—东北走向，村庄建于山谷北坡上，地势西北高东南低。村庄依山坡地势而建，西、南面为山谷，尚有流水，村庄周围地势相对平坦，为沙土质，辟为梯田耕地。1980 年前后有 127 人，耕地 374 亩，曾为仁山大队驻地。村庄规模小，村内民宅层层叠叠，分布规矩、集中，以土石、旧房为主，少数翻修屋顶，居民少，房屋多废弃、坍塌，村口修建有水井房。如今，现户口有 70 多户，常住 3 户，仅五六个人，杂姓(图 22.3)。

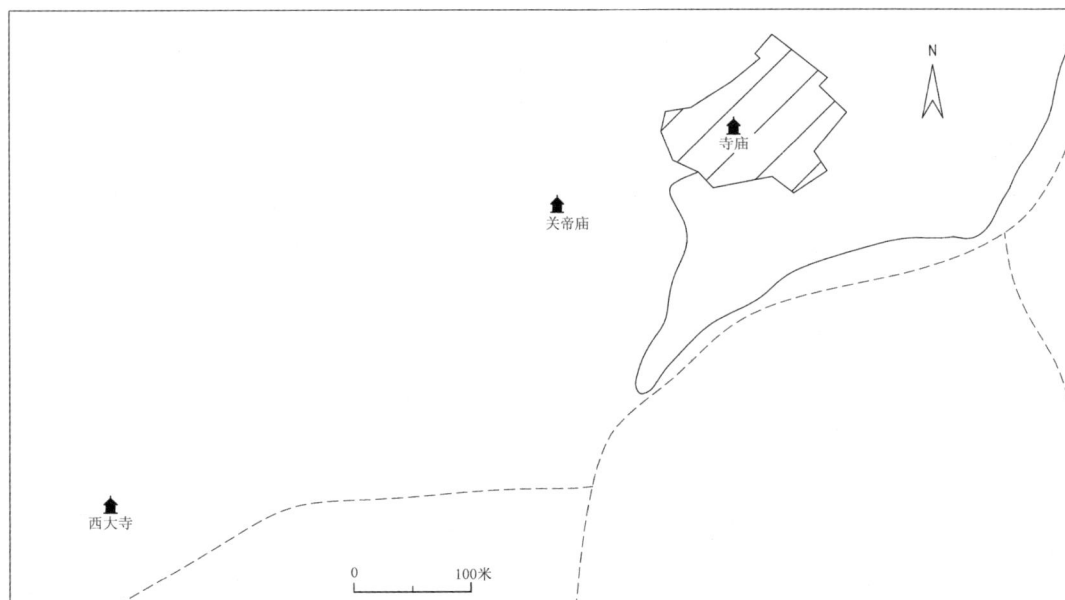

图 22.3　仁山村古建筑分布图

相传，一千多年前建村，因村后有一人头状山崖，故取村名人山，后演变为仁山。村名最早见于《(乾隆)蔚县志》，作"任山"，《(乾隆)蔚州志补》《(光绪)蔚州志》沿用，《(民国)察哈尔省通志》作"任山村"。

二、寺庙

据当地长者回忆，旧时村庄内外曾修建有关帝庙、西大寺。此外村中部大榆树下曾修建有寺庙，名称未知，共六间房，现仅存毛石垒砌的台明。

关帝庙　坐落在村西山坡上，与村庄间隔一条冲沟，寺庙整体坐落在毛石垒砌的方形台明上，围墙、山门无存，仅存正殿(彩版22-2)。正殿坐西面东，保存一般，单檐硬山顶，面阔单间，进深五架梁出前檐廊，前槛墙南墙辟面然大士龛。殿门窗尚存，前檐屋檐坍塌，西部屋顶盖瓦大部分无存，前檐额枋彩绘无存。殿内正面设砖砌供台，大部分坍塌，正壁墙壁坍塌，南北山墙表面大部分脱落。内壁原有壁画，为清末民国时期的作品，破坏严重，残存者表面涂刷白灰浆，漫漶不清。门窗上方的楣板上有清末民国时期的彩绘，表面涂刷白灰浆。前廊内有2通石碑，其中北侧的《布施功德碑》尚立，南侧者横放，为刊刻于嘉庆十三年(1808)的石碑，此外院中还有1通乾隆五年(1740)的《盖闻碑记》石碑尚存。

西大寺　位于一条东西向山谷内的北坡上，依地势而建，如今仅存建筑遗址，现为荒地，残砖断瓦俯拾皆是，多见辽金时期的砖瓦。寺院的布局已无从知晓。据村民回忆，寺院内原有2座经幢，当地村民担心被盗，将其搬运到关帝庙附近挖坑深埋，但2016年仍被盗。寺内石塔下曾发掘出石棺和舍利子。

如今，寺院遗址内还可见经幢的残构件(拓22.5、拓22.6)，如经幢身、覆莲式柱础、屋檐等。此外，寺院遗址内尚存半通弘治三年(1490)的《重修仁山法云寺碑记》(拓22.7)石碑，碑边有一镇水石兽。

西大寺北面山崖上尚存有洞窟，洞窟已废为羊圈，窟口朝东南方，近山顶。洞口右侧崖壁上有摩崖石刻："石匠开经，加靖三十年二月吉日，宋庙，王□……仁山。"

第七节　海　子　村

一、自然环境与人文历史

海子村位于原东杏河乡(今属草沟堡乡)西南2.1公里处，居恒山余脉孤山西脚东梁，属深山区。村庄选址在山顶南坡上，依山坡地形而建，周围地势相对平坦，无大冲沟，

拓22.5　草沟堡乡仁山村西大寺经幢拓片(李春宇　拓)

拓22.6　草沟堡乡仁山村西大寺经幢拓片(李春宇　拓)

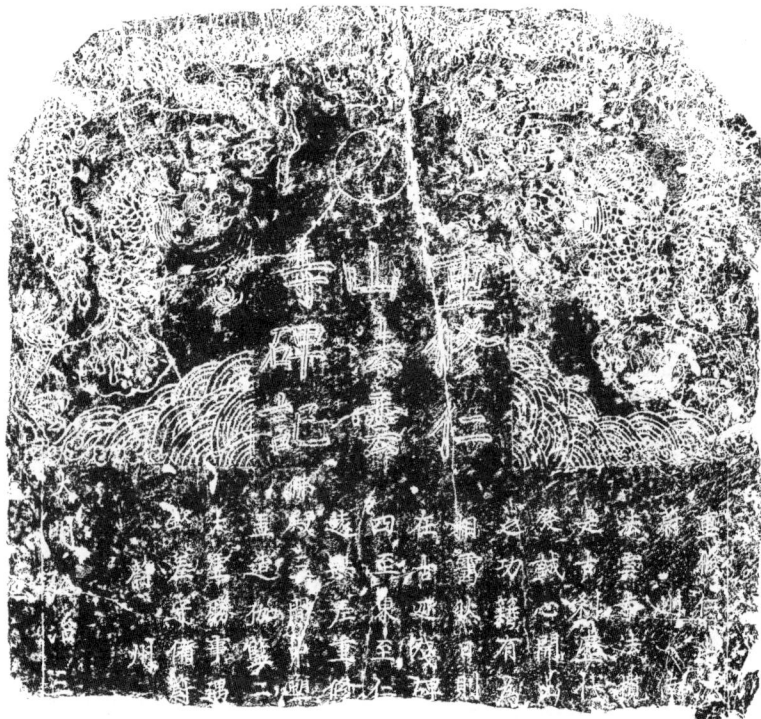

拓 22.7　草沟堡乡仁山村西大寺弘治三年《重修仁山法云寺碑记》拓片　（李春宇　拓）

为沙土质,辟为耕地,曾为抗日革命根据地。1980 年前后有 168 人,耕地 879 亩,曾为海子大队驻地。如今,前往海子村有专线公路,名为 G112 线—海子村公路,水泥硬化路面,起于麻田岭变电站,全程 4.3 公里,修建于 1982 年。村庄规模小,只有 6 排房屋,民宅以土石旧房为主,少部分翻修了屋顶,大部分废弃,居民少,以曹姓为主。大约十几年前陆续外迁,现仅有十余人居住。村西南水泥路东侧的山顶上有 2 座天池,天池呈方形,有山泉水流入,水量大,清澈见底,天池为饮牲口之用。村中有泉眼。

相传,八百年前此地有一个海子(当地人称流水泉为海子),长年往外流水,建村即取村名海子。村名最早见于《(乾隆)蔚县志》,作"海子里",《(乾隆)蔚州志补》《(光绪)蔚州志》《(民国)察哈尔省通志》沿用。

二、寺庙

据当地 80 岁姚姓长者回忆,旧时曾修建三官庙、观音殿、五道庙,龙神、马神、关帝庙,山神庙。寺庙为日军拆毁。

三官庙、观音殿、五道庙　位于村东口,进村东西道路北侧路边。整体坐落在一处台明上,台明高大,外立面包砌毛石,南侧尚存毛石台阶。顶部长有 2 株杆树。寺庙建筑无存。

龙神、马神、关帝庙 位于村东南,十几年前尚存石碑,现已无存。当地无戏楼,旧时行雨不唱戏,且在村东南的龙神庙取水,不用到远处的大水坑去取水。

山神庙 位于村西,现已无存。

第八节 东杏河村

一、自然环境与人文历史

东杏河村位于蔚州古城东南 24 公里处,居恒山余脉孤山东麓,属深山区。村庄选址于九宫口峪与东侧支谷交汇处北侧的山坡上,背山面谷,村宅随坡地层层而建,以毛石与碎石垒墙,北高南低,受地形限制,村庄民宅分布不规矩。周围地势相对平坦,为沙土质,四周辟为耕地。村南为东西向河谷,西侧为南北向河谷,G112 国道从村西穿过。1980 年前后有 169 人,耕地 314 亩,曾为东杏河公社、大队驻地。

相传,八百年前建村于两坡长满山杏的沙河东侧,故取名东杏河。村名最早见于《(乾隆)蔚州志补》,作"东西杏河",《(光绪)蔚州志》作"东杏河",《(民国)察哈尔省通志》沿用。

如今,村庄规模不大,民宅以土旧石房为主,新房和翻修屋顶者较少。居民较少,当地村民以张、王姓为主,现有 40 余人居住。主要公共建筑集中在村口及国道两侧,村口北侧为近代剧场、公社大院及小卖部。剧场修建于 20 世纪 70 年代,已废弃,顶部坍塌,仅存墙体,前面的广场亦荒芜。剧场西侧的公社大院(乡政府)已废弃,成为民宅。村南侧为学校,学校已废弃,大门上有 1995 年的题字。西侧 G112 国道路西为卫生所、公交站。卫生所废弃。村外西北国道边为新建的村委会大院。村北侧山坡上有 2 株大油松,为张家祖坟所在地。

二、寺庙

据当地长者回忆,旧时村庄曾有多座寺庙,皆毁于"文革"时期,寺庙建材多被用来修公社房舍使用。如今在公社房舍的基础上还可见 12 通石碑,有乾隆时期、同治二年(1863)、同治八年(1869)的石碑,石碑大部分字迹漫漶,仅可识别出"青龙山朝阳洞"字样。

龙神庙 位于村南山坡的 1 株大杆树下,现为遗址。

泰山庙 位于村北山崖上,属崖洞式寺庙,每年四月初八有庙会。届时有孩子的家庭需送一只活公鸡祈福。

五道庙 位于村西坡上,现已无存。

山神庙 位于村东山沟内,现已无存。

第九节 鲁庄子村

一、自然环境与人文历史

鲁庄子村位于草沟堡乡北偏东 3.1 公里处,居恒山余脉麻田岭山梁脚下,属深山区。村庄选址于九宫口峪西侧,G112 国道的西侧,紧邻国道,地势西高东低。村庄北、西、南面均靠山坡,为山凹处,只有东面为宽阔的河谷,地势相对平坦,与村周围山坡一起,为黏土质,辟为大面积的耕地。村北为两条山谷的出水口,村南为一条山谷的出水口,村东不远处为南北向沙河河道。曾为抗日革命根据地。1980 年前后有 235 人,村民以鲁姓为主,只有一家马姓,耕地 834 亩,曾为鲁庄子大队驻地。

相传,明万历年间本县夏源鲁氏弟兄四人迁到这里建庄,故取村名鲁庄子。村名最早见于《(乾隆)蔚州志补》,作"鲁家庄子",《(光绪)蔚州志》《(民国)察哈尔省通志》沿用。

如今,村庄规模不大,现有居民 350～360 人。民宅分布受地形影响,分布不规则,村内没有明确的主街。村庄分为新、旧两部分,东部地势较平处为新村,西部坡地上为旧村。旧村以土石房为主,村内主要道路为石板道,部分翻修屋顶,房屋多废弃、坍塌,居民外迁到新村居住。旧村中有老宅院 1。新村位于东南侧,即整座村庄的东南,民宅以新房为主。G112 国道西侧有废弃的坑塘,几近淤平。村东河道边修建有 1 座影壁,面阔单间,为旧影壁翻修。

二、寺庙

据当地长者回忆,旧时村庄内曾修建龙神庙、真武庙、五道庙、戏楼。"文革"时期拆毁庙宇建筑。

龙神庙 位于村东山坡上。地势较高,西侧为河道,庙宇建筑仅存片石垒砌的房屋基础,庙前长有一株高大的杆树。寺庙遗址内尚存 2 通石碑和 1 个经幢。石碑位于西院墙墙内侧墙下,保存较好。经幢位于院中,表面风化严重,字迹漫漶。

真武庙 位于村东北大杨树下,庙宇建筑仅存建筑遗址和一株高大的杨树。

五道庙 位于村东 G112 国道东侧,现已无存。

戏楼 位于村中心,不正对龙神庙,逢年过节便唱戏。现已无存。

第十节 白家庄子村

一、自然环境与人文历史

白家庄子位于草沟堡乡北偏东 1.8 公里处，居恒山余脉麻田岭山脚下，属深山区。村庄选址于九宫口峪西侧，G112 国道的西侧，紧邻国道，地势北高南低。村庄北、西、南面均靠山坡，为山凹处，只有东面为南北向宽阔的河谷，地势相对平坦，为沙土质，与村周围山坡一起，辟为大面积的耕地。曾为抗日革命根据地。1980 年前后有 345 人，耕地 1 076 亩，曾为白家庄子大队驻地。

相传，明天启年间，蔚州城白家巷白姓迁到这里建庄，故名白庄子。1982 年 5 月，更名为白家庄子。村名最早见于《（乾隆）蔚州志补》作"白家庄子"，《（光绪）蔚州志》《（民国）察哈尔省通志》沿用。

如今，村庄规模不大，旧村在整个村庄北部山坡上。其余为新村，民宅以新房为主。民宅分布受地形影响，分布不规则，大致有两条东西向主街，其中南侧主街绕村边缘而建，北侧主街穿村而过。村中主街道边安装有路灯，村南口修建有街心公园。村西口西侧有 1 座废弃的坑塘，村西口南侧为新建有公共厕所。现常住人口有 260～270 人，村民以白、朱、王姓为主（图 22.4）。

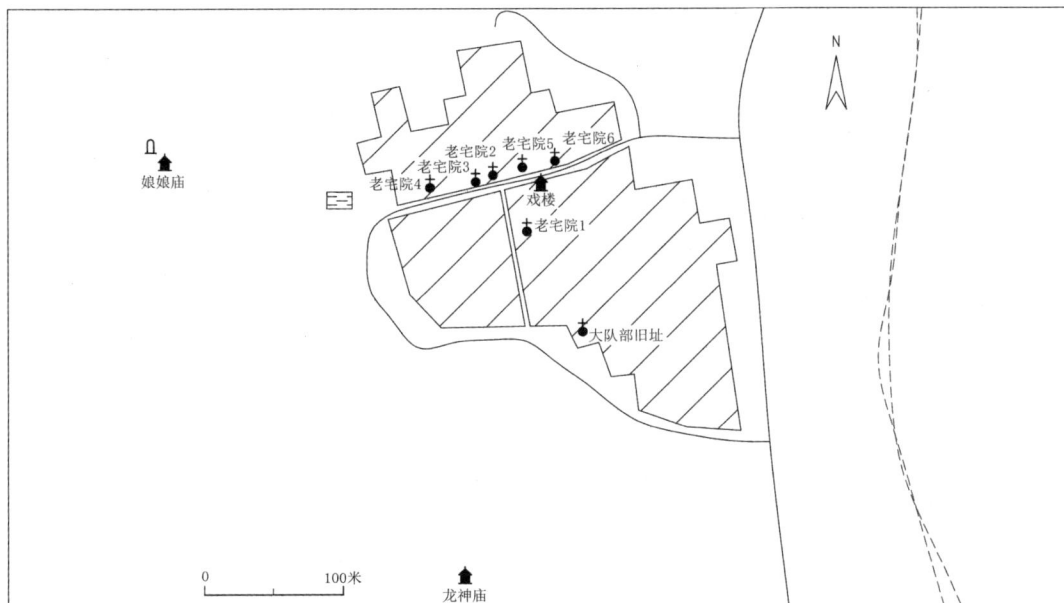

图 22.4 白家庄子村古建筑分布图

村中的主街道均已整修,石板路,路面宽平整洁,为美丽乡村工程成果。村中南部有大队部旧址,现为民宅。其西北方有老宅院1,一进院,大门已倾斜,墀头砖雕尚存,院内为石板地面,东西厢房已经坍塌,正房面阔五间,硬山顶。这条南北街道北尽头与北侧的东西主街交汇处,正对巷子口为老宅院2,形制规模与老宅院1类似。该东西主街路北侧有老宅院3和4,戏楼对面为老宅院5(62号院),戏楼东北方主路北侧有老宅院6。

二、寺庙

据当地81岁白姓长者回忆,旧时村庄内外曾修建有戏楼、娘娘庙、龙神庙、关帝庙、五道庙。寺庙建筑在"文革"时期拆毁。

戏楼　位于村内北部东西主街路南,坐南面北,20世纪60年代重修。戏楼台明较低,为毛石板修建,几乎与路面持平。主体结构为单檐硬山顶,进深五架梁,前檐额枋彩绘无存,尚有部分木雕装饰。戏楼内东西墙壁上有村务公开栏黑板,壁画无存,隔扇仅存框架,戏楼已经废弃,内堆放柴草。戏楼东侧的台明上有2通石碑,均为残碑,字迹漫漶;另有一石牌坊上的石构件。

娘娘庙　选址修建在村西北方村外的坡地上,地势较高,整体坐北面南,现为1座庙院,新建建筑,院内植树,地面、围墙、山门尚未完工。正殿面阔三间,硬山顶,五架梁,两侧各建有1座单檐硬山顶,面阔单间的耳房。正殿主体结构完工,门窗及内部装饰未完。

山门外有1通《布施功德碑》,已残,碑中以人名、地名为主。可见庙院北侧,堆放有多通石碑,推测为重修寺庙时出土。其中有3通完整石碑,2通残碑。1.嘉庆九年(1804)的《布施功德碑》,残碑。2.《布施功德碑》,完整。3.《布施功德碑》,残碑。4.1928年的石碑,完整。内容为赎地与买地,记录了寺庙占田用地等内容。5.《重修戏室马棚赎看火地碑》,残碑。

龙神庙　位于村南山坡半腰,新建建筑,单檐硬山顶,面阔单间,殿内供有白龙王泥塑。旧时传说本村的龙神为老大,本村行雨时村民仅抬龙神去鲁庄子村,而其他村庄求雨时都要到白庄子转,本村仅迎送即可。

关帝庙　位于村东北柳树下,现已无存。

五道庙　位于村中,现已无存。

第十一节　东高庄子村

一、自然环境与人文历史

东高庄子位于草沟堡乡西北偏北3公里处,居恒山余脉王庄子梁山脚下,属深山区。

村庄选址修建在山坡上,219 乡道穿村而过,地势北高南低,整体平坦,民宅依山坡而建,为沙土质。村南为大山崖,有 2 条冲沟交汇,村东临沙河,曾为抗日革命根据地。1980 年前后有 313 人,耕地 1 232 亩,曾为东高庄子大队驻地。

相传,约五百年前由高姓建村,故取村名高庄子,1982 年 5 月,更名为东高庄子。村名最早见于《(乾隆)蔚县志》,作"东高家庄子",《(乾隆)蔚州志补》作"高家庄子"。

如今,村庄为南北主街结构,南低北高,东低西高,旧村集中于村北与村西,民宅以土旧房为主,多为土石修建,较破败,翻修屋顶者较少,宅院多已废弃、坍塌。现仅有百十人居住,以王、李姓为主。村庄附近耕地大面积种植白菜,村民以种植大白菜为生。

据当地 76 岁李姓老人回忆,抗战时期,日军占领草沟堡后,由于本村距离草沟堡较近,因此常有日伪军到村中来。

二、寺庙

龙神庙 位于村西北山坡上,周围为白菜地。新建建筑,正殿坐北面南,单檐硬山顶,面阔单间,进深五架梁出前檐廊,土石砖混建筑,未设门窗,结构简单,殿内设有供台,无彩绘、壁画,西墙下设有面然大士龛。

五道庙 位于村内南北主街的尽头大杨树下。正殿坐北面南,基础较高,约 1 米,外立面包块石,正殿面阔单间,硬山顶,进深五架梁,门窗、壁画和彩绘无存。庙两侧贴有对联:"太公封就五道神,汤王驾前中樑将。"

朝阳寺 位于村外南侧,距村庄约 4 里地。据当地 76 岁李姓长者回忆,寺院为日军所拆毁,现存遗址。旧时朝阳庙共两进院,前院有钟鼓楼,正面为过殿,后院正殿三间,两侧各 1 座耳房,前面有东西配殿,寺中残存的铁钟破坏于大炼钢铁时期。寺院原有石碑,现位于五道庙南侧一片空地的东南角路边,为"文革"时期从庙中挪至此地。碑为同治六年(1867)的《重修云□山朝阳寺碑记》,字迹漫漶。

第十二节　下　庄　子　村

一、自然环境与人文历史

下庄子村位于草沟堡乡北偏西 4.5 公里处,居恒山余脉王庄子梁上,属深山区。村庄选址修建在山南坡上,地势北高南低。依山坡地形而建,相对平坦,为沙土质,辟为梯田。村东、西两侧有冲沟,在村南不远处交汇,向下通往东高庄子村。曾为抗日革命根据地。

1980年前后有129人,耕地531亩,曾为下庄子大队驻地。

相传,明成化二十年(1484)建村,名东草沟。因该村当时人少贫穷,纳不起劳役官税,官府视情免去税役,并贬村名为下庄子。村名仅见于《(乾隆)蔚县志》,作"下庄子"。

如今,村庄分为新、旧两部分,北为旧村,南为新村,彼此之间不相连。村北有灰褐色的天然巨石带,怪石嶙峋,蔚为壮观。旧村规模小,只有十几户居民,民宅以土石房为主,全部废弃坍塌,无人居住。新村的地势低于旧村,南北主街结构,共4排房屋,民宅以旧房为主,少数翻修了屋顶。村民多搬迁到县城居住,村中居民少,只有10余人居住,杂姓。大部分民宅废弃,东南角尚存废弃的学校。村民以放牛为业。

二、寺庙

戏楼　位于旧村中。坐西面东,面西正对1座大山,整体坐落在高0~1米的毛石垒砌的台明上,单檐硬山顶,面阔三间,进深五架梁,三面墙体为片石垒砌,无壁画和彩绘遗存,屋顶多坍塌,墙体也有部分坍塌,戏楼内隔扇无存,已废弃为牛圈。戏楼前有一条进村石板道。

龙神庙　位于旧村西北角的台地上。台明较高,毛石垒砌,局部有坍塌。正殿坐北面南,面阔单间,硬山顶,进深四架梁出前檐廊,门窗仅存框架,殿内供台坍塌,无壁画、彩绘遗存。

第十三节　西邢岭村

一、自然环境与人文历史

西邢岭村位于草沟堡乡西北4.8公里处,居恒山余脉王庄子梁上,属深山区。村庄选址修建在山顶的一小片洼地内,避风且相对平坦,东、西、北靠山坡,为沙土质,地势北高南低,南面视野相对开阔,选址极佳。曾为抗日革命根据地。1980年前后有151人,耕地626亩,曾为西邢岭大队驻地。

相传,明成化年间邢姓在麻田岭以西建村,故取村名西邢岭。村名最早见于《(乾隆)蔚县志》,作"西邢岭",《(乾隆)蔚州志补》作"西邢岭儿",《(光绪)蔚州志》作"西邢岭",《(民国)察哈尔省通志》沿用。

如今,村庄规模小,且分布散乱,集中分布的只有两排房屋,其余多散乱在山坡上,民宅以土石房为主,多废弃坍塌。居民较少,村民以仁、郝姓为主,现仅8~10户居民,20人居住。村庄附近为大面积的耕地,荒地亦多,遍长芨芨草。村南有 1 座水坑,村民以种植白菜和放羊为生。

二、寺庙

据当地长者回忆,旧时村内外曾修建有龙神庙/观音殿、五道庙、三官庙。

龙神庙/观音殿　位于村南平梁的南尽头,距离村庄较远,庙南侧为山谷起点,视野极佳。旧时庙内悬挂有铁钟。正殿新近修缮,土石建筑,单檐硬山顶,面阔单间,进深四架梁,采用隔墙分为南北两殿,面南为龙神庙,占 2 椽,面北为观音殿,占 1 椽。殿宇无门窗、彩绘、壁画装饰。庙北侧有片石垒砌的影壁,庙南侧长有三株大柳树。

五道庙　位于村中部的一片空地北侧,正殿单檐硬山顶,面阔单间,进深三架梁,门窗无存,北侧屋顶、北墙及部分东墙坍塌,庙内废弃,无壁画和彩绘遗存,殿宇已倾斜,岌岌可危。

三官庙　位于村西山梁上,现已无存。

第十四节　麻地沟村

一、自然环境与人文历史

麻地沟村位于原东杏河乡(今属草沟堡乡)驻地西偏南 7.4 公里处,居恒山余脉孤山西沟,山沟呈东北—西南走向,四面环山,属深山区。村庄选址修建在山谷北坡坡地上,地势略平,为沙土质。村南侧为沙河河道,尚有清澈的小溪。曾为抗日革命根据地。1980 年前后有 302 人,以王姓为主,耕地 581 亩,曾为麻地沟大队驻地。

相传,七百年前有人在此沟里种麻,并盖房定居,故取名麻地沟。村名最早见于《(光绪)蔚州志》,作"麻地沟",《(民国)察哈尔省通志》沿用。

如今,村庄交通闭塞,进村的水泥路近年通车。民宅分布散乱,总体上为一条东西主街和两条南北主街布局,民宅全部为土石房屋,未翻修,多废弃坍塌,村小,居民少,夏季有8～10 人,冬季 4～5 个人居住。村口处有 1 座坑塘,水坑东侧进村主路北侧有老宅院 1,保存较差,广亮门,卷棚顶,略有倾斜和坍塌。村内中东部有大柳树和新建的水房。

二、寺庙

据当地长者回忆,旧时村庄曾修建有戏楼、龙神庙、庙院、五道庙。

戏楼　位于村西台地上,坐南面北,整体坐落在高 1 米的石砌台明上。单檐卷棚顶,面阔三间，戏楼保存较差，东、南墙有部分坍塌，彩绘、壁画无存，屋顶长满杂草，前面空地杂草丛生。戏楼已废弃，里面堆放杂物。

龙神庙　位于村东，现已无存。

庙院　位于村西，3 座庙共享 1 座庙院，对面建有戏楼，现已无存。

五道庙　位于村西戏楼边，现已无存。

第十五节　樊庄子村

一、自然环境与人文历史

樊庄子村位于草沟堡乡驻地西偏南 2.3 公里处，居恒山余脉王庄子梁山脚下，属深山区。村庄位于 G112 国道的北侧，九宫口峪北侧坡地上，地势北高南低。为黏土质，周围山谷内辟为耕地。曾为抗日革命根据地。1980 年前后有 159 人，耕地 446 亩，曾为樊庄子大队驻地。

相传，约汉朝建村时，因樊姓多，故取村名樊庄子。村名最早见于《(乾隆)蔚县志》，作"樊家庄子"，《(乾隆)蔚州志补》《(光绪)蔚州志》《(民国)察哈尔省通志》沿用。

如今，受地形影响，村庄狭长，分为东、西两部分，村内为南北主街结构，自然石路面，主街尽头为一条南北向冲沟的出口。这条冲沟主体位于村北侧，村民依冲沟修建了南北主街，村庄分为新、旧两部分。旧村在偏北的位置，靠近冲沟出口，地势较高，房屋以土石房屋为主，多废弃坍塌，居民较少。新村在国道边，民宅多为土石房屋翻修屋顶，规模较小，居民少。现村内还有百十人居住，以张姓为主，据说在张姓来之前全部姓樊，后当地爆发瘟疫，樊姓居民或病逝或外迁，待瘟疫结束后，张姓居民来此地居住，且比陶姓到陶家小庄还早。初为兄弟 3 个人，如今的张姓居民为其第八、九代后人。

二、寺庙

据当地长者回忆，旧时村内曾修建有龙神庙/观音殿、五道庙、观音殿洞窟、庙台。

龙神庙/观音殿　位于村西北方的高地上，庙台较为高大，利用天然土丘，四立面人工切直并垒砌块石，台明北侧有部分坍塌形成斜坡，台阶、围墙和山门无存。台明壁面上长有一株榆树。正殿坐北面南，面阔单间，硬山顶，进深六架梁出前后檐廊。采用隔墙将其内隔为南北两殿，其中面南为龙神庙，占四椽；面北为观音殿，占一椽。前廊下挂一铁钟，西廊下有面然大士龛，前檐额枋尚存有彩绘，表面多涂刷白灰浆。殿宇于 2010 年修缮，山墙采用红砖重砌,脊顶换成红瓦,仅隔墙为原构。

龙神庙,殿内正壁尚存壁画,画中有题记"宣统庚戌桂月修"。正壁绘《龙母龙王坐堂议事图》,正中为龙母,龙母脚下盘一条龙,龙母身后为持扇侍女,两侧分列五龙王与雨师,背景为六幅条形屏风,屏风上题有应景诗词。屏风顶部绘有降雨诸神,东侧依次为判官、持鸟商羊、青苗神夫妇、雷公、电母、虹童、年值功曹、日值功曹,西侧依次为风伯、风婆、持葫芦商羊、四目神、钉耙神、虹童、月值功曹、时值功曹。

此画虽绘于宣统二年(1910),但沥粉贴金部分近年曾局部重描。两侧山墙全部为红砖重砌,未施壁画。殿内脊檩上绘有《八卦图》。

龙神庙前立有1通宣统三年(1911)的《重修龙神庙碑记》石碑,保存较好,碑阴为布施功德榜,殿前还有1通碑,但文字已漫漶。

观音殿,殿内正壁壁画为新绘,两侧壁为新墙,无绘画。正壁绘有《观音坐堂说法图》,正中为观音,两侧后分别为龙女与善财童子,两侧分别为武财神、周仓与文财神、武将,外侧分别为伽蓝、韦驮护法神将。

五道庙 位于G112国道南侧的水井房东侧,新建建筑,正殿为面阔单间,硬山顶,无门窗,殿内空无一物。

观音殿洞窟 位于村北远处大山的峭壁上天然洞穴内,现仅存洞穴。

庙台 位于南北主街中部,一株大榆树下,榆树北面修建有影壁,榆树和影壁所在位置为1座高约1.1米的块石垒砌的台明,推测是庙台。

第十六节　陶家小庄村

一、自然环境与人文历史

陶家小庄村位于草沟堡乡驻地西偏南3.4公里处,居恒山余脉王庄子梁山脚下,属深山区。村庄选址修建在缓坡上,沿着山谷修建,南靠G112国道,地势北高南低。村北面为大山,南面为谷地,谷地内为大面积的平地,为黏土质,辟为耕地。曾为抗日革命根据地。村庄东西狭长,西侧不远处为一条冲沟,中东部还有冲沟进入村庄,夏季常有山洪,宅院太低易被山洪侵蚀,因此两侧修建堤坝。1980年前后有432人,耕地982亩,曾为陶家小庄大队驻地。

相传,明朝初年陶姓在这里建一小庄,故取村名陶家小庄。但该村在蔚县诸版方志中均失载。

如今，村庄规模较大，平面为两条南北主街结构，村庄分为新、旧两部分。旧村在整个村庄的北部，规模小，地势较高，宅院建于台地上，各宅院以毛石垒墙，院门前垒就一条石板台阶道，民宅以土石房为主，多翻修屋顶。新村靠近谷地，约有4~5排房屋，新建房屋较多。现村内有居民300余人，以陶姓为主（图22.5）。

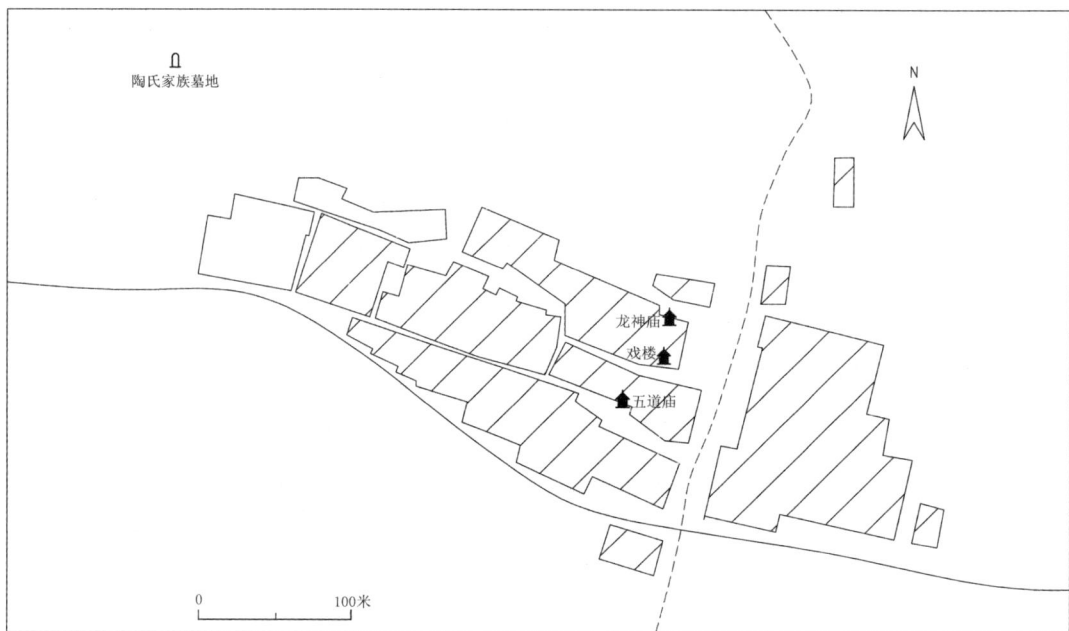

图22.5 陶家小庄村古建筑分布图

旧村内长有一株老榆树，树龄约300多年。陶姓祖坟位于村西北山坡上，正对南面的山峰，是为案山，墓地选址极佳，前有照后有靠，风水较好。

二、寺庙

龙神庙 位于村中东部，庙院已荒废，长满杂草，正殿新近修缮，尚未完工，整体坐北面南，面阔三间，台明高大，分为两层，外立面包砌条石，南部中间为台阶登顶。

戏楼 位于龙神庙对面。坐南面北，整体坐落在高约1米的台明上，台明外立面包砌块石。戏楼面阔三间，单檐六檩卷棚顶，戏楼梁架为旧构，墙体采用红砖重砌。前檐额枋上残存清末民国时期的彩绘，表面刷涂白灰浆。戏楼内已经废弃，堆满柴草，隔扇尚存框架和几块走马板，表面刷涂白灰浆。

五道庙 位于戏楼南侧的主街旁，正殿新建，整体坐落在高约1米的台明之上，台明为块石修建，坐北面南，单檐硬山顶，面阔单间，进深三架梁，未设门窗。

第十七节　乜门子村

一、自然环境与人文历史

乜门子村位于草沟堡乡西偏南 5 公里处,居恒山余脉王庄子梁山脚下,属深山区。选址于九宫口峪山谷中的北侧山坡下,G112 国道的北侧,地势北高南低。北侧靠山坡,冲沟纵横,南侧则相对平坦开阔,为黏土质,辟为大面积的耕地。曾为抗日革命根据地。1980 年前后有 182 人,有高、魏、王、傅四大姓,耕地 583 亩,曾为乜门子大队驻地。

相传,明隆庆年间乜姓人建村于四十里峪沟门口处,故取村名乜门子。但该村在蔚县各版方志中均失载。

如今,村庄规模较小,南面为新村,新村地势平坦,且靠近公路。旧村在新村西北村后的山坡上,已无人居住,民宅多废弃坍塌。新村内民宅分布散乱,没有明显的主街,民宅以新房为主,常住人口 80~90 人。村中没有饮用水,当地政府从甄家湾东南引泉水到本村。村西侧村边有一个坑塘,边上长有 2 株杆树(图 22.6)。

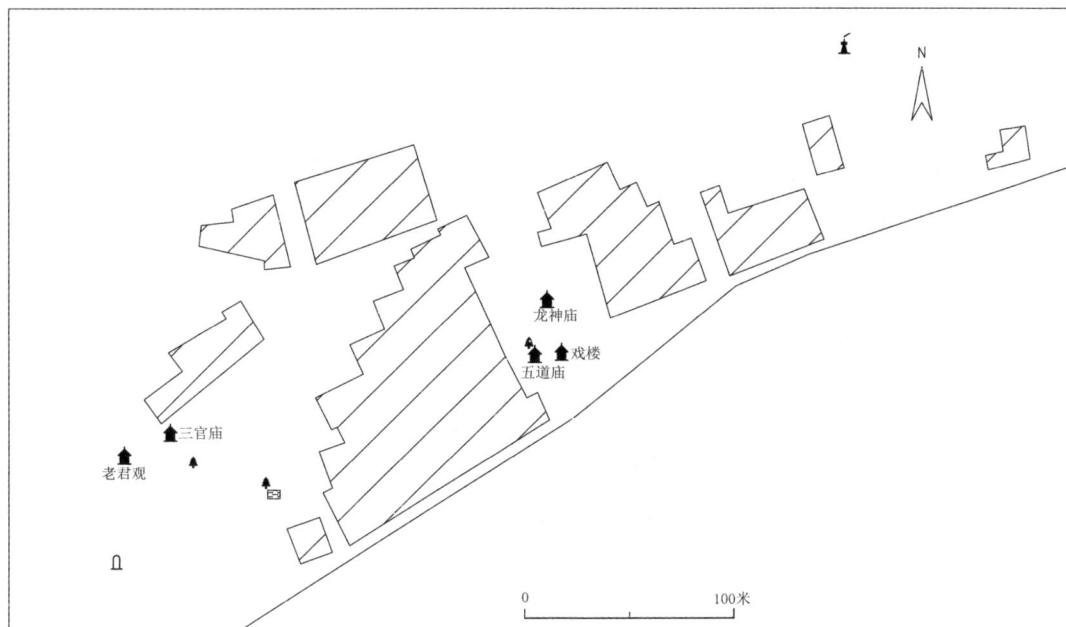

图 22.6　乜门子村古建筑分布图

二、寺庙

据当地长者回忆,村中尚存三官庙、老君观、五道庙、龙神庙、戏楼、观音洞。庙宇在"文革"期间遭受破坏。

三官庙 位于新村西北方,即旧村西南方,选址在一处地势较高的坡地上,原为1座庙院(彩版22-3)。整体坐落在台明之上,台明外立面用块石垒砌,顶部平整,面积大,目前南立面保存较好,中间有缺口,修为台阶,院墙和山门无存,仅存正殿。殿前长有一株粗壮的油松。

正殿坐北面南,单檐硬山顶,面阔三间,进深五架梁出前檐廊,屋顶局部有坍塌,正脊无存,屋檐部分几乎完全坍塌,门窗尚存,殿内正面尚存有供台,破坏严重,但表面装饰尚存。四壁现为黄泥覆盖,壁画无存。庙宇已废弃,堆放杂物。

殿前有立1通乾隆四十一年(1776)的《重修三官庙三清观碑记》石碑,碑文为"宣化府儒学生员"撰,保存较好。碑阴为布施功德榜。从碑阴善款所涉及的村庄来看,乾隆年间乜门子的三官庙、三清观在这一片影响非常大,是1座名观。此外殿前还有一碑座,但石碑无存。

庙西山坡上有1通咸丰九年(1859)残碑,仅存下半块,碑文中可见有"无钟楼难以定昏辰""八年捐款至九年修成"等字样。从碑文判断,这可能是1座修建钟楼的记事碑。

老君观 位于三官庙西侧冲沟的西面,如今仅存正殿后墙,破坏严重,为荒地。

五道庙 位于村中部高大的杆树下,坐落在高约0.5米的块石垒砌的基础上,正殿坐北面南,面阔单间,硬山顶,进深三架梁,前檐额枋上残存有民国时期的彩绘,未设有门窗,殿内修有神台,墙壁涂刷白灰浆,破坏严重。殿两侧山墙南侧贴有一联:"三神五道土地府,保佑全村得平安。"

龙神庙 位于戏楼对面,正殿单檐硬山顶,面阔三间,进深七架梁出前檐廊,殿内方砖铺墁,殿内梁架上还有清代后期的彩绘,由于曾经作为学校和村委会使用,墙壁表面张贴有1984年的报纸,并刷涂白灰浆,辟有黑板,壁画无存。如今村民在正面贴上神位,供奉有:五龙圣母、天仙圣母、今日下界一切天神,并摆上供桌祭祀。

戏楼 位于五道庙东侧,近代建筑,整体坐落在高0.5米的台明之上,台明外立面为块石和水泥修建,戏楼为单檐硬山顶,面阔三间,进深七架梁,戏楼内已废弃,堆放柴草,壁画、彩绘无存。戏楼对面为一小片空地,已荒废,部分改造为耕地。

观音洞 位于村东北山上,是开凿在山崖上的洞窟,距离村庄较远。

第十八节 甄家湾村

一、自然环境与人文历史

甄家湾位于草沟堡乡西偏南 6.9 公里处,居恒山余脉尖山脚下,属深山区。村庄修建在九宫口峪西侧,G112 国道西侧,紧邻山谷西坡,地势西高东低,其北、西、南三面临山,为一处山凹处,附近为黏土质,周围辟为耕地。曾为抗日革命根据地。1980 年前后有176 人,耕地 628 亩,曾为甄家湾大队驻地。

相传,约八百年前甄姓建村于尖山脚下山湾处,故取村名甄家湾。村名最早见于《(乾隆)蔚州志补》,作"甄家湾子",《(光绪)蔚州志》沿用,《(民国)察哈尔省通志》作"甄家湾"。

如今,村庄规模不大,由 2 条东西主街和 1 条南北主街组成。民宅多为土石修建的房屋,三分之二的民宅翻修屋顶,现有居民 150～160 人,杂姓,原甄姓居民已外迁。当地80 多岁的老人尚未见过甄姓居民(图 22.7)。

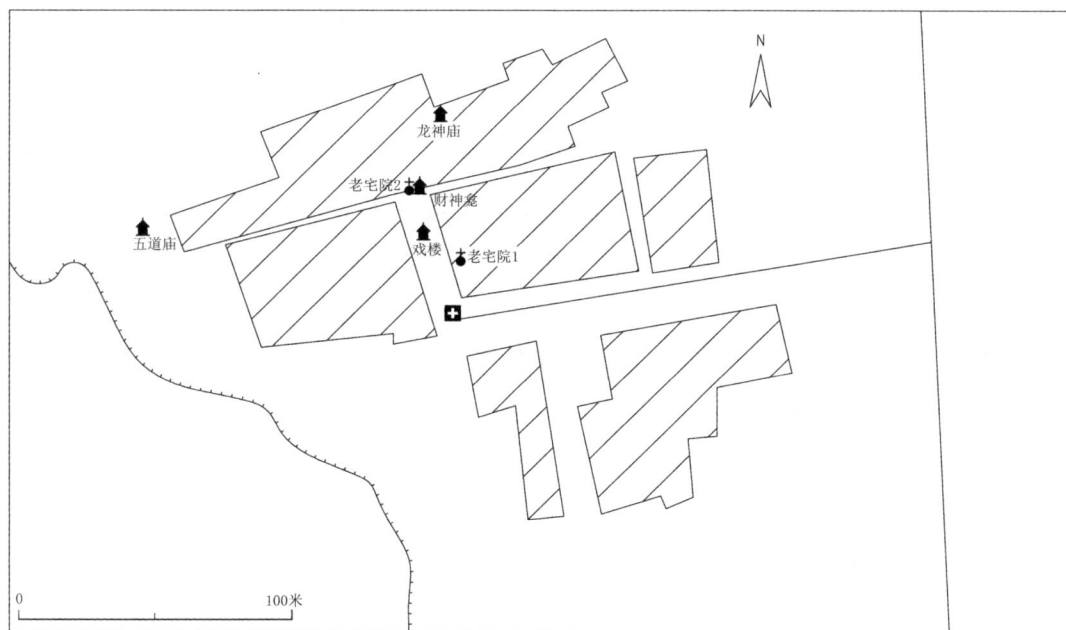

图 22.7 甄家湾村古建筑分布图

二、寺庙

据当地82岁的赵姓老人回忆,旧时村中修建有戏楼、龙神庙、大寺院、五道庙、财神龛。

戏楼 位于南北主街东侧,卫生室北侧。戏楼为佛寺坍塌后,利用殿的梁架所建。戏楼坐南面北,保存较好,基础高约1.1米,台明外立面包砌毛石,顶部四周铺石板。戏楼为单檐卷棚顶,面阔三间,进深六架梁,屋檐多有坍塌,屋顶长满杂草,戏楼内已荒废,堆放柴草等杂物,隔扇尚存框架及部分走马板,上面有"文革"时期的标语。墙壁表面涂抹黄泥,壁画、彩绘无存。

戏楼对面为荒芜的空地,空地北侧为民宅,旧为龙神庙,如今民宅的院墙上辟有财神龛。

戏楼台明顶部四周铺有石碑,为村西大寺院中旧物。共4通完整石碑,2通残碑。石碑多破坏,字迹漫漶。东侧第1通碑刊刻于光绪十五年(1889),第二通为光绪二十五年(1899)的《重修大佛寺碑记》,第3通为雍正十三年(1735)的《宣化府蔚州南山甄家湾□□寺重修……》。此外还有民国时期修龙神庙的碑,字迹多漫漶。

龙神庙 位于南北主街东侧,戏楼东北方村中,不正对戏楼,龙神庙选址地势较高,原为1座庙院,如今院墙无存,仅存山门,随墙门,硬山顶,采用红砖修缮,门前设石台阶。山门上贴有一副对联"日出东海灵霄殿,月落西山水晶宫"。正殿坐北面南,单檐硬山顶,面阔三间,进深四架梁出前檐廊,前檐额枋尚残存有清末民国时期的彩绘,保存较差,墙体为土石混筑,门窗无存,仅存框架,殿内墙壁上尚存清末民国时期的壁画,表面为黄泥覆盖,顶部脊檩尚存彩绘《八卦图》,正面设有供台,墙壁上有贴纸牌位。正中为龙王爷,东侧为出马龙王,西侧为回马龙王。殿内贴有一副对联"龙王出马下细雨,风调雨顺好收成"。

大寺院 位于村西,年久失修,自然坍塌。

五道庙 位于村西北角的山坡上。正殿坐北面南,基础较高,块石干垒,建筑为单檐硬山顶,面阔单间,进深三架梁,门窗无存,殿内无壁画和彩绘遗存。殿内供有贴纸神位,有瘟神、土地神等。殿内有两副对联,一副为"镇东西南北道路,保前后左右邻居",一副为"拴狼山神将,镇虎五道神"。

财神龛 位于戏楼北侧的民宅院墙上,正对戏楼,龛呈方形,龛内张贴有神位,村民仍在供奉。

第十九节 曹庄子村

一、自然环境与人文历史

曹庄子村位于草沟堡乡西南7.6公里处,居恒山余脉尖山脚下,属深山区。村庄选址修建在 G112 国道西侧的山谷交汇处,村北、西南侧紧邻山脉,地势西高东低。由于是山谷的交汇处,村庄周围地势平坦开阔,为黏土质,辟为大面积的耕地。曾为抗日革命根据地。1980 年前后有 430 人,耕地 1 614 亩,曾为曹庄子大队驻地。

相传,明成化年间曹姓在此居住建庄,故取名曹庄子。村名最早见于《(乾隆)蔚县志》,作"曹家庄子",《(乾隆)蔚州志补》沿用,《(光绪)蔚州志》作"曹家庄",《(民国)察哈尔省通志》沿用。

如今,村庄规模大,分为曹庄和南庄两部分,由东西 2 条主街和南北 3 条主街组成,村中南部村口处有 1 座水泥修建的六边形坑塘,水坑北侧为新建的影壁、水房。主街东口外有 1 座影壁,青砖砌筑,面阔三间,硬山顶,基础多为残断石碑、石牌坊构件和块石修建。据当地长者回忆,影壁西南角下曾被洪水冲毁,修缮时找来石碑垫于其下。影壁的南墙上有神龛。影壁的南侧不远处还有新建的影壁。村内民宅多为翻修屋顶的土石房屋,新建房屋亦有分布,现有村民 400 余人,以吕、曹姓为主(图 22.8)。

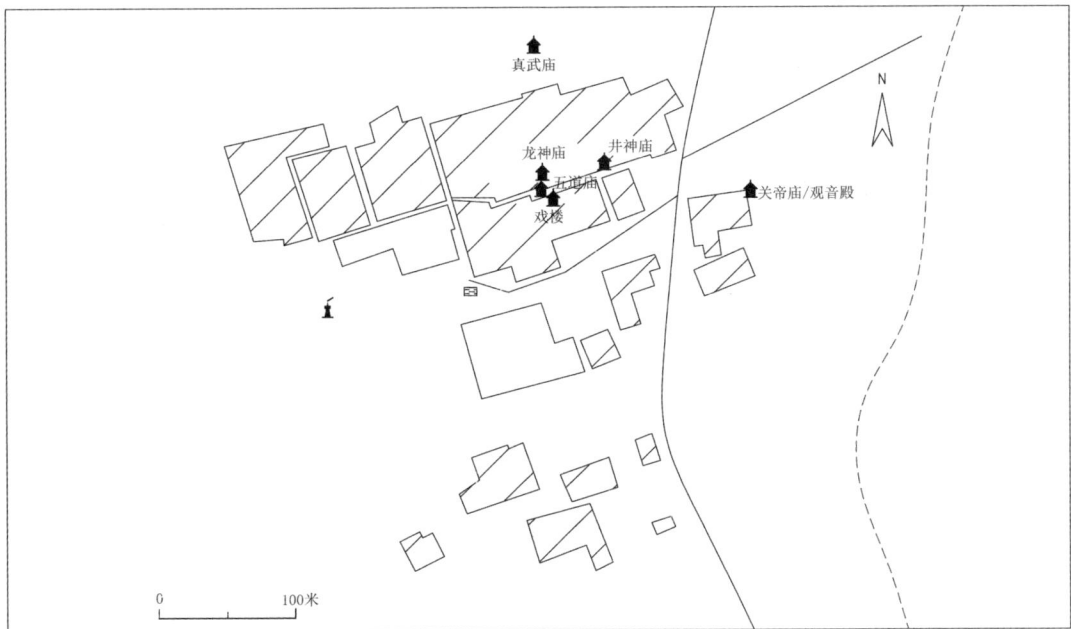

图 22.8　曹庄子村古建筑分布图

二、寺庙

戏楼　位于村中东部,东西街正中南侧,建于清乾隆年间,坐南面北,保存较好,隔街正对龙神庙(已毁)与北坡上的真武庙(已毁),且正好对北侧山峰。台明长 8 米,宽 9.5米,高 0.95 米,条石垒砌,气派十足,戏楼面阔三间,单檐六檩卷棚顶,前檐柱 4 根,柱下石鼓柱础。前檐额枋残存有彩绘，戏楼内地面条砖铺墁，山墙为土坯垒砌，外部表砖，后墙土坯墙。东、西山墙表面尚存有壁画，表面为白灰浆覆盖，壁画为清后期作品，东墙尚存题壁，有"一九五七年八月廿八日"的纪年，还有"蔚县新生剧团"等字样。后墙上也有多处题壁，较乱，保存差。戏楼内前后台置隔扇，走马板彩绘尚存，绘有戏剧人物。表面多脱落或涂刷白灰浆。据村民回忆，戏楼隔扇上曾悬挂 3 块匾额，如今仅存 2 块，明间隔扇上的匾额正题刻四字"龙飞凤舞"，右侧落款为"大清咸丰丁丑年菊月穀旦"（彩版 22-4）。西次间隔扇上小块木匾表面因贴有报纸，内容不详，报纸为 1966 年 6 月 6 日第 200 期的《河北农民报》。隔扇的后侧木头表面写有"山西广灵县秧歌团"字样。戏楼废弃，台内堆放棺材。

关帝庙/观音殿 位于村东国道西侧养殖场东北角外，新建建筑，关帝庙正殿坐北面南，面阔单间，硬山顶，无门窗、壁画、彩绘。观音殿位于关帝庙后墙，坐南面北，面阔单间，单坡顶。

三官庙 位于村南，原有石碑，全部被破坏。

龙神庙 位于戏楼对面，庙宇建筑无存，现为新建的敬老院。此外，村西山顶还有 1 座。

真武庙 位于村北山坡上，正对戏楼，庙宇建筑已无存。

五道庙 位于戏楼西侧，坐西面东，基础约 0.6 米，台明块石包砌，前面设有两步条石台阶。正殿面阔单间，硬山顶，进深五架梁出前檐廊，前檐额枋上还有残存的彩绘，前廊南墙下有面然大士龛，未设有门窗。寺庙的南、北山墙均有部分维修的痕迹，殿内墙壁曾经坍塌，故壁画大部分无存，只有西墙正壁上有小部分壁画尚存。为清代中后期的作品。

井神庙 位于主街北侧，正殿坐北面南，面阔三间，硬山顶，进深四架梁出前檐廊，前檐额枋上彩绘无存，殿内壁画无存，正面尚存贴纸牌位，殿前尚存数块石牌坊构件。

第二十节　抢　风　崖

一、自然环境与人文历史

抢风崖村位于草沟堡乡西南偏南 7.8 公里处，居恒山余脉华庭尖山脚下，属深山区。村庄选址修建在九宫口峪山谷中，G112 国道穿村而过，地势西高东低。为黏土质，周围辟为耕地。曾为抗日革命根据地。1980 年前后有 173 人，耕地 645 亩，曾为抢风崖大队驻地。

相传，明朝末年建村，因村北山崖能阻挡西北风，故取村名戗风崖，后传为抢风崖。村名最早见于《（乾隆）蔚县志》，作"抢风崖"，《（乾隆）蔚州志补》《（光绪）蔚州志》《（民国）察哈尔省通志》沿用。

如今,村庄规模不大,布局较乱,大体为东西不规则主街,民宅以土石房为主,多翻修屋顶,现在村内有 60～70 人,以王姓为主。村庄附近地势平坦。村中主路西侧有 1 座坑塘,坑西、北各建 1 座井房。其中,西侧井房后主街南侧尚存老井房,房屋已经废弃坍塌,辘轳石为真武庙的石碑改造利用,字迹漫漶,可见"玄帝宫"与"道光拾叁年玖月"字样。堡内尚有几座老宅院,老宅院 1 在村中南部国道西侧路边的一小片空地边(图 22.9)。

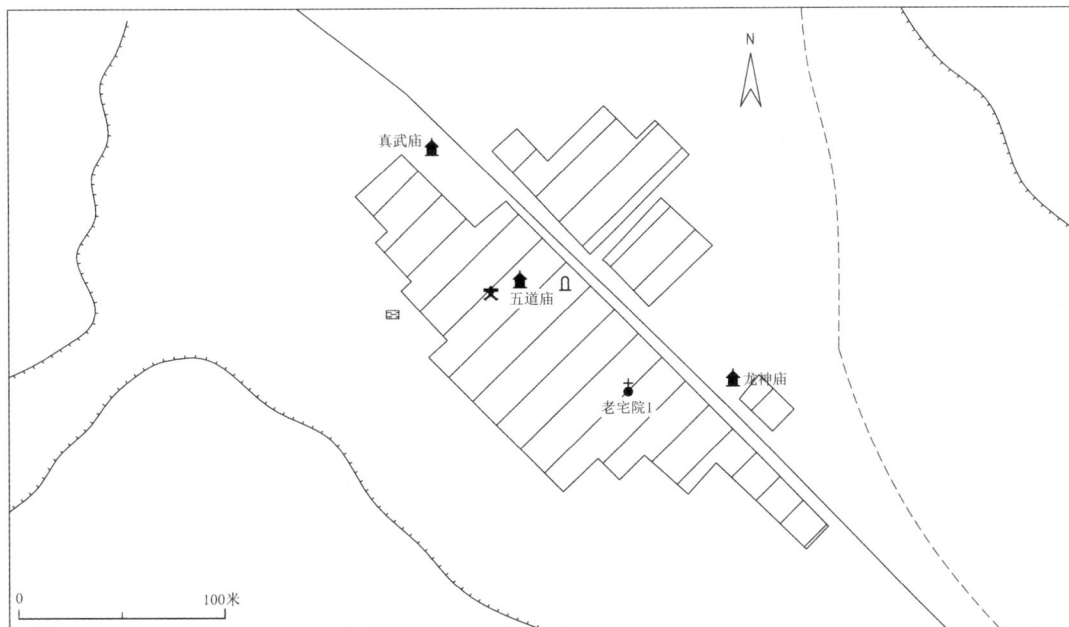

图 22.9　抢风崖村古建筑分布图

二、寺庙

据当地长者回忆,旧时村中修建有五道庙、真武庙、龙神庙、关帝庙。庙宇建筑除尚存者外,全部于"文革"时期拆毁。

五道庙　位于旧井房西北,即东西主街北侧,正殿坐落在高不足半米的基础上,台明为块石修建,正殿面阔单间,硬山顶,进深三架梁,门窗仅存框架,墙体为土石混筑,殿内无壁画、彩绘遗存。庙西侧的主路北侧为学校和大队部旧址大院,已废弃。

真武庙　位于村北侧村边,G112 国道 305 公里处的西侧,仅存夯土基础,高 5 米,外立面多坍塌。

龙神庙　位于村东南路边,现已无存。

关帝庙　位于村西南,现已无存。

第二十一节 王喜洞村

一、自然环境与人文历史

王喜洞位于草沟堡乡西南偏南 6.9 公里处,居恒山余脉华庭尖山南侧谷地中,属深山区。地势北高南低,村北侧紧靠山脉,南面不远处也是大山,西有沙河,周围的谷地地势平坦开阔,为黏土质,辟为大面积的耕地,种植大白菜。曾为抗日革命根据地。1980 年前后有 348 人,耕地 1 108 亩,曾为王喜洞大队驻地。

相传,约建村于辽太平年间,村中有一位叫王小的孝子,为治母病,数九寒天进山洞卧冰捉鱼,人们为纪念他的孝母之心,遂冠村名为王小洞,后误传为王喜洞。村名最早见于《(乾隆)蔚县志》,作"王喜洞",《(乾隆)蔚州志补》《(光绪)蔚州志》《(民国)察哈尔省通志》沿用。

如今,村庄规模较大,村东口有新建的公安局和王喜洞小学,村西口有新建的公园,南侧有公交站,226 乡道从村南经过,村中主要道路均硬化为水泥路,民宅以新房为主,老宅院少,屋顶建筑风格与涞源县民居类似。居民较多,现在户口有 500,常住人口 350 人,姓氏较杂,多为外地人(图 22.10)。

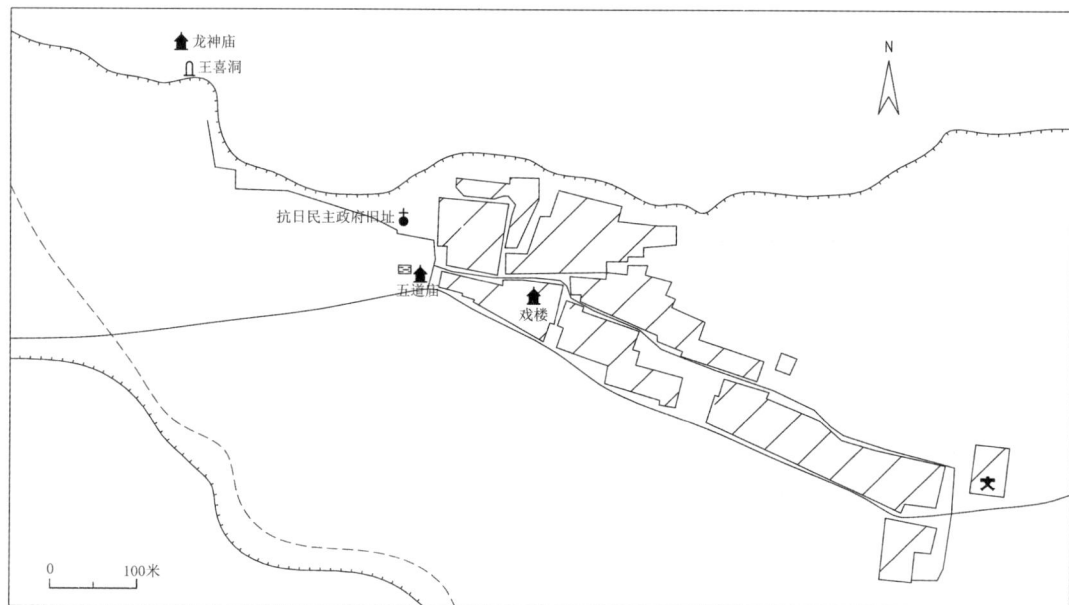

图 22.10 王喜洞村古建筑分布图

1938 年 4 月,蔚县抗日民主政府成立于该村,政府旧址位于村西公园北侧,已重修。高大的台明上建有一排瓦房,坐北面南,面阔五间,明间悬有匾额。

二、寺庙

据当地长者回忆,村内曾修建有五道庙、戏楼、王喜洞、龙神庙、真武庙、泰山庙、山神庙龛。日军占领时期拆毁庙宇,将建材用于在村北山顶修建岗楼。

五道庙　位于村西公交站边,新建建筑。

戏楼　位于村中主街南侧,旧戏楼被日军拆毁,解放后重建,如今再次拆除,仅存条石基础,准备再次重建。

王喜洞　位于村西北山崖上,为天然崖壁上的洞穴。近年进行了环境整治,洞前修建广场和简易的停车场,洞前空地平整铺石子,洞内的流水出洞后修建水渠,在洞窟边上还新刻"王喜洞"三个字,洞口一侧立有石碑,1 通为 2012 年立的《王喜洞的传说》,另外 1 通为王喜洞简介。洞口低矮,俯身可进,洞内有清澈的溪水汩汩流出。当地村民回忆,此泉水从未间断。洞内空间大,内有深水潭。洞深处可划船而行,据说洞内别有洞天,有"双层石板桥"之美,"上天梯"之峭,"无底洞"之险,"大海眼"之奇,"小海眼"之特,神秘莫测,引人入胜。

龙神庙　位于王喜洞顶部半山腰的山崖上,新建建筑,正殿坐北面南,面阔单间,硬山顶,进深四架梁,未设有门窗、彩绘和壁画。正殿后为一天然的洞穴,深约 3 米。

真武庙　位于村北山坡上,现已无存。

泰山庙　位于村南,现已无存。

山神庙龛　位于村东,现已无存。

第二十二节　东　店　村

一、自然环境与人文历史

东店村位于草沟堡乡南偏西 6.4 公里处,居恒山余脉华庭尖山主峰的东南侧,属深山区。村庄选址在宽阔的山谷中,西靠沟,北高南低,紧邻山坡修建,为沙土质,东、西、南三面为大面积的耕地,村北有不少冲沟,曾为抗日革命根据地。1980 年前后有 221 人,耕地565 亩,曾为东店大队驻地。

相传,约一百五十年前建村,因这里曾有一客店,而取村名为东店。但该村在蔚县诸版方志中均失载。

如今,村庄处于岔路口旁,226乡道从村西经过,向北可达孟家岭村,向东可到饮牛渠村。村庄规模一般,民宅为新建房屋,村西口尚存近代影壁。现有居民270余人,以章姓为主。东店和王喜洞同属一个大队(图22.11)。

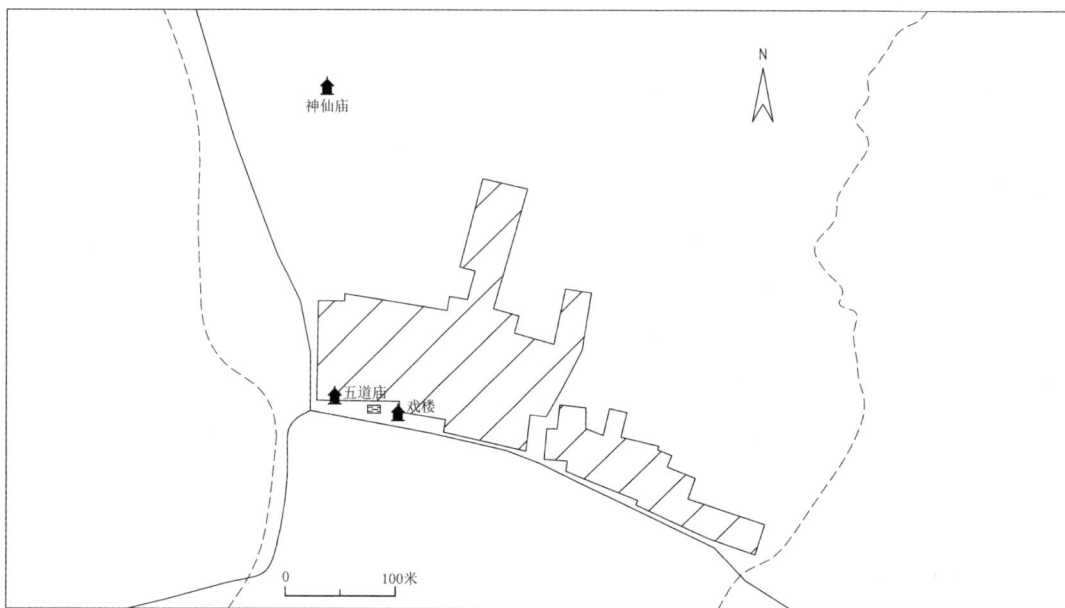

图22.11 东店村古建筑分布图

二、寺庙

五道庙 位于村西一户居民院墙上,倚墙修建,坐北面南,新建建筑,正殿单间,硬山顶,进深四架梁,未设门窗、彩绘和壁画。

神仙庙 位于村外西北方,500千伏的高压线塔南侧。现为1座庙院,周围为大面积的白菜地,庙宇为新建建筑,院墙为毛石干垒,开东门,现为缺口,院子内种植有小松树,正殿面阔三间,硬山顶,进深四架梁,无门窗、彩绘和壁画,殿内墙壁表面刷涂白灰浆,三间彼此间设有隔墙,即为3座寺庙,但因未放置牌位,故供奉何神祇无从得知。

戏楼 位于村中西南部,东西主街北侧,其西为一坑塘,东侧有水井房。戏楼坐西面东,保存较好,1961～1962年修建,整体坐落在高1.2米基础之上,台明外立面包砌块石。戏楼为单檐卷棚顶,面阔三间,进深六架梁,梁架用材为自然拱形,没有彩绘、壁画遗存。戏楼已经废弃,里面堆放杂物。

第二十三节 上里罗村

一、自然环境与人文历史

上里罗村位于草沟堡乡南偏西 4.1 公里处,居恒山余脉华庭尖山脚下,属深山区。村庄选址修建在山谷北侧的坡地上,地势北高南低。南临沙河,背靠大山,为沙土质。村北、东、西三面沟壑纵横,南面及山谷中辟为大面积的耕地,村西南不远处可见华庭尖山,曾为抗日革命根据地。1980 年前后有 317 人,耕地 984 亩,曾为上里罗大队驻地。

相传,清康熙年间下里罗人于此处建村。因村址地势较高,故取名上里罗。村名最早见于《(乾隆)蔚县志》,作"上里罗",《(光绪)蔚州志》沿用,《(民国)察哈尔省通志》作"上里沟"。

如今,村庄规模较大,居民较多,民宅以土石房为主,部分翻修屋顶,受地形影响,村内街道不规则,大致为南北主街结构,村口位于南部中央,长有一株大柳树,树东侧为村委会大院,树北侧为一坑塘,水坑北侧为一小片空地,空地西侧为一口水井,东侧为新建的卫生室。村中现有 100 余人,杂姓,大部分居民外迁,搬迁至县城或保定居住。

二、寺庙

五道庙 位于村内空地北侧,庙宇已改造为民宅,面阔单间,硬山顶,无门窗,殿内为民宅库房,无彩绘和壁画遗存。

龙神庙 位于村内空地西北侧,新建建筑,正殿面阔单间,硬山顶,无门窗、彩绘和壁画,正面墙壁上贴有神位贴纸。

第二十四节 下里罗村

一、自然环境与人文历史

下里罗村位于草沟堡乡西南偏南 3.5 公里处,居恒山余脉华庭尖山脚下,属深山区。村庄选址修建在山谷北侧的坡地上,地势东高西低,为沙土质,周围辟为耕地或梯田。村南为冲沟河道,沙石河床,河道北岸有 1998 年用水泥和石块混筑的大坝,为河北省建行扶贫项目,大坝的南侧有新建的水井房。曾为抗日革命根据地。1980 年前后有 183 人,耕地 599 亩,曾为下里罗大队驻地。

相传,据村中龙神庙钟记载,明万历年间,有一南方人骑一匹驴骡途经此地时,跳下驴骡做了记号,后建村便取名下驴骡,又雅化为下里罗。村名最早见于《(乾隆)蔚县志》,作"下里罗",《(光绪)蔚州志》沿用,《(民国)察哈尔省通志》作"下里沟"。

如今,村庄规模较大,东西主街结构,主街即 226 乡道,为硬化水泥路,从村南侧边缘穿村而过,此外还有南北向主街 4 条,主街两侧的巷子多为沙石路。民宅以土石房为主,多翻修屋顶,现有百十人居住,大部分居民外迁。村民姓氏以王、安两姓居多(图 22.12)。

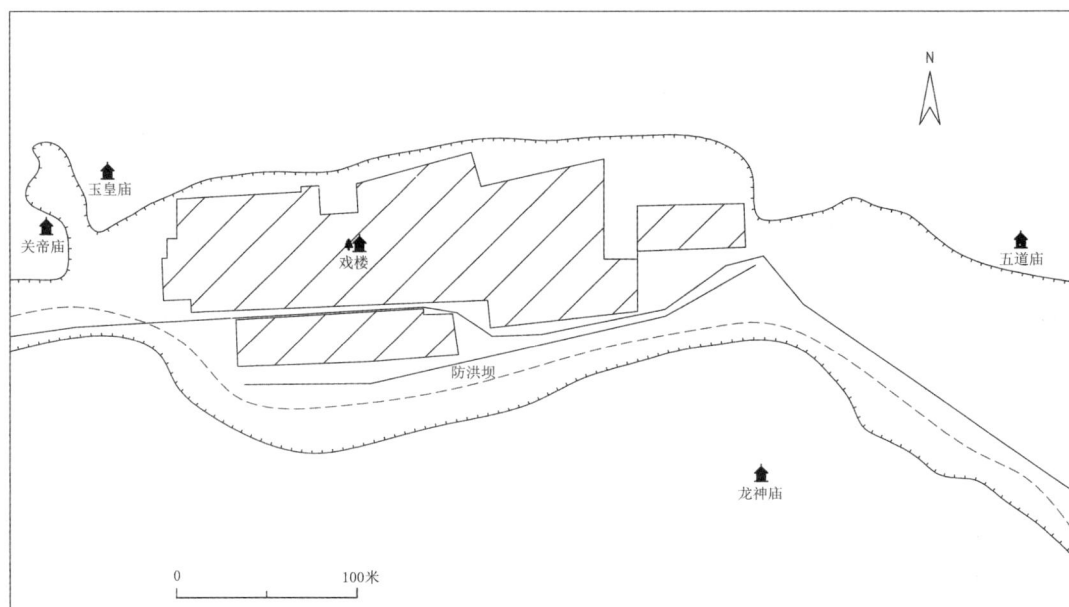

图 22.12　下里罗村古建筑分布图

二、寺庙

据当地长者回忆,旧时村庄内外曾修建有五道庙、龙神庙、戏楼、关帝庙、观音殿、玉皇庙。寺庙均拆毁于"文革"时期,20 世纪 90 年代重修。

五道庙　原在村内,拆除后新建在村外,位于村东外侧。庙宇选址修建在坡地上,地势较高,新建建筑。正殿采用红砖砌筑,面阔单间,硬山顶,进深三架梁,未设门窗,殿内无壁画、彩绘。

龙神庙　位于村外东南山谷南侧的坡地上,新建建筑,正殿采用红砖砌筑,面阔单间,硬山顶,进深三架梁,未设门窗,殿内没有壁画和彩绘。

戏楼 位于村中部大榆树下,现为遗址。

关帝庙 位于村西的北坡上,采用红砖砌筑,坐北面南,面阔单间,硬山顶,进深三架梁。

观音殿 位于村西,现已无存。

玉皇庙 位于村西的 1 座山岗上,采用毛石垒砌,坐北面南,面阔单间,硬山顶,进深三架梁。

第二十五节　南　水　泉　村

一、自然环境与人文历史

南水泉村位于草沟堡乡南偏东 7.3 公里处,居恒山余脉华庭尖山脚下,属深山区。村庄选址修建在山谷北侧坡地上,地势北高南低,为黏土质,周围山谷内辟为耕地。村东不远处有另一条宽阔的山谷,村庄处于两条冲沟的交汇处。曾为抗日革命根据地。1980 年前后有 208 人,耕地 649 亩,曾为南水泉大队驻地。

相传,约八百年前建村,名麻田水泉。清康熙三年(1664)修庙时,据村东一水泉,改名为东水泉。1953 年又更名为南水泉。村名最早见于《(乾隆)蔚县志》,作"东水泉",《(民国)察哈尔省通志》作"南水峪"。

如今,村庄规模较小,南北主街结构,两侧为民宅,多为翻修屋顶的土石房屋。村北部主路西侧有近代修建的洞穴,形制类似窑洞建筑,规模大,推测是备战备荒时期修建,现为菜窖。此外,村中北侧建有 1 座碾坊,碾坊上贴有一副对联"右白虎世上生金,左青龙刚中取宝"。村民说碾坊称为白虎,与龙神庙相并,便是"右白虎、左青龙"。该村为新村,旧村位于新村西北方山沟里,仅存遗址。旧村有泉水,但由于交通不便,四五十年前村民搬迁到新村居住,新村有 200 余人居住,以张、赵姓为主。村庄附近辟为耕地,仅种一季大白菜。

二、寺庙

当地长者回忆,旧时,旧村修建有关帝庙、观音殿、龙神庙、山神庙,庙宇建筑在"文革"时期拆毁。如今新村修建有戏楼、龙神庙。

戏楼 位于主街西侧村边,30 多年前由村民集资重修(彩版 22-5)。戏楼基础较高,约 1 米,台明外立面包砌块石,戏楼为单檐卷棚顶,面阔三间,南墙中部开一六边形窗户,屋檐有部分损坏,戏楼内无彩绘和壁画,只有一些简单的彩绘。戏楼已废弃,长满杂草,北面为一小片空地,有水井房、水坑。

龙神庙　位于戏台西北方的白菜地里,距离较远。正殿为新建建筑,面阔单间,硬山顶,进深五架梁,未设门窗,墙体用水泥空心砖修建,庙内没有壁画和彩绘,正面设有供台,上面有 7 位神位贴纸,正中为龙王圣母,西侧从里向外为青龙王神、白龙王神、雨神之位,东侧从里向外为红龙王神位、黄龙王神位、黑龙王神位。殿内正壁上贴有"东海神殿",两侧对联分别为"日出东海龙王殿,日落西山水晶宫","天时天事雨相宜,春耕秋熟呈有期"。

旧时天旱时当地村民在龙神庙举行行雨活动,行雨时村民自己主持,不唱戏,将龙神庙内的木神像抬出,在村内游神,村民头带柳条帽,用清水泼地。

第二十六节　马杓庵村

一、自然环境与人文历史

马杓庵村位于草沟堡乡南偏东 7.5 公里处,居恒山余脉甸子山梁脚下,属深山区。新村位于宽阔的山谷的尽头,地势东高西低。选址修建在山谷中,周围地势平坦,为黏土质,辟为大面积的耕地,南北两侧不远处则是山梁,尤其是北侧的山崖,为陡直的峭壁,蔚为壮观。村东、西两侧各有一条小冲沟。曾为抗日革命根据地。1980 年前后有 260 人,耕地976 亩,曾为马杓庵大队驻地。

相传,明朝末年建村于形似马鞍的杓状山湾处,故称村名马杓庵。该村在蔚县诸版方志中均失载。

如今,村庄规模不大,布局为南北主街结构,民宅多为翻修屋顶的土石房屋。村中居民有 150~160 人,杂姓。村西口南侧有新建的学校。旧村位于新村东北方山谷中的西侧台地上,规模与新村相当,村民因交通不便而外迁,现仅存遗址(图 22.13)。

二、寺庙

戏楼　位于村东南角村边,近代建筑,坐南面北,台明高约 1.3 米,台明外立面包砌块石,戏楼为单檐卷棚顶,没有彩绘和壁画,戏楼已废弃,里面堆放柴草,前有空地,已荒芜,戏楼东北侧山坡上有 1 座龙神庙。

龙神庙　位于村东北村外山坡上,地势高,庙仅存正殿,正殿坐北面南,为近代建筑,土石混筑,面阔单间,硬山顶,进深三架梁,无门窗、彩绘和壁画,殿内东墙上有 1989 年6 月 13 日植树的题记,殿前建有 1 座石块垒砌的影壁,西侧长有一株小松树。

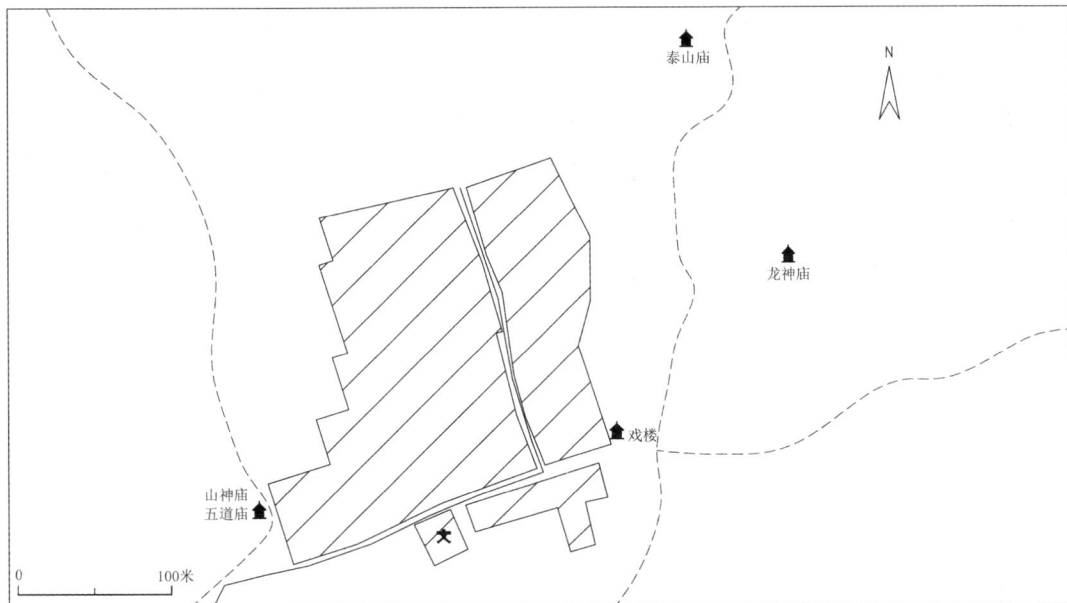

图 22.13 马杓庵村古建筑分布图

泰山庙 位于村东北村外山坡上,龙神庙西北方,两者间隔一条冲沟。仅存正殿,坐北面南,较为低矮,正殿墙体土石混筑,面阔单间,硬山顶,进深三架梁,无门窗,殿内没有壁画,但有神台。殿前长有一株小松树,

山神庙、五道庙 位于村西侧边缘水泥路边,新建建筑,较为低矮。正殿坐北面南,面阔单间,硬山顶,进深三架梁,土坯墙,红瓦屋顶,无门窗,殿内设有神台。

第二十七节 大 台 子 村

一、自然环境与人文历史

大台子村位于草沟堡乡东南 4 公里处,居恒山余脉甸子梁山脚下,属深山区。村庄修建在山谷北侧的坡地上(219 乡道北侧),沿东西向山谷修建,地势南高北低,为沙土质,周围山谷辟为耕地,山坡辟为梯田。南为沙河河道,北为山坡,有两条较大的冲沟,村西不远处也有一条冲沟,村西口水泥路北有新修的健身园,村外西部不远处路北有养殖场和砖厂。曾为抗日革命根据地。1980 年前后有 360 人,耕地 1 031 亩,曾为大台子大队驻地。

相传,清初建村时,由本县原王家湾、田家台、任家庄三个村在这里合盖了 1 座戏台,

故以此取村名大台子。村名最早见于《(乾隆)蔚州志补》,作"大台子",《(光绪)蔚州志》《(民国)察哈尔省通志》沿用。

如今,村庄规模较大,整座村庄隐于茂盛的树丛之中,由 4 条南北主街和 2 条东西主街组成。南部为新村,北部为旧村,民宅以土石房为主,少部分翻修屋顶。旧村老宅多采用条石砌基,毛石垒墙。旧村内多为废弃的土石房屋,部分坍塌,杂草丛生。居民较多,现有 300 人居住,以王、章姓为主(图 22.14)。

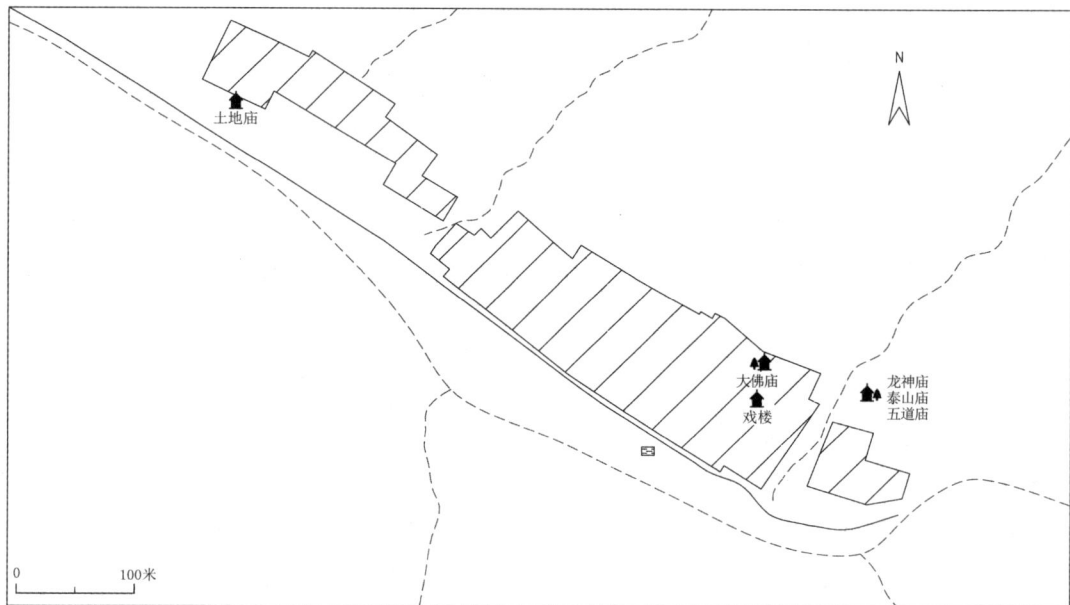

图 22.14 大台子村古建筑分布图

二、寺庙

据当地长者回忆,大台子村曾建有龙神庙、泰山庙、五道庙、戏楼、大佛庙、土地庙、泰山庙。寺庙建筑多于 1958 年拆毁。

龙神庙、泰山庙、五道庙 位于村东北村外的山坡上,寺庙整体坐落在 1 块台明之上,台明北立面尚存包砌的块石,其余面已坍塌成斜坡,寺庙前长有一株粗大的油松,寺庙为新建建筑,现为 3 座庙,有 2 座殿。正殿坐北面南,面阔 2 间,单檐硬山顶,进深五架梁,门窗仅存框架,殿内没有壁画和彩绘,西间为泰山庙,东间为龙神庙,设有供台,贴纸牌位。龙神庙供奉四海龙王,泰山庙的供台上放置许多还愿所用的塑料娃娃。西耳房坐北面南,面阔单间,硬山顶,进深三架梁,殿内供奉五道神。

戏楼 位于旧村内中东部,坐南面北,基础高 0.3～1.5 米,台明外立面包砌块石。戏楼为单檐卷棚顶,面阔三间,进深六架梁。戏楼系解放后重建,结构简单,无彩绘、壁画、题记。台明四沿铺石板,其中有 5 通石碑。包括同治十二年(1873)的墓碑;乾隆十□年一月的《重修碑记》,正文漫漶,可见有"真武庙一座"云云,还有布施功德碑,字迹多已漫漶。戏楼对面为一排废弃的房屋,曾作为大队部使用,其后为佛殿。

大佛庙　位于旧村中,戏楼对面。正殿保存较好,坐北面南,面阔三间,硬山顶,进深五架梁,门窗无存。殿内顶部脊檩彩绘《八卦图》,大梁上也有部分彩绘,为清末民国时期的作品,但无壁画遗存。殿内有一碑座。殿前为一院,但没有院墙和山门,院子区域很大,已废弃,长满杂草,院中长有一株高大的杆树。

土地庙　位于村西砖厂门口,219 乡道北侧,新建建筑,坐北面南,面阔单间,硬山顶,进深三架梁,无门窗、彩绘和壁画。

泰山庙　位于村西约 5 里 219 乡道北侧崖壁上,崖洞式,山崖上辟有香道,洞龛前采用毛石砌筑一块平台。洞龛门口采用条石砌筑拱形门。崖下新建 1 座庙院,院墙红砖修建,开南门,院内贴崖建有 1 座正殿,正殿面阔三间,硬山顶,正中明间供奉奶奶,东、西次间供奉仙家。店内无壁画,只有贴纸牌位。

第二十八节　桥　峪　村

一、自然环境与人文历史

桥峪村位于原苜蓿乡(今属草沟堡乡)西北偏北 2.2 公里处,居恒山余脉前山带桥峪沟尽头,属深山区。村庄选址修建在山谷东侧的一级台地上,南临沙河,地势西高东低,为沙土质,周围辟为梯田。1980 年前后有 117 人,以贾、赵姓为主,耕地 340 亩,曾为桥峪大队驻地。

相传,五百年前建庄,据峪口石桥取村名为桥儿峪,后为桥峪。村名最早见于《(乾隆)蔚州志补》,作"桥儿峪",《(光绪)蔚州志》《(民国)察哈尔省通志》沿用。

如今,村庄为新村,旧村位于新村东北方约 2 里地的山谷深处,处于山谷北坡的台地上,此山谷内水源的上游源泉便是东富家庄村所在地。因交通不便,20 世纪七八十年代居民外迁,搬迁时拆掉旧宅的建材修建新村,旧村如今仅存遗址。新村规模小,有两条南北主街,共 3 列 10 排房,屋民宅以新房为主,居民仅 30 余人,227 乡道从村南山谷中经过(图 22.15)。

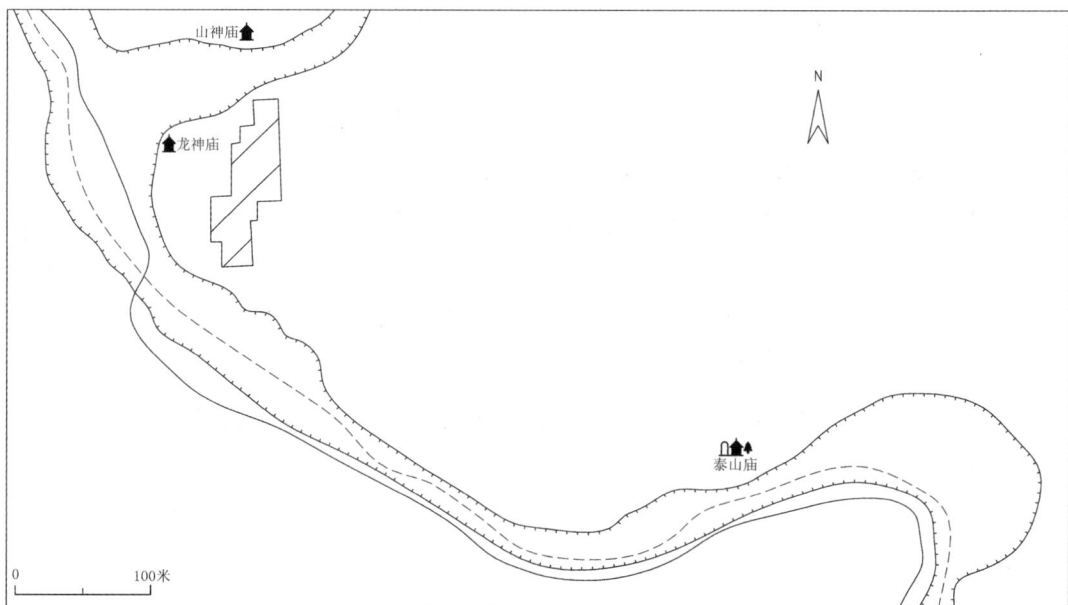

图 22.15　桥峪村古建筑分布图

二、寺庙

据当地长者回忆,寺庙均位于旧村。旧时有山神庙、龙神庙和泰山庙,庙宇因年久失修而坍塌。

山神庙　位于新村北侧山下,与村庄隔一条山沟。新建庙宇,正房面阔单间,硬山顶,无门窗,殿内没有彩绘、壁画和塑像。

龙神庙　位于村西村外,正殿面阔单间,硬山顶,墙体为毛山石垒砌,破坏严重,倾斜坍塌。

泰山庙　位于村南山谷北坡的台地上,山谷中溪水较大,清澈见底,庙前保存有较为完好的香道,石砌台阶或石板路。庙宇修建在山坡上一块平地上,建筑无存,仅存块石修建的基础,上面长有两株高大粗壮的松树。树下尚有村民祭拜的痕迹。

从建筑布局考察,该庙应为两进庙院。山门外西侧修有戏楼,坐西面东,正对着东侧入庙香道,香道到达寺庙所在的平台后,为面阔三间的禅房。庙院内正殿西侧尚存 1 通石碑,立于"万历肆拾贰年",碑文上刻有"大明国山西大同府蔚州城东南山□连谷地天寿山黄龙观□崖圆洞"等内容。另 1 通石碑立于后殿前东侧,为"中华民国贰年"的《重修黄龙观诸神祠》,碑阳文中有"玉皇上帝老□庙罗汉十殿□上门楼历年失修"字样,从这段话可以略知当年观内至少有玉皇殿、罗汉殿、十殿、门楼等建筑。碑阴为布施功德榜。据当地老人回忆,旧时庙内住有道士。当地老人们传说,黄龙曾从此处经过,于是修庙并起名黄龙观。每年三月二十八举行庙会并唱戏。

据石门村的余宣老人回忆,庙宇建筑于抗战时期被日军烧毁。

第二十九节　板厂下庄村

一、自然环境与人文历史

板厂下庄村位于原苜蓿乡(今属草沟堡乡)西南 1.7 公里处,居恒山余脉前山带张马梁东脚下,属深山区。村庄选址修建在山谷北侧台地上,南临沙河,地势北高南低,为沙土质,周围辟为梯田。1980 年前后有 88 人,以平、谭为大姓,耕地 144 亩,曾为板厂大队驻地。

相传,五百年前建村,因村址建于锯木板厂之南,故取村名板厂下庄。村名最早见于《(乾隆)蔚州志补》,作"板章里",《(光绪)蔚州志》沿用,《(民国)察哈尔省通志》作"板厂里"。

如今,村庄规模不大,民宅相对集中,民宅以土石房为主,多废弃坍塌,尚有人居住者以新房为主,多位于村中水泥路边,是为新村,后面坡地上多为无人居住的旧村,大部分民宅已废弃,道路上长满杂草。居民仅 7～8 人,大部分村民因无学校于十几年前逐渐外迁(图 22.16)。

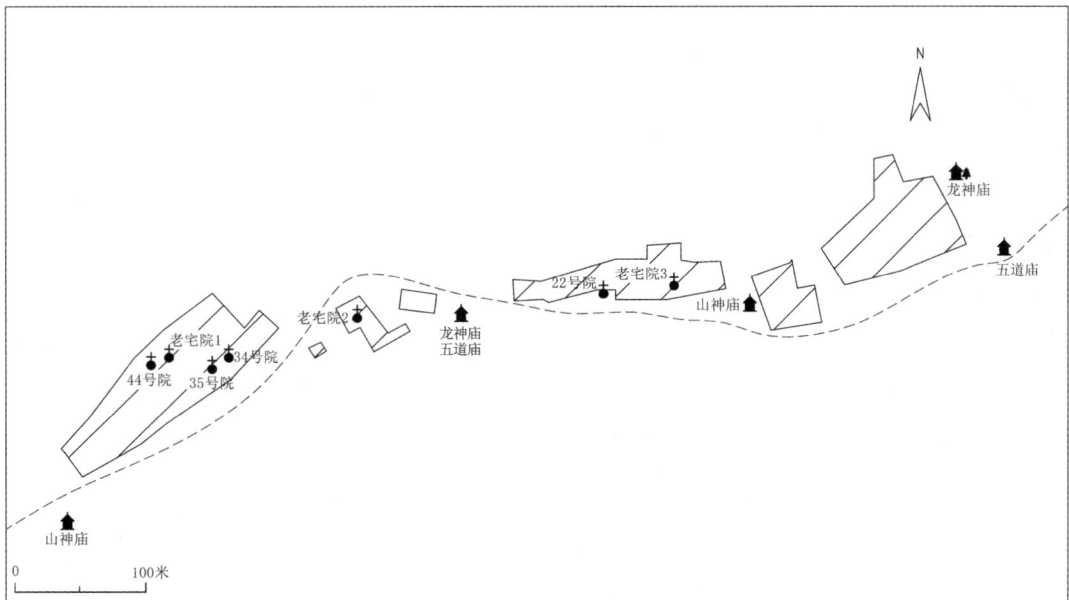

图 22.16　板厂上、下庄村古建筑分布图

二、寺庙

据当地长者回忆，村庄仅有山神庙、龙神庙、五道庙。

山神庙　位于村西口，水泥路南侧，新建建筑。正殿坐北面南，面阔单间，硬山顶，没有门窗、彩绘、壁画，殿前贴有楹联："山神五道土地真，山神城隍一同生。"说明这座庙是山神、五道、土地、城隍合一，庙前长有一株大榆树。

龙神庙　位于村东部村边，修建在1座高大的庙台之上，庙台系用块石垒砌而成，南立面修有石砌台阶，庙前长有一株大榆树。正殿坐北面南，面阔单间，硬山顶，进深四架梁出前檐廊，前檐额枋尚有残存的彩绘。门窗保存较少，破坏严重。殿内为砖铺地面，屋顶新修，殿内正面供台上供有小木像。内墙壁曾涂刷白灰浆，近年清理白灰浆，露出了底下的壁画，正壁、东山墙、西山墙均有残存，壁画部分脱落或局部损坏，尤其是画的底部已彻底破坏，总体保存较差。正壁绘有龙母《龙王坐堂议事图》，东山墙绘有《出宫行雨图》，西山墙绘有《雨毕回宫图》。从判官手中的玉旨得知，壁画应绘于"中华民国十二年"。殿内存放有木质的龙亭。

正壁《龙母龙王坐堂议事图》，背靠条屏，条屏两侧各三幅。中部龙母高大，两侧依次降低，龙母身后各有一位持扇侍女。东侧绘有三位龙王，西侧绘有二位龙王与雨师。东侧下角雨官尚存，西侧下角已毁。上部各辅助之神被厚厚的白灰浆所覆盖。

东壁《出宫行雨图》，底部已毁，其他局部被覆盖。左侧水晶宫受损，其中有一位站立神像，但已分不清是何神。水晶宫前龙王1回首询问行雨指令，但因破损一片未见判官。龙王1上方、前方分别为龙王2、龙王3、龙王4、雨师、龙王5，其中龙王5模糊不清。顶上有日值功曹、时值功曹、水车等诸神。冲在最前面的从上至下依次为四目神、虹童、电母、雷公，紧随在雨师身后的是风伯风婆。

西壁《雨毕回宫图》，底部已毁。左侧是一株大树，一位小神正用力将龙缚于树上；右侧为水晶宫，土地神与山神立于宫前恭候。水晶宫上方，传旨官策马飞奔交旨。回宫大军中，雨师引领龙王依次摆开，上排三位，下排二位。龙王1与判官询问降雨情况，玉旨上书"龙王问判官，雨下多来宽，雨下□□□，丰收万万年"落款为"中华民国十二年癸亥年菊月书画"。辅助之神位于回宫大军的上部，前面有功曹、钉耙神，后面是电母与雷公闭目于水车中，雷公位于水车中较为少见；水车后是虹童，一道长弧彩虹跨越整个画面的上部。

五道庙　位于村东口，水泥路南侧，紧邻路边，新建建筑。正殿坐西面东，面阔单间，硬山顶，进深四架梁，无门窗、壁画、彩绘和塑像。

第三十节 板厂上庄村

一、自然环境与人文历史

板厂上庄村位于原首蓿乡(今属草沟堡乡)西南 2.1 公里处,居恒山余脉前山带张马梁东脚下,属深山区。选址修建在山谷北侧的台地上,地势西高东低,南临沟,背靠 1 座大山梁。附近山谷相对宽阔,尚有清澈的流水,水量大,为沙土质,周围辟为耕地。1980 年前后有 114 人,以兰姓为主,耕地 150 亩,隶属板厂大队。

相传,五百年前建村,因村址建于锯木板厂之北,故取村名板厂上庄。村名最早见于《(乾隆)蔚州志补》,作"板章里",《(光绪)蔚州志》沿用,《(民国)察哈尔省通志》作"板厂里"。

二、街巷与古宅院

如今,受地形影响,村庄较长,民宅稀疏,分布散乱,规模小,村中东部为新村,西部是旧村。宅院建于采用毛石砌筑的台地上,院墙与宅墙多采用毛石砌筑,红瓦翻修屋顶较少,房屋多废弃、坍塌,村中的道路以石板路面为主。由于村内没有学校,大部分居民外迁,现仅有 20 余人居住。村中尚有数座老宅院。深山之中的村庄保存如此数量的老宅院,还是比较少见的。具体如下(图 22.16):

老宅院 1 位于 44 号院东侧,一进院,院墙采用毛石修砌,宅门保存较好。

老宅院 2 位于村口,一进院,保存较好。

老宅院 3 位于 22 号老宅院东侧路北,一进院,宅门保存较好,门前设有较高的条石台阶。

22 号院 一进院,随墙门,保存较好。

34 号院 位于 35 号院东侧,一进院,建筑形制相同。房东为 66 岁兰姓老人。

35 号院 一进院,宅门保存较好,门内为一进大宅院,石板铺地面,正房面阔三间,硬山顶,西厢房已倾斜。房东为 75 岁刘姓老人。

44 号院 位于村中北部,修建在毛石垒砌的高大的基础之上,一进院,宅门旁建有圆形的倒座房,较为少见,门内为一进院落。正房面阔三间,硬山顶,门厅退金廊,保存较好,院子已废弃。

三、寺庙

据当地 66 岁兰姓长者回忆,旧时村内修建有山神庙、龙神庙、五道庙。

山神庙　位于村西山谷南坡的坡地上,处于耕地中,新建建筑,正殿面阔单间,硬山顶,没有门窗、壁画、彩绘、塑像。

龙神庙、五道庙　位于村东口路南侧的大榆树下,正殿基础较高,毛石砌筑,新建建筑。现为1座庙院,坐西面东,院内长有两株小松树。正殿2座,为龙神庙和五道庙并排。面阔单间,硬山顶,门窗仅为框架,殿内设供台,墙壁无壁画、彩绘、神像。

第三十一节　苜　蓿　村

一、自然环境与人文历史

苜蓿村位于原苜蓿乡(今属草沟堡乡)南偏西2.4公里处,居恒山余脉前山带东甸子梁脚下,属深山区。东临沙河,地势北高南低,为沙土质,周围辟为耕地。1980年前后有258人,耕地580亩,曾为苜蓿大队驻地。227乡道从村东山谷内经过。

相传,明成化元年(1465)建村,因这里种苜蓿多,故冠村名为苜蓿。村名最早见于《(乾隆)蔚州志补》,作"斜崖并苜蓿",《(光绪)蔚州志》作"木宿里",《(民国)察哈尔省通志》作"苜蓿里"。

据当地长者回忆,苜蓿村曾为苜蓿公社驻地,如今,苜蓿村分为新、旧两部分,互不相连。新村位于山谷底部及西侧边缘的一级台地上,地势低,整体坐西北朝东南,规模较大,民宅以新房为主,人较多,户口有200~300人,常住人口只有40余人,以刘姓为主。旧村在新村北侧,山谷西侧的半山坡上,地势较高,交通不便,与新村隔一条山谷和山脉,距离远。旧村民宅以土石房为主,多坍塌废弃,新房只有5座,主街虽为石头路面,但长满杂草。据当地村民回忆,因交通不便,自1982年开始,村民由旧村陆续搬迁到新村,目前只有一两户居民居住。

口前村,为现苜蓿村的前身,原苜蓿公社所在地。村庄位于水泥路东侧的山谷中,并非两侧的台地上,周围地势平坦开阔,如今的房屋主要修建于苜蓿公社搬迁到此之后,在此之前,村庄规模小,只有兄弟5人居住,苜蓿公社迁至此地占用了大部分区域。如今村里有10余人居住,旧时只有平姓的一户(图22.17)。

村中有20世纪80年代修建的剧场,公社搬迁到此地后人口逐渐增多,约100余人,并修建有公社、学校、工厂。剧场保存较好,剧场东面为公社和学校,公社南路边有旧卫生院,均已废弃,其南新建有幸福之家养老院。

二、寺庙

据当地长者回忆,旧时村庄曾修建有龙神庙、五道庙、山神庙、剧场、关帝庙。

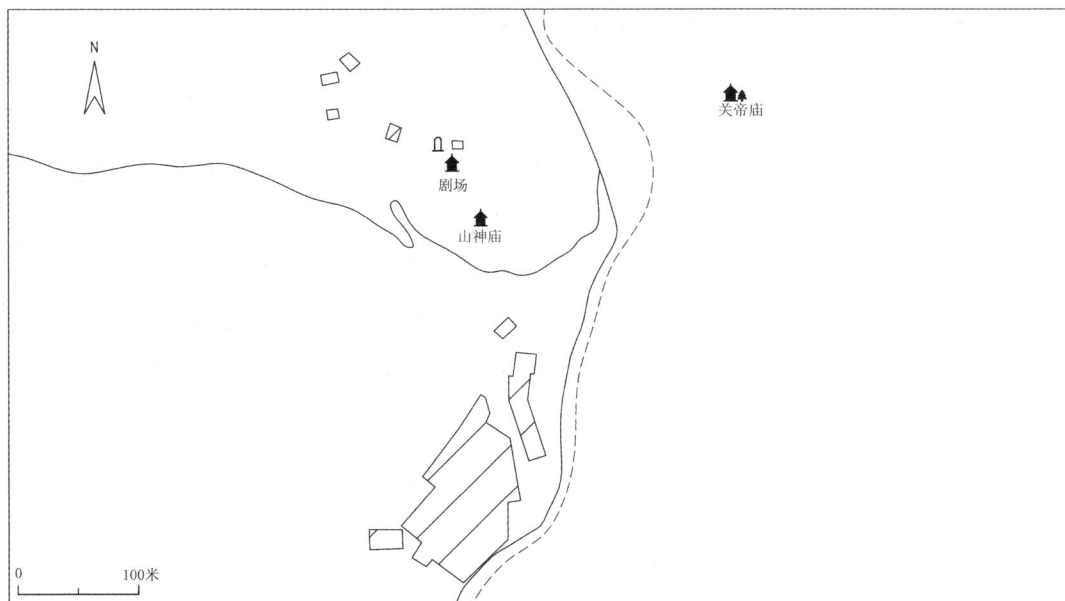

图 22.17　苜蓿村古建筑分布图

龙神庙、五道庙　位于村中,现已无存。

山神庙　位于村北山坡上,新建建筑,正殿面阔单间,单坡顶,无门窗、彩绘、壁画。

剧场　位于村口,原为龙神庙及戏楼,龙神庙坍塌后修建剧场。剧场坐西面东,屋顶全部坍塌,剧场已废弃,前面为荒芜的空地,长满杂草。剧场西侧有两口水井,已封堵。剧场后有1座碾坊,边上有1通咸丰六年(1856)的《重修龙神殿碑记》,碑文详载了村中寺庙的种类和位置,本次修缮的经理人皆为刘姓。

关帝庙　位于村东山谷东侧半山上,与村庄遥遥相望,海拔高度与村庄相近。寺庙周围长有多棵高大的松树。寺庙仅存正殿,庙台较高,外立面包砌条石,正面修有条石高台阶,保存较好,正殿坐北面南,面阔单间,硬山顶,进深五架梁,出前檐廊,门窗无存,殿内墙壁表面为草拌泥墙体,没有壁画和彩绘遗存,屋顶重修。殿内尚存1通嘉庆二十年(1815)的《重修关圣帝君庙文碑》,保存较好。碑阳记载了该庙地产:"庙产四至,东至道,西至崖,南至刘家北沟,四至开明,此地无银两以为碑记。"碑阴为布施功德榜,地名有本村、邢崖里、张家店、中道峪。

第三十二节　双　窑　村

一、自然环境与人文历史

双窑村位于原苜蓿乡(今属草沟堡乡)东南偏南 2.5 公里处,居恒山余脉前山带茶山脚下,属深山区。村庄修建在山谷底部及北侧的台地上,地势北高南低,依着山势而建,所在山谷曲径通幽,村西临沟,村南谷中有较大且清澈的溪水,景色怡人,为沙土质,周围辟为梯田耕地。1980年前后有312人,以李、王、平姓为主,耕地820亩,曾为双窑大队驻地。

相传,明景泰年间建村于两个石崖窑之东,故取村名双窑。村名最早见于《(乾隆)蔚州志补》,作"双窑儿",《(光绪)蔚州志》沿用,《(民国)察哈尔省通志》作"双窑村"。

如今,村庄规模较大,采用毛石在山坡上垒出层层平台,平台上建宅院,平台之间采用台阶相连通。村东部路南有新修的井房,民宅以土石房为主,多废弃坍塌,翻修的红瓦屋顶较少,村中主街位于村中部,自然石街道,保存较好,现常住有30余人,多外出打工或因读书而搬离。

二、寺庙

据当地长者回忆,本村仅有剧场、龙神庙、山神庙。

剧场 位于村口,坐东面西,顶部坍塌,四面墙体有不同程度的损坏,仅正面保存较好。

龙神庙 位于剧场对面,坐西面东,庙台较高,采用块石修建,中间设有条石台阶,保存较好,台阶南侧长有一株三人合抱的大榆树,寺庙建筑无存,改造为民房,且已废弃,原为1座庙院,尚存铺地砖。民房墙上镶嵌有1通石碑,为乾隆二十年(1755)的《重修碑记文》,保存较好,碑文中记载了横涧、苜蓿、九宫口、夏源等地的善男信女来此布施。

山神庙 位于村西半坡上,新建建筑,正殿面阔单间,硬山顶,未设门窗,殿内供奉有新神像。

第三十三节 苇子坑村

一、自然环境与人文历史

苇子坑村位于原张家窑乡(今属草沟堡乡)南偏西6.3公里处,居恒山余脉后山带君子铺梁前山坑,属深山区。村庄修建在山谷的北坡上,四周高山环绕,地势北高南低,为沙土质,周围辟为梯田。曾为抗日革命根据地。1980年前后有100人,以李姓为主,耕地202亩,曾为苇子坑大队驻地。

相传,元朝末年建村于长有芦苇的山洼里,故取名苇子坑。村名最早见于《(乾隆)蔚州志补》,作"苇子坑",《(光绪)蔚州志》《(民国)察哈尔省通志》沿用。

如今,村庄规模小,村口新修有水井房。民宅以土石房为主,大部分废弃、坍塌,翻修屋顶的仅有 3 座,居民少,现户口有 20~30 户,实际只有 3~4 户居民,10 余人居住,因交通不便、无学校等原因,居民多搬迁到夏源村居住。村民以种植山药、莜麦为主,因没有机械和牲畜,故种地人少,且封山禁牧,当地居民无收入来源,生活困难。

二、寺庙

据当地长者回忆,村庄曾修建有龙神庙、山神庙(无存)。

龙神庙 位于村南山坡高地上。庙紧邻山谷,视野极佳,庙西为峭壁。正殿坐落在高大的条石台明上,保存较好,庙前长有两株大松树,正殿坐北面南,面阔单间,硬山顶,进深五架梁出前廊,门窗仅存框架,前檐额枋上残存有民国时期的彩绘。前廊西墙下设有面然大士龛。前廊两侧的墙壁上残存有壁画,保存一般。正殿西檻墙上嵌有 1 通石碑。立于"大清道光拾年",题名《碑记》,字迹清晰,保存较好。碑文中记载:"我村龙神庙先有谢姓施舍香火地三段,共地四亩,历年火□□有□设村人共议,立石刻铭。"

殿顶部略有坍塌,殿内正面为供台,正面壁画无存。东墙壁画尚存约三分之一,西墙仅存一小部分,大部分破坏。壁画为清末民国时期的作品,保存较差,多脱落。

东壁仅存南侧约三分之一的壁画,上部为四目神、电母,中部为雷公,下为风伯、风婆,其中有一位武将正在捉拿 2 只柳树精。雷公身后是一位龙王。画顶部还有虹童、功曹与钉耙神。在下部的云层中,是一排海中的各神将,从南至北可见螺、蜥、龟、鱼、蟹、虾、贝,北侧已毁,推测还会有。云层之下是狂风暴雨中奔跑的村民,急匆匆向回跑。

西壁主体部分墙皮脱落,仅存底部,表现了丰收后村民酬龙神的场景。最北端有 1 座龙神庙,庙门的横楣有"调雨顺"三字。当地村民说这里的风一年四季都特别大,因此在横楣中去掉了"风"字是有寓意的。

壁画中武将捉柳树精的场景,还有众多的水中鱼虾兵将,这些均非蔚县龙神庙壁画主流内容,说明这一带的壁画内容受外县影响较大。

武将捉拿柳树精场景在蔚县仅出现在五道庙中,其他类寺庙中未曾出现。而捉拿柳树精出现在其他类寺庙壁画中为陕西榆林地区所常见,因这一带未建五道庙,所以捉拿柳树精的重任就由各路神来负责,因此在龙神庙、城隍庙、关帝庙等壁画中皆出现此类题材内容。苇子坑龙神庙中出现此类题材,推测缘于深山中未建五道庙,于是便把捉柳树精的任务"安排"给龙神。此外,在北京延庆花盆村关帝庙西山墙壁画下部的《雨毕回宫图》中的南侧,亦出现被捉拿的柳树精形象[1]。

---

[1] 北京市文物局图书资料中心、延庆县文化委员会:《北京延庆古代寺观壁画调查与研究》,北京燕山出版社,2012 年,第 71 页。

第三十四节　行　岭　村

一、自然环境与人文历史

行岭村位于原苜蓿乡(今属草沟堡乡)东偏北 2.4 公里处,居恒山余脉前山带茶山脚下,属深山区。村庄选址修建在山谷北侧的坡地上,村前的山谷中溪水清澈、水量大,为沙土质,周围辟为梯田。1980 年前后有 92 人,耕地 170 亩,曾为行岭大队驻地。

相传,明隆庆年间建庄于两岭间山沟人行道旁,故取村名为行岭。村名最早见《(乾隆)蔚县志》,作"东邢岭",《(乾隆)蔚州志补》作"东邢岭儿",《(光绪)蔚州志》作"东邢岭",《(民国)察哈尔省通志》作"东行岭"。

如今,村庄规模小,依山而建,民宅以土石房为主,房屋多废弃、坍塌,居民少。村中植被较好,绿树成荫,以高大粗壮的榆树为主。据当地 78 岁的长者回忆,解放前后村中有 300 余人,杂姓,现仅有 8～10 人居住,大部分村民外迁,以迁居西合营为主。旧时村中设有大队,大队部位于龙神庙东北侧一片空地的北侧,已废弃,原为 1 座大院,近代建筑。门外东侧房屋下有 1 通石碑,字迹漫漶。十几年前,已归并苇子坑管辖。旧时村中建有学校,现无。

二、寺庙

据当地 78 岁的长者回忆,旧时村庄曾修建有剧场、龙神庙、五道庙、关帝庙、马神庙、山神庙、真武庙。庙宇建筑均因年久失修自然坍塌。

剧场　位于村口,坐南面北,前面为一片空地,空地北侧为龙神庙,剧场保存较好,已废弃,里面堆放杂物。

龙神庙　位于村西南村口,正殿西侧长有一株粗壮的榆树。正殿坐北面南,面阔三间,硬山顶,进深五架梁出前廊。殿屋檐坍塌,门窗已无存,东次间后墙与脊顶坍塌,西墙局部破损,东山墙表面脱落。前檐额枋上残存有清末民国时期的彩绘,破坏较重,大部分脱落,斑驳不清。前廊两侧墙壁上保存有人物壁画。殿正面建有供台。内壁东墙绘画曾抹有白灰浆,且挂满流水泥浆,壁画受损严重;北墙与东墙残有绘画,保存较差,也多为流水泥浆所覆盖。从色彩来看,壁画为清末民国时期的作品。

正壁绘画被分三组,明间绘《龙母龙王坐堂议事图》,西次间残有 3 位神像,东次间已毁,由于损毁严重,无法辨认所绘内容。明间正中为持笏板的龙母,两侧各立一位持扇侍女;东侧三位龙神已毁,只依稀可见轮廓;西侧两位龙王还算可以看出,雨师已模糊;西侧上部绘有辅助之神,依次为旗官、电母、风婆、风伯、时值功曹。

东壁绘《出宫行雨图》,白灰浆与泥浆脱落处露出3位龙王与雨师,右侧还有电母的两个镜子。

西壁绘《雨毕回宫图》,中间画面受损严重。右侧为水晶宫,宫前有天犬与小神。水晶宫之上为策马奔驰的传旨宫。左侧为一株大树,下部两个缚龙小神在戏耍,上部是一位倒立的小神。回宫众神中,上部有虹童、月值功曹、日值功曹、时值功曹,后面是龙王与雨师,判官位居最后。

剧场和龙神庙之间的空地上尚存4通石碑,有立于"乾隆拾陆年四月"的《□□□地碑记》,内容可见"山西汾阳府孝义县"字样。另外1通石碑字迹漫漶。正殿前有同治十二年(1873)的《碑记》,为《布施功德碑》。还有乾隆四年(1739)的《重修龙神庙碑记》。

五道庙　位于村口戏楼东侧的大榆树下,坐东面西,正殿面阔单间,硬山顶,进深二椽,东墙新修,屋顶西半边坍塌,北墙为旧构,殿内北墙表面还保存有民国时期的壁画,画中有五道神、山神与土地神等。行岭五道庙虽保存较差,但因此村位于大南山的深山中,能保存下来已实属不易,更重要的是壁画所表现的场景与平原地带的五道庙存在差异,此背景中的大山、树木在平原地带的五道庙中不多见,众神的行进方向亦不同。

关帝庙、马神庙　位于村中龙神庙庙院内,现已无存。

山神庙　位于村西,现已无存。

真武庙　位于村北,现已无存。

第三十五节　张 家 店 村

一、自然环境与人文历史

张家店村,又名河滩村,位于原苜蓿乡(今属草沟堡乡)南偏东5.2公里处,居恒山余脉前山带茶山梁脚下,属深山区,选址修建在山谷东侧的台地上,西侧紧邻山谷沙河,227乡道穿村而过,地势东高西低,为沙土质,周围辟为梯田。1980年前后有82人,耕地252亩,曾为张家店大队驻地。

相传,三百年前建村于大河滩边,故取村名河滩。村名最早见于《(乾隆)蔚县志》,作"张家店",《(乾隆)蔚州志补》《(光绪)蔚州志》沿用。

如今,村庄由3部分组成,即张家店、岳庄与东坡,其中,张家店规模最大,居山谷东侧,岳庄位于山谷的西坡上,东坡位于山谷东侧的坡上。村庄狭长,规模较大,村中民宅多是土坯或毛石砌墙的红瓦房。村内有一条南北主街,路面荒芜。因为村中无学校,需去西合营或夏源上学,因此村民多已迁出,夏天常住人口有 200 余人,冬天常住仅有 70 余人(图 22.18)。

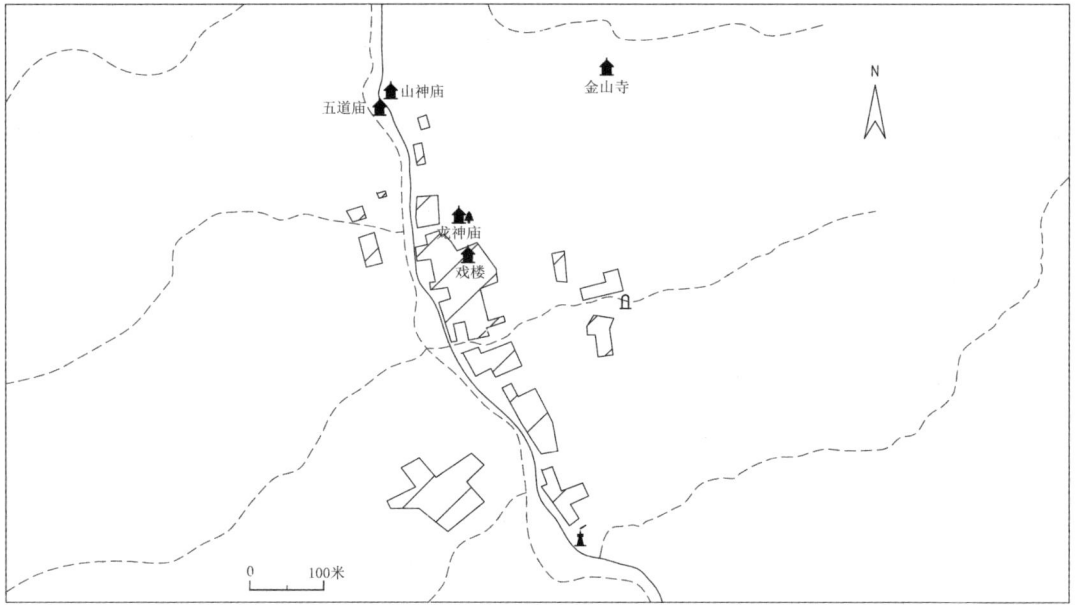

图 22.18　张家店村古建筑分布图

二、寺庙

据当地长者回忆,村庄曾修建有龙神庙、戏楼、金山寺、五道庙、山神庙,除龙神庙、金山寺外,均为块石修建的小庙。庙皆在日军占领时拆毁。

龙神庙　位于村北,庙前长有四株粗壮高大的榆树,寺庙整体坐落在高大的台地上,整体坐北面南,开南门,山门无存,门前设有 20 多级条石台阶,保存较好,蔚为壮观,台明上新建一排红砖瓦房,且已改造作为羊圈,庙宇建筑无存。

戏楼　位于龙神庙对面,戏楼台明较高,外立面包砌毛石,主体结构面阔三间,进深六架梁,外硬山顶内卷棚顶,已重修,戏楼内为水泥地面,白灰墙壁,无彩绘、壁画、隔扇遗存。戏楼内堆放柴草。

金山寺　位于张家店的东北山坡上,选址修建在一小山顶上。地势较高,附近长有 27 株松树,包括 23 株油松树和 4 株落叶松。庙宇建筑毁于日军占领时期,现为荒地,残砖断瓦俯拾皆是,寺庙遗址尚存 1 通乾隆五十二年(1787)的《重修碑记》石碑。

五道庙　位于村北进村山道西侧,红砖砌筑,正殿坐北面南,面阔单间,硬山顶,进深四架梁出前檐廊。门窗仅有框架，庙宇梁架为旧构，屋顶和墙体新修，庙内为水泥墙面，殿内设有供台，没有壁画、彩绘、塑像。

山神庙　位于村北进村山道东侧毛石砌筑的高庙台上，正殿坐北面南，面阔单间，硬山顶，墙体以毛石砌筑，顶覆以红瓦。山神庙已废弃，长满杂草。

第三十六节　北骆驼庵村

一、自然环境与人文历史

北骆驼庵村位于原苜蓿乡（今属草沟堡乡）南偏东 7.3 公里处，居恒山余脉前山带东甸子梁脚下，属深山区。村庄选址修建在山谷西侧的台地上，东临沙河，地势西高东低，为沙土质，周围辟为耕地。1980 年前后有 57 人，杂姓，耕地 138 亩，隶属张家店管辖。

相传，清康熙年间建村于骆驼庵山梁之北，故借山取村名北骆驼庵。村名最早见于《（光绪）蔚州志》，作"骆驼庵"，《（民国）察哈尔省通志》作"北骆驼庵"。

如今，村庄规模小，民宅以土石房屋为主，大部分废弃，只有 3 户居民翻修屋顶，但只剩下 1 户牧羊人居住。据张家店村的长者回忆，村民于 3 年前搬迁到张家店居住。

二、寺庙

据张家店村的长者回忆，旧时北骆驼庵村曾修建有五道庙、山神庙、关帝庙、龙神庙／观音殿。周边村庄以北骆驼庵建村时间最早，龙神庙内的铁钟上铸有"天启七年"字样，可惜毁于大炼钢铁时期。

五道庙、山神庙、关帝庙　位于村中小石房边上，现已无存。

龙神庙／观音殿　位于村东山谷东侧的山坡上，一株两人合抱的落叶松下，新建建筑。正殿坐北面南，面阔三间，硬山顶，殿内设有供台，无壁画和彩绘。庙后墙上辟倒座观音龛。

第三十七节　南骆驼庵村

一、自然环境与人文历史

南骆驼庵村位于草沟堡乡驻地东偏北 4.9 公里处，居恒山余脉甸子梁山脚下，属深山区。选址于草沟堡所在的九宫口峪东侧的山谷中,山谷呈东西向,谷内地势较为平坦、开阔。村庄位于山谷北侧的坡地上,地势北高南低,北靠山,其余三面为平地,南面不远处为沙河河道,村庄周围地势较为平坦、开阔,为黏土质,辟为大面积的耕地。曾为抗日革命根据地。1980 年前后有 717 人,耕地 1464 亩,曾为南骆驼庵大队驻地。

相传,五百年前建村于形如骆驼脊山梁之南,故取村名南骆驼庵。村名最早见于《(乾隆)蔚县志》,作"南骆驼庵",《(民国)察哈尔省通志》作"南骆驼庵"。

二、街巷与古宅院

如今,村庄规模较大,分为新、旧两部分,由 4 条南北主街和 2 条东西主街组成。旧村位于北部山坡上,即北侧东西主街的北侧。

北侧东西主街西口修建有影壁,毛石垒砌台明,较为宽大,与影壁不成比例,推测原先修建有庙宇。影壁面阔三间,硬山顶,檐下饰有砖作仿木构装饰,砖雕椽子、飞子、梁头等,表面新涂刷有灰色的涂料。街内尚存多座老宅院。

过街门楼(60 号) 位于主街与西侧第二条南北主街的交汇口,门进深较深,门内东侧墙壁上辟有神龛。该过街楼为当地邸姓家族有了功名后修建的。

樊家宅院 位于北侧东西主街的北侧邻街,共 3 座老宅院。老宅院 1 为广亮门,前面设条石台阶,门上装饰无存,门内为一简单的影壁,院内正房面阔三间,门厅退金廊,尚存有部分木雕装饰,东西厢房倾斜、坍塌。老宅院 2、3 的形制布局与老宅院 1 相同,3 座紧邻在一起。

新、旧村之间的村内中部的十字路口为一片广场,北侧有 1 座新建民宅,正对南侧的南北主街,直对着南侧的 1 座山峰,为了避邪镇住山峰,主人在院门的东侧墙壁上新设一神龛,龛中供奉犼(神像)。神龛与村南山顶相冲,当地称为山头南龙魁。

犼本为传说中一种凶猛的野兽,与龙、麒麟一样为幻想出来的物种,清代以前一般认为犼是佛教菩萨的坐骑,清代中期却兴起了僵尸旱魃可变犼的说法[1]。村民家门口供奉的这个犼想必是凶猛的野兽,与泰山石敢当的作用相似。

据当地 89 岁的樊姓老人回忆,村内居民较多,旧时近 300 人,由于村庄所在沟中田多、水多,如今有 700 余人,以樊姓为主(图 22.19)。

三、寺庙

据当地 89 岁的樊姓老人回忆,村中旧时修建有四神庙、剧场、五道庙(2 座)。"文革"时期拆毁寺庙。

---

〔1〕 孙国江:《中国古代旱魃形象的起源与嬗变》,《民俗研究》2014 年第 6 期。

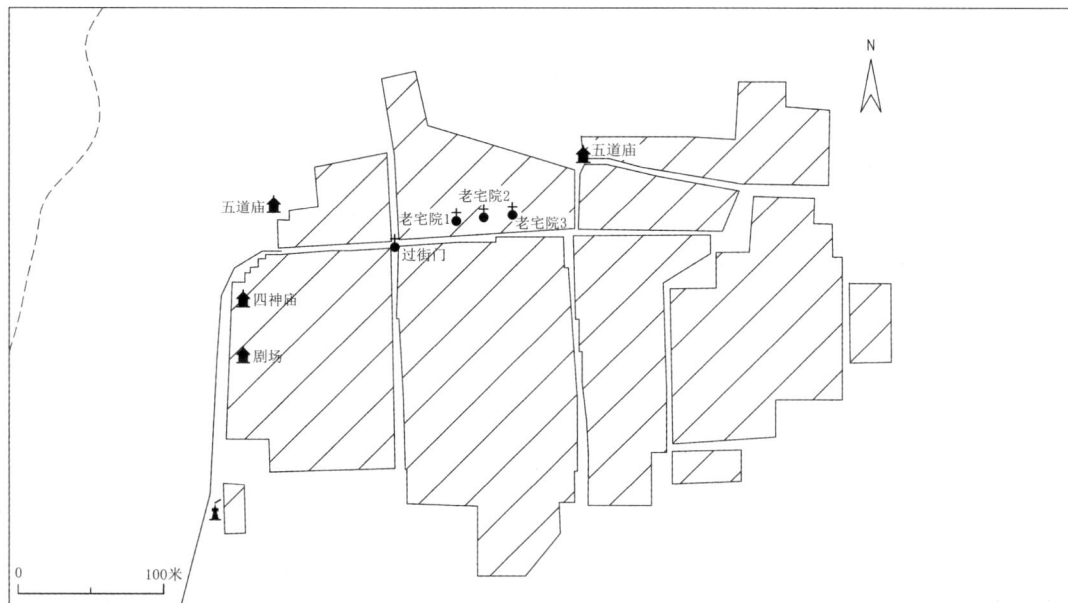

图 22.19　南骆驼庵村古建筑分布图

四神庙　位于村西部，影壁南侧。四神庙为 1 座庙院，新建双层围墙，外围墙开北门，将寺庙区和剧场合围在同一院内。内围墙为庙院，寺庙由山门和正殿组成，因美丽乡村工程而修缮，正殿屋顶已修缮。

寺庙坐北面南，山门为旧构，位于南墙正中，广亮门，硬山顶。门外西侧尚存旗杆石。前檐额枋尚存清末民国时期的彩绘，斑驳不清，门内东西墙壁尚存壁画和题壁，题壁内容为行雨时的记录，保存较好（彩版 22-6、7）。

东壁题字：

① 一处题字记录了一次祭祀求雨的过程实录，其内容如下：

　　中华民国卅肆年六月卅日讨雨，七月初壹日取水，初贰日□马去向西，初叁日去向北鲁家白家庄子，初肆日去向南青崖大台子□□□安抢到头来，初肆日下了壹长雷声雨。初陆日送水，当日谢降二人事。初伍日下了雷声雨壹长雨长中见好雨下透。

　　抬的是雨神、当朝□龙王，讨的白龙王。

② 另一处实录记到：

　　五月二十四日讨雨，二十四下好雨，廿五日下透。

　　献戏三期□□□□，廿七日正、廿八日。

③ 另一处只有："民国叁拾。"

④ 还有一处实录记到：

> 民国三十一年五月□四日讨雨、取水。初五日□马行□去小□庄子、聂门子、青崖□□，去鲁白庄子，初七日去□□□□□。抢到头来，初八日送水大台子，初十日二人谢降□，初八日下普雷雨中□□。

西壁北侧内壁还有一处实录题字：

> 光绪贰肆年五月初□……当日下雷神雨一昌廿四日下？□……二昌中好雨。

山门东山墙内壁镶嵌有 1 通咸丰九年（1859）的《重修创建碑记》，保存较好。碑文中记到"四神庙先人创建者年深以为坏乎阖村公"，"补修正殿前后左右以为补平重修正山门楼钟鼓二楼左右便门己巳年创修影壁重修东西五道庙栽松树十颗……"山尖壁画保存较好。山门西侧尚存 1 通残碑，字迹漫漶，为光绪五年（1879）的《……戏楼碑记》。

门内庙院为一进院，土地面，新栽松树。正殿坐北面南，面阔三间，硬山顶，进深六架梁出前檐廊，前廊西墙下设有面然大士龛。殿分隔为南北二间，北侧为观音殿，南侧殿内分隔为 3 座独立的殿宇，从东至西依次为关帝庙、龙神庙、地藏殿。各殿正面设有供台，正壁墙壁表面涂刷白灰浆，多脱落，斑驳不清，露出其下清末民国时期的壁画。

关帝庙，位于南侧东次间，进深五架梁。殿内壁抹有白灰，底下壁画隐约可见。关帝庙内墙壁上有光绪年间的降雨记录（彩版 22-8）。

龙神庙，位于南侧明间，进深三椽。殿内壁抹有白灰，壁画已难以分辨。东壁可以看到雷公的环雷，西壁可以看到水车、时值功曹。龙神庙顶部脊檩上曾有彩绘《八卦图》，现已模糊。

地藏殿，位于南侧西次间，进深五架梁。殿内壁抹有白灰浆，人物已难以看清，正殿露出的壁画较少，只有东侧有色彩残存，但已不成画。东、西两壁北侧各立有五位阎君，皆手持笏板，侧身面向正壁；南侧各绘有五位阎君。

这堂绘画不同之处在于，每殿之间皆有竖向题字，字数在十一二个。由于题字色彩已无，只有凸出部可辨，每段题字很难认全。从辨出的几处来看，内容不成为句，不知是何意。如东壁南 1："阳世所为朝看暮楚訾日已。"

观音殿，位于四神庙正殿后，坐南面北，面阔单间，进深一椽，明间辟券形门。殿内壁壁画尚存，清末民国时期的作品。正壁分为二个部分，但因空间有限，两部分相互有交叉。

上部尚保存较好，下部已毁坏严重。正壁上部绘有观音、普贤、文殊三大士；下部毁坏较严重，但可以看出中间为《观音坐堂说法图》，两侧为善财童子与龙女，两边立着伽蓝与韦驮护法神。两侧壁连北墙为一体，上部绘有《观世音菩萨普门品》中的"救八难"内容，8幅画基本完整；下部绘有十八罗汉，毁坏严重。北墙券门上有一条屏，上有"救八难"的经文题字一共4段。东侧一段已不清，其他三段仍可勉强分辨，为：

或漂流巨涛，龙鱼诸鬼难	念彼观音力，波涛不能没
或在须弥峰，为人所推坠	念彼观音力，如日虚空住
或囚禁枷锁，手足被杻械	念彼观音力，释然得解脱

北墙门上有题壁，落款为"民国贰年八月十七日"。

剧场（戏楼）　建于四神庙南侧，近代风格建筑，据当地长者回忆，戏楼于30年前后拆毁，在原址修建剧场。剧场前为自然石铺成的地面和层层看台。

五道庙　2座，1座位于村东北方位的东西主道东口，主道北侧坡上，地势较高。正殿坐北面南，面阔单间，单坡顶，进深三架梁。门窗无存，殿内正壁和东山墙表面脱落，西山墙尚存部分壁画，为清末民国时期的作品。1座位于西口影壁北侧，即村庄的西北角。新修建建筑，正殿坐北面南，面阔单间，硬山顶，进深五架梁出前檐廊，殿内没有彩绘和壁画，正面供台上供奉有五道将军木牌神位。

第三十八节　沙　沟　村

一、自然环境与人文历史

沙沟村位于草沟堡乡驻地东北3.8公里处，居恒山余脉张家店梁山脚下，属深山区。选址于草沟堡—东庄子—南骆驼庵村一线山谷北侧的支线山谷中。该山谷大致呈东北—西南走向，相对狭窄，村庄修建在山谷尽头附近北侧的坡地上，地势北高南低，村南不远处为沙河河道，村庄北面临山坡，东、西、南三面为缓坡地，为沙土质，地势狭窄，辟为耕地。曾为抗日革命根据地。1980年前后有150人，耕地374亩，曾为沙沟大队驻地。

相传，明万历年间建村，因这里沟内沙石多，故取村名沙沟。村名最早见于《（乾隆）蔚州志补》，作"沙沟里"，《（光绪）蔚州志》《（民国）察哈尔省通志》沿用。

如今，村庄规模较小，受地形影响，布局较乱，村内民宅以土石房为主，少部分翻修屋顶,新房较少。现有户口170人,常住仅50余人,村民以耿姓为主。226乡道止于本村。

二、寺庙

据当地长者回忆,村内修建有戏楼、五道庙、龙神庙。

戏楼 位于村中东北部,坐南面北。北面正对大队部及一南北向路口,戏楼结构简单,为20世纪50年代的建筑。戏楼为单檐硬山顶,面阔三间,进深五架梁,南、东墙坍塌,正面为木板封堵。戏楼已废弃,里面堆放杂物。戏楼内隔扇尚存,保存较好,明间尚存有圆形窗户,左右门无存,仅存框架,明间部分表面尚贴有1966年"文革"时期的大字报。戏楼内没有壁画和彩绘。

五道庙 位于戏楼南侧,七十年代坍塌,现已无存。

龙神庙 位于村东村外的山坡上,地势较高,俯瞰全村。寺庙修建在毛石、片石垒砌的台明上,台明规模较大,与庙殿不相匹配,上面长有3人合抱的大榆树。正殿已重修,结构简单,面阔单间,硬山顶,五架梁,无门窗、壁画和彩绘。

第三十九节 东 庄 子 村

一、自然环境与人文历史

东庄子村位于草沟堡乡驻地东偏北3.2公里处,居恒山余脉甸子梁山脚下,属深山区。村庄与南骆驼庵村在一条东西向的山谷中,村庄选址在山谷北侧的山坡上,地势北高南低,依地形而建,村南不远处为东西向的河道,村北侧为山坡,东、西、南三面地势平坦,一马平川,为黏土质,辟为大面积的耕地。曾为抗日革命根据地。1980年前后有728人,耕地1 609亩,曾为东庄子大队驻地。

相传,清康熙年间建村于草沟堡村东,故取村名东庄子。村名最早见于《(乾隆)蔚县志》,作"东庄子",《(乾隆)蔚州志补》《(光绪)蔚州志》《(民国)察哈尔省通志》沿用。

如今,村庄规模较大,东西狭长,东、中部各有一条冲沟南北向穿过村庄,村东部的河道内新建有泄洪渠。村西口路北新建有村委会大院,河道和东西主街的交汇口东南角修建有村卫生室,北部的东西主街中部主街北侧有一新建的敬老院。乡道从村庄的中部穿过,村庄北侧有一条东西向主街。总体来说,村庄北部为旧村,民宅以土旧房为主,老宅院较少。旧村内的土旧房大部分废弃、坍塌,无人居住。南部邻近乡道处为新村,民宅以新房为主。村中居民多,现有居民700余人,杂姓,其中赵、耿、李、张相对较多(图22.20)。

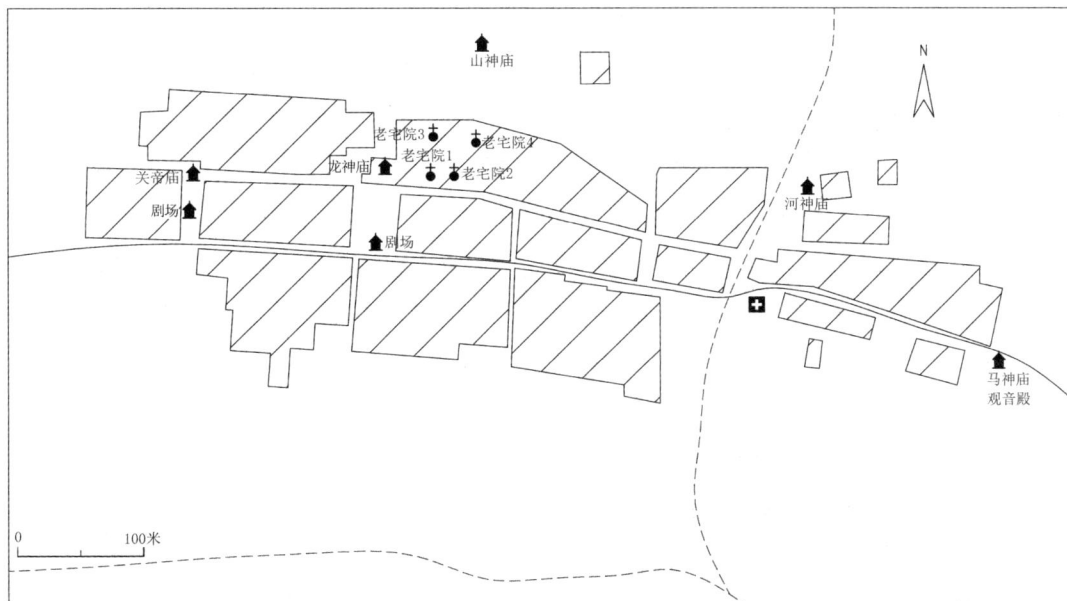

图 22.20　东庄子村古建筑分布图

　　老宅院主要分布在北部东西主街的东段与中段。主街北侧有 4 座老宅院,即老宅院 1～4 在一起。老宅院均已废弃。其中老宅院 4 的正房退金廊,木雕装饰尚存。

二、寺庙

　　据当地长者回忆,村内旧时曾修建有马神庙/观音殿、剧场、龙神庙、山神庙、关帝庙(戏楼)、河神庙、泰山庙、阎王殿、五道庙、三官庙。庙宇建筑除现存者外多拆毁于“文革”期间。

　　马神庙/观音殿　位于村东口水泥路南侧,新建建筑。正殿面阔单间,硬山顶,进深五架梁,殿内格局平分,南为马神庙,北为观音殿。马神庙的对联为“羊肥马壮谱新春,虎耀龙腾荣富岁”,观音殿两侧对联为“甘霖洒野地生金,瑞雪飘云天降玉”。殿内外没有壁画和彩绘,殿内设供台放置牌位。庙四周台明较为高大,台明外立面毛石垒砌,应为旧址上新建庙宇。

　　剧场　位于村中心,东西主街北侧,新建建筑。剧场坐南面北,面阔三间,硬山顶,进深五架梁。西侧为新建的南北向泄洪渠,北侧为空地,修建有看台。

　　龙神庙　位于剧场对面,北侧东西主街北侧,背后正对 1 座兀立的大山。庙殿曾改造为大队部(87 号院)。正殿面阔三间,硬山顶,已废弃,其中西次间地基下有券形门洞,为泄洪渠。正脊正中还有 1 块装饰。

　　山神庙　位于旧村北侧村外山坡上,正殿所在毛石基础较为高大(彩版 22-9)。正殿坐北面南,面阔单间,硬山顶,进深三架梁,门窗无存。殿内正面设供台,已坍塌,无壁画、彩绘遗存。

关帝庙　位于村西，现由当地一位 72 岁的老人看护。2017 年修缮，新建庙院，由院墙、山门、正殿组成。庙院开东门，随墙门，院内狭长，北部设正殿，正殿基础较高。正殿坐北面南，面阔三间，单檐硬山顶，进深五架梁出前廊。前檐额枋尚存清末民国时期的彩绘，大部分脱落。正殿前廊两壁尚存壁画，破坏严重。殿内正壁壁画为 20 世纪 90 年代新绘制的壁画，绘有《关帝坐堂议事图》。东西山墙尚存清末民国时期的壁画，连环画式，表面多破坏、脱落，斑驳不清，东壁中部残存，东壁上半部残存。从残存的壁画来看，每幅画大小不规格，也没有明显的分割线，残存的榜题如下：

东壁：苏□敬马，张世平敬金，□平县上任，安喜县……

西壁：万堂封侯，大破赤牛，神诸吕蒙，玉泉山显圣，各□□，火烧新野县，结江……

山尖为彩绘壁画，绘制有楼阁。顶部脊檩绘《八卦图》。殿内堆放杂物。正殿对面新建有剧场。

河神庙　位于村东部的南北向泄洪渠东侧，仅存正殿。基础为毛石垒砌，正殿面阔单间，硬山顶，进深四架梁出前檐廊。门窗无存。前檐额枋尚存清末民国时期的彩绘，大部分脱落。殿内北、西墙壁尚存清末民国时期的壁画，人为破坏严重，涂刷白灰浆并有大面积的脱落，画面漫漶，内容无法释读。

泰山庙、阎王殿、五道庙　位于村中，现已无存。

三官庙　位于村西，现已无存。

第四十节　曹子水村

一、自然环境与人文历史

曹子水村位于原苜蓿乡（今属草沟堡乡）东南 10.7 公里处，居恒山余脉中山带东甸子梁东脚下，属深山区。村庄选址修建在平缓的山坡上，地势北高南低，为壤土质，周围辟为梯田。曾为抗日革命根据地。解放前后村中不足 100 人，1980 年前后户口有 301 人，常住 244 人，以陈、程姓为主，耕地 470 亩，曾为曹子水大队驻地。

相传，明天顺年间建村，因该村中有一流水石槽子，村前的水能通过槽子流出，故以此取村名槽子水，后误为曹子水。村名最早见于《（乾隆）蔚县志》，作"曹家嘴子"，《（乾隆）蔚州志补》作"曹子水"，《（光绪）蔚州志》作"槽子水"，《（民国）察哈尔省通志》作"漕子水"。

如今，村庄规模较大，大体分为东、西两部分，东面为主，西面只有不多的民宅。民宅以土石旧房为主,采用毛石砌筑,部分宅院使用青砖,少有翻建屋顶,村北有烧瓦窑,村西2.5公里处山沟里有瀑布。东部村庄为一条南北主街,自然石路面,街道狭长,两边为小巷、民宅,村中南部有一株大柳树。居民少,常住人口仅有50~60人,耕地主要种植玉米、谷、黍,现无人耕种,近年禁牧后居民逐渐减少,多外出打工。

二、寺庙

据当地长者回忆,旧时村庄曾修建有龙神庙、山神庙、泰山庙、五道庙。

龙神庙　位于村南村外,村庄所在山梁的尽头,地势高,南望可见纵横交错的山谷和连绵起伏的山脉。寺庙原为1座庙院,现院墙无存,仅存山门和正殿,山门前长有一棵大杏树。山门面阔三间,硬山顶,进深三架梁,屋顶、屋檐部分坍塌,门扇无存,西次间已塌,如此规格的山门在大南山中还是少见的。院内为土地面,正殿西侧有一棵干枯的大树。正殿保存较好,坐北面南,面阔单间,硬山顶,进深五架梁出前檐廊。土石修建墙体,破坏较为严重,屋檐有部分坍塌,门窗无存,仅存框架和墙体,前檐额枋上残存有民国时期的彩绘,保存一般。殿内正面壁画无存。墙下设有供台,供奉有四尊新塑塑像,自西而东,牌位上分别写有火龙、黑龙、黑龙、青龙,而第二位黑龙从形象上来看是红龙。东、西山墙壁上尚存有民国时期的壁画,壁画破坏严重,仅个别人物依稀可见。

山神庙　位于村南路边的山坡上,庙已废弃,仅存正殿,正殿坐北面南,面阔单间,硬山顶,进深三架梁,土石垒砌墙体,门窗无存,仅存框架,殿内北墙坍塌,下设有供台,东西山墙壁画尚存,为民国时期的作品,壁画颜色已氧化成黑色,漫漶不清。殿门柱上有对联"山神端座神稷上,神明有感赴坛中"。

泰山庙　位于村北山坡上,四周辟为耕地,现存寺庙为2014年重修,庙院开南门,门前长有一株大杏树,树下有一柱础,应是原寺庙内构件。正殿面阔单间,硬山顶,出前檐廊。正殿前立有布施功德碑,正殿门窗上贴有许多对联,梁架上施简单的彩绘。殿内未绘壁画,新立有塑像,正面设有供台,供奉三位娘娘,并放置贡品和还愿用的小娃娃。

五道庙　位于村中大柳树东侧,现存有遗址。

第四十一节　东 椽 台 村

一、自然环境与人文历史

东椽台村位于原苜蓿乡(今属草沟堡乡)东南偏南9.3公里处,居恒山余脉中山带东甸子梁东脚下,属深山区。村庄选址修建在山谷一侧的山坡台地上,村北为大山山坡,地势北高南低,为壤土质,周围辟为梯田。曾为抗日革命根据地。1980 年前后有 130 人,耕地 170 亩,曾为东椽台大队驻地。

相传,该村东有 1 座台子,四百年前人们常于台上存放椽木,建村后据此取名东椽台。村名最早见于《(乾隆)蔚州志补》,作"椽台上",《(光绪)蔚州志》沿用,《(民国)察哈尔省通志》作"椽台子"。

如今,村庄主体呈西北—东南向,村口为一片空地,长有一株大榆树。村中为一条南北主街布局,主街石板路面。民宅以土石房为主,未见翻修屋顶者。民宅多废弃。特别是村北部,随着地势的升高,废弃的民宅逐渐增多。村庄规模小,现户口有 120～130 人,常住仅 20～30 人,以卢、薛姓为主,改革开放后,村民陆续搬迁到西合营、县城居住。

二、寺庙

据当地长者回忆,旧时村中曾修建有龙神庙、山神庙、罗汉庙,寺庙因年久失修,"文革"前便自然坍塌。

龙神庙 位于村东南角村边,仅存正殿,基础较高,台明外立面包砌毛石,正殿坐北面南,面阔单间,硬山顶,进深三架梁,墙体全部用毛石修建,门窗无存,屋顶有部分损坏,殿内无壁画遗存,供奉一尊新龙神像。龙神庙东侧有泉眼,泉水清澈见底,水量大。

山神庙 位于村西大榆树下,现寺庙建筑无存,仅存大榆树。

罗汉庙 位于村东外,现已无存。

第四十二节　阁　上　村

一、自然环境与人文历史

阁上村位于原苜蓿乡(今属草沟堡乡)东南偏南 12 公里处,居恒山余脉中山带东甸子梁东脚下,属深山区。村庄选址修建在山谷及北侧的台地上,地势西高东低,为沙土质,周围辟为梯田。曾为抗日革命根据地。1980 年前后有 208 人,以韩姓为主,耕地 260 亩,曾为阁上大队驻地。

相传,五百年前建村于玉皇阁庙东,因村址地势较庙高,故取名阁上。村名最早见于《(乾隆)蔚州志补》,作"阁儿上",《(光绪)蔚州志》沿用,《(民国)察哈尔省通志》作"关儿上"。

如今阁上村依山谷的地势而建，逐级而上，灰顶瓦房层层叠叠，颇为壮观。民宅以土石房为主，多废弃。屋顶大部分翻建，此地房屋建筑风格与涞源更为相似，与蔚县本地多有不同，主要体现在屋脊两端全部翘起，当地人称为"起脊六兽大瓦房"。起脊即正脊两端翘起，但六兽是否在正脊上蹲六只瑞兽，我们没有在村中找到实例。村口修建有健身园和新开的农家院。村中居民较少，现不足 100 人，多外出打工。旧时，本村可通涞源的其中口、李家庄子等地，路不通车，只能骑行，徒步需 3 个多小时。每年 11 月至次年 2 月为大雪封山阶段，封山时食物要自给自足，但冬季没有地下水，只能化冰取水，生活艰苦。当地人均 8 分地，主要种植山药、玉米、土豆等。村庄附近的山泉水量大，据村民说距离本村约 5 里地的地方，地名"西梁"，有 5 个瀑布连在一起，蔚为壮观。

村东村口大石头上立有石碑，为挡山口的"泰山石敢当"石碑，石碑立在一天然巨石上，巨石和石碑向东正好对村东的山谷，属风水石碑，石碑为砂岩质地，上面刻有"泰山石敢当，2003 年 7 月"字样，为韩姓居民所刻。附近的溪水清澈，水量大。村西亦立 1 通石碑。

二、寺庙

据当地长者回忆，村内曾修建有山神庙、剧场、五道庙、龙神庙。

山神庙　位于村西，现已无存。

剧场　位于村内西南部，曾为戏楼，40 多年前拆毁，1981 年在原址修建剧场。剧场两侧对联为："发扬革命传统；争取更大光荣。"如今已废弃，剧场前面有新修的影壁。

五道庙　位于村中西部，仅存正殿，殿前设有四步石台阶（彩版 22-10）。正殿坐北面南，面阔单间，硬山顶，进深四架梁出前檐廊。门窗无存，屋顶及屋檐有部分损坏，梁架上有残存的彩绘，为民国时期的作品。殿内有民国时期的壁画，破坏严重，仅存东、西山墙，北墙无存。墙下尚存供台，保存一般。东壁右上角隐约可见奸夫淫妇的山洞与报信小鬼，西壁左上角隐约可见被铁链拴住的奸夫淫妇。

龙神庙　位于村口大树下，现为 1 座庙院，庙院整体坐落在毛石包砌的庙台之上，南面中央设有高耸的条石台阶，山门和正殿的屋顶均于三四年前修缮，庙院内为石板、石头地面，西部有一株 2 人合抱的大榆树，正殿处于树荫之中。

正殿基础较高，前面设有条石台阶，正殿坐北面南，面阔单间，硬山顶，进深四架梁出前檐廊，前廊中悬挂有铁钟。钟体上有铸造铭文："道光十一年四月五道庙造钟一口，重十余斤。经理人牛步青、任银、苏富，金人匠人刘煜、薛福玺、孙福。阁见上阍村会议仲善人等重修。大清国直隶宣化府蔚州城东南山地名。"正殿门窗无存，殿内为水泥瓷砖地面，殿内墙壁上原有壁画，修缮时用白灰浆覆盖，殿内供奉 7 尊新塑小神像，分别为雨神、青龙、火龙、龙姑姑、白龙、黄龙、黑龙。

院内共有 3 通石碑,2 通立于殿前廊两侧,1 通立于山门内东侧。前廊西侧石碑为咸丰十一年(1861)的《龙神庙建修碑记》,碑文中提到"嘉庆六年雨水冲毁",碑阴为布施功德榜,石碑字口保存较好。前廊东侧石碑为 1924 年的《龙神庙重修碑记》,碑阴为布施功德榜,石碑保存较好,根据碑文记载,村名作"阁见上村"。山门东侧石碑为光绪八年(1882)的《重修碑记》,碑阴为布施功德榜,字迹漫漶。当地每年二月初二给龙王唱戏,戏班为本村村民组成,主要唱山西梆子。

第四十三节　茶　山　村

一、自然环境与人文历史

茶山村位于原苜蓿乡(今属草沟堡乡)东南 6.5 公里处,居恒山余脉前山带茶山上,属深山区。选址修建在茶山主峰(海拔 2523.6 米)的南坡上,地势北高南低,村西、南部荒地上有许多大型石块,北面可见高大的主峰。村庄周围为大面积的高山草甸,为沙土质,附近植被还有落叶松、桦树。2013 年于村庄西、南的山梁上建风电系统,2014 年村中通硬化水泥路。1980 年前后有 99 人,耕地 230 亩,曾为茶山大队驻地。

相传,明万历年间建村于茶山上,故以山名冠村名为茶山。村名最早见于《(民国)察哈尔省通志》,作"茶药山"。

如今,村庄规模较小,民宅以土旧房为主,屋顶多翻建。村中北部和东部各有一条主街,平面呈 L 形,此地为户外徒步线路,村口立有旅游开发的广告牌,村内还有新开的农家院。村内现有 100 余人居住,以李、王、刘、卢四大姓为主。

二、寺庙

据当地长者回忆,村庄建有山神庙、龙神庙。

山神庙　位于村中东侧南北主街路边,即村东南部。正殿于 2015 年新建,选址修建在毛石垒砌的庙台上,正殿面阔单间,硬山顶,无门窗,建筑形制类似于龛,殿内墙壁表面涂刷白灰浆,没有壁画和神像。

龙神庙　位于村南村外的山坡尽头,正对山谷,现为 1 座庙院,院墙毛石干垒,山门已无存。院内为红砖铺就的地面,院内长有三株大松树。正殿于 2015 年新修,坐北面南,面阔单间,硬山顶,进深五架梁出前檐廊,无门窗,殿内墙壁表面涂刷白灰浆,无壁画,正面供奉一尊小龙神神像。正殿前设有面然大士龛。

第四十四节　青崖子村

一、自然环境与人文历史

青崖子村位于草沟堡乡驻地东南 5 公里处,居恒山余脉甸子梁山脚下,属深山区。村庄选址修建在山谷中北侧的坡地上,村南为冲沟河道,沙石河床,地势北高南低,为沙土质,周围辟为耕地、梯田。曾为抗日革命根据地。1980 年前后有 140 人,以裴、章姓为主,耕地 444 亩,曾为青崖子大队驻地。

相传,清朝初期建村,因村后有一青石崖,故据此取村名青崖子。村名最早见于《(乾隆)蔚县志》,作"青崖里",《(乾隆)蔚州志补》作"青崖子",《(光绪)蔚州志》沿用,《(民国)察哈尔省通志》作"青崖里"。

如今,村庄规模较大,顺石板道层层递升。民宅以土石房为主,多废弃坍塌,翻修屋顶者不多。现有居民 20~30 人,当地种植白菜、土豆、莜麦、大豆、胡麻。219 乡道止于此。

二、寺庙

据当地长者回忆,村庄修建有龙神庙、五道庙、山神庙。

龙神庙　位于村南山坡上。现为 1 座庙院,院墙低矮,块石垒砌。南墙中部有一缺口,山门建筑已无存。院内长有大松树、大榆树,庙南侧长有大柳树。

正殿为新建建筑,面阔单间,硬山顶,进深五架梁,门窗无存。殿内正面设有供台,墙壁表面涂刷白灰浆,壁画和彩绘无存。殿前立乾隆四十七年(1782)的《重修三官庙碑记山神庙二处》,碑阴未刻字。石碑为宣化府人所写。此碑为三官庙碑,立于龙神庙殿前,说明村中曾有三官庙,也可能这座龙神庙是在三官庙的旧址上新建的。

五道庙　位于龙神庙南墙缺口西侧,新建建筑,正殿面阔单间,单坡顶。

山神庙　位于村东山坡上,新建建筑,正殿面阔单间,硬山顶,进深三架梁,殿内无门窗、壁画、彩绘。

第四十五节　孟家岭村

一、自然环境与人文历史

孟家岭村位于草沟堡乡驻地南偏西 4.7 公里处,居恒山余脉华庭尖山脚下,属深山区。村庄选址修建在山顶的凹地里,北靠山坡,东侧为一条小山谷,西面为华庭尖山的主峰,南面为山坡,村庄周围地势十分开阔,地势东北高、西南低,为黏土质,周围辟为梯田。曾为抗日革命根据地。1980 年前后有 73 人,以仲姓为主,耕地 217 亩,曾为孟家岭大队驻地。

相传,清光绪年间唐县有一姓孟的人逃荒到这里,独居于一小山村岭,故取名孟家岭,后建村遂用此名。但该村在蔚县诸版方志中均失载。

如今,村庄规模小,村中有一条小冲沟将村庄分为东、西两部分,受地形限制,民宅分布较散乱,民宅以土石房屋为主,多新修屋顶。村内地多为荒地,耕地较少。村南侧水泥路边有新建的水井房,村附近的山坡上为白菜地。据当地长者回忆,旧时村民从涞源搬迁而来,有 100 多年的历史,大约是在 61 岁的仲姓老人的太爷爷那辈人。现在村中户口有80～90 人,但常住的仅 30～40 人。226 乡道穿村而过。

二、寺庙

据当地 61 岁的仲姓老人回忆,旧时村庄修建有和尚庙、龙神庙。

和尚庙　位于村南,现已无存。

龙神庙　位于村东 1 座小山崖顶部,庙殿为神龛式建筑,坐北面南,面阔单间,硬山顶,进深三架梁,墙体用块石垒砌,未施壁画和彩绘。

第四十六节　其他村庄

一、邢山村

邢山村位于原首蓿乡(今属草沟堡乡)西北 6.1 公里处,居恒山余脉前山带灵芝坡脚下,属深山区。村庄选址修建在山谷北坡的台地上,地势北高南低。为沙土质。西临九宫口峪口,227 乡道穿村而过。谷中尚有较大的溪水,清澈见底,每年 6～7 月水量最大。村北为陡峭的悬崖,蔚为壮观。1980 年前后有 109 人,苏姓为主,耕地 220 亩,曾为邢山大队驻地。

相传,明天顺年间邢姓将村建在山湾处,故取村名邢山。村名最早见于《(乾隆)蔚州志补》,作"邢山儿"《(光绪)蔚州志》沿用,《(民国)察哈尔省通志》作"邢山村"。

如今,村庄规模小,民宅以土石房屋为主,多坍塌废弃,村中的小路亦荒芜。村民主要居住在 227 乡道边的新村,旧村只有 4～5 户居民,10 余人。由于村中没有学校,大部分村民于一二十年前搬迁到县城或西合营居住。村庄附近开辟的耕地大部分荒芜,留守村民以种植玉米、黍、山药为主。

据当地长者回忆,旧时村内有山神庙和龙神庙。山神庙位于村西南山谷中的巨石上。龙神庙在村西北,庙宇建筑已无存,但村民仍在此祭拜。

二、大花峪村

大花峪村位于原东杏河乡(今属草沟堡乡)北偏西 7.4 公里处,居恒山余脉孤山北侧南冻崖头,北靠大山,东靠 G112 国道,属深山区,地势西高东低,为沙土质。1980 年前后有 71 人,以沈姓为主,耕地 202 亩,曾为大花峪大队驻地。

相传,明嘉靖年间此沟峪里大片地方长满野花,建村后故取村名大花峪。但该村在蔚县各版方志中均失载。

如今,大花峪旧村还有 10 余人居住,冬季仅有 7~8 人。旧村因无水电,大部分居民外迁到今盘南头村南部新村中。

据沈姓老人回忆,旧村有大寺,在村北 200 多米外,大寺为一进院落,院内有一株松树,树下立有 1 通石碑,字迹漫漶。旧时这里为古道,南来北往的马帮需经过大花峪村,因山上有狼,故修庙许愿平安,寺庙因年久失修而坍塌。村北有龙神庙,迁居后的大花峪村民行雨,仍需要回大花峪旧村的龙神庙内举行。

三、湾嘴村

湾嘴村又名湾嘴子村,位于原东杏河乡(今属草沟堡乡)西北偏北 4.2 公里处,居恒山余脉孤山北麓,属深山区。村选址于九宫口峪西侧的一级台地上,处于一条东西向支谷与九宫口峪交汇处北侧坡地上,村东靠 G112 国道,南、东为沙河河道,西靠山,附近台地为沙土质,辟为梯田。1980 年前后有 7 人,以郝姓为主,耕地 36 亩,隶属乱寨管辖。

相传,五百年前打柴人建村于后梁避风湾山嘴处,故取村名湾嘴子。该村在蔚县诸版方志中均失载。

如今,村庄规模小,20 多年前村民搬迁到乱寨村居住,今已废弃,无完整民宅建筑,仅存遗址。旧时村中有五道庙,现已无存。

四、丁羊峪村

丁羊峪村位于原东杏河乡(今属草沟堡乡)北 3.6 公里处,居恒山余脉孤山东北大南背对面,属深山区。北靠大山,南临沙河,地势不平,为沙土质。1980 年前后有 30 人,耕地 60 亩,为丁羊峪大队驻地。

相传，二百年前丁姓在此山峪放羊并建村，故取名丁羊峪。但该村在蔚县诸版方志中均失载。如今已无人居住，民宅全部废弃成遗址。

五、下丁羊峪村

下丁羊峪村位于原东杏河乡（今属草沟堡乡）北偏西 4.7 公里处，居恒山余脉孤山北脚沟里，属深山区。选址于九宫口峪东侧的支谷中，支谷大致呈东西向，与主山谷交汇之处西侧即为青松寺遗址。村庄在山谷北侧的一级台地上，北靠山，南侧紧邻谷底的沙河，村庄周围的台地为沙土质，辟为梯田。1980 年前后有 9 人，耕地 25 亩，隶属丁羊峪大队。

相传，二百年前丁姓在此山峪放羊并建村，故取村名丁羊峪。但该村在蔚县诸版方志中均失载。

如今，村庄规模小，民宅以土旧石房为主，只有 4 户居民的民宅保存尚好，其余为遗址。村民于 1990～2000 年前后外迁，分散进入各村。旧时上、下丁羊峪曾为 1 座村庄，有百十人，以谭姓为主。

村内原有山神庙、五道庙、龙神庙，现已无存。村西山谷北侧的一级台地上开凿有 2 座防空洞，将自然山体掏挖成洞，并用水泥加固，应为备战备荒时期的工程，保存较好，洞内深约 5～6 米。

六、张马梁村

张马梁村位于原东杏河乡（今属草沟堡乡）北偏东 2.4 公里处，居恒山余脉孤山东脚东沟梁上，属深山区。地势较平，为沙土质。1980 年前后有 73 人，以平为姓为主，耕地 299 亩，曾为张马梁大队驻地。

相传，七百年前张姓建村于状似马形的山梁上，故取名张马梁。村名最早见于《（乾隆）蔚州志补》，作"张罗梁"，《（光绪）蔚州志》沿用。

据传说，本村为看护森林而逐渐形成的村庄，建国前成村。如今村庄规模很小，居民迁代王城居住，现已无人居住，成为一片废墟，村中无庙。

七、往泉村

往泉村位于原东杏河乡（今属草沟堡乡）西北偏北 1.3 公里处，居恒山余脉孤山东麓九栈崖对面，属深山区。村庄选址于九宫口峪内谷底东侧的坡地上，北、东面靠山，西、南面为谷底，地势相对平坦，为沙土质，辟为耕地。村西侧山谷中有南北向河流，G112 国道从村东侧绕过。1980 年前后有 99 人，以常、刘姓为主，耕地 156 亩，曾为往泉大队驻地。

相传,明隆庆年间建村于一水泉旁,南来北往的行人常在此饮水、住宿,故取村名往泉。该村在蔚县诸版方志中均失载。

如今,村庄规模小,民宅以土石旧房为主,少数翻修了屋顶,居民少,村中户口有80~90人,常住人口10余人。民宅大部分废弃、坍塌。

据村中长者回忆,村西北角大油松树下修建有五道庙,"文革"时拆毁。旧时村民行雨在村南沟中取水,抬水时也要戴柳条帽。

八、罗堂子村

罗堂子村位于原东杏河乡(今属草沟堡乡)东南偏南1.7公里处,居恒山余脉孤山东脚大崖头西侧,属深山区。选址于九宫口峪东侧的支山谷内的北坡坡地及山谷中上,G112国道东侧。村庄依地形而建,南、西侧为山谷,西南为两条山谷的交汇处。地势东南高西北低,为沙土质。1980年前后有95人,以姚姓为主,耕地361亩,曾为罗堂子大队驻地。

相传,一千年前罗姓建村于崖湾坑塘前,故取村名罗塘子,后演变为罗堂子。村名最早见于《(光绪)蔚州志》,作"纲圈里",《(民国)察哈尔省通志》作"罗圈里"。

如今,村庄规模小,受地形影响民宅分布散乱,民宅以土旧石房屋为主,多废弃、坍塌,仅30余人居住。村西所在的山谷中有水井。

据当地长者回忆,村口的南坡上原有龙神庙,正殿坐北面南,硬山顶,面阔单间,出前檐廊,顶部坍塌,墙体为片石垒砌。寺庙内原有壁画,无塑像。庙前长有一株3人合抱的杆树。寺庙建筑在"文革"时期拆毁。旧时当地人在杆树下行雨,行雨时在本村取水,不用前往北沟村。

九、北沟村

北沟村位于原东杏河乡(今属草沟堡乡)东南偏南2.8公里处,居恒山余脉孤山东脚麻田岭北侧,属深山区,依坡地地形而建,地势略平,村庄东、西、南三面均临冲沟,为沙土质。1980年前后有113人,以杨姓为主,耕地320亩,曾为北沟大队驻地。

相传,明洪武年间建村于麻田岭北侧沟里,故取名北沟。村名最早见于《(乾隆)蔚县志》,作"贾皮沟",《(光绪)蔚州志》沿用,《(民国)察哈尔省通志》作"北贾皮沟"。

如今,村庄规模小,居民少,受地形影响,民宅分布散乱,民宅以土石旧房为主,少部分翻修屋顶。村中现有20余人,7~8户居民,村民多外出打工。

据当地68岁杨姓长者回忆,旧时村西山坡有龙神庙、山神庙,无五道庙、戏楼和石碑。庙宇建筑系年久失修,自然坍塌。旧时,北沟村与麻田岭村一起行雨。

十、岳观村

岳观村位于原东杏河乡(今属草沟堡乡)东偏南 3.2 公里处,居恒山余脉孤山东脚大崖头北梁,属深山区。北靠山坡,南临沙河,地势西北高东南低,为沙土质。1980 年前后有 152 人,以柴姓为主,以耕地 515 亩,曾为岳观大队驻地。

相传,八百年前岳姓在大崖头顶观此地风水好,便建村,并取村名岳观。村名最早见于《(乾隆)蔚州志补》,作"岳观里",《(光绪)蔚州志》作"岳关里",《(民国)察哈尔省通志》作"岳观里"。

如今,岳观村规模较大,一条冲沟将村庄分为东西两部分,现有 7~8 人居住。旧时曾修建有山神庙、五道庙,无龙神庙、戏楼。

十一、麻田岭村

麻田岭村位于草沟堡乡(今属草沟堡乡)北偏东 4.6 公里处,居恒山余脉麻田岭梁上,属深山区。村庄位于 G112 国道西侧,选址在麻田岭南侧的山坡上,地势北高南低。西侧为一条南北向冲沟,村周围为沙土质,辟为梯田。1980 年前后有 122 人,耕地 380 亩,曾为麻田岭大队驻地。

相传,清道光年间建村于麻田岭梁上,故取村名麻田岭。村名最早见于《(乾隆)蔚县志》,作"麻田岭",《(乾隆)蔚州志补》作"麻天岭"《(光绪)蔚州志》《(民国)察哈尔省通志》沿用。

如今,村庄规模小,受地形限制,民宅分布较乱,村庄为南北主街结构,村东部村口有一片广场,现为健身园,北侧为新建的村委会大院。村内民宅新旧房均有分布,住人者多翻修屋顶。现有居民 140~150 人,以薛、马姓为主。以前村中有学校,现无,需要去县城上学。

据当地长者回忆,村庄曾修建多座庙宇。龙神庙在村东南大榆树下;三官庙/观音殿在村西南;广场西侧有真武庙;村西有五道庙。其中真武庙和龙神庙内曾有石碑。寺庙建筑均为日军拆毁,材料用于修建据点。据点位于村北山顶上,当年修建有炮楼和战壕。选址较好,易守难攻。外侧为一圈环形战壕,山顶为核心据点,今仅存遗址。可见日军对这条公路相当重视,建据点派兵把守(图 22.21)。

十二、南沟村

南沟村位于草沟堡乡东北偏北 5.5 公里处,居恒山余脉麻田岭梁脚下,属深山区。选址于麻田岭南侧坡下沟中,G112 国道东侧,国道在这里开始盘山上麻田岭。村庄在山谷

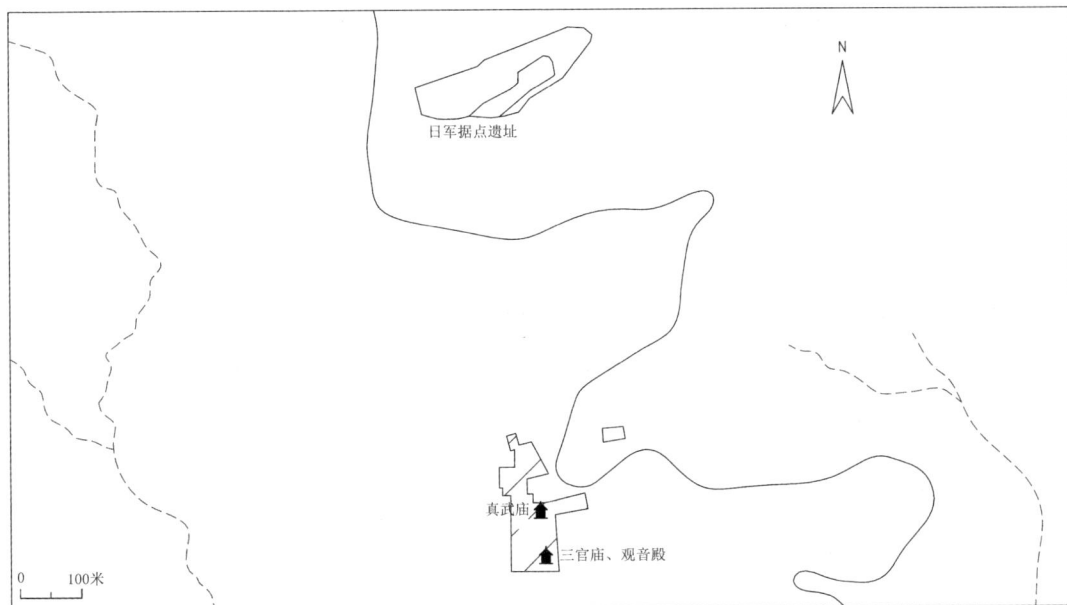

图 22.21 麻田岭村古建筑分布图

北侧的山坡上,地势北高南低,沿坡地而建,周围群山环抱,南侧为山谷和河道。村庄周围为沙土质,辟为梯田。附近山坡上有大面积的桦树林。曾为抗日革命根据地。1980 年前后有 109 人,以王、李姓为主,耕地 309 亩,曾为南沟大队驻地。

相传,五百年前建村,因村址位于麻田岭南沟,故取村名南沟。村名最早见于《(乾隆)蔚县志》,作"贾皮沟",《(乾隆)蔚州志补》作"南贾皮沟",《(光绪)蔚州志》作"贾皮沟",《(民国)察哈尔省通志》作"南贾皮沟"。

如今,村庄规模小,新、旧房屋均有分布,住人者多翻修屋顶。民宅分布较乱,民宅院墙、房屋多为片石垒砌。村中心有一片小广场,其东侧修建有地窖。居民少,现不足 50 人,村民以养牛为主。

据当地长者回忆,村中心有山神庙,村东口路南有龙神庙,庙前长有一株大松树,村中广场北侧石崖顶上有真武庙,庙宇建筑坍塌无存,现为遗址。

十三、李家嘴村

李家嘴村位于草沟堡乡驻地北偏东 3.9 公里处,居恒山余脉麻田岭梁上,属深山区。村庄选址在山南坡上,依山坡而建,地势北高南低,村南、北两侧不远处均有冲沟,村东南方远处为九宫口峪。村庄周围为山坡,为沙土质,辟为梯田。曾为抗日革命根据地。1980 年前后有 65 人,以李姓为主,耕地 390 亩,曾为李家嘴大队驻地。

相传,清乾隆年间本县十字村李氏三兄弟迁于此地山嘴处建村,故取村名为李家嘴。

村名最早见于《(乾隆)蔚县志》,作"李家嘴",《(乾隆)蔚州志补》《(光绪)蔚州志》《(民国)察哈尔省通志》沿用。

如今,李家嘴村庄规模很小。民宅分布较为散乱,只有10余户居民。民宅以土石房为主,没有翻修和新建的房屋,大部分废弃、坍塌。现居民仅4人,以养牛为主,并种莜麦、土豆。本村东南部有泉眼,水量大且清澈,向下流经鲁家庄子,为村民汲水之地。每年10月底至第二年3月为大雪封山期,其间以融化雪水为主。封山后的冬季则吃储备的食物。村南有土路,可达鲁家庄子村,门牌号显示为鲁庄子村李家嘴,由此可知该村属鲁庄子村管辖。

据当地长者回忆,村东有龙神庙,东北有五道庙,东南有山神庙,"文革"时期拆除庙宇建筑。如今村中路边尚存2通石碑,为龙神庙旧物,据碑文推测为光绪年间的石碑。

十四、王家庄子村

王家庄子村,位于草沟堡乡驻地西北偏北4.8公里处,居恒山余脉王庄子梁上,属深山区。村庄选址修建在山顶平地上,地势北高南低。周围为高山草甸,地势平坦,一马平川,为黏土质,辟为大面积的耕地。曾为抗日革命根据地。1980年前后有110人,以樊姓为主,耕地504亩,曾为王家庄子大队驻地。

相传,明天顺年间建村,据村西一虎头状山崖,借虎乃兽王之意,取村名为王庄子。村名最早见于《(乾隆)蔚州志补》,作"王家庄子",《(光绪)蔚州志》作"王家庄",《(民国)察哈尔省通志》作"王家庄子"。

如今,村庄规模小,只有东西向3条主街,居民仅8~10户,现为杂姓。民宅以土石房屋为主,多废弃坍塌,只有几座翻修了屋顶。村民以放羊为生。

据当地人回忆,旧时村西北有五道庙,村北为龙神庙,"文革"中拆除。

十五、南黄庵村

南黄庵村位于草沟堡乡驻地西偏北5.8公里处,居恒山余脉王庄子梁山脚下,属深山区。选址修建在山谷中,地势北高南低,为沙土质,南、北两侧均为大山,其中村北山脉多峭壁,蔚为壮观。村前面为山谷中的河道,沙石河床,沿村庄所在山谷向东北方向逐渐上山梁便为西邢岭村。曾为抗日革命根据地。1980年前后有88人,以谭、任姓为主,耕地281亩,曾为南黄庵大队驻地。

相传,清乾隆二十四年建村于一马鞍形北黄土坡上,因当时村民贫穷,纳不起皇税,山林、土地及全村遭受皇封,遂取村名为皇鞍。后以山为界成两村,该村冠南称南皇鞍,后误传为南黄庵。该村在蔚县诸版方志中均失载。

如今,村庄规模小,丁字街结构,村西南角有新建的村委会大院,村东有水井房。村内民宅以土石房为主,多翻修屋顶,现村中仅 20 余人居住,村民多外出读书或打工。留守村民主要以种植莜麦、玉米、土豆和少量白菜,并采集山蘑菇为生。

据当地长者回忆,旧时村西北有五道庙,村东有龙神庙,庙宇建筑在"文革"时期拆毁。近年重修龙神庙,正殿坐北面南,单檐硬山顶,面阔单间,进深三架梁,未做门、窗、壁画、彩绘。庙前有一株小松树,庙东侧为水房和一座坑塘。

十六、北黄庵村

北黄庵村位于草沟堡乡驻地西北 6.7 公里处,居恒山余脉王庄子梁山脚下,属深山区。村庄修建在山谷内的北坡上,地势东高西低,为沙土质。南北两侧均为大山,其中北面多陡直的峭壁,蔚为壮观,当地俗称后碾头山。村庄所在山谷为西南—东北走向,村南为山谷内的沙石河道,尚有清澈的泉水。曾为抗日革命根据地。1980 年前后有 45 人,以魏姓为主,耕地 161 亩,曾为北黄庵大队驻地。

村名来历与南黄庵相似,因居北称北黄庵。该村在蔚县诸版方志中均失载。

如今,村庄规模较小,村内布局为东西主街。民宅以土石房为主,多废弃坍塌,尚有人居住者多翻修屋顶。居民仅 6 户,10 余人居住。

据当地 72 岁的长者回忆,村内西北部曾修建有龙神庙、五道庙。

十七、千沟村

千沟村位于草沟堡乡驻地西北偏北 8 公里处,居恒山余脉王庄子梁山脚下。属深山区。选址修建在东西向山谷中的北侧坡地上,地势北高南低,为沙土质,西临千沟峪,南、北两侧均为大山,村北面山体多有峭壁,蔚为壮观。村南面为山谷中的沙河河道,沙石河床。曾为抗日革命根据地。1980 年前后有 100 人,以王姓为主,耕地 260 亩,曾为千沟大队驻地。

相传,约五百年前建村于长满杆树的山沟里,故取村名杆沟,后演变为千沟。村名最早见于《(乾隆)蔚州志补》,作"下千沟",《(光绪)蔚州志》《(民国)察哈尔省通志》沿用。

如今,村庄规模少,布局不规矩,大体为丁字街布局,南面为村口,长有一株大柳树,树东侧有坑塘,南北主街的北尽头为新建的水井房。村中居民仅 5～6 户,10 余人居住,民宅以土石房为主,仅几家翻修屋顶,当地以种植山药、土豆、莜麦、胡麻为主。

据当地 65 岁长者回忆,村里曾修建有龙神庙、关帝庙和五道庙,均位于村中北部的杆树下,1966 年拆毁庙宇建筑。

十八、上麻地沟村

上麻地沟村位于原东杏河乡(今属草沟堡乡)西偏南 6.7 公里处,居恒山余脉孤山西脚,麻地沟村东面山沟上游,属深山区,北靠坡,南靠沙河,地势略平,为沙土质。曾为抗日革命根据地。1980年前后有33人,以刘姓为主,耕地72亩,隶属麻地沟大队。

相传,明洪武年间在麻地沟村上沟里建村,故名上麻地沟。该村在蔚县诸版方志中均失载。

如今,村庄已无人居住,房屋仅存遗址。村内未曾修建寺庙,与麻地沟村共用寺庙。

十九、泥沟村

泥沟村位于原东杏河乡(今属草沟堡乡)西南5.5公里处,居恒山余脉孤山南侧,属深山区。选址在山谷凹地里,四面环山,西面有山谷,下行5里地可到麻地沟村。地势东北高西南低,为沙土质。1980年前后有228人,以史姓为主,耕地655亩,曾为泥沟大队驻地。

相传,六百多年前此地原是一道沙河沟,在软沙泥滩的干燥处盖房定居,故取名泥沟。该村在蔚县诸版方志中均失载。

如今,村庄选址的山坡上较为平缓,民宅分布较为散乱,高低错落有致,村内的主街平面大致为"7"字形状,民宅以土石旧房为主,多废弃坍塌,少部分翻修了屋顶,且还有较多20世纪80年代修建的房屋,现有20~30人居住。村东侧有泉水,水量大,新建有水房。旧时村民种植莜麦、大豆、豌豆、山药、土豆,现以种植大白菜为主。当地冬季从10月底到第二年4月属大雪封山期,无法外出,积雪厚1米。

村中尚有几座老宅院。村口附近有老宅院1(麻地沟村泥沟33号),保存较好,高大的毛石基将坡地取平,房屋全部为整齐的片石垒砌,院子已经废弃,仅存正房和南侧倒座房三间,皆为硬山顶,东西厢房无存,大门倾斜,岌岌可危。村东北角有老宅院2(7号院),保存较好,已废弃。

据当地长者回忆,旧时村西修建有龙神庙、五道庙,村东有戏楼,"文革"时期拆毁。

二十、西草沟村

西草沟村位于东杏河乡(今属草沟堡乡)西偏南8.5公里处,居恒山余脉孤山西脚谷须马安南侧,属深山区。选址在山顶的山凹处,北东临沙河,地势略平,四面环山,为沙土质。曾为抗日革命根据地。1980年前后有210人,以郭姓为主,耕地639亩,曾为西草沟大队驻地。

相传,一千年前建村于一道长满草木的山沟东侧,故取名西草沟。村名最早见于《(乾隆)蔚州志补》,作"西草沟",《(光绪)蔚州志》《(民国)察哈尔省通志》沿用。

如今,该村仅一条较窄的沙石路与外界沟通,交通不便,村庄规模小,仅5~6人居住。

民宅以土石房为主,但大部分坍塌、废弃。旧时有寺庙,现已无存。

二十一、邓草沟村

邓草沟村位于草沟堡乡驻地西南 9.2 公里处,居恒山余脉尖山脚下,属深山区。村庄处于山谷北侧山坡上,也是这条山谷的近终点处,南、北、西均为大山,地势西高东低,东面地势开阔,村庄附近为黏土质,辟为大面积的耕地。曾为抗日革命根据地。1980 年前后有 195 人,以侯、梁姓为主,耕地 589 亩,曾为邓草沟大队驻地。

相传,八百年前曾有邓、曹二人在此山沟居住,取名邓曹沟,后讹传为邓草沟。村名最早见于《(乾隆)蔚县志》,作"橙槽沟",《(乾隆)蔚州志补》《(光绪)蔚州志》沿用,《(民国)察哈尔省通志》作"凳槽沟"。

如今,村庄为新村,规模小,南北主街结构,街面宽阔,南北主街南口有新建的大影壁,新村只有 7 排房屋,民宅以土石房为主,多翻修屋顶。旧村位于这条山谷西北方的深山沟里,因为交通不便,村民于 39 年前陆续搬迁到新村居住,旧村内房屋全部拆毁,仅存遗址。现村中有 240～250 人。主街东侧新建有 1 座水井房,村口南侧还有 1 座水井房,房内水井 30 多米深,开凿于 20 年前,井房内有布施功德碑,磨损较严重。其西面有 1 座坑塘。村口东侧还有一所学校,已废弃。

据当地长者回忆,旧村曾修建有龙神庙、五道庙、三官庙、真武庙,庙宇建筑为日军烧毁。

二十二、大木厂村

大木厂村位于草沟堡乡驻地西南 10.5 公里处,居恒山余脉尖山脚下,属深山区。村庄选址修建在山谷尽头北侧的坡地上,南、北、西三面临山,地势北高南低,为黏土质。曾为抗日革命根据地。1980 年前后有 64 人,杂姓,耕地 269 亩,曾为大木厂大队驻地。

相传,清康熙年间建村时,因村西南多有高大树木,并在此加工锯木,故取名大木厂。但该村在蔚县诸版方志中均失载。

如今,村庄门牌写作"大马厂",村庄规模小,平面呈丁字街结构布局,只有十几户民宅,土石房屋为主,均未翻修屋顶,且多废弃,居民少,现有 20～30 人居住。

据当地长者回忆,旧时村内修建有龙神庙、五道庙。

二十三、饮牛渠村

饮牛渠村位于草沟堡乡驻地南偏东 8.9 公里处,居恒山余脉甸子山脚下,属深山区。村庄位于县界上,选址修建在一条宽阔的山谷中,东西两侧均为大山,中间为宽阔平坦的山谷,地势北高南低,为黏土质。曾为抗日革命根据地。1980 年前后有 200 人,耕地 715 亩,曾为饮牛渠大队驻地。

相传,明朝末年建村于溪涧旁。传说,很早以前,这里曾孀居一老妪,每日天刚亮到山涧汲水时,便有一头母牛来喝她桶中之水。一日,老妪乘牛喝水之际,用扁担向牛头打去,不料将牛角打落,拿起来一看,却是一银角,人们便以此传说取村名为银牛渠,后讹传为饮牛渠。该村在蔚县诸版方志中均失载。

如今,村庄为新村,南北主街结构,民宅为土石房屋,多翻修屋顶,附近为大面积的耕地,旧时种植山药、莜麦、大豆,现在全部种植大白菜,品种为"京丰",属试验品种。这一片称为万亩白菜基地,已有 10 多年的种植历史。旧村在新村西南方不远处的山谷凹地里,三面环山,只有东面为山谷平地,村庄已经废弃,仅存遗址。旧村继续向南沿山谷行进,逐渐东南行,翻过梁顶,便是十字岭沟、养老河村,可到涞源的西团堡和东团堡,为一条古道。由于旧村水源干涸,20 世纪 70 年代居民外迁至新村。现新村有 200 余人,以马姓为主。

据当地长者回忆,旧村曾修建龙神庙和五道庙,但无戏楼,庙宇建筑年久失修,自行坍塌。

二十四、石门村

石门村位于原苜蓿乡(今属草沟堡乡)西北 2.9 公里处,居恒山余脉前山带照山脚下。村庄选址在山谷西侧的台地上,北临沙河,属深山区。地势北高南低,为沙土质。227 乡道从山谷中经过。1980 年前后有 139 人,以陈姓为主,耕地 340 亩,曾为石门大队驻地。

相传,五百年前建村,因村西一公里处有一山崖,成拱门状,故据此取村名为石门。村名最早见于《(乾隆)蔚州志补》,作"石门儿",《(光绪)蔚州志》《(民国)察哈尔省通志》沿用。

如今,村庄规模小,南北主街结构,民宅以 20 世纪 80 年代修建的为主,翻修屋顶者较多,土石房大部分废弃坍塌。居民较少,因村内没有学校,村民陆续外迁,现不足 20 人居住。村庄附近的 227 乡道旧时为一条小路,不通车,只能走人畜,可从邢山一直上到甸子梁,通到涞源。

据当地 81 岁余宣老人回忆,旧时村南有关帝庙,村北有山神庙,村中有龙神庙、泰山庙,庙宇建筑破坏于抗战期间。寺庙中旧有石碑,庙宇建筑破坏后石碑用于修建民房。如今南北主街路边尚有几通残碑,字迹漫漶,为村民从泰山庙内搬运至此。

南岭村曾有 6 户居民,以张姓为主,1958 年搬迁到石门,如今村宅建筑无存,仅为基础,村外有当地人祖坟。旧时南岭村有山神庙和一株大松树。

二十五、北岭村

北岭村位于原莒蓿乡(今属草沟堡乡)西北偏北 3.2 公里处,居恒山余脉前山带北岭半坡上,属深山区。地势北高南低,为壤土质。1980 年前后有 73 人,以谭、李姓为主,耕地 210 亩,曾为北岭大队驻地。

相传,明正德年间建庄于北岭半坡上,故得村名北岭。该村在蔚县诸版方志中均失载。

如今,北岭村尚有 3 户完整的房屋,村周围有不少废弃的梯田遗迹,村中只有 1 户居民,因为交通不便,村民于十几年前陆续搬迁到牛大人庄村居住。

据石门村 81 岁的余宣老人回忆,村内旧有关帝庙和山神庙,庙因年久失修坍塌。

二十六、牛道峪村

牛道峪村位于原莒蓿乡(今属草沟堡乡)东北偏北 0.7 公里处,居恒山余脉前山带东北—西南走向的牛道峪中间,属深山区。牛道峪山谷与九宫口峪交汇处附近谷地狭窄,两侧为陡峭的峭壁,谷底有清澈的溪水,水量较大。村庄位于山谷北侧的山坡上,地势北高南低,为沙土质。村南的山谷中溪水水量大,清澈见底,可直接饮用。1980 年前后有 54 人,以李姓为主,耕地 76 亩,隶属板厂大队。

相传,清光绪年间建村,名龙道峪,后来因放牛人常到此岭放牧,遂演变为牛道峪。村名最早见于《(乾隆)蔚州志补》,作"牛道峪",《(民国)察哈尔省通志》作"下牛道峪"。

如今,村庄规模小,归板厂村管理,民宅以土石房为主,多废弃坍塌,翻修屋顶者为少数。居民仅 8~9 人居住,因当地没有学校,交通不便,村民除外出打工搬迁外,大部分居民外迁,去西合营居住。

据当地长者回忆,旧时村里有山神庙和龙神庙。其中村东北为山神庙,现仅存基础。龙神庙位于村西,旧时有石碑,庙宇皆拆毁于"文革"期间。此外,村东约 2 里地,本村和东富家庄村之间的山谷崖壁上有罗汉洞,洞窟式。洞由两部分组成,南部由四个小洞窟组成,仅可容身,应为修行洞,北部为 1 座较大的洞窟。据当地 71 岁的长者回忆,洞内原供奉有十几尊罗汉,"文革"时期被毁,如今洞窟内空无一物,废为羊圈。

二十七、君子铺村

君子铺村位于原张家窑乡(今属草沟堡乡)南偏西 5.5 公里处,居恒山余脉后山带君子铺梁头。选址修建在山顶的南坡上,山顶相对平坦,起伏不大,南临沟,东、西、北三面靠梁,属深山区。曾为抗日革命根据地。地势北高南低,为沙土质。1980年前后有67人,以李姓为主,耕地162亩,曾为君子铺大队驻地。

相传,元至元年间建村,相传有一官人路经这里搭铺住宿,故冠村名为君子铺。村名最早见于《(民国)察哈尔省通志》,作"君子铺"。

如今村庄规模小。七八年前,大部分居民搬迁到西合营、夏源村居住,民宅多拆毁。如今只有4座民宅,3户、5个人居住,居民以放羊为生。民宅以土旧房为主,且分散。村周围耕地较少,多为草地。村南有两株大松树和墓地。

据当地长者回忆,旧时村西有1座寺庙,只有一间房屋,推测为山神庙。

二十八、后堡子村

后堡子村位于原苜蓿乡(今属草沟堡乡)南偏东4.8公里处,居恒山余脉前山带茶山梁脚下,选址修建在主山谷东侧,山谷的北坡台地上,属深山区。地势东高西低,为沙土质。1980年前后有46人,以张姓为主,耕地130亩,隶属张家店大队。

相传,二百五十年前该村建于河滩村后,故得名后堡子。该村在蔚县诸版方志中均失载。

如今,村庄规模小,民宅以土石房屋为主,全部废弃、坍塌,无人居住。据张家店村的长者回忆,因交通不便,十多年前村民全部迁至山沟中的张家店村。村内长有几株大松树。旧时村内只有1座山神庙。

二十九、岳庄村

岳庄村位于原苜蓿乡(今属草沟堡乡)南偏东5.7公里处,居恒山余脉前山带东甸子梁脚下。村庄选址修建在山谷西侧的台地上,东临沙河,属深山区。地势西高东低。为沙土质。1980年前后有78人,李姓为主,耕地242亩,隶属张家店大队。

相传,四百年前岳姓人建庄,故取名岳庄。该村在蔚县诸版方志中均失载。

如今,村庄规模小,村内布局较乱,没有统一的规划和中心街,民宅分布散乱。民宅以土石房为主,屋顶多翻建,居民少,现在常住的有70人。村内未曾修建寺庙。

三十、东坡村

东坡村位于原苜蓿乡(今属草沟堡乡)南偏东5.4公里处,居恒山余脉前山带茶山梁脚下,选址修建在山谷东侧的半山上,属深山区。地势东高西低,为沙土质。1980年前后有152人,以李、平为大姓,耕地358亩,隶属张家店大队。

相传,二百八十年前建村于河滩之东坡上,故取村名东坡。该村在蔚县诸版方志中均失载。

如今,村中部有一条东西向的小冲沟,将村庄分为南、北两部分,村庄规模小,村中有一条不规则的南北主街穿村而过。民宅分布散乱,以土石房为主,大部分废弃、坍塌,有几座民宅翻修红屋顶。现居民仅1人。

村中部有一口水井,尚有水,井边有2通石碑,字迹漫漶,1通为《重修金山寺碑记》,年号不清,碑文中提到"佛殿三间后倒座菩萨一楹";另1通为布施功德碑。

三十一、官桥梁村

官桥梁村位于原东杏河乡(今属草沟堡乡)北偏东4.9公里处,居恒山余脉孤山东北梁上,属深山区。地势南高北低,为沙土质。1980年前后有26人,以田姓为主,耕地85亩,隶属丁羊峪大队。

相传,二百多年前上梁头放羊的羊倌从附近经过,搭起石桥,建村后取此村名为官桥梁。但该村在蔚县诸版方志中均失载。

如今,官桥梁村已空无一人。村内未曾修建寺庙。

三十二、永胜庄村

永胜庄村,原名岔沟村,位于原东杏河乡(今属草沟堡乡)西北4.8公里处,居恒山余脉孤山北脚羊蹄岭尖东端,属深山区。地势南高北低,为沙土质。1980年前后有51人,以常姓为主,耕地180亩,曾为岔沟大队驻地。

相传,清康熙年间建村,因此地有大西沟、蹄沟、小沟、桦树沟、仁山、背沟等八道岔沟,故得名八岔沟。1982年5月,更名岔沟,现为永胜庄。村名最早见于《(乾隆)蔚州志补》,作"八岔沟",《(民国)察哈尔省通志》作"岔儿沟"。

20世纪90年代村民陆续外迁,现无人居住,成为一片废墟。旧时村内修建有五道庙和龙神庙。

第二十三章　北 水 泉 镇

第一节　概　　述

北水泉镇地处蔚县东北偏北部,壶流河东侧。东与吉家庄镇为邻,南与黄梅乡、陈家洼乡接壤,西与阳原县交界,北与宣化县相接,面积 106.7 平方公里,1980 年前后有 13 034 人。辖 31 个大队,划分为 88 个生产队。镇驻地北水泉,在蔚州古城镇北偏东 33.9 公里处,为蔚县"八大集镇"之一,G112 国道(宣涞公路)从村镇西部边缘穿过。1984 年改镇。如今全镇共 32 座村庄,其中行政村 22 座(北水泉镇区包含北水泉一、二、三共 3 座村庄),自然村 10 座(图 23.1)。

镇境西部为河川,东部属丘陵,地形复杂,水土流失严重。经济以农业为主,兼工、副、林牧业。1980 年前后有耕地 51 485 亩,占总面积的 32.2%,其中:粮食作物 42 290 亩,占耕地面积的 82%;经济作物 9 195 亩,占耕地面积的 18%。主要农作物有玉米、谷、黍、马铃薯。1948 年粮食总产 605 万斤,平均亩产 110 斤;1980 年粮食总产 1 113 万斤,平均亩产 262 斤。

北水泉镇现存古建筑丰富。历史上庄堡 21 座,现存 16 座;观音殿 10 座,现存 3 座;龙神庙 19 座,现存 6 座;关帝庙 9 座,现存 2 座;真武庙 6 座,现存 2 座;戏楼 12 座,现存 5 座;地藏殿 1 座,现存 1 座;五道庙 19 座,现存 1 座;井神庙 1 座,现存 1 座;马神庙 4 座,现存 1 座;三官庙 2 座,现存 2 座;玉皇庙 2 座,现已无存;诸葛庙、梓潼庙各 1 座,现已无存;三教寺 1 座,现存 1 座;泰山庙 3 座,现存 1 座;花灯亭 1 座,现存 1 座;其他寺庙 13 座,现存 6 座。

第二节　北水泉镇中心区

一、自然环境与人文历史

北水泉村东靠壶流河岸边台地,西南临壶流河,属平川区,地势东北高西南低,大部分

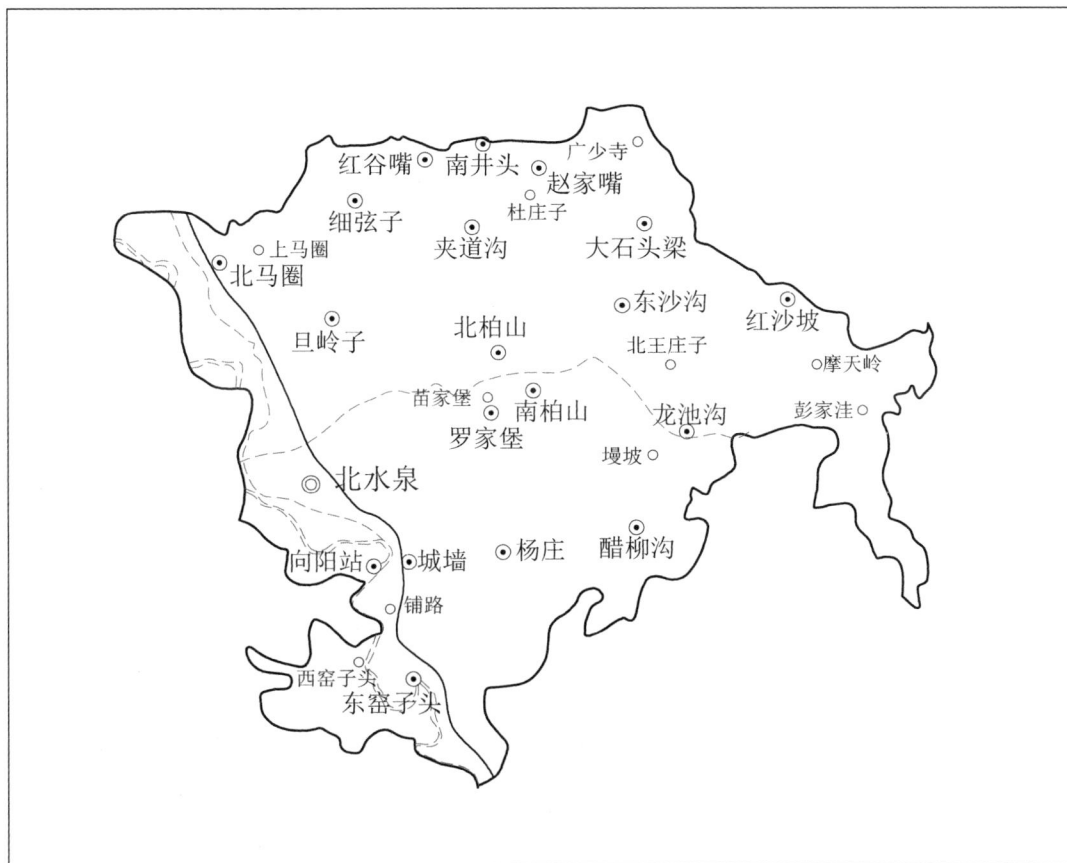

图 23.1　北水泉镇全图

为壤土质,部分黏土质,周围辟为耕地。1980 年前后有 3 213 人,耕地 6 962 亩。曾为北水泉公社及北水泉一、二、三大队驻地。如今,北水泉村修建在壶流河谷地中,村庄规模很大,居民较多,镇中为 1 条南北主街。G112 国道从镇区东部穿过。

相传,五百年前建村。此地有一扶桑泉,以村址位于蔚县北部之故,取村名为北水泉。村名最早见于《(嘉靖)宣府镇志》,作"北水泉",《(崇祯)蔚州志》作"北水泉儿堡",《(顺治)蔚州志》沿用,《(乾隆)蔚县志》作"北水泉",《(光绪)蔚州志》作"北水泉集",《(民国)察哈尔省通志》作"北水泉村"。

二、城堡与寺庙

北水泉村共有 3 座城堡,分别为北水泉堡、北水泉西堡、北水泉上堡(图 23.2)。

(一) 北水泉上堡

据《(民国)察哈尔省通志》记载:"北水泉北堡,在县城东北八十里,明万历年间土筑,

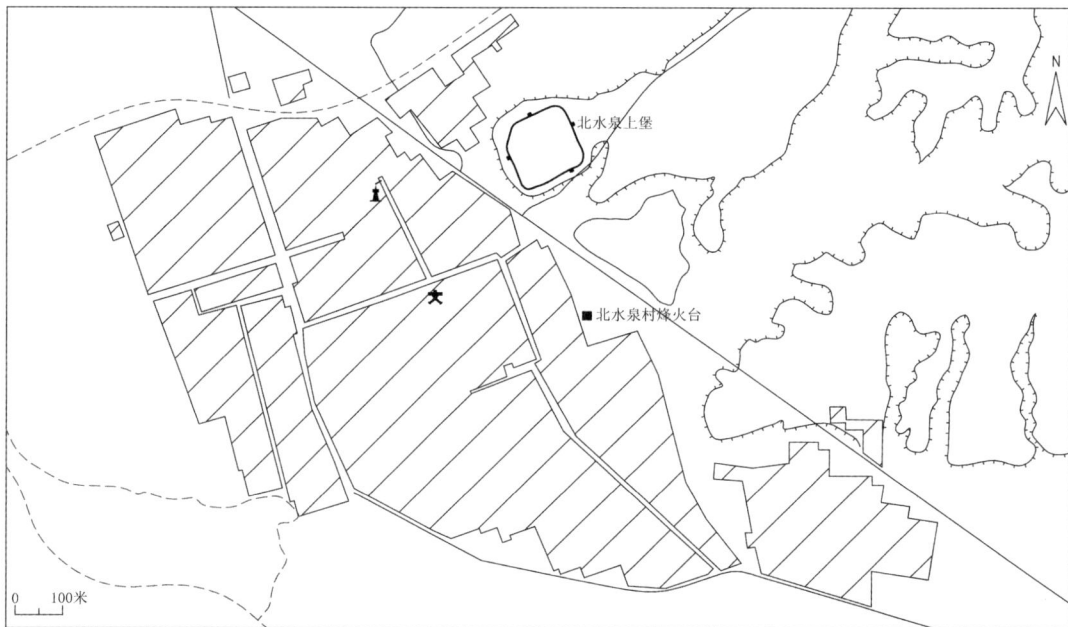

图 23.2　北水泉镇中心区古建筑分布图

高二丈,底厚四尺,面积十二亩,有门一,现尚完整。"[1]北水泉上堡今位于村东北角的河边台地上,位置高耸,地势险要。城堡平面呈弧边方形,周长约 480 米,南、北、西三面临冲沟。城堡保存一般,开南门,堡门已毁,现存为缺口,仅存两侧门体部分墙体。南门内为南北主街,南门外西侧为堡坡道。门外有夯土台明,为戏楼遗址。

堡墙均为黄土夯筑,保存差(彩版 23-1)。东墙长约 113 米,外侧地势相对平缓,墙体内侧高 0～2 米,外侧高 4～6 米,东墙上设有 2 座马面,东墙外不远处有工厂。南墙长约117 米,大部分墙体无存,现为平地,南墙外不远处有烽火台 1 座。西墙长约 96 米,墙体外侧高 1～6 米,内侧高 2～6 米;西墙设有 2 座马面,马面与墙同高。北墙长约 140 米,墙体外侧高 3～5 米,墙下有坍塌形成的积土;北墙中部设 1 座马面,高 6 米,西侧有部分坍塌。

堡东北角设 135°斜出角台,高 6～7 米,原高,保存较好。

堡内民宅大部分无存,现为耕地、荒地,全部废弃。现仅存 1 座老宅院和 1 座新建的房屋。老宅院院墙为条石基础,上面修建砖墙,为当年的大户居民。大门内梁架上还有清末民国时期的彩绘。南门外西侧及西南角外还有几户居民(图 23.3)。

(二) 北水泉堡

北水泉堡,位于北水泉村中,国道西侧,城堡破坏严重。城堡原开设南、北、西门,据当

---

〔1〕　宋哲元:《(民国)察哈尔省通志》卷一四,国家图书馆藏民国二十四年铅印本,第 14 页。

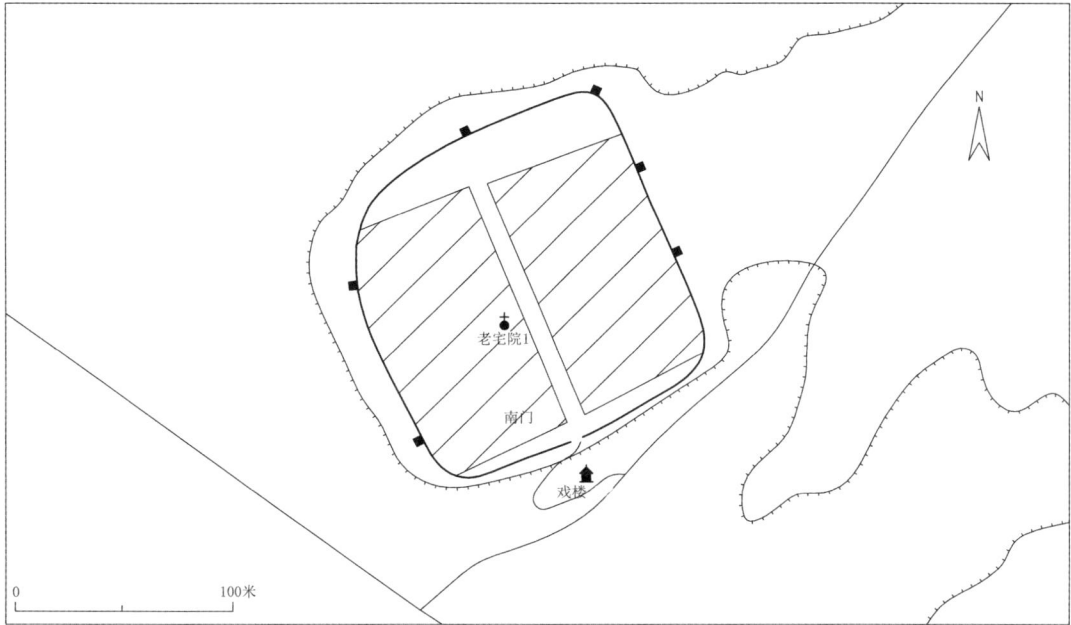

图 23.3　北水泉上堡平面图

地长者回忆,堡墙、堡门拆毁于 20 世纪 40 年代。如今,堡内为南北主街结构,北水泉镇政府位于堡内。

现北水泉镇政府门前长有两株高大的古树,原为泰山庙、戏楼。此外,堡南门外原建有 1 座戏楼,现已无存。

（三）北水泉西堡

位于北水泉村西,现损毁无存。西堡曾修建有 1 座戏楼,亦无存。

第三节　向阳站村

一、自然环境与人文历史

向阳站村位于北水泉镇东南偏南 1.9 公里处,属丘陵区。村庄选址修建在壶流河河川内的台地上,南侧紧邻河水,西靠河川西岸台地,多为壤土质,辟为耕地。1980 年前后有 278 人,耕地 1 020 亩,曾为向阳站大队驻地(图 23.4)。村庄规模较大,南部为新村,北部为旧村。

相传,明洪武年间有一双鸳鸯飞来栖于此地,建村时以此传说取村名鸳鸯站。《(崇祯)

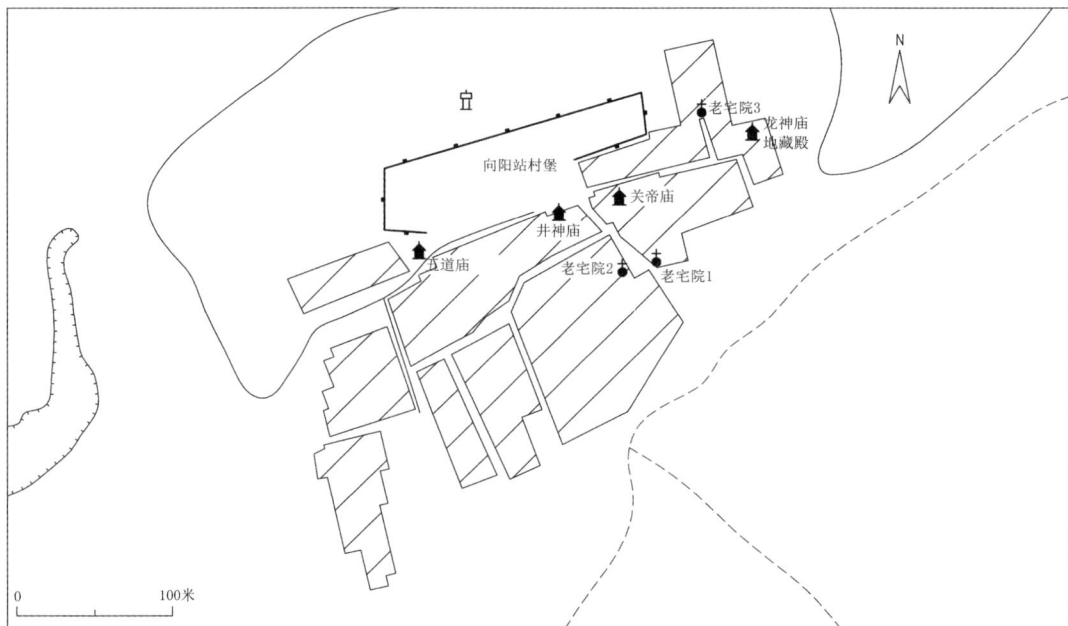

图 23.4　向阳站村古建筑分布图

蔚州志》载："鸳鸯口,城东北七十里,两山相对如鸳鸯,然通宣府,设军站。今废。"[1]
1966 年村名改为向阳站。当地人传言康熙皇帝微服私访来过此地。村名最早见于《(嘉
靖)宣府镇志》,作"鸳鸯站",应为 1 座军(驿)站,《(乾隆)蔚县志》《(光绪)蔚州志》《(民
国)察哈尔省通志》均沿用。

二、城堡

　　向阳站村堡(鸳鸯站村堡),位于村北部中央,城堡规模不大,为 1 座狭窄的长方形
堡,南北进深只有东西长度的四分之一,周长复原约 450 米。城堡开南门,堡门建筑拆
毁于 20 世纪六七十年代,现南门无存,仅存进入堡坡道。堡内平面布局为一条南北主
街(图 23.5)。

　　堡墙均为黄土夯筑,保存一般。东墙长约 50 米,保存较好,墙体修建在台地上,因此
从外面看,墙体很高。现存墙体高薄,外侧总高 5～6 米,但墙体本身仅高 3～4 米。墙体
内侧为民宅,外侧为民宅和耕地,外侧有老宅门 3。南、西墙无存,现为民宅所占据。北墙
长约 180 米,选址修建在台地上,墙体高薄,外侧总高 6～7 米,墙高 3～4 米,保存较好。
墙体外侧为耕地,内侧为民宅。北墙中部设 1 座马面,正对堡门,马面坍塌破坏严重。

---

〔1〕 来临:《(崇祯)蔚州志》,《日本藏中国罕见地方志丛刊续编》,国家图书馆出版社,2003 年,第 339 页。

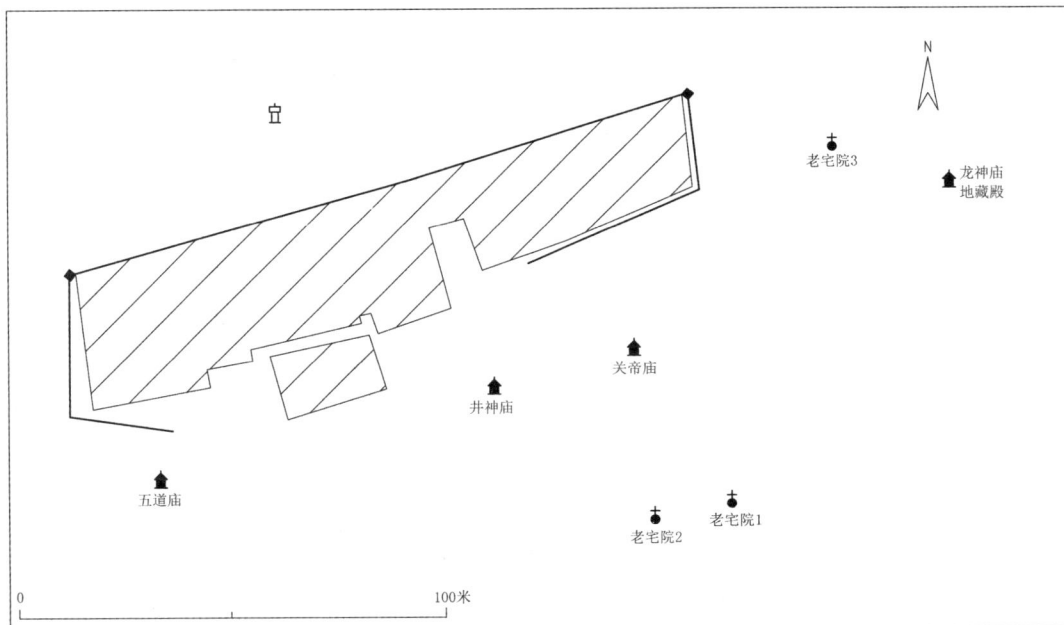

图 23.5　向阳站村堡平面图

东南角、西南角无存,为民宅所占据。西北角设 135°斜出角台,保存较好。东北角设 135°斜出角台,高 6～7 米,高于墙体。

堡内南北主街较短,民宅多已废弃,居民较少。南北街两侧还有 3 座老宅院。老宅院 1,广亮门,硬山顶,门前设 4 步石台阶。门内墙壁和门板的楣板上尚存毛主席语录,山尖施彩绘。老宅院 2,广亮门,卷棚顶,门上楣板写有"食堂"2 个字。老宅院 3,位于东墙外侧,一进院,广亮门,硬山顶。

三、寺庙

村内曾建有井神庙、关帝庙、龙神庙、地藏殿、五道庙、马神庙。20 世纪六七十年代将马神庙、五道庙拆毁,其他 3 座庙被改作他用而幸存。

井神庙　位于南门外路边,与井房相邻,供奉保佑水井之神。但井神庙未保佑村中水井永存,边上的井房早已废弃。庙宇修建在 1 座台明上,台明外立面石块包砌。正殿坐东面西,面阔单间,单坡顶,进深一椽。殿门窗无存,岌岌可危,南墙坍塌,导致屋顶向南倾斜坍塌,屋檐亦坍塌。殿内墙壁上残存有壁画,正面正中绘有一幅井神像,头戴冠帽,双手持笏板。两侧山墙为条屏壁画,损毁严重,多有脱落。从颜色上看,其应该是民国时期的作品。

关帝庙　位于城堡南门外东南侧的高台上,位置高耸,其基础的高度为周围民房的屋顶高度,高台上修建关帝庙正殿,坐东面西,面阔三间,硬山顶出前檐廊,前廊北墙下设面然大士龛。两侧山墙饰山花砖雕,前檐额枋上残存有清末民国时期的彩绘。正殿的门窗无存,为红砖封堵,殿内空旷,墙壁上无壁画遗存。

龙神庙、地藏殿 位于城堡东南角外,庙院坐北面南。院内曾经住过部队,现已改造为羊圈,仅存正殿。保存较好。正殿坐北面南,并排共四间,硬山顶,进深五架梁。西侧单间为龙神庙,东侧三间为地藏殿。

龙神庙,殿门居中,门框间枋上写有"水晶宫"三个字(彩版23-2)。前檐额枋上残存有彩绘。殿内墙壁上保存有较好的壁画,色彩鲜艳,但部分神像面部也曾被破坏过。正壁绘《龙母龙王坐堂议事图》(彩版24-25);东、西两侧山墙分别绘有的《出宫行雨图》与《雨毕回宫图》(彩版24-26),龙母都未在水晶宫中,而是在画面正中众神簇拥的轿中。从绘画的用彩来看,是清末的风格。正殿脊檩上有彩绘《八卦图》。

正壁绘《龙母龙王坐堂议事图》,正中绘有龙母,两侧绘五龙王与雨师,神像袈裟上皆沥粉贴金,龙母贴有金凤,其他六位贴有金龙;东、西下角分别立着土地神与山神。画面顶部是行雨与监督诸神,东侧依次为年值功曹、日值功曹、虹童、持鸟商羊、持葫芦商羊、耙神、钉神、四目神,西侧依次为月值功曹、时值功曹、风婆、电母、雷公1、雷公2、青苗神1、青苗神2。需要注意的是,这幅壁图的两侧下角,所立不是雨官,而是土地神与山神。

东壁《出宫行雨图》,北端的水晶宫内立着一位云神,施出的一股云团布满了整个画面。出宫行雨的队伍中,龙母乘凤鸾位于正中上方,双眼下望,监督着行雨的诸神,众旗手簇拥其周边。四值功曹、青苗神分别位列凤鸾的前上方后下方,手持功曹令牌,虹童、钉耙神跟随凤鸾。凤鸾之前是骑腾龙的二位龙王,下方是骑腾龙的二位龙王。龙王之前,是一位雷公,双手推锥,击打连鼓。水车位于二位龙王之下方,三位水神围在周边,为行雨之神源源不断提供雨源。水车之前是手持曲尺的四目神,最前面是一位令旗手,在前开道。四目神的下方是雷公与电母。此处的雷公双手推锥,但未见连鼓。电母双手高举铜镜,全身舞动,在蔚县众多的电母形象中,这是最具动感的电母形象。雷公之后,紧跟的是风伯风婆,他们双手抖动风袋,狂风从袋中吹向大地。风伯之后,雨师左手持茶碗,碗中翻卷着浪花,右手执柳,向下掸水行雨。雨师后,还有两位龙王,每位龙王之前伴随一位旗手,龙王手持宝瓶或茶碗,泼出倾盆大雨。凤鸾之后还有一位骑腾龙龙王,龙王回首低头,一位双手被拷的旱魃(猜测)向上捧举一物。判官随在行雨大军之后,手中玉旨随风飘起。

西壁《雨毕回宫图》,水晶宫前立着土地神与山神恭候诸神凯旋。上角是飞奔的骏马,传旨官跨于骏马之上,双手前伸捧出奏折,向玉帝伸出的一只大手交令。回宫的队伍中,龙母乘凤鸾位于正中上方,众神簇拥其周边。凤鸾之前是骑骏马的两位龙王,下方是二位龙王与雨师,风伯走在最前面领行,再后面是持葫芦商羊、四目神与持鸟商羊。四值功曹分别位列凤鸾的前后,手持功曹令牌,钉耙神列于凤鸾之后。龙王 1 紧随凤鸾,回首持笔在判官展开的雨簿上疾笔,似在记录着行雨的功绩。两位雷公肩背连鼓在其后,虹童伴其边,电母与风婆安详地坐于水车之中。画面的南端众小将正在将一只巨龙束缚于松树之上。

地藏殿,面阔三间,殿内墙壁原有壁画,正面壁画保存较差,两侧山墙壁画保存一般,但表面张贴报纸。报纸以 1962 年的《张家口日报》为主。从报纸破损处露出的壁画看,正壁两侧各有一位手持大刀的武士,东侧墙壁上露出脸部也并非罗汉,亦非关帝庙中常见的连环画式壁画。顶部脊檩彩绘《八卦图》。当地人云正殿修建于康熙十三年,原来有 1 块木质匾额,但村民将其卖给了古董商,如今不知下落。

五道庙　位于城堡西南角外路边,现已无存。

马神庙　位于堡南门内,现已无存。

第四节　铺　路　村

一、自然环境与人文历史

铺路村位于北水泉镇东南 2.3 公里处,属河川区。村庄选址在壶流河河川的台地上,东临河川东岸台地和 G109 国道(宣涞公路),地势较平坦,为壤土质,周围辟为耕地,本村曾属城墙村大队管辖。如今,村庄规模小,分为两部分,南部为旧村,北部为新村,两者互不连接,中间隔耕地,旧村居民少,新村相对多。旧村内建水月寺,为一组寺庙群(图 23.6)。

村名最早见于《(民国)察哈尔省通志》,作"铺楼村"。

二、城堡

铺路村堡,位于旧村中,城堡平面大致呈矩形,无法复原,开设西门,现为缺口,西门内为东西主街,西门外的水沟边有清同治二年(1863)的断碑 2 通,碑文可见"同治二年始兴工修理"。

堡墙均为黄土夯筑,保存差。东、南墙范围不清。西墙北段仅存一小段,墙体破坏严重,墙高 1～3 米,内侧为民宅,外侧为土路。北墙破坏严重,墙体低薄,仅存基础,高 1～2 米,上面修建房屋,外侧为土路。西北角无存,现为缺口。城堡的四至范围无法确定。堡内布局基本未变。

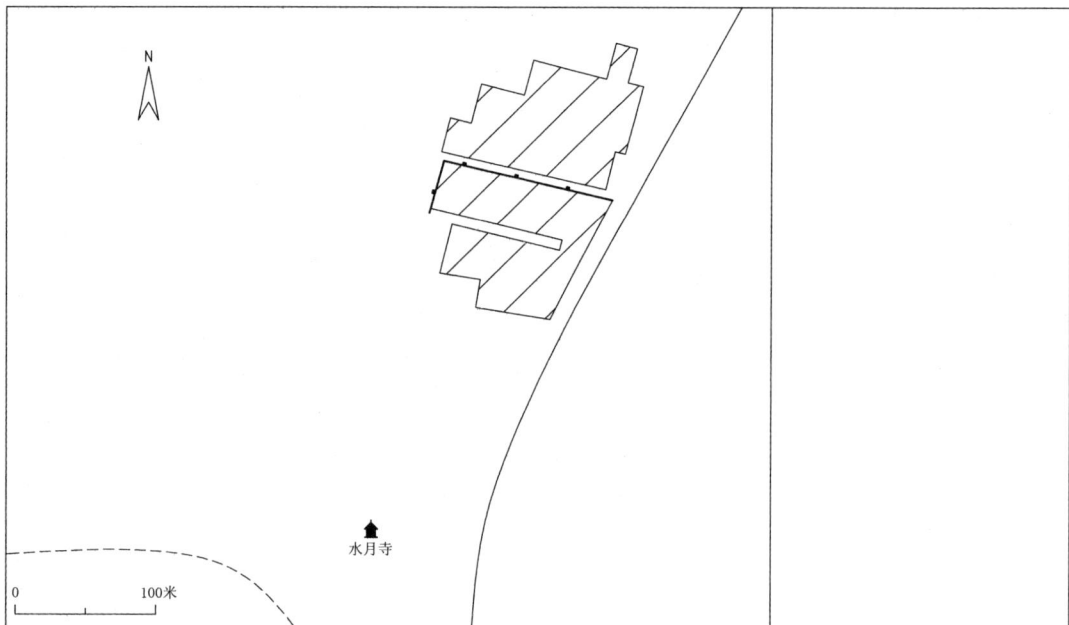

图 23.6　铺路村古建筑分布图

三、寺庙

水月寺　位于铺路村南侧,壶流河东岸台地上,傍山依水,随地形而建,寺院东侧紧邻国道。该寺是附近 4 个村庄供养的 1 座寺庙,分别为铺路、向阳站、西窑子头、城墙村。20 世纪六七十年代水月寺因改为粮仓而幸存,后由寺中三个和尚看护,和尚离开后,2007、2008 年失火,将水月寺主要殿房烧毁。现水月寺只有一位看护寺庙的老人居住。

水月寺为前、后两进院落,全寺一共由 6 座殿宇组成,供奉的六位神祇代表了佛、儒、道三教,也代表了百姓最为基本的信仰需求。前殿为关帝庙,正殿正中为释迦殿;正殿两侧耳房,南为孔子殿,北为财神庙;后院北配殿为地藏殿,南配殿为观音殿。

经过两场大火之后,水月寺已是一片断壁残垣。前殿关帝庙,梁架垮塌,仅剩南、北山墙;后殿释迦殿,仅剩山墙;南耳房孔子殿,已完全倒塌,仅余半截与正殿南墙相挨的北墙;北配殿地藏殿,剩下一堆砖砾;南配殿已全毁。唯一幸存的是山门与北耳房财神殿。

山门,辟于寺院的西墙正中,广亮大门,硬山顶。山门两侧南、北各有 1 座小门,皆为随墙门,券形门洞,硬山顶。前檐额枋上有清末民国时期的彩绘,门前一株高大的老榆树,映掩着这古老的圣地。

关帝庙,坐东面西,面阔三间,硬山顶,已被大火烧塌,地面上堆着几根烧焦的梁架木构,南北山墙尚存,已被大火熏黑,南山墙上那些曾经鲜艳的彩绘也因颜料在高温下烘烤而氧化变黑。连环画式壁画尚能分辨。共 4 排 9 列,即每面山墙有 36 幅画,两面山墙共72 幅,这在蔚县的关帝殿中算是画幅比较多的。

释迦殿,坐东面西,面阔三间,硬山顶,已被大火烧毁,地面仍散落着塌下的瓦片,仅剩的两堵山墙也被熏黑,绘画也被氧化变黑。残留的几位神像,衣冠与形态仍然生动。

财神庙,位于释迦殿之北侧的耳房,坐北面南,面阔单间,硬山顶。唯一幸存的财神庙殿内虽堆满了杂草,可三面墙上的壁画却保存较好,但西壁有毁损。由于殿内堆着杂草,两侧山墙壁画下部被挡,可见的部分又因树杈所遮,无法观察到壁画的整体。正殿正面墙上 6 幅屏风,每一幅屏风的上、中、下绦环板底色均施蓝彩,上绘万字花纹,格心部分彩绘山水画,裙板部分未绘画、题字。根据蔚县其他寺庙的布局,旧时条幅之前应塑有财神塑像。东壁绘有《招财图》,西壁绘有《进宝图》。画中一位胡人手持的铜钱,为"光绪通宝",说明壁画于光绪年间所绘。

东壁《招财图》中,两位胡人在前面引道,手中捧着放满银锭的盘子;骑马的三位财神紧随其后,跟随在财神后的是手持"光绪通宝"的胡人,最后是利市仙官,但利市仙官令牌中题字已毁。在三位财神中,位于最后的财神,其形象上是黑面浓须,怒目圆瞪,右手持元宝,推测是武财神赵公明。

西壁《进宝图》中,两位捧着放满银锭的胡人在左前方,后下方跟随的是三位财神,后面跟随的是手持"光绪通宝"的胡人与利市仙官。

第五节　东窑子头村

一、自然环境与人文历史

东窑子头村位于北水泉镇东南偏南 4.2 公里处,属河川区与丘陵区过渡地带。村庄选址在壶流河川的一个折弯处,河道在此向东折,然后向南流去。西、南邻壶流河,东靠河川东岸台地和 G109 国道(宣涞公路),南为洼地,地势较平坦,为壤土质,周围辟为耕地。村东大南沟为泥河湾第四纪标准地层。1980 年有 541 人,耕地 2 172 亩,曾经作为东窑子头大队驻地。如今,村庄内居民较多,以陈姓为主(图 23.7)。

相传,四百多年前,同时建两村,该村坐落于一瓦盆窑之东,故取村名东窑子头。村名最早见于《(嘉靖)宣府镇志》,作"东窑子头",《(顺治)蔚州志》作"窑子头堡",《(乾隆)蔚县志》作"东窑子头",《(光绪)蔚州志》《(民国)察哈尔省通志》沿用。

图 23.7　东窑子头村古建筑分布图

二、城堡

东窑子头村堡，位于村南部，城堡平面呈矩形，复原周长约 400 米。堡内平面布局为南北一字中心街结构，共 4 排房屋。

城堡开南门，堡门保存较好，砖石结构拱券门，基础为三层条石，上面青砖起券（彩版 23-3）。内外门券均为三伏三券，券高约 3 米。外侧门券拱顶上方有砖雕门簪两枚，门簪上方镶嵌有石质门匾，门匾被厚厚的灰浆抹涂，上绘五角星。堡门门扇无存，顶部为木梁架结构，堡门上砌花勾栏。门洞内墙壁上草拌泥抹平，用毛笔写有类似公约之类的规章制度。门道为自然石路面，堡门外东南 5 米处有一株古柳。堡内为宽阔的中心街，中心街的尽头即北墙，墙内侧修建有真武庙，正对堡门（图 23.8）。

堡墙均为黄土夯筑，保存差，系年久失修自行坍塌而非人为拆毁，至 1964 年后逐渐拆除。如今，东墙大部分墙体无存，仅保存有东南角附近墙体，残长约 51 米，墙体高薄，高 3～4 米，其余为民宅所侵占。墙体外侧为荒地和道路，内侧为民宅。南墙无存，为民宅和

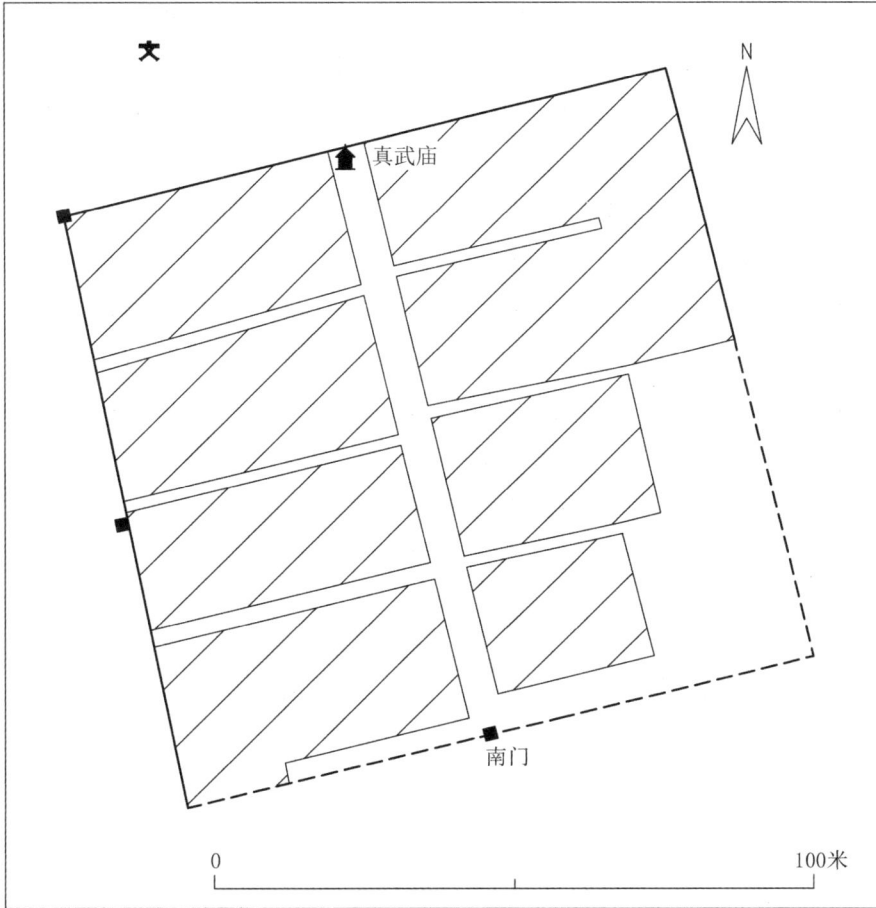

图 23.8　东窑子头村堡平面图

耕地占据。西墙长约 100 米。南段墙体保存约一半,部分为民宅所占,墙体高薄,高 3～4 米,内侧为民宅,外侧为顺城路和民宅,西墙中部设有 1 座马面,高 4～5 米,高于墙体,马面附近的西墙保存相对较好;西墙北段墙体高薄,高 3～4 米,内外侧均为民宅。北墙长约 100 米,墙体低薄、连贯,高 3～4 米,内侧为民宅,外侧为道路和新村。北墙未设马面,真武庙修建在墙内侧,北墙中部外侧有学校和村委会。

东南角、西南角、东北角无存,为民宅占据。西北角设 90°直出角台,保存较好,高 4～5 米。堡外为新村。东墙外不远为壶流河河道,水面宽 5～6 米,水量较大。

三、寺庙

东窑子头村堡内外原修建有真武庙、关帝庙/观音殿、龙神庙(河神庙)、五道庙、戏楼,除真武庙外,上述庙宇皆拆毁于 20 世纪六七十年代。

真武庙　位于东窑子头村堡北墙中部马面内侧。现存真武庙正殿 1 座。大殿位于高 1.5 米的砖石庙台之上,庙台外立面包砌青砖,顶部四周铺条石,中部设九级石台阶。正殿坐北面南,单檐硬山顶,进深六架梁出前檐廊,面阔三间,进深二间,前檐额枋尚存清末民国时期的彩绘,两侧山墙饰砖雕山花,飞、椽被锯掉,门窗已改造,用土坯和砖封堵,西次间留一小门。20 世纪 50 年代拆掉塑像,改作学校。现为村委会库房,内存杂物,殿内壁画全毁。

关帝庙/观音殿　位于堡南门外,现已无存。

龙神庙(河神庙)　位于堡东南侧河边,原龙神庙(河神庙)中有龙母、五龙王、河神等泥胎塑像,此外还有木质神像,祭龙神时在龙神庙内举行仪式,拆庙时将河神像推入河中。

我们在壶流河一带考察时,常见很多城堡在洪水中被毁,或因洪水村民弃堡而迁上台地,但这些都是拆庙之前的事,拆庙后再未发过洪水,取而代之的是河水一年比一年小。

五道庙　位于龙神庙(河神庙)北侧,现已无存。

戏楼　位于堡西墙外,现存基础(戏楼对面未见庙,推测损毁较早)。

第六节　西窑子头村

一、自然环境与人文历史

西窑子头村位于北水泉镇南偏东 3.3 公里处,属河川区。村庄选址在壶流河河川内西侧的平地上,东临壶流河,西靠河川台地,台地上沟壑纵横,地势较平坦。周围辟为耕地,多为壤土质。1980 年前后有 188 人,耕地 999 亩,曾为西窑子头大队驻地(图 23.9)。如今,村庄规模不大,居民不多,现居民以刘、马姓居多。140～150 年前以朱姓为主,后朱姓居民搬迁到杨庄村,现村庄东北方不远处还有朱家坟,早已变为耕地,但朱家的后人还到此祭奠先人。

相传,四百多年前,同时建有两村,该村坐落于一瓦盆窑之西,故取村名西窑子头。村名最早见于《(嘉靖)宣府镇志》,作"西窑子头",《(顺治)蔚州志》作"窑子头堡",《(乾隆)蔚县志》作"西窑子头",《(民国)察哈尔省通志》沿用。

二、城堡

西窑子头村堡位于村东中部,据当地长者回忆,早年称"永镇堡"(音),100 多年前改称窑子头村。城堡平面呈矩形,复原周长约 428 米。城堡开东门,堡门早已拆除,门扇当木料变卖。东门外有水塘,东门内为东西主街。

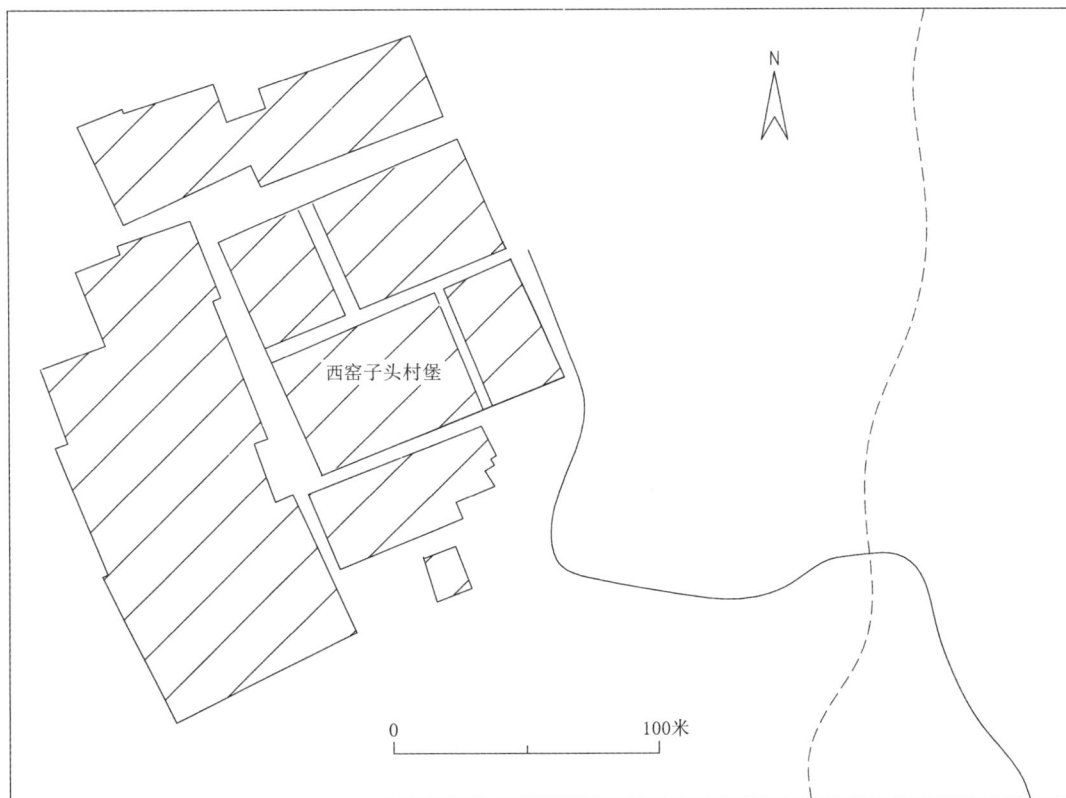

图 23.9　西窑子头村古建筑分布图

堡墙均为黄土夯筑,保存差,大部分墙体无存,为房屋占据。东南角附近的东、南墙残存部分墙体,墙体低薄,高1～3米。东南角为转角,内侧为民宅,外侧为道路。

堡内全部是新建民居,无老宅院。据当地长者回忆,堡墙早年倒塌,当地86岁的老人未曾见过高大的堡墙,其儿时堡墙便已坍塌成土垅状。

三、寺庙

村庄内的寺庙在40年前便已经拆除。原先城堡东门外池塘北岸有龙神庙;东门外有关帝庙和观音庙,关帝庙在西侧(面南),观音殿在东侧。东门内大街边上有五道庙。

第七节　杨　庄　村

一、自然环境与人文历史

杨庄村位于北水泉镇东南3.8公里处,属丘陵半山区,村西为壶流河河川台地,村四周沟壑密布,地势北高南低,为壤土质,周围辟为耕地和杏树林。1980年有村民793人,耕地4285亩,曾为杨庄大队驻地。如今,村庄规模很大,南部为新村,北部为旧村,新村由南北、东西主街组成,旧村则是城堡所在地。杨庄村居民较多,现有800余人居住,村民多为墁坡村搬下来的,以李、周姓为主,只有一户姓杨,且是入赘的女婿,目前已经搬走去了口外(图23.10)。

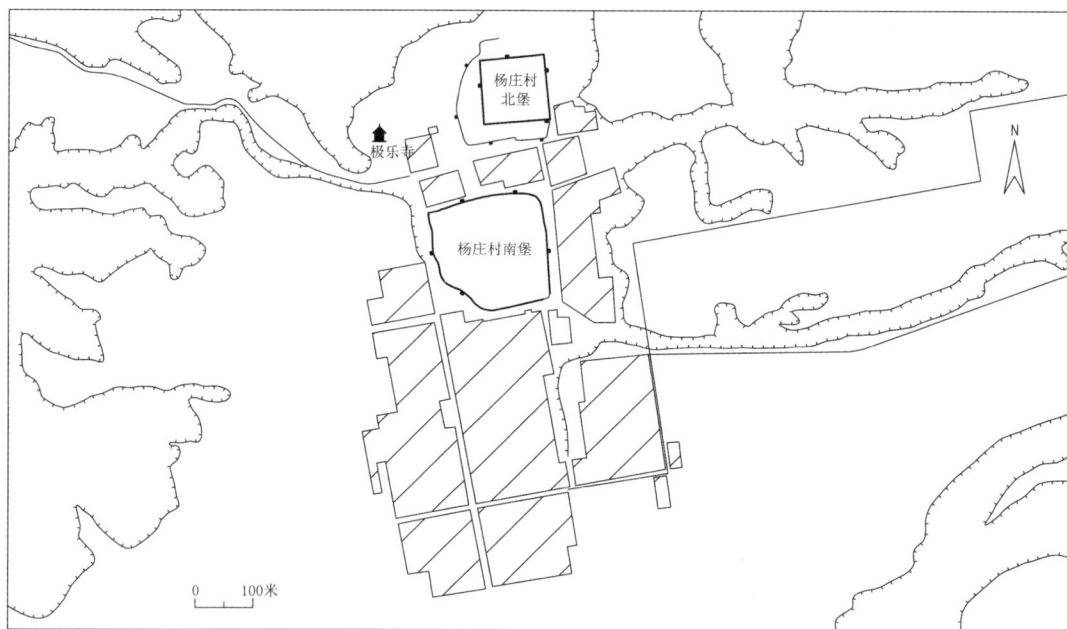

图23.10 杨庄村古建筑分布图

相传,明洪武年间有一杨姓居民到这里定居牧马,建村后即取名杨家庄,后简称为杨庄。村名最早见于《(顺治)云中郡志》,作"杨家庄堡",《(乾隆)蔚州志补》作"杨家庄南堡、杨家庄北堡",《(光绪)蔚州志》作"柏山杨家庄"。

据村中一位90多岁的长者介绍,村庄建于明朝初年,开始有周、米、岳三姓。其中,岳姓源于河南,先迁到大岳家山,后迁到杨庄村,和大田洼岳家是一家,是岳飞的后代。

杨庄历史上盛产的小米被誉为贡米,近年出产大杏扁,木爪杏远近闻名。杨庄村西150米处尚有1座清代修建的缓洪渠,保存较好。该渠位于一条东西雨沟东端的雨水入口处,是一处防止水土流失的设施,渠北紧邻一条进出村的村村通公路。该渠为石灰岩石条铺砌,东西向,东高西低,坡度约30度,东端入水口处呈八字形,渠东西长10米,南北宽2至3.1米,渠栏高0.68米,二层石条,石条规格为1.3×0.3米。时至今日,该渠仍在防洪中发挥着重要的作用。

二、城堡与寺庙

杨庄村曾有 3 座城堡,即北堡、南堡与东堡,3 座城堡呈品字形排列,故南堡直接称为"品字堡"。东堡早已废弃,居民搬迁,以至于当地的长者对其均无印象,堡内结构改变,无法复原其四至与平面布局。如今仅存北堡与南堡。此外还有极乐寺等众多寺庙。

(一)杨庄村北堡

1. 城堡

(1)城防设施

杨庄村北堡,位于旧村北部。城堡修建在台地之上,从外侧观察堡墙显得十分高大,但堡墙自身并不高,而是修建在台地边缘的原因。堡分为内外两重城墙,平面呈矩形,周长约 443 米。内城城堡开南、北门,外城城堡开南门,堡内平面布局为双十字街结构(图 23.11)。

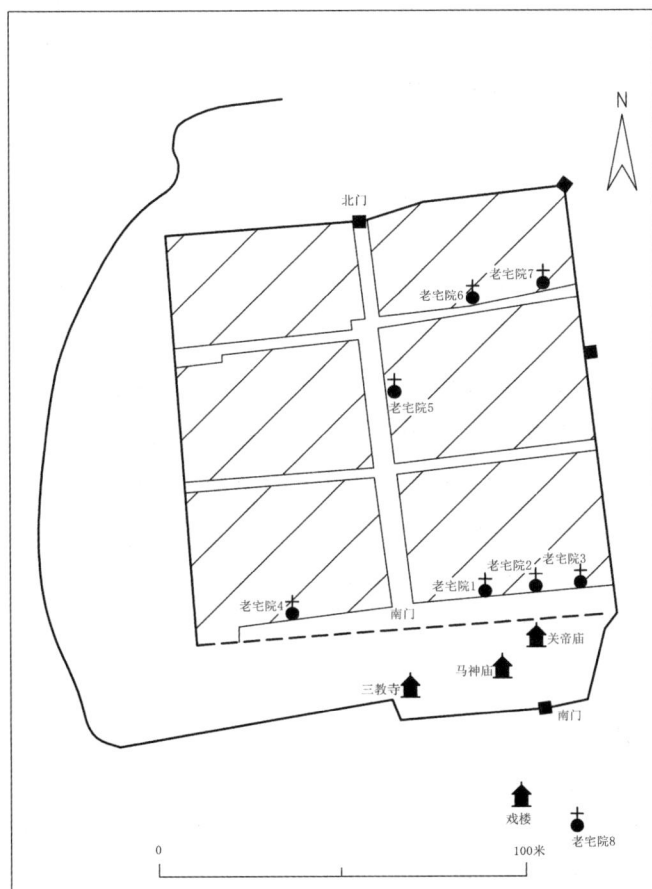

图 23.11　杨庄村北堡平面图

由于北堡内城修建在台地中部，为了不失去台地边缘的险要地势，故又修建了外城土墙。外城现存北、西、南墙。残长约 367 米。北墙保存较差，高 0～3 米，外城东南角西侧与内城南墙交汇，墙体保存一般，低薄，高 0～4 米。南墙西段外侧为村委会。

外城南墙东端开南门，堡门保存较好（彩版 23-4）。门体局部开裂，通体为红砂岩条石修建，石砌拱券结构，一伏一券式。外侧门券拱顶上方镶嵌有石质阳文门匾，正题"福地八九"，起款"咸丰十一年夏四月吉日立"。内侧门券拱顶上方亦镶嵌石质阳文门匾，正题行书"六九都春"，门匾中间开裂。门内顶部为拱券，四面券成穹隆顶，顶部明镜垂宝珠，四周刻《八卦图》。此形制为蔚县现存堡门孤例。门闩孔为双排孔，为条石上雕凿的圆形孔。门道石板铺墁，历史的车辙痕迹清晰可见。门道地面南低北高排水通畅。门外西侧有堡内往外排水之用的排水道。排水道为石头修建的暗道，顶部有盖板。南门外对面为关帝庙，不远处为干涸的水塘。

内城开南、北门。南门拆毁于 20 世纪六七十年代，现为缺口，门道尚存，为自然石铺成的路面。南门内为中心街，与北门相对。北门通体石砌拱券结构，条石修建，门内、外侧上方均镶嵌有阳文门匾（彩版 23-5）。外券拱顶上方亦有两个破坏的门簪，其上镶嵌有石质阳文门匾，正题"积玉门"。内侧门券拱顶上有两个破坏的门簪，其上镶嵌有石质阳文门匾，正题"重华门"，前款为"道光二十七年"，落款为"夏四月立"。门顶为拱券，门道自然石铺墁。门顶边缘有两排水孔，门顶中间有玉皇庙遗址，已坍塌，尚存有砖墙和石柱。北门外为耕地和荒地。

内城堡墙均为黄土夯筑，保存一般。东墙长约 115 米，保存一般，墙体高薄、连贯，高 2～6 米，内侧为民宅，外侧为浅冲沟及耕地，东墙中北部设 1 座马面，体量大，保存较好，与墙同高。南墙长约 112 米，保存较差，墙体断续，多坍塌，高 0～5 米，破坏较为严重，墙内为顺城路和民宅，外侧为道路和民宅。西墙长约 107 米，紧邻台地边缘修建，西墙呈弧形，墙体高大，保存较好，墙体外侧为顺城道路和耕地，内侧为荒地、耕地和民宅。北墙长约 107 米，保存较好，墙体外侧紧邻台地修建，墙体高大、连贯，高 3～5 米，墙体外侧为耕地，内侧为耕地和民宅，民宅多坍塌为平地。

东南角为高大的转角，高 6～7 米。西南、西北仅为转角。东北角设 135°斜出角台，保存较差，体量小。

（2）街巷与古宅院

北堡内曾有居民八九百人之多，如今居民较少，多搬迁到堡外居住。堡内尚存数座老宅院。南门内主街有 2 通残碑，1 通碑文漫漶，可辨"乎蔚郡……古刹遗基委……德以祈□福一……丽塑……汉明帝永平年间始"；另 1 通字迹漫漶不清。

南顺城街 即南墙内街道。东段内北侧有老宅院 1～3，保存较好。老宅院 3，位于东南角内侧东墙下,院内地面用石子拼成图案,正房保存较好,门厅退金廊。西段仅存老宅院 4,保存较好,宅门尚存有雀替、梁托木雕,墙壁上保存有毛主席语录。

正街 即南北主街。老宅院 5 位于路东,门前建有条石台阶,保存较好。

后街 即北侧十字街东西主街,东街尚存 2 座老宅院,老宅院 6 保存较好,宅门尚存雀替,墙壁上张贴有捷报;老宅院 7 位于东街的尽头,保存较好,门内墙壁上贴有毛主席语录。

堡外 南门外为一条旧街道。老宅院 8 位于南门外路东,门口尚存上马石。

2. 寺庙

北堡曾修建有多座寺庙,其中关帝庙、三教寺、马神庙、戏楼、极乐寺尚存(彩版 23-6)。诸葛庙/梓潼庙、玉皇庙、五道庙皆拆毁于 20 世纪六七十年代。

关帝庙 清代建筑,位于内外城南墙之间,紧贴堡南墙,坐落于包砌条石的基台上,正对堡门。基台高 1 米,外包砌三层条石并设 5 层踏步。庙仅存正殿,坐北面南,面阔三间(坐二破三式),硬山顶,进深四架梁出前檐廊。正殿保存较差,门窗无存,前檐额枋上残存有民国时期的彩绘。殿内为砖铺地面,墙壁表面被草拌泥和白灰浆覆盖,现在多被人工剥落,露出墙壁上的壁画。正壁毁坏严重,墙皮脱落,露出了墙体中的青砖,绘画已毁。东壁大部分露出,较为完整;西壁只有下 2 排部分露出。东西墙壁上的壁画为关帝庙中常见连环画形式,3 排 6 列共 18 幅,两壁一共为 36 幅。从颜色上看,壁画应该是清中晚期作品。东壁每幅画皆有榜题,前 2 排榜题可辨,但最后 1 排榜题被人工毁损;西壁残有个别榜题。脊檩上有彩绘《八卦图》。

东山墙

立斩华雄	众议华雄	三战吕布	水淹下沛	曹斩吕布	许田射鹿
又拿王忠	活捉刘代	辕门射戟	夜夺徐州	三让徐州	鞭打督邮
□□□□	□□□□	□□□□	□□□□	□□□□	□□□□

西山墙

(被覆盖)	(被覆盖)	(被覆盖)	(被覆盖)	(被覆盖)	(被覆盖)
(被覆盖)	(露半) □□□□	挂印封金	出□□场	(残半)	(残半)
□斩颜良	□□□□	(残半) □□□□	(残半)	(残半)	□□进□

此堂壁画的榜题与内容有错乱,东山墙第二排第一列左上角有榜题,看似榜题是从左上角开始,但第二列两上角分别为活捉刘代与辕门射戟,从榜题排序来看应是活捉刘代,

但内容却是辕门射戟,以至于后边的榜题与内容全部错位。至第一排最后一列由于 6 个榜题已写完,只好在榜题框乱画几笔。

三教寺 位于内外城南墙之间西侧,关帝庙西南侧,现为 1 座独立的庙院(彩版 23-7)。整体坐西面东,寺院院墙借用外城墙体,即外城的南墙为寺的南墙,西墙即是正殿的后墙。围墙多有坍塌,院中荒芜,种植向日葵。残存有院门、正殿与马神庙。

山门,广亮门,硬山顶,面东。

正殿破坏严重,位于堡南门的位置南侧,北山墙与南门正对。正殿坐落于条石台明上,基础较高,台明外包条石,中间的台阶损毁。正殿坐西面东,面阔三间,硬山顶,进深六架梁出前檐廊。殿已坍塌一半,东山墙坍塌,门窗无存,前檐额枋上残存有民国时期的彩绘,殿内梁架没有彩绘,脊檩上有彩绘《八卦图》。殿内为砖铺地面,堆放柴草。原塑有 3 尊塑像,塑像背后的正壁还可见 3 尊塑像的背光,背光的两侧各立有侍从,由于该殿为三教殿,因此推测这 3 尊塑像分别应为释迦、老子与孔子。殿内墙壁绘有壁画,但表面刷涂白灰浆,漫漶不清,破坏严重。南、北两壁绘画均为连环画式,各有 3 排 11 列,33 幅画,一共有 66 幅画,从颜色上推测,其为清末民国时期的作品,每幅画皆有榜题,但大多数榜题内容已难以辨认。从榜题内容来看,除个别榜题外,多数榜题并非源于《释迦如来应化录》。

北壁

(被覆盖)	(被覆盖)	(被覆盖)	(被覆盖)	(被覆盖)	(被覆盖)	(被覆盖)	(被覆盖)	(被覆盖)	(被覆盖)	(被覆盖)
□□ □□	游过 东门	君臣 议论	梵王 应梦	三人 见父	太子 游河	文武 好善	箭射 铁鼓	单手 托象	游观 农务	园林 嬉戏
侍臣 入宫	白象 投胎	五龙 吐水	太子 见父	贤□ 为衣	经书 点慧	太子 游园	太子 游莲	太子 游菊	太子 游梅	

南壁

(被覆盖)	(被覆盖)	(被覆盖)	(被覆盖)	(被覆盖)	(被覆盖)	(被覆盖)	(被覆盖)	(被覆盖)	(被覆盖)	(被覆盖)
远饷 资粮	禅河 沐浴	帝释 献衣	诵苦 提场	天人 献草	普度 众生	佛度 长老	魔军 害佛	佛度 男女	(被覆盖)	无
六年 苦行	调伏 二仙	劝请 回宫	诘问 林仙	衣帽 见母	衣帽 回朝	急奔 雪山	车臣 辞还	□□ □□	太子辞朝	

马神庙 位于院门内侧,坐北面南,正对戏楼,面阔三间(坐二破三式),硬山顶,进深五架梁出前檐廊。角柱石上有石刻装饰,门窗无存,仅存框架,前檐额枋上有残存的彩绘,殿内壁抹有一层草拌泥和白灰浆,残破处露出壁画。画面色彩艳丽,主色调以蓝色为主,壁画应是清末民初作品。

戏楼　位于外城南墙外主街西侧,清末民国时期建筑,坐南面北,隔外城南墙与马神庙相对。戏楼基础高1.4米,台明外立面包砌砖石,顶部四周铺石板。戏楼面阔三间,外卷棚内硬山顶,进深六架梁,前檐额枋上未施彩绘,戏楼内墙壁表面涂刷白灰浆,无壁画和隔扇。

极乐寺　位于旧村西北角的田野中,整座寺院坐北面南,规模宏大,寺院有中路与东路,总占地面积约3 000平方米(彩版23-8)。中路为两进院,全部为砖铺地面,共有三层殿,2座配殿。东路前为大殿,后为僧舍。寺庙虽然曾改作过地毯厂与仓库,但主体建筑保存较好,殿内壁画残存。

中路三层大殿依次为山门殿、过殿与释迦殿,皆为面阔三间,硬山顶结构;东配殿为圆通殿,西配殿为幽冥殿。

山门殿,即过殿式山门,坐北面南,面阔三间,硬山顶,进深六架梁出前檐廊,正门已封堵。门前原有高大的基础和台阶,基础包砌条石,台阶目前已经严重损毁,无存。殿两侧各有1座边门,单檐硬山顶,券形门洞。山门殿前廊之下悬1块木匾,上书"极乐寺"。殿内墙壁表面刷涂白灰浆,前檐额枋还残存有民国时期的彩绘,墀头尚存有砖雕装饰。山门殿原为何殿,寺内的僧侣不知,推测是天王殿,如今殿内有弥勒和韦驮。

过殿,是全寺最高、体量最大的大殿,面阔三间,硬山顶,进深六架梁后出廊,殿前置砖砌月台,门窗已全部改造。过殿坐南面北,开北门。过殿南侧檐下由额垫板做成了楣板样式,板上有绘画,绘画虽毁,但仍可看到痕迹。此绘画不合规制,疑为重修时改造。此外,北檐额枋上亦残存有民国时期彩绘,保存较差。殿内东西山墙上残存有民国时期的绘画,上部被白灰浆盖住,下部已涂抹水泥,隐约露出的壁画,各为五尊神像坐于基座上。殿两侧山尖绘画保存较好。从中殿坐南面北,以及殿内残存的绘画来看,此殿应是倒座观音殿。两侧东西禅房各五间,四檩三架。

东配殿,即圆通殿,坐东面西,面阔三间,硬山顶,进深六架梁出前檐廊,前檐额枋上残存有民国时期的彩绘和木雕装饰。门窗全部为新建,殿内佛台上新塑一尊观世音塑像。殿内墙壁尚存民国时期壁画,表面曾抹过白灰浆,如今白灰浆脱落露出底画。正壁绘画中,主像有三尊,根据村民在绘像上贴的纸条得知,正中为观世音菩萨,南侧为妙吉祥菩萨,北侧为普贤王菩萨。妙吉祥菩萨即为文殊菩萨,殿内供奉的是三大士。在三位菩萨周边还有10位菩萨坐像,坐像皆有榜题,从模糊的榜题可以勉强看出"欢喜地菩萨",由此,可以判定此为十地菩萨,也即"初地欢喜地、二地离垢地、三地发光地、四地焰慧地、五地难胜地、六地现前地、七地远行地、八地不动地、九地善慧地、十地法云地"。十地是大乘菩萨道的修行阶位,代表了菩萨在修行中断除烦恼的程度,也标志着菩萨成就功德的程度。大地能生长万物,故佛典中常以"地"来形容能生长功德的菩萨行。十地菩萨分布在南、北次间,南次间为一地至五地,北次间为六地至十地。

两侧山墙壁画是为连环画式,各有 4 排 5 列,第 4 排内侧缺 1 幅,每壁有 19 幅,一共 38 幅,每幅画皆有榜题,但榜题多已漫漶,难以分辨,其中一幅为"应以感应而将度者即现金刚感应而为说法"。从内容上来看,其应是以《首楞严经》中观世音"三十二应"说法图为主线,指观世音菩萨为济度众生,根据其种类和根性所示现之三十二种形相,每壁 15 幅,两壁为 30 幅。每壁底排还各有 4 幅为《观世音菩萨普门品》中的"救八难"题材的内容,两侧壁共 8 幅。

南壁

应以□□身而得度者现□□身而为说法	应以大自在天身而得度者现大自在天身而为说法	应以玉皇大帝身而得度者现玉皇大帝身而为说法	应以文殊菩萨而得度者现文殊菩萨身而为说法	应以佛身而得度者现佛身而为说法
应以岳人身而得度者现岳人身而为说法	应以大金刚身而得度者现大金刚身而为说法	应以天大□□身而得度者现大□□身而为说法	应以大天王身而得度者现大天王身而为说法	应以阿修罗身而得度者现阿修罗身而为说法
应以□官身而得度者现□官身而为说法	应以女王身而得度者现女王身而为说法	应以梵王身而得度者现梵王身而为说法	应以□□身而得度者现□□身而为说法	(榜题模糊)
	蚖蛇及蝮蝎 气毒烟火燃 念彼观音力 寻声自回去	或被恶人逐 坠落金刚山 念彼观音力 不能损一毛	或漂流巨海 龙鱼诸鬼难 念彼观音力 波浪不能没	或在须弥山 为人所推坠 念彼观音力 如日虚空住

北壁

应以自在天身度者（被遮挡）	应以天龙身而得度者现天龙身而为说法	应以毗沙门身而得度者现毗沙门身而为说法	应以比丘身而得度者现比丘身而为说法	(榜题模糊)
应以□王身而得度者现□王身而为说法	应以摩睺罗伽□而得度者现摩睺罗伽□而为说法	应以小王身而得度者现小王身而为说法	应以商人而得度者现商人而为说法	(榜题模糊)
应以感应而将度者即现金刚感应而为说法	应以□婆塞优婆而得度者现□婆塞优婆而为说法	(被遮挡)	(被遮挡)	(被遮挡)
咒诅诸毒药 所欲害身者 □□□□□ □□□□□	假使兴害意 推落大火坑 念彼观音力 火坑变成池	(被遮挡)	(被遮挡)	(被遮挡)

西配殿,即幽冥殿,坐西面东,面阔三间,硬山顶,进深六架梁出前檐廊,前檐额枋上残存有民国时期的彩绘。幽冥殿又称作地藏殿。地藏菩萨于十方世界救度无量众生,在娑

婆世界帮助释迦牟尼佛弘法，令众生不堕落黑暗的恶道，得福无穷，故称为幽冥教主。殿内佛台上新塑一尊地藏菩萨塑像。殿内壁曾抹过白灰浆，如今白灰浆脱落露出底画，但远没有圆通殿的清晰。正壁绘画中，主像也有三尊，主尊应为地藏菩萨，但两侧为何菩萨需再核实。在三位菩萨周边还有 10 位菩萨坐像，坐像皆有榜题，但内容已看不清。殿内两侧山墙绘画有十殿阎君。壁画下半部为水泥破坏，上半部涂抹白灰浆。

正殿，即释迦殿，面阔三间，硬山顶，进深六架梁出前檐廊。前廊西墙下为面然大士龛。正殿墀头的砖雕已经破坏，角柱石的石雕尚存，门窗已经全部改造，前檐额枋上残存有彩绘。殿内为砖铺地面，脊檩上有彩绘《八卦图》，正面佛座之上供奉一尊新塑的释迦牟尼像，两侧立着迦叶与阿难。殿内墙壁曾抹有白灰浆，如今白灰浆脱落，露出部分原有的绘画。两侧山墙为连环画式，4 排 8 列，表面大部分涂刷白灰浆，破坏严重。从颜色上看，壁画为民国时期的作品。壁画露出部分榜题，这些内容源于《释迦如来应化录》。

东壁

（被覆盖）	（被覆盖）	（被覆盖）	（被覆盖）	（被覆盖）	（被覆盖）	（被覆盖）	（被覆盖）
（被覆盖）	（被覆盖）	（被覆盖）	（被覆盖）	（被覆盖）	（被覆盖）	（被覆盖）	（被覆盖）
（被覆盖）	（被覆盖）	（被覆盖）	（残半）	（残半）	（被覆盖）	（被覆盖）	（残半）
天人献衣	调伏二仙	诘问林仙	咒成男女	瞿昙贵姓	上托兜率	布发掩泥	买花供佛

西壁

（被覆盖）	（被覆盖）	（被覆盖）	（被覆盖）	（被覆盖）	（被覆盖）	（被覆盖）	（被覆盖）
（被覆盖）	（被覆盖）	□□□□	（残半）	（被覆盖）	（被覆盖）	（被覆盖）	（被覆盖）
小儿施土	□□□□	□□□□	（被覆盖）	（被覆盖）	（被覆盖）	（被覆盖）	（被覆盖）
初建戒坛	姨母求度	度跋陀女	老人出家	贫公见佛	佛化卢志	张弓害佛	□□□□

正壁两侧顶部原有悬塑，可惜已经全部脱落。殿内还有几通石碑，由于碑阳全面倒扣，内容未知。正殿东西耳房各三间，全部是僧舍或仓库，殿前还有新建的红砖修砌的香炉。

东路由前殿、东西耳房、后殿组成。前殿保存较好，面阔三间，卷棚顶，基础较高，前设踏步。后殿为一般的民宅。前殿及东西耳房已废弃，院内长满杂草，殿内堆放杂物。

诸葛庙/梓潼庙　位于外城南门顶，诸葛庙面南，梓潼庙面北，现均已无存。

玉皇庙　位于内城北门顶，现已无存。

五道庙　位于内外城北墙之间，现已无存。

（二）杨庄村南堡

1. 城堡

南堡位于北堡偏西南方向，堡东墙与北堡南门相对。城堡平面为不规则形，大致呈方形，周长约 662 米。城堡规模较大，开南、北、西三门，门内为南北主街（图 23.12）。

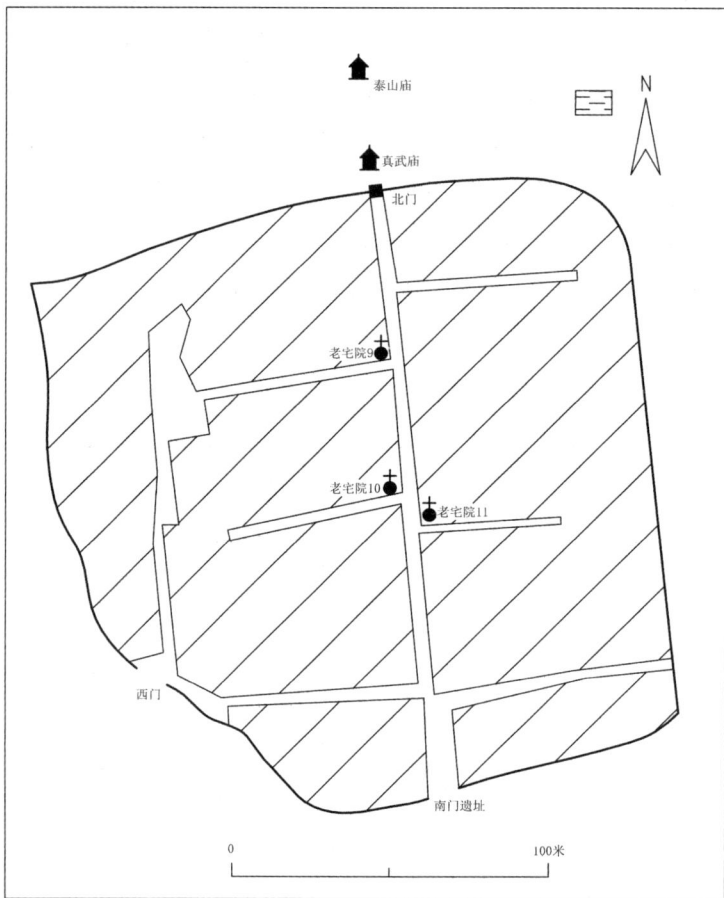

图 23.12　杨庄村南堡平面图

南门在"文革"前便已拆除，现为缺口。南门外原建有瓮城城墙，现已无存。瓮城城门上设有诸葛楼，因此当地人称南门为诸葛门，"文革"时期拆毁。南门外有 1 座照壁，单檐硬山顶建筑。

北门位于北墙中部，为红灰砂岩条石修建的拱券式大门，内外均为一伏一券式（彩版 23-9）。外侧门券拱顶上镶嵌有两枚圆形门簪，门簪上镶嵌有石质阳文门匾，正题楷书"杨庄品字堡"，门匾右侧首款为"大明嘉靖二十七年清和月修"，左侧落款为"大清光绪二十三年六月重修"。内侧门券拱顶上方亦有圆形门簪，其上方镶嵌有阳文门匾，共三字，字迹漫漶不清。门内券顶为八卦穹窿顶,中心为石雕八卦图案,与北堡外城南门为同类题材,十分少见。门闩孔为条石雕凿的圆形孔,门顶部较平,立有电线杆。门道铺墁青石条,尚存车辙印,门内为南北中心街,门外为真武庙遗址。堡门外西侧原有五道庙,现已毁,堡门外 10 米处为 1 座影壁。

西门位于西墙中部,堡门建筑破坏无存,现为缺口,门外建有望土匪的高楼。

堡墙均为黄土夯筑,保存较好,墙体基本连贯,墙体上未设马面,四角未设角台,为弧形转角。东墙高薄、连贯,墙高 4～5 米,内侧为民宅,外侧为道路。南墙保存较好,墙体高厚,高 5～6 米,内侧为民宅,外侧为道路。西墙保存较好,墙体多曲折,墙体高薄,高 0～7 米,墙内为民宅,外侧为道路。北墙墙体高薄,高 5～6 米,保存较好,内侧为民宅,外侧为道路。

堡内主街街面宽阔,两侧老宅院少,主街西侧有 2 座老宅院 9 和 10,路东侧有老宅院 11。

2. 寺庙

南堡曾修建有多座寺庙。北门外现照壁位置原有 1 座真武庙,照壁与北门之间的西侧有一坐西面东的五道庙,北门外现村委会原为泰山庙,东墙外有龙神庙,这些庙或早已毁塌或拆毁于 20 世纪六七十年代。

第八节 醋柳沟村

醋柳沟村位于北水泉镇东偏南 6 公里处,属浅山区,村周围沟壑纵横,全村散居于沟梁较平坦处,为壤土质,周围辟为梯田耕地。1980 年有 264 人,均为汉族,耕地 1 606 亩,曾为醋柳沟大队驻地。

相传,四百年前建村于沟中。因沟内长有许多犹如柳丛的酸麦子,故取村名醋柳沟。村名最早见于《(民国)察哈尔省通志》,作"醋柳沟"。

如今,村中无古建筑遗存。

第九节 罗家堡村

一、自然环境与人文历史

罗家堡村位于北水泉镇东偏北 3.7 公里处。属丘陵区,地势北高南低。村庄选址在山道南侧的坡底下，四周环沟谷，群山起伏，沟谷密布，村北、南各有一条大沟，村庄位于两条大沟间的台地上，为壤土质，周围辟为耕地。1980 年前后有 168 人，耕地 797 亩，曾为罗家堡大队驻地。如今，村庄规模小，环境闭塞，235 乡道穿村而过，土地贫瘠，村中无饮用水，仅依靠雨水（屋檐的雨水）生存，生活艰辛，农民以大杏扁为主要经济作物。整座村庄已不足 100 人，村民以罗姓为主（图 23.13）。

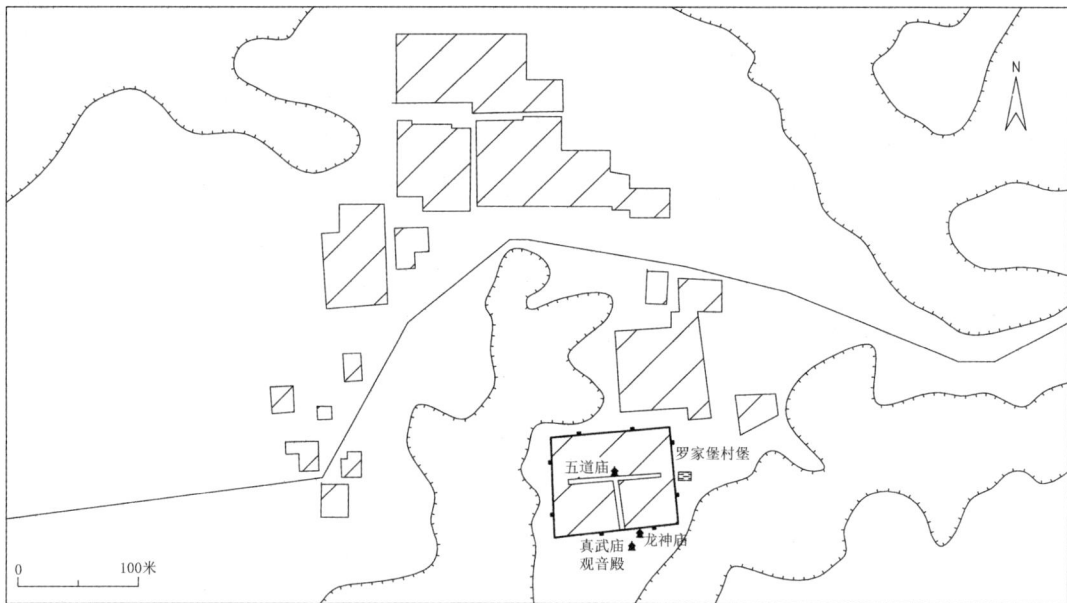

图 23.13 罗家堡村古建筑分布图

相传，明万历年间，有罗姓兄弟到此开荒种地，建村后取名罗家堡。村名最早见于《（民国）察哈尔省通志》，作"罗家堡"。

二、城堡

罗家堡村堡位于村庄南部，城堡选址修建在台地上，其东、西两侧均为冲沟。堡规模较小，平面呈矩形，周长 369 米，堡内平面布局为丁字街结构。城堡开南门，南门仅存缺口，南门内为南北主街。

堡墙均为黄土夯筑，20 世纪六七十年代拆毁，保存较差。东墙残长 47 米，墙体破坏严重，墙体低薄，高 2~3 米，断断续续，多为民宅所侵占，东墙外有水塘，水塘边长有高大的杨树。南墙残长 95 米，墙体仅存 2 米高的基础部分，内外侧均为顺墙道路，内侧为民宅。西墙残长 85 米，仅存 1~2 米高的基础部分。北墙残长 98 米，墙体高厚、连贯，高 5~6 米，内侧为民宅，外侧为荒地。东墙、北墙外为新村。

东北角仅为转角,高 5～6 米;东南角、西南角、西北角已无存,为民宅所侵占。堡内无老宅院遗存。

三、寺庙

城堡内外尚存 4 座庙宇:真武庙/观音殿、龙神庙、花灯亭、五道庙。

真武庙/观音殿 位于南门外侧,其南侧为一条南北向冲沟,视野开阔。旧为 1 座庙院,整体坐落在高 3～10 米的庙台上。现在仅存正殿,山门及钟鼓亭已无存。殿的基础较高,但是顶部未铺砖。正殿面阔单间,硬山顶,五架梁前后分心,殿宇梁架为旧构,部分墙体为新修。殿中间砌墙,面南为真武庙,面北为观音殿。在蔚县,真武庙与观音殿相背、真武庙修建于南门外均为孤例,因真武本身属北方之神。

真武庙,面阔单间,硬山顶,门外两侧楹联为:"充海阔天空之量,养先忧后乐之心。"近些年当地将正殿修缮。殿内顶部脊檩上彩绘《八卦图》,正殿内正壁与东山墙壁画尚存,为清代中晚期壁画,西壁已重新修缮。

正壁壁画西侧已剥落,从残存的部分来看,壁画正中为真武大帝,右手持一把剑,右腿向前伸呈半蹲状,头发与披肩飘逸在周边;真武东侧为七星旗君,手举七星旗,其外侧为周公。由此可以推测,西侧内为剑童,外为桃花女。

东山墙壁画保存一般,表面多有流水泥痕,整个画面为分上、下两部分,上部为连环画,下部为护法元帅与护法天君。

东壁上部真武故事连环画为 2 排 6 列,每幅皆有榜题,但榜题位置不定,部分榜题尚可辨认。

东壁下部为护法元帅与护法天君,共绘有 6 位。最北侧的 1 位为辛环,由此推测,再向外还有 4 位天君,最外侧 2 位为温元帅温琼与马天君马元帅。

西壁虽然已毁,但应与东壁相对称,上部为 2 排 6 列连环画,下部为另 2 位护法元帅与 4 位护法天君。

由此,将正壁与两侧山墙连为一体,完整地表现了《真武帝坐堂议事图》。

东山墙

(榜题毁)	□□□□	□□□□	君母度真	童真内练	元君授道
净乐仙国	梦吞日光	左肋降生	九龙吐水	太子习文	(榜题毁)

观音殿,正对南门,殿门两侧有楹联:"年年不忘天地德,日日不忘祖宗恩。"殿内墙壁未新绘壁画,为白墙,殿内仅供奉一尊观音像。当地长者回忆,观音殿前西面以前有个二三百斤的大钟,"文革"时期毁坏。

龙神庙　位于南门外东侧，与花灯亭并排，倚靠南墙墙体而建，其南侧有一条出入村庄的崎岖道路，路南为峡谷，群山起伏，沟谷纵横。整座庙宇坐落在高 1.2 米的石砌庙台上。正殿坐北面南，面阔单间，硬山顶，大门两侧楹联为："龙游艺苑字三千，鹏起天池风九万。"殿内原有壁画，现在大部分为泥水所覆盖，仅有部分壁画残存，表面涂刷白灰浆，破坏严重，从颜色上推断，其应为清末民初的作品。脊檩上彩绘《八卦图》。龙神庙内原供奉黑、白、黄三位龙神，白龙居中，20 世纪六七十年代破坏，现乡民在殿内置供桌，墙上贴"龙王之位"。当地在 1955 年以前还曾祭祀龙神，其仪式是道士在龙神庙与观音殿念经并点灯，如今已不再祭龙神。

花灯亭　位于龙神庙西侧，面阔二间，四檩三挂卷棚顶，乡民每年正月十五在这里耍花灯。

五道庙　位于堡内南北主街尽头，新建建筑。正殿坐北面南，面阔单间，硬山顶。殿内无壁画、塑像。

第十节　南柏山村

一、自然环境与人文历史

南柏山位于北水泉镇东北 4.6 公里，属丘陵区，四周环沟，村东依柏山，东北临柏山水库，地势较平坦，为壤土质，周围辟为耕地。村庄西北可见崇兴寺（后寺），东北可见宝龙山，视野好。1980 年前后有 439 人，耕地 2 467 亩，历史上盛产被誉为贡米的小米，近年所出大杏扁远近闻名。曾为南柏山大队驻地。如今，村庄规模大，居民多，235 乡道穿村而过，村东冲沟上有双拱石桥，为东侧通往村庄的必经之路。村庄分为南、北两部分，南面为新村，新村为丁字街布局，东西向柏油路从村南面穿村而过。北面为旧村，旧村即城堡所在地（图 23.14）。

相传，明洪武年间建村于宝龙山柏树林之南，起名柏南山，后更名为南柏山。村名最早见于《（正德）宣府镇志》，作"栢山堡"，《（嘉靖）宣府镇志》作"柏山"，《（崇祯）蔚州志》作"柏山堡"，《（顺治）云中郡志》作"栢山堡"，《（乾隆）蔚县志》作"南柏山"，《（乾隆）蔚州志补》作"栢山村"，《（光绪）蔚州志》《（民国）察哈尔省通志》作"南柏山"。

二、城堡

南柏山村堡，位于旧村中。城堡平面呈矩形，周长约 535 米，城堡平面布局为南北主街结构。

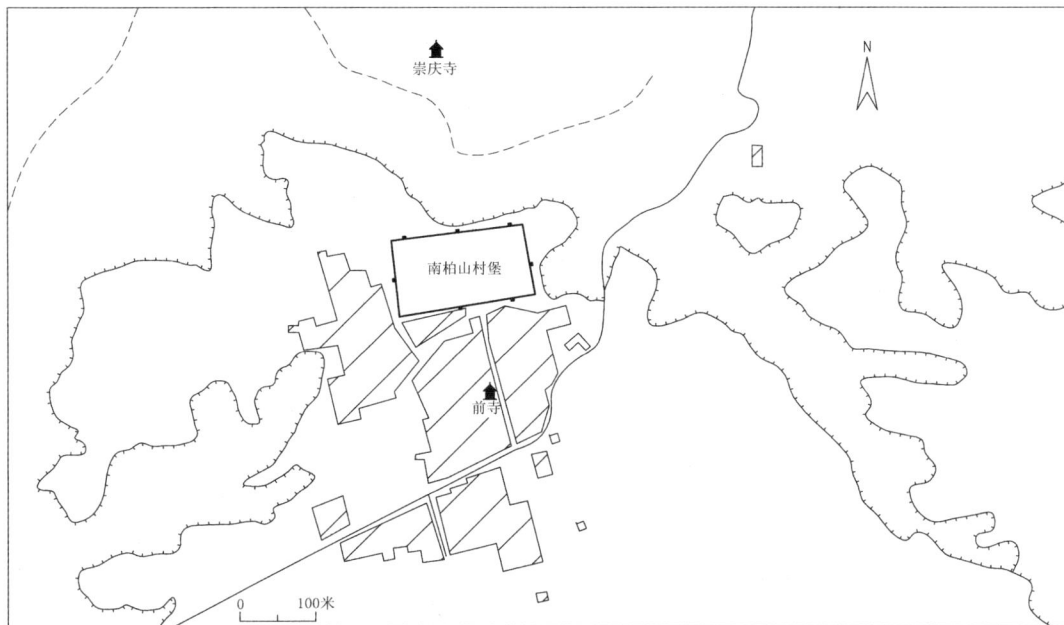

图 23.14　南柏山村古建筑分布图

城堡开南门,保存较好,堡门通体为条石修建(彩版 23-10)。外侧为一券式石砌拱券门,券高3.3米,门券拱顶上方镶嵌有石质门匾,匾额正中两排大字为"柏山砦南勋门",前款为"嘉靖十五年",落款由于风化严重难以看清。顶部出砖错缝牙子砖檐,上覆勾头、滴水。内侧及顶部为木梁架结构,坍塌无存。门道为自然石路面,堡门前为斜坡坡道,北高南低,排水顺畅。南门外西侧有坑塘。门内为南北主街(图 23.15)。

堡墙均为黄土夯筑,破坏严重。东墙残长 90 米,墙体低薄、断续,多坍塌,墙高 0~4 米,东墙内侧为民宅,外侧为耕地。南墙残长 173 米,仅存 1~2 米高的基础,墙体内侧为顺城道路和民宅,外侧为荒地和新村。南墙西段外侧有 3 个坑塘,基本干涸,周围长有高大的树木。西墙残长 101 米,墙体仅存基础,高不足 1 米,现为民宅的院墙,外侧为荒地和道路。北墙残长 171 米,高 3~4 米,内侧为民宅,外侧为耕地、荒地和冲沟。北墙外的冲沟内为后寺,冲沟对岸为北柏山村。

东南角仅为转角。西南角无存。西北角无存,为民宅所占。东北角设 135°斜出角台,呈锥形,高 6~7 米,破坏严重,但仍为城堡的制高点。

堡内居民少,老宅院较少。仅存老宅院 1,位于南北主街西侧。

三、寺庙

南柏山村堡内外曾修建有多座寺庙,其中三官庙、戏楼、前寺尚存。龙神庙与五道庙

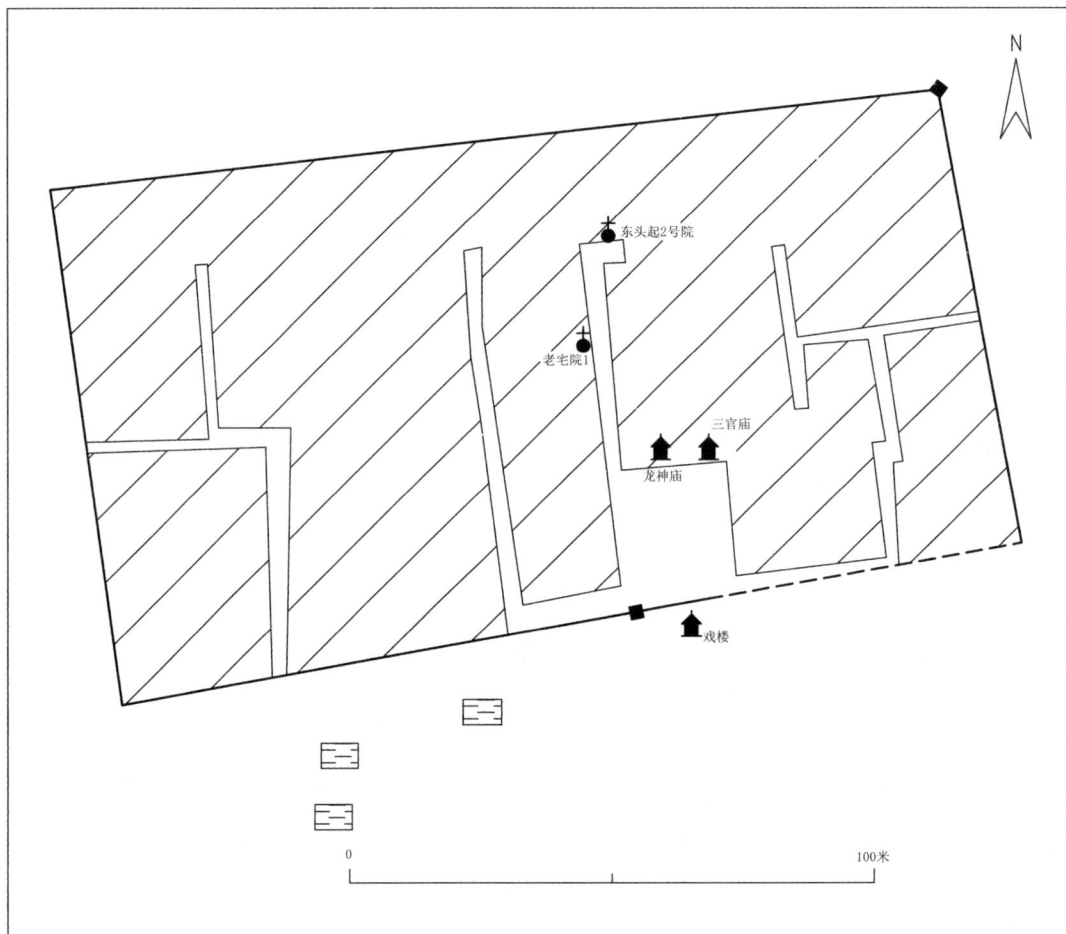

图 23.15　南柏山村堡平面图

已倒塌,现为民宅占据。村内未曾修建真武庙和观音殿。

　　三官庙　位于南堡门内东侧,坐北面南,面阔三间,硬山顶,进深三架梁,脊檩较长(彩版 23-11)。

　　戏楼　三官庙对面,坐南面北,前为小广场,正北 50 米处为三官庙。建筑做工用料粗糙简单,梁架用材纤细较差,且为破坏了堡子南墙而建,推测是清末民国时期修建。戏楼台明高 1.3 米,原本为自然石台明,新近用红砖修缮。戏楼面阔三间,卷棚顶,进深六架梁,但顶部二架靠得很近。前檐额枋未施彩绘。台内为土地,并堆积杂草,墙壁已毁,未见题记、壁画遗存。戏楼顶部多有坍塌,破坏严重。

　　前寺　位于旧堡正南,中心街西侧,该寺为清代中期仿造北柏山崇庆寺而建(彩版 23-12)。位于堡正南,中心街西侧。寺院坐北面南,四周土围墙残存,占地面积 1 600 平方米,原为独立的二进院布局的寺院,现改为养鸡场。寺庙建筑保存较好,现存有山门、前殿与后殿以及后殿两侧侧门。西跨院院内筑土台，上原建魁星楼，为全村的制高点，今仅存土台。

山门，广亮大门，硬山顶，进深三架梁，金柱木板门二扇，卷草撑拱，鼓形柱础，脊椽较长。两侧墀头戗檐有砖雕装饰，但是毁坏严重。前檐额枋上残存有民国时期的彩绘，山门上有门牌，是为"前寺巷 15 号"。

前殿，保存较好，以前曾改为学校。殿面阔三间，硬山顶，进深六架梁出前檐廊，门窗尚存，但已改造。廊檐下很简单，一檩一枋一垫板，垫板上雕有花草装饰，檩、额枋上残有彩绘。梁架用材粗壮讲究，但脊檩上未绘《八卦图》。如今殿内改为私人的仓库，墙壁上刷涂为大白，壁画情况未知。前殿东耳房屋顶坍塌，西耳房已无存。

后殿，保存较好，前面为荒芜的院子，殿前东西两侧还有 2 座旁门。殿宇面阔三间，硬山顶，进深六架梁出前檐廊，人字叉手，鼓形柱础，前檐额枋上残存有彩绘。门窗已无存。殿内梁架上涂有红色涂料，彩绘保存较好，脊檩上彩绘《八卦图》。殿内墙壁上也曾涂过红色涂料，涂料底下残存有壁画。正壁绘有 3 位主神像背光，正中背光两侧各有一位胁侍立于莲花座之上。背光前旧时应有塑像，由此推测为三世佛。

两侧山墙绘有连环画形式的壁画，各有 4 排 8 列，每幅皆有榜题，颜色上看应该是清末民国时期作品，从榜题来看源于《释迦如来应化录》。

东壁

夜半逾城	落发贸衣	车匿辞还	车匿还□	□□□□	劝请回宫	调伏二仙	渔人求度
初启出家	耶输兆梦	讲演武□	得遇沙门	路睹死尸	道见病卧	路逢老人	饭王获梦
园林嬉戏	习学书数	太子灌顶	游观农务	(被遮挡)	(被遮挡)	(被遮挡)	(被遮挡)
往谒天祠	姨母养育	仙人占相	从园还城	(被遮挡)	(被遮挡)	(被遮挡)	(被遮挡)

西壁

杨枝净水	□□□□	□□□佛	□□□□	(被遮挡)	(被遮挡)	□□□□	燃灯不灭
说咒消灾	施食缘起	目连救母	金刚请食	鬼母寻子	佛救婴儿	祀天遇佛	救度贼人
说苦佛来	老乞遇佛	度网渔人	佛度屠儿	度捕猎人	无量寿会	化佛丑儿	度□□□
谈乐佛至	贷钱办食	嘱儿饭佛	劝亲请佛	付嘱天龙	盲□见佛	老婢得□	因妇得度

正殿前的东西配殿已无存，两侧的耳房也坍塌，仅存基础。

龙神庙　位于南门内主街东侧，与三官庙并排而建（三官庙居东），现已无存。庙对面修建有戏楼。

五道庙　位于堡门外，现已无存。

第十一节 北柏山村

一、自然环境与人文历史

北柏山村位于柏山西侧,北水泉镇东北 4.4 公里处,属半山丘陵区,处一土梁上,地势东高西低,北有冲沟,南临沙河,周围相对平缓,附近为壤土质,辟为耕地。历史上盛产被誉为贡米的小米,近年所产大杏扁远近闻名。1980 年前后有 615 人,耕地 3 330 亩,曾为北柏山大队驻地。如今,北柏山村规模大,居民多,西部为新村,东部为旧村,现有 600 余人居住,姓氏较杂,村内建有一所小学(图 23.16)。

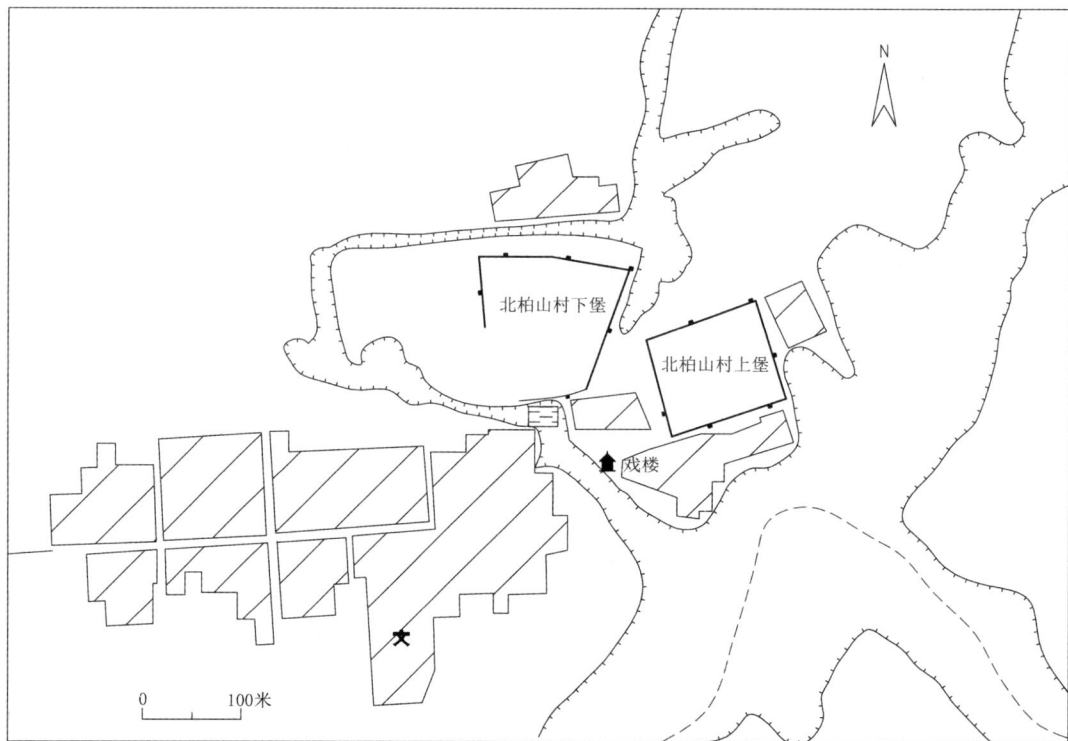

图 23.16 北柏山村古建筑分布图

相传,明成化年间建村于宝龙山柏树林之北,故取村名北柏山。村名最早见于《(正德)宣府镇志》,作"栢山堡",《(嘉靖)宣府镇志》作"柏山",《(崇祯)蔚州志》作"柏山堡",《(顺治)云中郡志》作"栢山堡",《(顺治)蔚州志》作"栢山北堡",《(乾隆)蔚县志》作"北柏山",《(乾隆)蔚州志补》作"栢山村",《(光绪)蔚州志》《(民国)察哈尔省通志》作"北柏山"。

二、城堡与寺庙

北柏山村共有 2 座城堡,即上堡、下堡,2 座城堡均位于村庄的东北部。

(一)北柏山村上堡

1. 城堡

位于旧村内,城堡选址修建在台地之上,整体位置较高,可见南柏山村,两村之间隔一条宽大的冲沟,这条冲沟也是东沙沟村一带村庄的饮用水源。城堡平面为矩形,周长430 米,堡内平面布局为十字中心街结构。

城堡开南门,堡门原为砖石拱券结构,顶部修建门楼,门扇包铁皮,1958 年将堡门彻底拆毁(彩版 23-13)。现为缺口,仅存一条石板坡道通向堡中(图 23.17)。

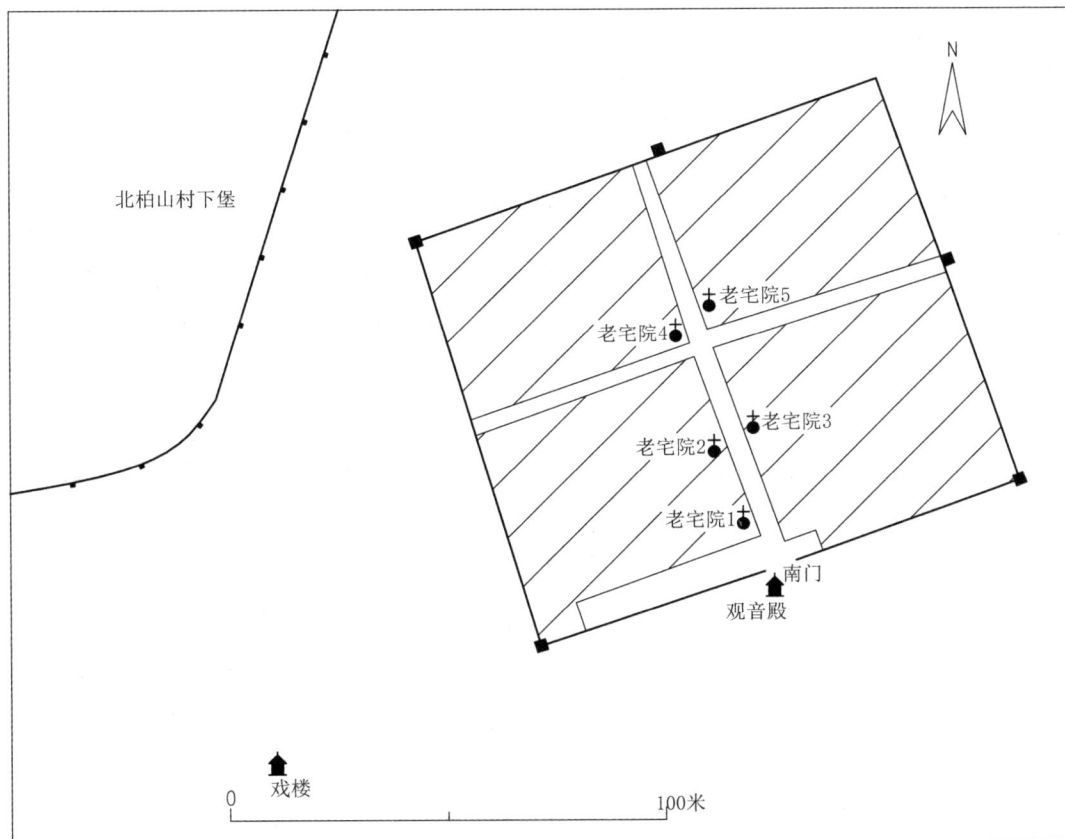

图 23.17 北柏山村上堡平面图

堡墙均为黄土夯筑,保存较好。东墙残长 100 米,修建在台地边缘,保存较好,墙体高薄,高 4～5 米,壁面斜直,内侧为民宅,外侧为台地和道路。墙体中部设有马面,正对十字街东街尽头,马面保存较好,高 5～6 米,高于墙体。南墙残长 120 米,破坏严重,紧邻台地修建,墙体多坍塌、断续,高 3～5 米,内侧为民宅,外侧为道路。西墙残长 98 米,紧邻台地边缘修建,墙体高薄、连续,保存较好,高 4～5 米,壁面斜直,内侧为民宅,外侧为斜坡荒地和道路。北墙残长 112 米,保存较好,墙体高薄、连贯,高 4～5 米,壁面斜直,外侧为荒地和树林,内侧为民宅,北墙中部设有 1 座方形的马面,保存较好,体量大,高 5～6 米。

东南角设 90°直出角台,紧邻台地,保存较差,高 4～5 米,高于墙体。西南角设 90°直出角台,修建在台地边缘,台体高大,高 5～6 米,角台外为顺城路,不远处为民宅。西北角设 90°直出角台,保存较好,高 5～6 米,高于墙体。东北角坍塌。

堡内居民少。老宅院尚存 5 座,即老宅院 1～5,主要分布在南北中心街两侧,保存较好。

2. 寺庙

上堡内外曾建有观音殿、五道庙、真武庙,这 3 座庙拆毁于"四清"时期。此外还有戏楼、崇庆寺、龙神庙,今龙神庙已毁,仅存戏楼。

戏楼 位于城堡西墙外侧,台明外立面曾包砖,顶部四周铺条石,今已无存,仅存夯土台明(彩版 23-14)。戏楼坐南面北,卷棚顶,面阔三间,进深六架梁,前台檐柱鼓形柱础,两侧山墙挑檐木挑出较长,山墙上残存圆形卷草山花砖雕。戏楼前檐脊顶已垮塌,前檐额枋上有残存的彩绘,前台口用木板封堵。戏楼内堆放风车,隔扇仅存框架及西侧门扇,梁架上全部涂刷红色,彩绘无存。墙壁与山尖上残存清末民国时期的壁画,两侧山墙各为四条屏风画,保存较差,表面涂刷白灰浆,斑驳不清。后墙残存题壁多处,年代最早为"咸丰叁年伍月十三日"。

崇庆寺 位于城堡东南方 2 里的冲沟中北侧台地上,处于南柏山与北柏山之间(彩版 23-15)。寺后靠崇山起伏的丘陵,南有深涧,涧下有一泓清泉。寺庙的东面有废弃的水坝和导流涵洞,即北柏山水库。

该寺又称后寺,占地面积 4 500 平方米左右,规模宏大。院内建筑在 20 世纪六七十年代时遭到破坏,辟为果园,残砖碎瓦俯拾皆是,瓦砾中可见金代沟纹砖。供养该寺院的主要为以下 9 座村庄:南柏山、北柏山、罗家堡、苗家堡、墁坡、东沙沟、龙池沟、北王庄子、大石头梁。

寺院四周残存有土围墙,院墙多坍塌呈土垅状,破坏严重。寺内建筑布局由东、西两路与东侧的塔院组成,二路之间的南墙正中建山门 1 座,与两路不在一条中轴线上。

西路有 3 座建筑,即前过殿(天王殿)、中殿(大雄宝殿)、后殿(地藏殿)。天王殿西侧有关帝庙;中院有东、西配殿,东配殿供奉二郎神,西配殿供奉达摩祖师,东配殿内原有石碑二通。

东路,南侧有戏楼 1 座,戏楼正对泰山圣母庙,廊下东、西各有 1 通石碑,院内东、西配殿各三间。泰山庙正北为后院,为住持僧侣禅房,正房三间。

如今寺中建筑仅存山门、西路大雄宝殿与东路的禅房。

山门,位于东、西两路之间,保存较好,为高大的广亮大门楼,进深五架梁,硬山顶,鼓形柱础。檐下施檩,檩下檐柱间施大额枋与小额枋,枋间施由额垫板,垫板为木雕装饰,可惜的是木雕已毁。前檐额枋上残存有清末民国时期的彩绘。木板门两扇,门簪三枚,簪头雕莲花,上部叉子部分为直棂条。门下地面为石板路。

大雄宝殿,位于寺院的西路,保存较好,台明多用石材,面阔三间,坐北面南,硬山顶,进深七架梁出前后廊,前后用四柱,梁架用材粗壮。檐柱高 3.6 米,古镜柱础,抱头梁二头卷刹式,三架梁上置人字叉手。脊檩上有彩绘《八卦图》。殿内脊顶上残存有一张贴纸,上书"时大清康熙七年重修功德主张问达妻王张马氏子张庆祥刘罗氏孙男张云(共 8 人)重孙闯关子施财广种福德无量"(彩版 23-16)。由此可见,此寺在康熙七年(1668)重修。殿内还有 1 通雍正十二年(1734)的《重修崇庆寺记》石碑,现断为两截。碑文:"因嘉前人之庆出而□立……前有泉而后依山不市不野……菩萨长者二郎……关圣……高巍士书""西黄花山比丘、石佛寺比丘、新殿□寺、宝树殿侍僧、万花寺比丘……雍正十二年岁次甲寅。"

殿内砖铺地面,曾改造为猪圈。内壁绘有壁画,保存较差,从壁画的颜色上看,应为清末民国时期的作品。正壁壁画表面涂刷有白灰浆,因后脊顶坍塌,已被泥浆所毁。东、西两山墙壁画为连环画式,南部为 4 排 8 列,北部为 3 排 5 列,壁画已遭偷盗。山尖壁画尚存。

东壁北部残存壁画画面褪色严重,难以分辨,推测也是没有被盗的原因,其他三部分仅存边缘壁画。从内容上看,内容选自《释迦如来应化录》。

东壁南部残存第 1 排与第 4 排的二小块。第 1 排残存有几幅榜题的残字,从北至南为:诸□□□,成□□□,菩萨降□,魔子忏□,地神作证,魔□□□,魔军拒□;第 4 排第 4 列:习学书数;第 4 排第 8 列:□象成坑。

西壁南部第 4 排残有几幅带榜题的残字,从南至北为:降伏火龙,船师悔责,耶舍得度,□□劝请,□□奉食。第 1 排第 3 列:□佛化卢。

西壁北部第 1 排,从南至北为:月光□□,佛化无恼,渔人求度,玉耶受训。

东路禅房,位于西大殿东北侧,东大殿之后,禅房面阔三间,硬山顶,五架梁前出廊,门窗无存。殿内墙壁依稀可见壁画,推测曾作为神殿使用,后改作僧房,已隔成独立的三间,并砌建了灶台。

观音殿 位于南门外,倒座,正对南门,现已无存。

五道庙 位于南门内侧,现已无存。

真武庙 位于北墙马面上,正对堡门,现已无存。

龙神庙 位于堡外西侧,面正对 1 座戏楼,现已无存。

（二）北柏山村下堡

下堡位于上堡西侧的平地上,与上堡西北角隔一条土道,城堡周围地势平坦开阔。城堡平面为矩形,近似扇形,北面宽,南面窄,周长复原约 511 米。堡内平面布局为十字街结构,十字路口偏南,南北主街较长。

城堡开南门,保存较好,砖石拱券结构,基础为 5 层石条砌筑,高 1.2 米,上部包砖起券,内、外侧门券三伏三券。外门券拱顶上方镶嵌两枚门簪,仅存痕迹,其上方镶嵌砖制门匾,正题"永宁门",前款、落款已遭破坏,漫漶不清,据当地长者回忆为乾隆四十一年(1776)重修。门顶部出错缝牙子。门顶为木梁架结构,门内为南北中心街。南门外有干涸的坑塘,坑边长有树木(图 23.18)。

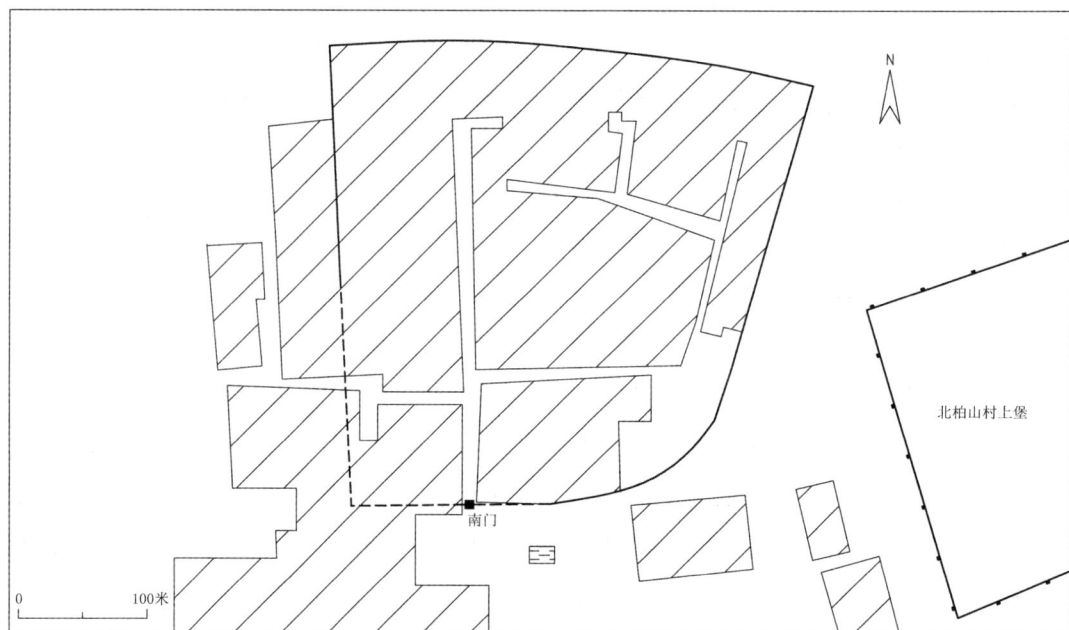

图 23.18 北柏山村下堡平面图

堡墙黄土夯筑,保存差。南墙保存差,东段仅存 1～3 米高的基础,坍塌严重,墙体上修建民宅和道路,墙体外侧为道路,内侧为民宅;西段无存,现为民宅所占据。东、西、北墙体仅存 1 米高的基础,上面修建房屋。

堡内居民少,无老宅院遗存,民宅有窑洞式民居。城堡南侧为新村。当地长者回忆,下堡未曾修建寺庙。

第十二节　墁　坡　村

一、自然环境与人文历史

墁坡村位于北水泉镇东北 6.3 公里处,属丘陵半山区。全村位于冲沟北坡,分成东、西两个片区,地势北高南低,附近为壤土质,辟为梯田耕地。1980 年有 182 人,耕地 1 631 亩,曾为墁坡大队驻地,民宅多已翻修屋顶。

相传,明成化年间建址于一土山缓坡上,因村人常以石块墁地,故取名墁坡。村名最早见于《(民国)察哈尔省通志》,作"墁坡里"。

二、寺庙

龙神庙　位于村东,清代建筑,现存龙神庙正殿 1 座、门楼 1 座。寺庙坐落在高1.9米的庙台上。院墙无存。山门为随墙门。正殿单檐硬山顶,进深四架梁出前檐廊,面阔三间,前檐额枋尚存彩绘,地面条砖铺墁,殿内山墙壁画损毁无存。

第十三节　东　沙　沟　村

一、自然环境与人文历史

东沙沟村位于北水泉镇东北 6.8 公里处,属浅山区,全村散居于沙沟内、山坡上,因为生活不便,逐渐搬迁到沟中,山坡上仍可见零散的民宅遗址。村附近为壤土质,辟为梯田耕地。1980 年前后有 227 人,耕地 967 亩,曾经为东沙沟大队驻地。如今,村庄修建在山沟及两侧台地上,规模小,居民少,民宅以土旧窑洞为主,多翻修屋顶,较为分散。村里尚有 100 余人,以许、彭姓为主。村庄内无饮用水,当地以旱井水维生,或去四五里地外南柏山村运水。235 乡道穿村而过。

相传,约五百年前彭姓建村于沙沟内,取村名彭家沙沟,1943 年改为东沙沟。村名最早见于《(民国)察哈尔省通志》,作"东沙沟"。

二、寺庙

据当地长者回忆,村庄曾修建有五道庙,拆毁于 20 世纪六七十年代。此外还有龙神庙。

宝龙山龙神庙　位于宝龙山主峰。宝龙山龙神庙是这一带祭龙神行雨的中心,是附近十里八乡村民祭龙神、行雨的圣地,每逢天旱时节,周围的罗家堡、南柏山、北柏山、赵家嘴、夹道沟、杜庄子村的村民均到这里行雨。此处与东黄花山一样也是周边村庄的祭龙神行雨中心。行雨没有固定的时间,干旱的年份里周边各村会首约好时间,各自带本村村民到宝龙山行雨。行雨时在殿中举行仪式,而非抬出殿外举行。

庙宇毁于近代匪乱。庙殿的建筑形制已不可考,据当地长者回忆,殿内供奉金龙王,未供奉龙母。今人在山顶用碎石搭建一台明。天旱季节,村民仍保留了来此求雨的习俗。由于本村位于宝龙山下,西距宝龙山约 2 里,是离宝龙山最近的 1 座村庄。1949 年前,村民行雨时将龙神抬到本村中,祭祀唱戏。

五道庙　位于村中,现已无存。

第十四节　大 石 头 梁 村

一、自然环境与人文历史

大石头梁村位于北水泉镇东北 8 公里处,属浅山区,坐落于土梁上,山梁阳坡上,地势北高南低,南临沙河,四周沟壑纵横,村舍依层层地势而建,附近多辟为梯田,多为壤土质。村南为一条冲沟,村中主要道路为自然石路面,1980 年前后有 270 人,耕地1 372亩,原为大石头梁大队驻地。村北面为阳原县,东为宣化县,处于三县交界处,235 乡道到达本村。

相传,约五百年前建村,因村东梁上有大石头,故取村名大石头梁。村名最早见于《(民国)察哈尔省通志》,作"大石梁"。

如今,村庄规模较大,民宅分布较乱,无统一的规划。村中有 140～150 户,多在外打工,且因此地交通、生活不便,村民多搬迁至北水泉居住,村中常住居民仅有 50 余人,全部是老年人。村民以王姓为主,只有一家宋姓。村中无饮用水,只能到南柏山一带打水,或靠雨水生存。村中平台西坡上原建有村委会,后改作学校,村干部在家中办公,并未再建村委会。并校后,学生改去镇上上学,村中学校废弃。

二、寺庙

村中心有一片平台空地,为村民活动场所,村宅分布于其周围坡地上。村民将这一黄金地段奉献给了神灵。旧时村中修建有 5 座庙宇,戏楼、观音殿尚存,真武庙、关帝庙、五道庙、龙神庙毁于 1967 年。

观音殿 位于村中心平台上,戏楼的东侧,保存较好(彩版 23-17)。观音殿,坐南面北,面阔单间,硬山顶,进深五架梁出前檐廊。这个所谓的四椽其实并不准确,因为脊檩离后檐檩过近,其距离到不了一椽之长。观音殿门窗无存,仅存框架,为土坯封堵。前檐额枋上有残存的彩绘。殿内壁曾涂过白灰浆,勉强可辨底下绘画的色彩,保存较差,从颜色上看应该是清中晚期的壁画。正壁灰浆较厚,绘画露出较少,现在中间悬挂一幅观音像,只有两侧隐约可见。东侧有武财神、周仓与伽蓝护法,西侧已无法分辨。两侧山墙为《观世音菩萨普门品》中的"救八难"内容;东墙全被覆盖,只残存一处题字;西墙尚残有 4 幅画,画的榜题残存,皆为四个字,此类型较少见,与蔚县传统风格迥异。

西(北至南):海水□□,□月救难,□□□□,风雨□难。

两侧山墙的山尖绘画尚存,画面清晰。东墙北侧下角白灰之下露出了当年的题记,其外形与 1 块完整的石碑相似,可惜落款只能看清"元年",年号已不清,内容也难以释读。以壁画上的题记代替石碑的做法较少见。

戏楼 位于观音殿西侧,戏楼与观音殿相连,保存较好。正是由于两者墙体相连,才在"文革"毁庙之中幸存。因为乡民们需要戏楼唱样板戏,故戏楼不能拆,而观音殿与戏楼紧贴,拆了观音殿恐戏楼东墙倒塌,故观音殿得以保存。

现存戏楼坐南面北,基础较低,面阔三间。从台内来看,是五架梁、硬山顶结构,但从外观看,做成小卷棚顶。戏楼前檐额枋上有残存的彩绘,戏楼内为砖铺地面,前后隔扇尚存,其上走马板残存有绘画,东侧走马板上的人物清晰,皆是戏中人物。戏楼内墙壁上原有壁画,多涂刷白灰浆,破坏严重,漫漶不清。

真武庙 位于戏楼正北面,现已无存。

关帝庙 位于平台的西侧坡道下,与戏楼相对,现已无存。

五道庙 位于关帝庙北侧的坡下,现已无存。

龙神庙 位于平台的东侧坡上,现残存有 1 座土台。

第十五节　赵　家　嘴　村

一、自然环境与人文历史

赵家嘴村位于北水泉镇东北偏北 7.4 公里处,属丘陵区。村庄选址修建在台地之上,四面环沟，北侧的冲沟边缘稍缓，南侧冲沟边缘陡峭，对面的台地便是杜庄子村，村庄便位于两条沟之间的台地上，依着台地地形层层而建，地势北高南低，由于处于深山之中，周围植被绿化较好，多为壤土质，辟为梯田耕地。1980 年前后有 312 人，耕地 1 096 亩。曾为赵家嘴大队驻地。如今，村庄规模较小，居民少，村民并无赵姓居民，以李姓较多。

相传，大约五百年前建村于山口，因赵姓主居，故取村名赵家嘴。村名最早见于《（民国）察哈尔省通志》，作"赵家嘴"。

二、庄与寺庙

当地长者回忆，村庄旧时曾修建城堡，开东、西、南三门，现在均无存。通过村内的街巷布局考察，本村应未建城堡，且开门的数量和方向存在疑问，推测村民所言"城堡"实为庄子。村内老宅院仅存 4 处，位于村委会西北方，即老宅院 1～4，分布集中，保存较好。

村庄内外曾经有多座寺庙。均毁于 20 世纪六七十年代。龙神庙位于村东南边土路旁的 1 座高大的土台上，仅剩两株松树。五道庙位于村中，关帝庙在村西。

赵家嘴村民亦到东黄花山祭祀龙神，该村为北水泉镇北线上最南的 1 座去东黄花山祭龙神的村庄，跨过赵家嘴南侧的冲沟，便再未听说去黄花山祭龙神，而是转到宝龙山。

第十六节　广少寺村

一、自然环境与人文历史

广少寺村位于北水泉镇东北偏北 8.9 公里处，属丘陵区。村庄选址修建在冲沟北侧的台地坡地上，四周沟壑纵横，地势不平，多为壤土，辟为梯田耕地。1980 年前后有148 人，耕地 849 亩，曾为广少寺大队驻地。如今，村庄规模较小，居民少，仅有 20 多户，五六十人居住，村民全部姓王。村四周的台地、坡地上种植大面积杏树。

相传，明隆庆年间建村于一寺院之南，故以寺名冠村名为广少寺。村名最早见于《（民国）察哈尔省通志》，作"广少寺"。

二、寺庙

原广少寺位于村中东北部，寺庙早已破坏、废弃。新寺迁至北马圈一带重建，改名为广善寺，即北马圈村民所说的后寺。旧寺废弃、倒塌后，当地村民便去广善寺敬神。广少寺旧址于"四清"时开荒种地，现已是田地。此外，村东北方山上有 1 座土台，为庙基址，庙名未知。村南旧有五道庙,"四清"时拆毁。村内未建龙神庙,当地的村民到东黄花山龙神庙祭龙神行雨。每年的七月十一日为庙会,村民们带上钱、油与纸作为供品,走 20 多里的山路,当天往返。

第十七节　杜 庄 子 村

一、自然环境与人文历史

杜庄子村位于北水泉镇东北偏北 7 公里处,属丘陵区,四周临沟涧,地势东高西低,多为壤土质,四周辟为梯田。1980 年前后有 129 人,耕地 438 亩,曾为杜庄子大队驻地。如今,村庄为东西向主街结构,村口处有一坑塘,周边长有高大的杨、柳树。坑塘以东为东西向主街道,宅院分布于主道两侧,村庄规模小,居民较少,村民以杜姓为主,只有一户姓高,目前仅有 20 多户,四五十口人居住,大部分外出打工。

相传,明万历九年(1581)杜姓建村,故取名杜家庄,后更为杜庄子。本村在蔚县当地诸版志书中均失载。

二、寺庙

据当地长者回忆,旧时村庄内寺庙众多。龙神庙位于村东南方村外,观音殿(倒座)位于村口坑塘北侧,关帝庙(面南)位于坑塘西侧,五道庙位于村中主街旁。村中寺庙全部拆毁于"四清"时期。

杜庄子村民祭龙神行雨去东黄花山,而非南侧的宝龙山,由此看来,杜庄子村与北线上的村庄原属同一区域。

第十八节　南 井 头 村

一、自然环境与人文历史

南井头村位于北水泉镇东北偏北 7.5 公里处,属丘陵区。村周边沟涧纵横,地势起伏不平,多为壤土质,周围辟为梯田,种植杏树。1980 年前后有 398 人,耕地 1 309 亩。本村交通不便,多为盘山的崎岖土路,村北为沟涧,北为阳原县界,属大井头(关)村界。村民生活贫困,土地瘠薄,干旱缺水。如今,村内人口稀少,不足百余人,曾为南井头大队驻地(图23.19)。

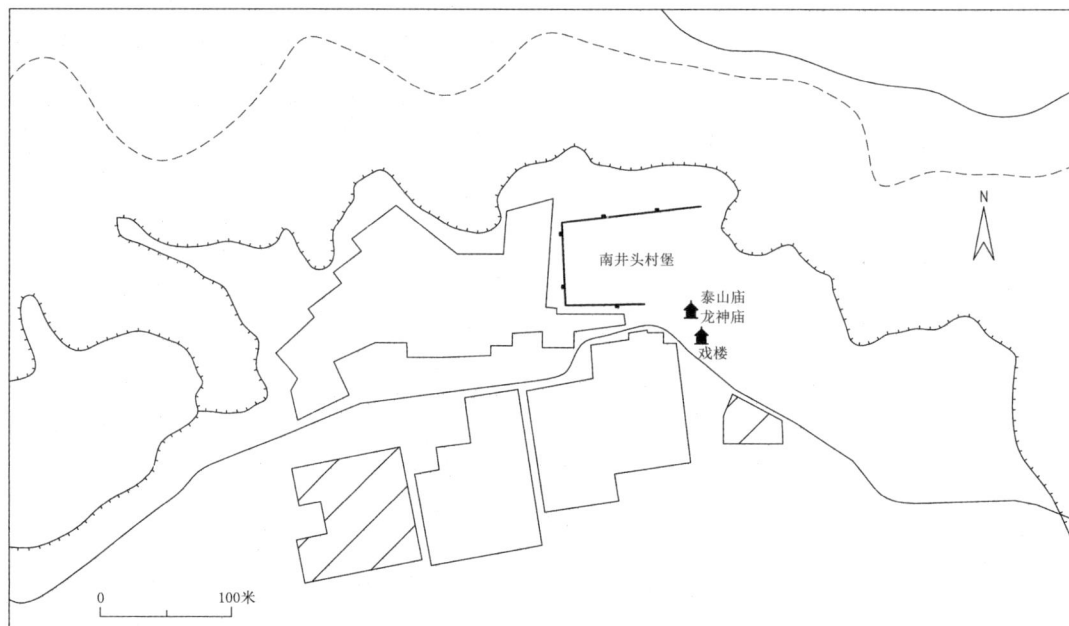

图23.19 南井头村古建筑分布图

相传,明天顺年间建村后,在村南打出一口井,故取村名南井头。村名最早见于《(民国)察哈尔省通志》,作"南井头"。

二、城堡

南井头村堡位于村东北部。北、东侧紧邻冲沟而建,西、南侧为平地。城堡平面为矩形,周长复原约325米,城堡内平面布局已为新建的民宅所破坏。城堡开南门,堡门已无存(图23.20)。

堡墙均为黄土夯筑,保存差。东墙已无存,现为民宅占据。南墙无存,现为平地。西墙已无存,墙外为新村。北墙长约100米,保存较好,墙高4~5米,墙体内侧为民宅,外侧为台地,其上为树林,不远处为冲沟。北墙中部设有马面,保存一般。

西北角设135°斜出角台,保存一般,紧邻台地边缘修建。东北角设135°斜出角台,坍塌严重。

当地长者回忆,城堡在1966年前后因年久失修而自然坍塌,而非人为拆毁。堡内居民少,多搬至新村居住。

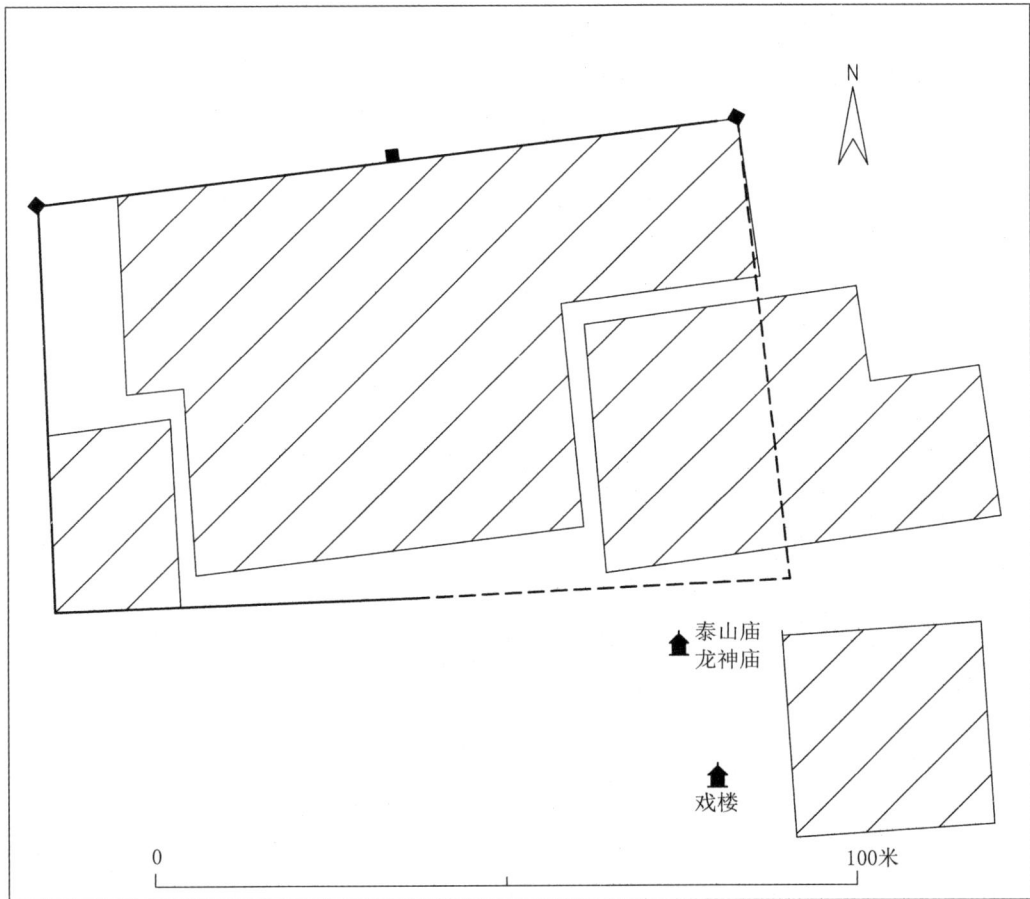

图 23.20　南井头村堡平面图

三、寺庙

城堡南门外东侧的台地上为一片寺庙区,修建有泰山庙/龙神庙、戏楼、观音殿、五道庙、玉皇庙。

泰山庙、龙神庙　位于堡南门外东南侧台地的北部。2 座庙共用 1 座大殿。大殿坐北面南,面阔五间,硬山顶,进深四架梁出前檐廊,前檐额枋尚存彩绘。殿内各间结构并非均分,中间三间较宽,两侧梢间较窄。东侧两间为龙神庙,西侧三间为泰山庙。泰山庙内原有塑像,现已无存,墙壁尚有残存的壁画。正殿在 1949 年改作村大队办公室,修建隔墙,改为 3 间。之后又改为仓库,如今堆满杂物。

戏楼　位于泰山庙/龙神庙南侧,保存较好,坐南面北,基础高,台明包砌条石,鼓形柱础,面阔三间卷棚顶,进深六架梁,梁架用料粗壮、讲究。戏楼两侧山墙挑檐木出檐较长。前檐额枋上残存有彩绘和木雕装饰,戏楼内梁架上无彩绘。戏楼内为土地,隔扇无存,明间原悬木匾,落款为同治九年(1870),台内堆放柴草。戏楼内后壁与两侧山墙残存壁画,东、西山墙绘西洋楼阁,后壁明间绘一只回首的麒麟,次间绘戏剧人物。壁画破坏严重,仅可见片段,从颜色上看应该是清末民国时期的作品。后壁尚存题壁多处,有"同治九年拾月山西大同浑源州""光绪九年还盛班""光绪二十七年九月二十三四蔚州本城人氏出入顺通"(彩版23-18~20)。还有近代的题字,且写有戏曲清单。

观音殿 坐落于台地西侧边缘,介于泰山庙、龙神庙与戏楼之间的西侧空地上,坐东面西,仅可见残存的殿基。

五道庙 位于南门外东南侧的台地之下,观音殿西侧,坐东面西,仅存基址。庙后有一井水口,至今仍在使用。

玉皇庙 位于堡外东侧,早已毁塌。

第十九节 夹道沟村

一、自然环境与人文历史

夹道沟村位于北水泉镇东北偏北5.8公里处,属丘陵区。村庄西、南、东三面均有大小不等的冲沟,只有北面相对平缓,地势北高南低,多为壤土质,辟为梯田耕地和杏树林。1980年前后有509人,耕地2759亩,曾为夹道沟大队驻地。如今,村庄规模较大,东南部沟边为旧村所在地。村庄居民多,户口尚有200余人,实际居住120余人。村民主要有三个姓氏——许、刘与苗姓(图23.21)。

相传,明洪武年间建村后,为取村名之事,苗、许两姓发生争执,各欲以己姓氏为村名,并为此而打官司。州官出巡此地,至村南梁前问路人离该村还有多远,答曰:夹一道沟啦。州官灵机一动,遂为该村取名夹道沟。村名最早见于《(乾隆)蔚县志》,作"夹道沟",《(光绪)蔚州志》《(民国)察哈尔省通志》沿用。

二、庄

夹道沟庄,当地长者回忆,村庄四周原有庄墙,开设南、北门,如今村中部的坑塘及四周的柳树即位于庄内。庄墙于解放初期拆毁。从村内布局上考察,街道分布不规矩,民宅分布较乱,因此我们认为此地未修建过城堡,而是只有1座庄子。另据村中长者回忆,庄墙为防匪患,是在日军侵占时期修建的。

如今村内老宅院较少,主要集中在村中坑塘东北侧,有老宅院1~3,西北侧有老宅院6,

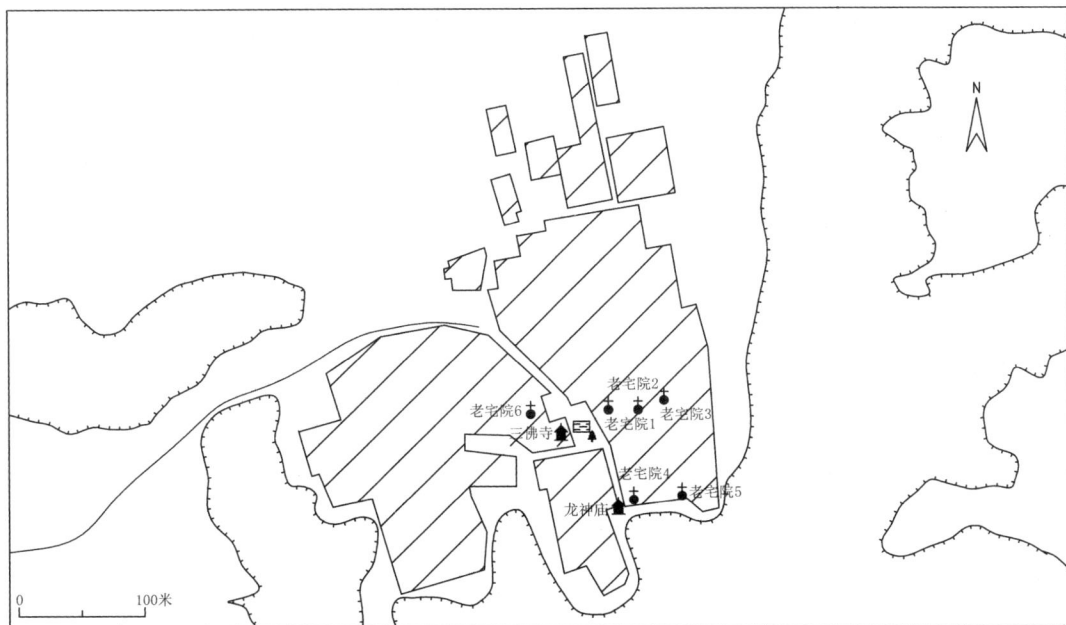

图 23.21　夹道沟村古建筑分布图

村南龙神庙东侧巷中有老宅院 4～5，其中保存最好者当为许家宅院。

许家大院　即老宅院 3，位于村内坑塘东北侧，宅门的墙壁上保存有考中乡试的喜报，脱落严重。宅院原先为前后院，如今中间的隔墙和二道门坍塌，仅存院北端面阔五间的正房，门厅退金廊，前面为一片空阔地，房主名叫许贵富，今年 74 岁，为此院第五代传人，宅院已有 200 年左右的历史。其曾祖父叫许瑞辑，曾是考中乡试的举人，后来留在村中教书。宅院为曾祖的上一辈人修建。老人曾在宣化当过火车司机，也是一位文化人，写着一笔好字，三佛寺内各殿墙上所贴的偈语等均出自他手。

三、寺庙

夹道沟村曾修建有三佛寺、龙神庙、宝树洼寺、关帝庙、五道庙、马神庙，未曾建真武庙。上述庙宇除三佛寺外均已塌毁。

三佛寺　位于村中坑塘西侧坡地上，整座寺院坐北面南，现为 1 座独立的庙院，山门、正殿、东配殿与西配殿尚存。寺院于 2008 年 8 月重修，正殿与观音殿在原梁架上重修，墙壁尚遗留有壁画。

山门，位于南墙正中，广亮大门，硬山顶，门前设石台阶。门楼已粉刷一新，门楣悬匾"三佛寺"，东廊墙内侧为《观世音菩萨普门品》的一部分。

正殿，即大雄宝殿，坐北面南，面阔三间，硬山顶，进深六架梁出前檐廊，重修时将前廊砌入殿内。西廊墙下设面然大士龛,内供面然大士。前檐下槛墙与门窗皆为新补配,明间檐下悬匾一块,正题"大雄宝殿"。殿内大柁侧面彩绘金龙,上施驼峰承二柁,二柁正中施蜀柱承正脊。前檐额枋上残存有清末民国时期的彩绘,脊檩中央有彩绘《八卦图》。殿内新塑佛像、观音像与地藏像。两侧山墙上有残存的壁画,破坏严重,漫漶不清。

东配殿,即观音殿,坐东面西,面阔单间,硬山顶,殿在原梁构基础上重修。殿内供奉新塑像,墙壁上还遗留有清末民国时期的壁画,题材为《观世音菩萨普门品》,表面刷涂白灰浆,保存一般。

西配殿,即地藏殿,坐西面东,面阔单间,硬山顶,新建殿宇。

龙神庙　位于村南门外,坐落于台地边缘,正对一条冲沟。正殿坐北面南,面阔单间,硬山顶,土坯墙体,门窗新修,前檐额枋上残存清末民国时期的彩绘。正殿曾被改作他用,壁画全毁。殿内原供奉白龙王,祭雨时将龙神抬出。现殿内放置一张供台,上置一尊龙神塑像。庙西侧为自然石铺成的路面,据说为城堡南门。

宝树洼寺　位于夹道沟村南 2 里地,寺内有佛祖、关帝、泰山、地藏等殿宇,现已无存。

关帝庙、五道庙　位于村中部坑塘边,现已无存。

马神庙　位于北门外,仅存马神庙这一街道名。

第二十节　红谷嘴村

一、自然环境与人文历史

红谷嘴村位于北水泉镇北偏东 6.6 公里处,属丘陵区,四面临沟,北与阳原县隔沟相望,地势北高南低,为壤土质,周围辟为杏树林。1980 年前后有 289 人,耕地 1 073 亩,曾为红谷嘴大队驻地。如今,村庄规模较大,村内的常住居民有 110～120 人,以中老年人居多。

相传,大约二百年前建村于山嘴处。此地红谷获得丰收,村民为庆贺,遂冠村名为红谷嘴。村名最早见于《(民国)察哈尔省通志》,作"红谷嘴"。

二、庄与寺庙

村中未建堡墙,但宅院皆建高大的土墙,以土墙院落为单元,形成了一个个独立的封闭空间。

村中原建有龙神庙、关帝庙与五道庙。龙神庙位于村北坡地的松树下,关帝庙位于村中心街东侧,五道庙位于村中西侧,寺庙皆拆毁于 1964 年。

第二十一节 细 弦 子 村

一、自然环境与人文历史

细弦子村位于北水泉镇北偏东 5.5 公里处,属丘陵区,东靠坡,地势东高西低,为壤土质。1980 年前后有 396 人,耕地 1 771 亩,曾为细弦子大队驻地。如今,村庄周围多为林木或果园,绿化较好。村庄规模大,居民较少,村民以梁、袁姓为主(图 23.22)。

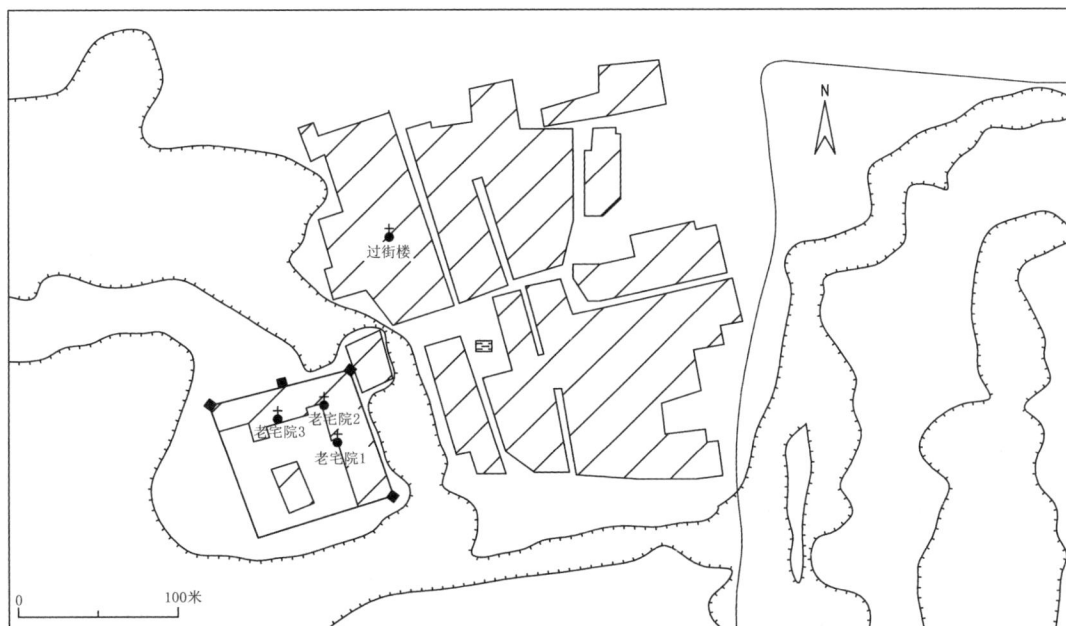

图 23.22 细弦子村古建筑分布图

相传,明朝天顺年间建村。因村人称通往邻村之乡土路为"土单弦",故冠村名为细弦子。村名最早见于《(乾隆)蔚县志》,作"细弦子",《(光绪)蔚州志》《(民国)察哈尔省通志》沿用。

二、城堡

细弦子村堡,位于村庄西部,即旧村所在地。城堡四面临冲沟,地形复杂,仅东北角一小部分和周围的平川相连,地势险要。城堡平面呈矩形,周长 322 米,规模小。城堡开南门,堡门已无存,现为平地。南门内为中心街。堡内平面格局未知。

堡墙均为黄土夯筑,保存较差。东墙长约 78 米,仅存基础,墙体外为道路和冲沟,内侧为民宅,不远处为坑塘,坑塘周边长有高大的柳树。南墙长约 78 米,墙体仅存 1~2 米高的基础,上面修建民宅和道路,墙外侧紧邻冲沟。西墙长约 83 米,墙体在 2011 年遭洪水冲毁,如今仅存 1~2 米高的基础,墙体正中有一条冲沟,墙体内侧为民宅和荒地,外侧为冲沟。西北角角台附近西墙高 3~4 米。北墙长 83 米,墙体高 3~4 米,墙体内侧为民宅,外侧为台地和果园,不远处为冲沟。北墙中部设马面,现存体量较小,上面长有 1 株大树。

东南角设 135° 斜出角台,高 5~6 米,高于墙体,保存一般。西南角无存,现为 1~2 米高的基础。西北角设 135° 斜出角台,修建在台地上,外侧为冲沟。东北角设 135° 斜出角台,保存较好,高 4~5 米,现存体量小。

堡内村民在 20 多年前已迁出,到堡外东侧新村内居住。堡内房屋多坍塌,居民少,仅 3 户居民,尚存 3 座老宅院,即老宅院 1~3。老宅院 1 为近代建筑,面西。堡内还有石刻构件,应为附近寺庙中的物品。堡内外民宅的墙壁上有毛主席语录。

三、寺庙

城堡内外原有多座寺庙。堡南门正对有观音殿,堡内东南角有龙神庙,其旁边为五道庙,堡北侧沟内为后寺,未曾修建有真武庙。上述庙宇皆已塌毁。

第二十二节　旦 岭 子 村

一、自然环境与人文历史

旦子岭村位于北水泉镇北偏东 3.3 公里处,属丘陵区,村庄选址修建在两条大沟之间的台地上,村南侧有宽阔的冲沟,地势东高西地,为壤土质,周围辟为梯田。1980 年前后有 265 人,耕地 1 779 亩,曾为旦子岭大队驻地。如今,村庄规模较大,东部狭长的一片为旧村,西部宽阔的一片为新村。村民以王、赵姓较多。

相传,清康熙年间建村于形如扁担状山岭上,故取名担岭子,后简称为旦岭子。村名最早见于《(民国)察哈尔省通志》,作"旦岭村"。

二、城堡与寺庙

本村未曾修建城堡。村正北方约 800 多米的山顶上尚存 1 座废弃的城堡,城堡三面临冲沟,北侧临沙河河谷,地势险要。城堡平面呈矩形,周长 191 米,四角设有角台。城堡周围、堡内辟为果园。据村中长者回忆,该堡为旧社会时种地人所居住。

村中原有多座寺庙,村东有真武庙、龙神庙,村中有五道庙,3座庙于"四清"时期拆毁。拆庙拆下来的木料都堆放在村委会的院中。五道庙和龙神庙仅存基础。真武庙面南,殿内曾有画像,现仅存基础。旧村西端有大庙(目前处于村庄正中)。

大庙 位于旧村西部,今在村中路东侧,曾改为学校使用,前面有一小块空地。庙院坐北面南,院墙尚存。山门与正殿保存较好,山门为硬山顶,广亮门。前檐下挑檐檩上残有彩绘,画有5位神像。正殿坐北面南,面阔三间,硬山顶,已修缮一新。

旦岭子村村民祭龙神亦去东黄花山而不去宝龙山,这也是北水泉北部最靠南的一座去东黄花山祭龙神的村庄。

第二十三节 北 马 圈 村

一、自然环境与人文历史

北马圈村位于北水泉镇北偏西4.7公里处,处壶流河河川内东部,属丘陵区,西靠G109国道,东靠河川东岸台地。村庄坐落于土梁上,多为壤土质,辟为梯田。1980年前后有1 221人,耕地3 962亩,曾为北马圈大队驻地。如今,村庄分为南、北两部分,南部为新村,北部为旧村。新村规划整齐划一,规模较大,居民多。旧村在台地之上,居民少(图23.23)。

图23.23 北马圈村古建筑分布图

相传,元朝至元年间杨姓在这里修有马圈,后人建村于马圈北,故取村名北马圈。村名最早见于《(民国)察哈尔省通志》,作"北马圈"

二、城堡

北马圈村堡,位于旧村北部,处壶流河东岸丘陵台地上,为台地的最高处,北与阳原接壤。堡东、西、北三面临沟谷,面积较大,城堡平面呈矩形,复原周长约562米,堡内平面布局为南北主街结构,两侧为巷子(图23.24)。

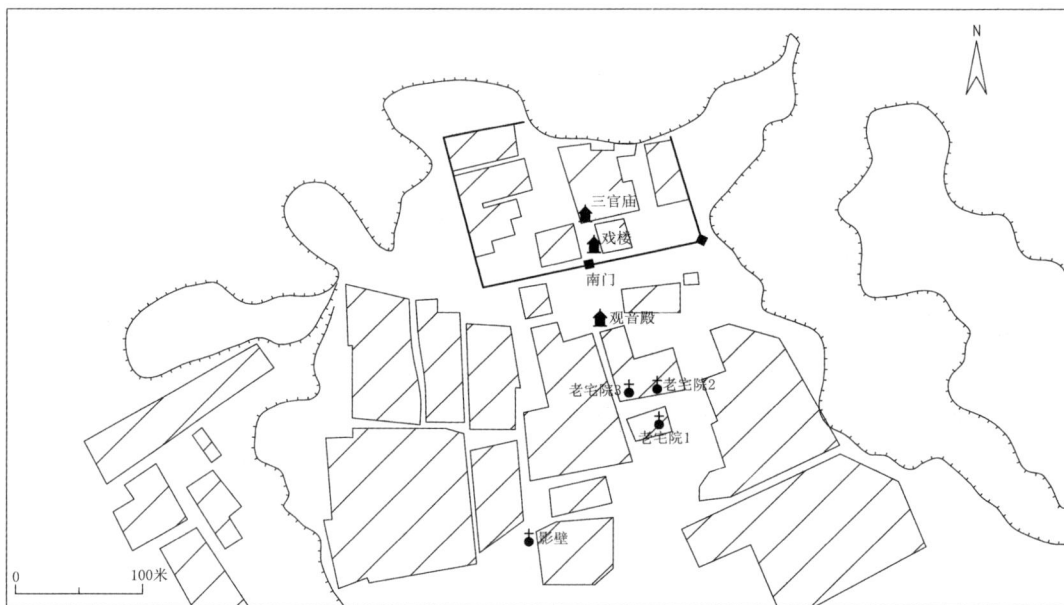

图 23.24　北马圈村堡平面图

城堡开南门,保存较好,近代曾维修。南门通体为青石修建,拱券式,外侧门券一伏一券式,门券较高,门扇无存,门闩孔为条石错缝而成。外侧门券拱顶上方镶嵌三枚门簪,门簪上分别阳刻篆字"福""禄""寿"三字。门簪上方镶嵌有石质门匾,楷书阳刻"安定门",匾前款、落款阴刻小字,前款为"大清道光二十八年秋七月立",落款为"北马圈公议重修"。顶部两侧出石滴水,门顶、内侧为木梁架,四周无护墙,立有电线杆。门外两侧墙体上有近代的水泥标语墙,门外两侧设有护门墩,矩形,保存较差,多有坍塌。门道为自然石铺成的路面,门内为南北主街,门外为自然石斜坡路面。

堡墙黄土夯筑,保存一般。东墙残长约80米,北部为冲沟,墙体破坏较重,大体连贯,墙体高薄,高2~4米,内侧为民宅,外侧为荒地。南墙残长约162米,墙体高4~5米,上面修建房屋,墙体内外侧为道路。西墙残长约119米,现为民宅所占据。墙外多为废弃的民居,远处为 G109 和壶流河河道,为层层台地,地势逐渐降低。北墙残长约 61 米,紧邻冲沟而建,现存西段一小段,中段及东段大部分墙体为流水冲毁,现为冲沟。

东南角设 135°斜出角台,修建在台地上,高 4～5 米,保存较好。西南、西北、东北角无存。

城堡因交通不便,居民多已搬迁新村居住,堡内居民少,目前仅 6 户居民居住,多为老人与妇女,村民以杨姓为主。

堡南门外为一片旧村,旧村南北主街道南端村口尚存有 1 座土坯修建的影壁,保存较好,顶部铺瓦,北立面中部开一壁龛。旧村东南部村外尚存地主修建的炮楼,已经坍塌。炮楼西北方不远处有 3 座老宅院,清末民国时期建筑,保存较好,现为三个独立的院子,已经废弃。

三、寺庙

城堡内外曾修建有三官庙、戏楼、观音殿、后寺、马神庙、后小庙、大庙,城堡未建真武庙、五道庙。上述庙宇除尚存者外,皆拆毁于 20 世纪六七十年代。

三官庙 位于堡内南北主街东侧,坐北面南,自然石台明高 1 米,正殿面阔三间,单坡顶,四檩三架,出前檐廊,鼓形柱础。门窗无存,后代用土坯墙封堵,前檐额枋残存有彩绘。正殿内隔成独立的三间,东侧次间顶部已垮塌,西侧次间后墙与东、西墙残有壁画,中间的明间墙壁未见壁画。从西次间来看,该殿应为三神共处一堂式。西次间正壁中间绘一尊主神像,手中持有钢鞭,两边各有一位侍者,西壁残存一位骑马神像。壁画破坏严重,表面刷涂白灰浆,下半部涂抹水泥,仅存上半部。

戏楼 位于三官庙对面,2000 年前后坍塌,现残存台明。

观音殿 位于南门外坡下,仅存高大的台明,旧时台上曾建有倒座观音殿,殿内原有塑像。

后寺 位于堡东北大沟中,为这一带的大寺,附近村庄的村民也都到大寺中祭拜,寺中建有龙神庙、关帝庙等庙群,现已无存。每年四月二十日祭拜龙王,届时,后寺举行庙会并唱戏。20 世纪 60 年代前还曾祭龙王,改革开放后便不再祭祀。同时,北马圈村民也去东黄花山祭祀龙神。

马神庙 位于堡内西南角,现已无存。

后小庙 位于堡北墙内侧,庙内供奉神祇未知,现已无存。

大庙 位于堡外东侧,为 1 座庙群,有关帝庙、龙神庙等,现已无存。

第二十四节 上马圈村

一、自然环境与人文历史

上马圈村位于北水泉镇北偏西 4.7 公里处,属丘陵区与半山区过渡带。村庄选址修建在沟中台地上,北、南、西均为较深的冲沟,仅东面为平地,地势险要。受地形限制,村庄呈长条状,为壤土质,周围辟为梯田和杏树林。1980 年前后有 119 人,耕地 728 亩,曾为上马圈大队驻地。如今,村中人口不足百人,土地贫瘠,干旱缺水,农民生活贫困(图 23.25)。

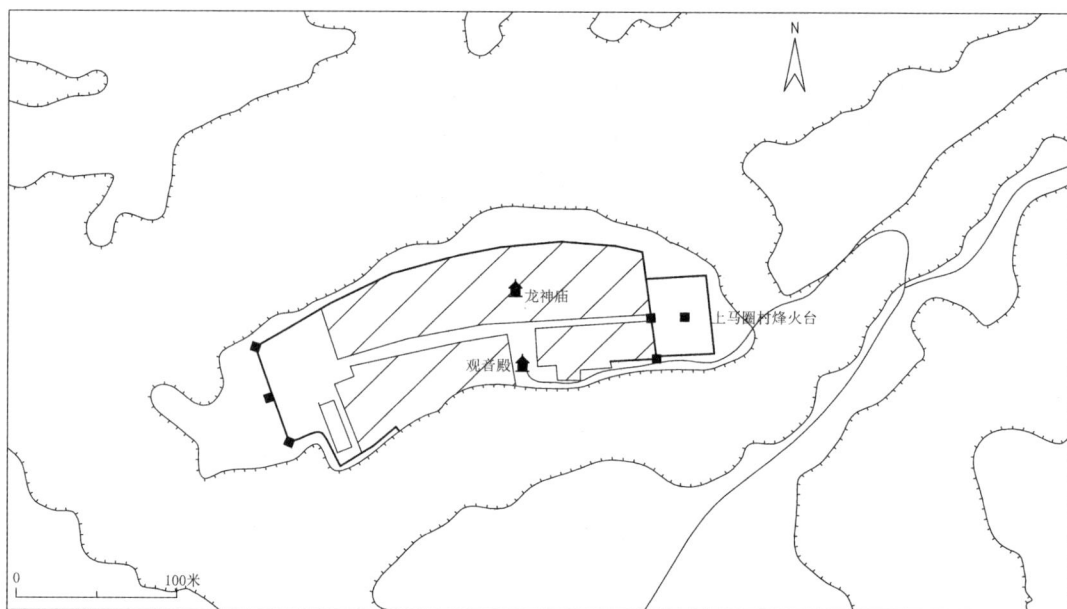

图 23.25　上马圈村古建筑分布图

相传,元朝大德年间建村。因村址较北马圈高,故取村名上马圈。村名最早见于《(民国)察哈尔省通志》,作"南马圈"。

二、城堡

上马圈村堡,位于村内,村庄即为城堡。城堡平面呈细长方形,东西长,南北窄,长约为宽的 3 倍,周长约 642 米,南、西、北三面临沟而建,因地形缘故,西南角缺一角。城堡凭借沟壑地形作为天然屏障,仅有一条曲折的入堡通道。城堡南墙偏东开门,堡门已无存,堡内平面布局为丁字街结构。

南门内为一广场,村口、广场南侧有 1 座观音殿,广场北面正对观音殿有水井房,为现在村里饮水之用。水井房后为龙神庙,庙前有一片小空地,现在为打谷场。

堡墙均为黄土夯筑,保存一般。东墙残长约 63 米,与烽火台的东围墙共用,围墙的长度小于东墙。东墙上开门,位于丁字街东街尽头,从门的朝向看,为烽火台围墙的东门。因此,推测先修建烽火台,之后在烽火台的基础上扩建成城堡。南墙残长约 208 米,墙体依地势而建,中间多有曲折,西南角附近曲折较大。西墙残长约 114 米,墙体高 3~4 米,外面为荒地和果园,内侧为耕地,墙体中部设 1 座方形马面,保存较好,马面高 5~6 米,高于墙体。北墙残长约 257 米,依冲沟边缘而建,呈弧形,墙体多坍塌,仅存基础,高 2~3 米。

东南角设 90°直出角台,保存较好,与烽火台共用。西南角设 135°斜出角台,保存较好。西北角设 135°斜出角台,保存一般,高 4~5 米。东北角仅为转角。

堡内居民较少。

上马圈村烽火台 位于村庄东侧,烽火台四周多为果林,南北侧为冲沟(彩版 23-21)。烽火台平面呈矩形,由围墙和台体构成,体量大,保存较好。围墙呈矩形,体量高大,墙体高薄,顶部宽平,高 6~7 米,东南角内侧有上墙坡道,西南、东南角设有 90°直出角台。围墙开东、南门,南门现在为缺口。东门为砖石拱券结构,基础条石层数较少,上部为砖砌拱券,外侧门券三伏三券,拱顶上方镶嵌有三枚圆形门簪,门簪上方镶嵌石质门匾,上书"永安"(彩版 23-22)。门券内筒券结构,门闩孔位置高,石刻圆形孔,门扇及门框已无存,门内侧的券顶高于外券,两伏两券。

围墙中间为矩形烽火台台体,底部长 5 米,保存较好,壁面斜直,推测以前外立面包砌有砖石,台体中部开门,可登上烽火台顶部。

三、寺庙

上马圈村堡内尚存 2 座寺庙:观音殿、龙神庙。

观音殿 位于城堡南门内,仅存正殿,坐南面北,面阔单间,硬山顶,进深二椽,门窗为后代改造,现为村里的库房,里面堆有杂物。前檐额枋上有残存的彩绘,殿内东壁与后壁尚存有清末民国时期的壁画,但多被杂物所遮。正壁正中为观音,两侧分别为龙女与善财童子。东壁上部为《观世音菩萨普门品》题材,下部为罗汉像。壁画表面涂刷白灰浆,保存较差。该殿为清代晚期建筑,保存一般,庙貌残破,正脊坍塌,勾滴残缺,屋顶生草,年久失修。

龙神庙 位于堡内北部,地势较高,仅存正殿 1 座,东耳房三间。正殿坐北面南,面阔三间,硬山顶,进深五架梁出前檐廊。门窗无存,现为土坯墙封堵,后墙部分坍塌,正脊坍塌,殿内梁架无彩绘,堆满柴草。东、西墙壁曾抹过白灰浆,下半部为水泥破坏,仅存上半部,壁画已难以看清,只能隐约地看到人物的影子,如东壁的电母等。20世纪六七十年代破坏了神像。

上马圈村民行雨主要去东黄花山与北马圈后寺,"文革"时期还去过黄花山,30多年前也去过后寺,现在已不再祭拜龙神行雨。

第二十五节 其他村庄

一、城墙村

城墙村位于北水泉镇东南2.3公里处,位于壶流河河川内东侧,属河川区,西靠G109国道,临壶流河,东靠河川东岸台地,地势较平坦,为壤土质,周围辟为耕地。1980年有村民583人,耕地905亩,曾为城墙大队驻地。

相传,明成化年间建村,因村北建有似城墙厚的堡墙,故取村名城墙。村名最早见于《(乾隆)蔚县志》,作"城墙儿",《(光绪)蔚州志》沿用,《(民国)察哈尔省通志》作"城墙村"。

如今,村内全部是新建房屋,居民较多。

二、苗家堡村

苗家堡村位于北水泉镇东北3.7公里处,属丘陵区,四周临沟壑,地势较平坦,为壤土质,周围辟为梯田和杏树林,1980年前后有168人,耕地472亩,曾为苗家堡大队驻地。如今,村庄规模小,居民少,235乡道从村南经过,村内主要街道大抵为丁字街结构,街口为一片空地,修建有水井房,旧村未修建过城堡,亦无老宅院。当地居民以苗姓为主,目前常住人口80~90人,以中老年人为主。村中饮水困难。

该村建于明朝万历年间,因苗姓居多,故取村名苗家堡。村名最早见于《(民国)察哈尔省通志》,作"苗家堡"。

当地村民回忆,本村曾修建有龙神庙和五道庙,庙宇建筑于20世纪六七十年代拆毁。

三、龙池沟村

龙池沟位于北水泉镇东偏北7公里处,属浅山区,坐落于沟中,南临沙河,北靠坡,东西均为冲沟,地势狭窄,附近为壤土质,辟为梯田和杏树林。1980年有村民270人,耕地

1 558 亩,曾为龙池沟大队驻地。

相传,四百年前建村于一道山沟,因村南有一水池,民谓池中有龙,故取村名龙池沟。村名最早见于《(民国)察哈尔省通志》,作"龙池沟"。

如今,村庄规模小,居民少,房屋多翻修屋顶。

四、北王庄子村

北王庄子村位于北水泉镇东偏北 7 公里处,属丘陵区,地势东高西低,四面环冲沟,为壤土质,辟为梯田、杏树林,1980 年有村民 119 人,耕地 726 亩,曾为北王庄子大队驻地。

相传,大约四百年前这里为王姓的种地庄子,建村后取名王庄子。1982 年 5 月更名为北王庄子。村名最早见于《(民国)察哈尔省通志》,作"王庄子"。

如今,村庄规模小,只有 10 余户居民。

五、摩天岭村

摩天岭村位于北水泉镇东偏北 9.8 公里处,属浅山区,四周临沟,地势东高西低,为壤土质,周围多梯田,仅少量耕地。1980 年有村民 89 人,耕地 432 亩,曾为摩天岭大队驻地。如今摩天岭村规模很小,仅有 1 户居民,大部分房屋坍塌、废弃。

相传,清康熙年间该村建于 1 座高岭东,故取村名摩天岭。该村在蔚县诸版方志中均失载。

六、彭家洼村

村名最早见于《(民国)察哈尔省通志》,作"彭家宨"。村庄选址在山顶山凹处,四周冲沟纵横,村庄面积小,周围辟为梯田和杏树林。村内不足 10 户居民,屋顶均翻修。

七、红沙坡村

红沙坡村位于北水泉镇东偏北 9.5 公里处,属浅山区,地势东高西低,北靠坡,东、西、南三面为冲沟。村庄面积狭小,附近为壤土质,辟为梯田和杏树林。1980 年有村民 222 人,耕地 1 121 亩,曾为红沙坡大队驻地。

相传,明朝万历年间该村建于红沙石头山坡之西南,故取村名红沙坡。但是蔚县当地志书中未见记载。

如今,村庄规模小,尚有十几户居民,民宅屋顶翻建。

附录一 蔚县各乡镇古遗存统计表

附表 1.1 蔚州镇古建筑遗存统计表

序号	村名	庄堡	观音殿	龙神庙	关帝庙	真武庙	戏楼	五道庙	泰山庙	财神庙	魁星楼	梓潼庙	玉皇庙	火神庙	三官庙	城隍庙	文昌阁	风神庙	其他
1	南关西街				1			1	1										释迦寺
2	南关东街																		
3	一街																		
4	二街																		
5	三街																		
6	四街	1	1			1													南安寺塔 灵岩寺
7	五街									1			1	1		1	1		
8	六街																		
9	七街																		
10	八街																		
11	西关				1														

（续表）

序号	村名	庄堡	观音殿	龙神庙	关帝庙	真武庙	戏楼	五道庙	泰山庙	财神庙	魁星楼	梓潼庙	玉皇庙	火神庙	三官庙	城隍庙	文昌阁	风神庙	其他
12	东关																		水陆庵 天齐庙
13	东关外																		
14	三泉庄		1	1	1	1	1	1											
15	太平庄		1	1	1	1	1	1*		1				1	1	1			豆佛寺
16	大泉坡		1						1						1				普度寺
17	纸店头	1	1	1			1	1											
18	下关	1	1																
19	李堡子	1			1	1		3		1									六神庙
20	逢驾岭	1	2	1	1	1	1	1			1	1			1				
21	南张庄	1	1	1	1	1	1	2			1				1		1	1	
22	南樊庄		1										1		1				
23	北堡	1	1																
24	西七里河	1																	
25	东七里河			1	1	1													
26	苗庄						1												
27	稻地																		
28	仰庄																		
	合计	6/1	8/4	1/5	4/4	4/3	4/3	1/10	2	1/2	2	1	1	1/1	3/2	2	2	1	8

注：六神庙内包括：龙神殿、关帝殿、财神殿、马神殿、观音殿、梓潼殿；
* 当地有多座五道庙，但不知具体数量，且均已无存，统计数字为"1"，下同。

附表 1.2　涌泉庄乡古建筑遗存统计表

序号	村名	庄堡	观音殿	龙神庙	关帝庙	真武庙	戏楼	五道庙	泰山庙	佛殿	财神庙	老君观	三官庙	马神庙	火神庙	梓潼庙	魁星阁	文昌阁	玉皇庙	阎王殿	地藏殿	峪神庙	井神庙	河神庙	其他
1	涌泉庄	1	1	1	1	1	1	1	1		1														安乐寺
2	东陈家涧	1	1	1	1	1	1	1	1					1											安乐寺
3	西陈家涧	1	1	1	1	1	1	1			1			1		1			1						太平寺
4	董家涧	1	1	1	1	1		1																	
5	任家涧	1	1	1	1		1	1/1	1							1									
6	北方城	2	1	1		1	1		1		1			1							1				
7	苑家庄	1	1	1	1			1		1															
8	郎家庄	1	1	1		1	1	1					1												
9	弥勒院	1	1			1		1					1												弥勒院
10	土均庄	1	1	1	1	1	1	1	1																普极寺
11	寇家庄	1	1	1	1	1	1	1	1																
12	黄家庄	1		2	1	1	1	1																	
13	独树	1	1	1	1	1		2				1													
14	宿疙瘩	1	1	1/1	1	1	1	2	1				1	1											
15	连蒺场	1	1		1		1	1	1																
16	连蒺湾	1				1		1					1		1										
17	老崖	1	1	1	1		1	1																	
18	北杨庄	1	1	1		1		1			1			1		1									大寺
19	上陈庄	1	1	1/1	1	1	1	1	1																
20	陉涧子	1	1		1	1		2	1					1					1	1					

序号	村名	庄堡	观音殿	龙神庙	关帝庙	真武庙	戏楼	五道庙	泰山庙	佛殿	财神庙	老君观	三官庙	马神庙	火神庙	梓潼庙	魁星阁	文昌阁	玉皇庙	阎王殿	地藏殿	窑神庙	井神庙	河神庙	其他
21	西中堡	1	1	1	1	[1]		1	[1]																
22	西北堡	1	1	[2]	1			[1]											[1]						
23	韩东庄																								重善寺
24	韩西庄	1	1		1	1																			
25	西南堡	1	1	1	1						1														
26	西任家堡	2						[1]																	
27	西任家庄																								未知庙
28	涧北	1	1	[1]	1	1		[1]	[1]				[1]							1					
29	崔家寨	1	1		1		1																		
30	高利寺	1			1			1																	
31	陶家寨	1		[1]	1	1		[1]	1																重泰寺
32	麦子坡		1	1	1	[1]	1	1																	
33	汤庄子（堡）	1		1	[1]	[1]	1	1/1						1											[大庙]
33	汤庄子（庄）	[1]	1																						
34	古今梁																								
35	辛庄	1	1		2		1	2			1					1	1					[1]			
36	西峪头	1	1					1																	
37	卜南堡	1	1	[1]	1	[1]	[1]	[1]															[1]		南阳寺
38	卜北堡	1	1/1	1		[1]	2	[1]						1		1	1	1	1					[1]	玉泉寺
合计		30/[1]	21/[8]	17/[13]	17/[7]	11/[15]	16/[4]	10/[27]	5/[6]	1	4/[2]	1	2/[3]	5/[4]	[1]	4/[1]	1	1	2/[2]	[2]	1	[1]	[1]	[1]	10/[1]

附表 1.3　代王城镇古建筑遗存统计表

序号	村名	庄堡	观音殿	龙神庙	关帝庙	真武庙	戏楼	五道庙	泰山庙	阎王殿	财神庙	文昌阁	魁星阁	玉皇庙	火神庙	井神庙	山神庙	三官庙	马神庙	佛殿	地藏殿	三教寺	福神庙	河神庙	其他
1	代王城一村（西堡）	1	2	1		[1]	1	1																	
	代王城一村（西庄）																								
2	代王城二村（大堡）	1	[1]	1	1	[1]	1	[1]		1								[1]							证果寺
3	代王城三村（东堡）	1	1	1	[1]	[1]	1	[1]																	
	代王城三村（东庄）			1		1		[1]			1														
4	代王城四村（新庄）																								
5	代王城五村（南堡）	1	1	[1]			[1]	[1]				[1]	[1]	[1]		[1]	[1]								
	代王城五村（南庄）	[1]		[1]			[1]	[1]							[1]										
6	张南堡	1		1		1	1											[1]							

序号	村名	庄堡	观音殿	龙神庙	关帝庙	真武庙	戏楼	五道庙	泰山庙	阎王殿	财神庙	文昌阁	魁星阁	玉皇庙	火神庙	井神庙	山神庙	三官庙	马神庙	佛殿	地藏殿	三教寺	福神庙	河神庙	其他
7	张中堡	1	1		1	1	1	1	1		2	1						1	1						
8	张北堡	1																							
9	南门子	1	2	1	1		1	3			1							1		1					
10	北门子	1	1	1			1	1				1							1		1				
11	马家寨	1	1	1	2		1	1														1	1		
12	坡墙碾	1	1					1																	姑子寺
13	大水门头（西堡）	1		1	1		1				1														
13	大水门头（中堡）	1					1																		
13	大水门头（东堡）	1		1																					
14	小水门头	1	1	1																					
15	四墩								1										1						
16	水北一																								
17	水北二	1	1	1			1	1						1											
18	水北三				1									1				1							永泉寺

序号	村名	庄堡	观音殿	龙神庙	关帝庙	真武庙	戏楼	五道庙	泰山庙	阎王殿	财神庙	文昌阁	魁星阁	玉皇庙	火神庙	井神庙	山神庙	三官庙	马神庙	佛殿	地藏殿	三教寺	福神庙	河神庙	其他
19	大德庄（西堡）	1	1	[1]	1		1/[1]	1		1									1						临渊寺
	大德庄（东堡）	1	[1]	1	1		[1]	[2]						1				1	[1]						
	大德庄（小北堡）	1																							
20	赵家碾	[1]	[1]	[1]	[1]			[1]											[1]						
21	新家庄	1	[1]	[1]	1	1		[1]														1			
22	东刘家庄	1	[1]		1	1	[1]															1			
23	东李家碾		1		1		1	[1]																	
24	君子疃	1	1		1	[1]																			
25	北洼			[1]																					
26	马西庄				[1]																				
27	史家碾																								
28	马家碾	1	[1]	[1]	[1]	[1]	[1]	[1]	[1]							[1]								[1]	宏庆寺
29	富家堡（南堡）	1	1					1																	
	富家堡（北堡）	1			1	1	[1]																		
30	石家庄	1		1	1	1	1				1	1						1	1						
合计		24/[4]	13/[6]	13/[7]	13/[5]	8/[5]	14/[7]	10/[12]	1/[2]	2	6	3/[1]	[1]/1	[2]/2	[1]/1	[2]/2	[1]/1	4/[3]	4/[3]	1	1	2	[1]/1	[1]/1	3/[2]

附表 1.4　宋家庄镇古建筑统计表

序号	村名	庄堡	观音殿	龙神庙	关帝庙	真武庙	戏楼	五道庙	泰山庙	佛殿	财神庙	三官庙	马神庙	福神庙	梓潼庙	魁星阁	灯山楼	雷公庙	地藏殿	山神庙	井神庙	风神庙	河神庙	火神庙	玉皇庙	文昌阁	其他
1	宋家庄	1	1	1	1	1	1	1				1			1	1											
2	朱家庄	1	1	1	1		1	1				1								1							
3	辛落塔		1	1	1		1			1																	
4	小固城	1		1		1																					故城寺
5	大固城	1	1	1	1		1	5			1	1	1			1			1								西寺　三贤庙　立马关公
5	北堡	1				1																					
5	吴家堡	1																									
5	西大云疃	1						2																			
6	上苏庄	1	1	1			1	1	1	1	1	1		2			1					1					
7	郑家庄	1	1	1			1	1	1			1															三元宫　十八堂　三义庙
8	高院墙堡	1	1	1		1	1	1				1	1									1					峰山寺
9	高院墙庄	1	1	1			1	1		1				1	1						1						
10	王良庄	1	1	1	1		1	1	1		1										1						上王泉寺
11	石荒	1		1		1	2	1	1		1		1								1						
12	邀渠	1		1		1	1	2		1		1	1								1						风水庙
13	富胜堡	1	1	1				1			1																
14	南方城	1	1	1	1	1		1																		1	

序号	村名	庄堡	观音殿	龙神庙	关帝庙	真武庙	戏楼	五道庙	泰山庙	佛殿	财神庙	三官庙	马神庙	福神庙	梓潼庙	魁星阁	灯山楼	雷公庙	地藏殿	山神庙	井神庙	风神庙	河神庙	火神庙	玉皇庙	文昌阁	其他
16	西李家碾																										
17	小洼（北堡）	1	1	1	1							1															
	小洼（南堡）	1					1	1																			
18	崔家庄	1	1		1		2	2									1	1									
	崔家庄（小南堡）	1																									
19	吕家庄（北堡）	1		1			1					1															
	吕家庄（南堡）	1	1	1		1	1	2																			
	吕家庄（东庄）												1														
20	邢家庄（西堡）	1	1	1	1	1	1	2	1			1	1								1		1				
	邢家庄（东堡）	1			1	1		1																			
21	南双涧	1	1/1	1	1	1	1	1				1															
22	黑堡子	1	1	1	1	1		1			1	1									1						
23	西柳林（北堡）	1		1	1	1	1	1		1										1							
	西柳林（南堡）	1	1	1/1	1	1		1									1			1	1						未知庙
24	大枣口	1		1		1	1													1							
25	小枣口	1		1/2	1/2		1	1			1		1														

序号	村名	庄堡	观音殿	龙神庙	关帝庙	真武庙	戏楼	五道庙	泰山庙	佛殿	财神庙	三官庙	马神庙	福神庙	梓潼庙	魁星阁	灯山楼	富公庙	地藏殿	山神庙	井神庙	风神庙	河神庙	火神庙	玉皇庙	文昌阁	其他
26	北口	1	1	1	1		1	1			1	1															
27	水峪																										
28	黄崖沟																										
29	王兰里																										
30	龙宫																										
31	蛤蟆嘴																										
32	岔道					1																			1		
33	明铺																										
34	北相府																										
35	南相府																										
36	小寺沟			1				1				1															
37	大寺沟下庄																										
38	大寺沟上庄																										
39	西高庄子			1			1	1	1																		
40	化虎塔			1				1				1															
41	白水泉			1																							
42	伍沟上庄																										
43	伍沟下庄																										
44	明窑沟						1																				
45	大宁			1	1			1																			

序号	村名	庄堡	观音殿	龙神庙	关帝庙	真武庙	戏楼	五道庙	泰山庙	佛殿	财神庙	三官庙	马神庙	福神庙	梓潼庙	魁星阁	灯山楼	雷公庙	地藏殿	山神庙	井神庙	风神庙	河神庙	火神庙	玉皇庙	文昌阁	其他
46	对白沟		1	1																							
47	黑石岭	1	1	1	1		1	1	1															1	1		
48	东滩																										
49	嗖水盆		1	1		1	1	1																			
50	杨大人沟												1														
51	分水岭			1				1																			
52	西水泉			1			1	1												1							
53	永康北庄		1					1																			
54	永康南庄			1																1							
55	尖山		1	1																							
56	长江																										
57	折腰峪																										
58	十字																										未知庙
59	西潮陶			1																							
60	东潮陶																										
61	井沟		1	1																							
62	银王寺			1				1																			
合计		29/2 2	13/12	13/26	11/11	7/10	23/5	8/36	6/1	2/3	1/7	5/9	6	3	1/1	2/1	2/1	1	1/1	2/4	1/5	1/1	1	1/1	1/1	1	6/6

附表 1.5　暖泉镇古建筑统计表

序号	村名	庄堡	观音殿	龙神庙	关帝庙	真武庙	戏楼	五道庙	泰山庙	阎王殿	财神庙	火神庙	魁星阁	玉皇庙	眼光庙	月光庙	井神庙	三官庙	马神庙	老君观	地藏殿	梓潼庙	佛殿	三清阁	药王庙	岳王庙	其他
1	西太平庄	[1]	[1]		1			[1]																			广慈庵 显圣庵 多圣祠
2	西场庄							[1]																			
3	西古堡	1	3		1	1	1	1			1		1					1			1	1	1				
4	中小堡	1	1	1	2			[1]			1			[1]					1				1				
5	北官堡	1	1			[1]		1/[1]					[1]	[1]				[1]	[1]					1	1	1	未知庙 未知庙 未知庙
6	西辛庄				[1]	[1]		[1]																			姑子庙
7	砂子坡	1	1/[1]				1	4	1											1							
8	凤水庄			1																							
9	暖泉	1	1		1	1		[1]																			华严寺
10	宏胜庄																										
11	辛孟庄	1	[1]	[1]	1	2	[1]	2	[1]	[1]	[1]				[1]				[1]								
12	郝家庄			1																							
13	千字	1			1	1	1											1									
14	光明														1												
15	祖坡	1	[1]	2	2	2	[1]	2	[1]	[1]		[1]		[1]	[1]	[1]	[1]										龙现寺
16	西下官庄	[1]	1	[1]		[1]	[1]	3		[1]	[1]					[1]	[1]	[1]	[1]								
17	东下官庄	1/3						2	[1]		[1]	1	[1]			[1]	[1]	[1]	1/3								
	合计	8/4	8/4	2/5	5/4	1/7	3/4	2/20	1/3	3	2/2	1	1/2	3	1/2	1	1	2/3 1/3	2/3 1/3	1	1	1	2	1	1	1	6/3

注：多圣祠内包括：观音殿、三义殿、马神庙；
　　老君观内包括：三清殿（老君殿）、祖师殿（财神殿）、真武庙、斗姆殿、文昌殿；

附表 1.6 杨庄窠乡古建筑遗存统计表

序号	村名	庄堡	观音殿	龙神庙	关帝庙	真武庙	戏楼	五道庙	泰山庙	佛殿	财神庙	土地庙	谷神庙	玉皇庙	灯山楼	三官庙	马神庙	魁星阁	梓潼庙	雨神庙	老君观	阎王殿	吕祖殿	火神庙	虫神庙	风雨庙	其他
1	杨庄窠	1	1/1	1	1			1	1													1					塔会寺
2	南庄子			1				1																			
3	青土坡			1				1																			
4	窑道庄																										
5	尹家沟																										
6	北庄子			1				1																			未知庙
7	小南庄																										
8	条子沟			1				1																			
9	圣水泉					1																					
10	杜家山		1	1	1			1					1													
11	上水峪																										
12	小岳家山			1			1	1									1										
13	甄家沟		1	1	1	1		1																			
14	黄沟									1																	铁佛寺
15	莲花山		1	1	1	1		1																			
16	下瓦窑	2	2	1/3	1	2		1	1																		
17	上瓦窑	1			1			1	1	1																	
18	黄崖		1	1	1			1							1												
19	沙涧	1	2	1	1		1	1	2	1			1		1	1	1					1					
20	辛窑子			1				1						1			1										

序号	村名	庄堡	观音殿	龙神庙	关帝庙	真武庙	戏楼	五道庙	泰山庙	佛殿	财神庙	土地庙	谷神庙	玉皇庙	灯山楼	三官庙	马神庙	魁星阁	梓潼庙	雨神庙	老君观	阎王殿	吕祖殿	火神庙	虫神庙	风雨庙	其他
21	胡家庄	1		1	1	1	1	1	1								1					1					
22	东坡寨	1	1	1			1	2	1		1					1		1	1								双龙寺
23	西坡寨	1	1	1		1	1	1	1																		未知庙
24	席家嘴	1		1	1			2	1																		
25	小辛留	1	1	1		1					1	1				1											
26	白草窑	1	1	1	1	1	3	1	1				1			1						1					
27	磁窑沟	1		1				1		1																	白衣寺
28	北王家梁	2				1		1	1																		
29	鱼家山		1	1	1			1											1	1							
30	高家洼	2		1		1	1	2																			
31	辛庄子	1	1	1	1	1	1	1																			
32	南德胜庄	1	1			1	1/1	1	1		1						2					1					来羊寺
33	嘴子	2	1	1	1		1	2									1										
34	寨里	1	1	1/1		1	1	2								1						1	1				
35	北庄头	1		1	1			1	1																		
36	北深涧	3	2	1		1	1	4			2						1										
37	东深涧	1	1	1/1		1		2									1										
38	南深涧	1		1	1																						
39	北双涧	1/1	2	2	1	1	2	3	1	1	1					1			1					1			
40	西上平	1	1	1	1			1																			

（续表）

序号	村名	庄堡	观音殿	龙神庙	关帝庙	真武庙	戏楼	五道庙	泰山庙	佛殿	财神庙	土地庙	谷神庙	玉皇庙	灯山楼	三官庙	马神庙	魁星阁	梓潼庙	雨神庙	老君观	阎王殿	吕祖殿	火神庙	虫神庙	风雨庙	其他
41	东上平	1/1	1	1	1	1																					巷头庙
42	李家庄	1		1	1	1	1	2			1					1									1	1	
43	古家疃	1/1		1	1	1	1	2		1																	
44	北梁庄	1/1	1	1	1	1		1						1												1	
45	下平油			1			1	1/1	1	1	1	1				1										1	
合计	计	32/4	7/21	20/23	11/16	3/18	13/9	5/49	5/9	2/2	2/6	1	1/2	2	1	3/5 4/5	1	1	2	1	1	1/5	1	1	1	1	2/6

注：白衣寺内包括：关帝庙、佛殿；
来羊寺内包括：龙神庙、阎王殿、财神庙。

附表 1.7　南岭庄乡古建筑遗存统计表

序号	村名	庄堡	观音殿	龙神庙	关帝庙	真武庙	戏楼	五道庙	马神庙	三官庙	阎王殿	泰山庙	玉皇庙	文昌阁	梓潼庙	罗汉庙	财神庙	老君观	佛殿	河神庙	地藏寺	井龙王	药王庙	其他
1	新水峪																							
2	北杨小庄	1	1	1	1			1																
3	南岭庄	2	1	1	1	1				1						1								善果寺
4	北岭庄	1	1	1	1	1		2	1				1	1	1									北寺
5	新胜庄	2	1	1				1					1	1	1			1	1	1				大南庙 / 未知庙
6	下水峪			1	1	1		1				1												未知庙

序号	村名	庄堡	观音殿	龙神庙	关帝庙	真武庙	戏楼	五道庙	马神庙	三官庙	阎王殿	泰山庙	玉皇庙	文昌阁	梓潼庙	罗汉庙	财神庙	老君观	佛殿	河神庙	地藏寺	井龙王	药王庙	其他
7	东双塔	1	1	1	1/1		2	3												1				
8	西双塔	2	1	1		1	1	3			1													
9	东蔡庄	1	1	1	1	1	1	3		1														大德寺
10	中蔡庄	2	1	1		1	1	1		1						1			1		1			
11	西蔡庄	2	1	1				1					1											
12	芦子涧	1	1	2	1	1		1		1					1									
13	赵家窑	1	1	1		1	1	1														2		
14	西方城	2	1	1			1	2	1															
15	东方城	1/2	1	1			1	2			1	1											1	
16	甘庄子	2	1	1		1	1	2	1										1					
17	添河涧	1	1	2			1	1				1				1								释迦寺
18	吴家浅	2	1	2	2	1	1	2				1												
19	苟家浅	1	1					2	1			1												
20	李家浅	1	1	1		1	1	2	1			1						1						
21	小贵头	1	1	1/1			1	1		1								1						
22	北石化	1/1	1	1			1	2	1															
23	中石化		1	1				1																
24	南石化		1	1			1	2	1									1	2		1		1	
合计		29/4	5/15	6/20	6/13	1/13	6/12	37	2/3	4	2	2/4	2	1	2	1	3	1	2	1	1	2	1	1/6

注：善果寺内包括：天王殿、大雄宝殿、东西配殿（十殿阎君）；
大德寺内包括：天王殿（四大天王）、过殿（千手千眼佛/韦驮）、大雄宝殿（释迦、孔子、老子）、东配殿（阎王殿）、西配殿（伽蓝殿）。

附表1.8　西合营镇古建筑遗存统计表

序号	村名	庄堡	观音殿	龙神庙	关帝庙	真武庙	戏楼	五道庙	泰山庙	佛殿	财神庙	福神庙	三官庙	马神庙	魁星阁	梓潼庙	河神庙	阎王殿	其他
1	西合营（西庄）			1		1	1												
2	西合营（东关）	1/1																1	甘露寺
3	西合营（红旗）			1				1											
4	西合营（南场）																		
5	西合营（东庄）						1												
6	西合营（小南关）																		
7	北留庄	1	1		1	1		1		1			1						大觉寺
8	西合	1																	
9	东四碾	1						1											大庙
10	赵家湾	1			1		1	2											
11	西合岗	1		1				1											龙华寺
12	莲花池	1					1								1				
13	下利台	1																	
14	上利台	1																	
15	利台庄	1			1		1												
16	北洗冀	1																	
17	南洗冀																		
18	穆家庄下堡	1	1	1	1	1	1/1	2	1	1			1						
19	穆家庄上堡	1	1	1	1	1	1/1	1	1	1			1			1			
20	东辛店	1	1	1		1								1					

（续表）

序号	村名	庄堡	观音殿	龙神庙	关帝庙	真武庙	戏楼	五道庙	泰山庙	佛殿	财神庙	福神庙	三官庙	马神庙	魁星阁	梓潼庙	河神庙	阎王殿	其他
21	广德	1	1	1	1	1	1	2			1			1					大寺
22	宋家小庄	1/1	1	1	1	1	1	4		1	1	1							全佛堂 佛缘阁
23	司家洼	1	1	1			1												
24	西辛庄	1	1				1												
25	东辛庄	1																	张峰寺
26	柳子疃	1	1	1				1											
27	祁家皂（东堡）	1	1	1	1		1												华严寺
27	祁家皂（西堡）	1	1	2	1	1	1	1			1		1						
28	海子洼	1	1	1			1											1	
29	古守营	1	1		1														
30	陈家湾	1	1				1												
31	西上暖头	1		1			1												
32	羊圈堡	1	1	1	1	1		1											隆善寺 阁楼庙
33	羊圈庄		1																
34	南大坪			1															
35	西大坪	2	1	1	1	1		1			1								
36	北大坪	1	1				1												
37	任家庄	2																	圆通寺
38	小枣堡	1																	归贤寺

序号	村名	庄堡	观音殿	龙神庙	关帝庙	真武庙	戏楼	五道庙	泰山庙	佛殿	财神庙	福神庙	三官庙	马神庙	魁星阁	梓潼庙	河神庙	阎王殿	其他
39	横涧（东堡）	1		1		1	1/3								1	1			普光寺
	横涧（东堡内堡）	1			1		1												
	横涧（后堡）	1			1														
	横涧（西堡）	1	1		1			1											
40	夏源（西堡）	1			1			1									1		
	夏源（南堡）	1		1	1			1											
	夏源（东堡）	1			1		1	2			1						1		
	夏源（东辛堡）	1		1				1						1					未知庙
	夏源（西辛堡）	1			1			1					1						
41	三关	2/1	1	3	1	1	1	4											
42	苗家寨（北堡）	1		1			1	1			1								未知庙
	苗家寨（南堡）	1	1	1	1		1												未知庙
	苗家寨（北庄）					1		1											寿宁寺
	苗家寨（西庄）	1						1											
	苗家寨（南庄）							1											
	苗家寨（下庄）																1		
	合　计	37/9	6/9	8/15	12/10	2/9	13/15	5/29	1	1/2	2/4	1	2/2	1/2	2	1/2	2	2	7/11

附表 1.9　南杨庄乡古建筑遗存统计表

序号	村名	庄堡	观音殿	龙神庙	关帝庙	真武庙	戏楼	五道庙	马神庙	三官庙	阎王殿	井神庙	玉皇庙	三清观	泰山庙	财神庙	魁星楼	火神庙	雷祖庙	河神庙	山神庙	文昌阁	其他
1～3	南杨庄（南堡）	1		1		1																	
	南杨庄（北堡）	1		1		1																	
	南杨庄（西庄）																						
4	高店	1			1																		
5	张家楼				1																		
6	西北江	1	1	1	1	1	1	1		1				1	1	1	1	1					镇江寺
7	东北江（南堡）	1		1			1	1	1							1		1	1				
	东北江（北堡）	1	1		1				1											1			
	东北江（庄堡）	1			1					1						1				1			大云寺
8	东大云疃（东堡）	1		1	1	1				1													
	东大云疃（营堡）	1	1		1																		
	东大云疃（南庄）	1						1		1													
	东大云疃（北庄）	1																					
	东大云疃（徐家堡）	1																					
9	南梁庄	1			1	1	1								1								
10	北柳河口	1				1	1	1		1											1	1	五谷庙
11	柳河口			2									1										
12	南柳河口																						
13	东寺																						
14	东寺梁																						
15	瓦岔子																						

（续表）

序号	村名	庄堡	观音殿	龙神庙	关帝庙	真武庙	戏楼	五道庙	马神庙	三官庙	阎王殿	井神庙	玉皇庙	三清观	泰山庙	财神庙	魁星楼	火神庙	雷祖庙	河神庙	山神庙	文昌阁	其他
16	尖碣	1																					
17	进寺沟	1																					
18	牛大人庄	1			1		1																
19	麦子疃（西堡）	1		1		1									1								
19	麦子疃（东堡）	1				1	1	1	1			1			1	1							
20	九宫口（南堡）	1	1	1	1	1/1	2	1	1														未知庙
20	九宫口（北堡）	1		1	1	1	1	1	1	1					1	1							
21	北湾	1																					
22	九辛庄	1	1	1	1		1	1		1	1	1	1	1	1	1	1	1	1	1	1	1	
	合计	20	2/3	7/4	7/5	3/9	10/2	3/4	2/3	3/1	1	1	1	1	2/3	2/2	1	1	1	1	1	1	4

附表 1.10　下宫村乡古建筑遗存统计表

序号	村名	庄堡	观音殿	龙神庙	关帝庙	真武庙	戏楼	五道庙	泰山庙	财神庙	文昌阁	魁星阁	三教寺	梓潼庙	地藏殿	山神庙	三官庙	马神庙	佛殿	河神庙	三清观	灯山楼	火神庙	孔子庙	玉皇庙	其他
1	下宫（南堡）	1	2	1	1	1		1							1	1										
2	上宫（西堡）	1	1	1	1	1		1/1																1		
2	上宫（中堡）	1		1		1	1	1																		
2	上宫（北堡）	1	1					1		1																
3	留家庄南堡	1	1	1	1	1	1		1									1								未知庙
4	留家庄北堡	1		1														1								南庙
5	孟家庄	1	1		1	1	1	2	1		1			1		1	1					1				

序号	村名	庄堡	观音殿	龙神庙	关帝庙	真武庙	戏楼	五道庙	泰山庙	财神庙	文昌阁	魁星阁	三教寺	梓潼庙	地藏殿	山神庙	三官庙	马神庙	佛殿	河神庙	三清观	灯山楼	火神庙	孔子庙	玉皇庙	其他
6	王家小庄	1																								
7	周家庄南堡	1		1																						
8	周家庄北堡	1	1	1	1		1	1		1		1		1				1								
9	富家庄	1		1		1		1	1								1									
10	筛子绫罗	1	3	1		1	1	2													1					
11	北绫罗	1		1	1		1	1																		
12	李家绫罗	1		1		1	1			1																
13	南绫罗	1																								
14	浮图（北堡）	1/1	1/1	1	1	1	1	2			1						1					1				
14	浮图（南堡）	1/1	1/1	1	1	1	1	1						1		1	1					1	1			玉泉寺
15	南马庄（南堡）	1	1		1		1	1																		华严寺
15	南马庄（北堡）	1	1	1												1										上华严寺
16	西杨家小庄	1	1	1	1	1	1	1											1	1						中华严寺
17	苏官堡	1			1	1	1	1	1								1	1		1						
18	苏贾堡	1	1	1			1	1									1	1								
19	苏田堡	1	1	1	1	1	2	2			1	1					1									
20	苏邵堡	1	1/1	1	1		1	1		1			1		1			1		1						
21	张庄	1																								
22	东庄头		1	1	1	1	1	1																1		
23	西庄头			1			1																			
24	蔡庄子																									

序号	村名	庄堡	观音殿	龙神庙	关帝庙	真武庙	戏楼	五道庙	泰山庙	财神庙	文昌阁	魁星阁	三教寺	梓潼庙	地藏殿	山神庙	三官庙	马神庙	佛殿	河神庙	三清观	灯山楼	火神庙	孔子庙	玉皇庙	其他
25	新道坡																									
26	兴隆																									
27	七井寺																									
28	麻黄头																									
29	东寨沟																									
30	下战						1																			
31	贾坪																									
32	西岭																									
33	东岭																									
34	果庄子							1	1																	
35	小松洞																									
36	中庄子			1																						
37	马铺																									
38	红土湾																									
39	吴庄子																									
40	陈庄子																									
41	雷家坡																									
42	芦家寨						1											1								
43	红角寺																									
44	龙神庙			1		1	1																			
45	歇心庵后洼		1	1		1		1																		

序号	村名	庄堡	观音殿	龙神庙	关帝庙	真武庙	戏楼	五道庙	泰山庙	财神庙	文昌阁	魁星阁	三教寺	梓潼庙	地藏殿	山神庙	三官庙	马神庙	佛殿	河神庙	三清观	灯山楼	火神庙	孔子庙	玉皇庙	其他
46	歇心庵前注																									
47	宗篱注			[1]			1	2	[1]																	
48	西桥沟																									
49	东桥沟																									
50	枣子石																									
51	果石塘																									
合计		25/2	11/9	10/11	7/12	4/10	18/5	10/19	2/4	1/4	2	1/1	1	3	2	2	3/4	2/5	1	2	1	3	1	1	1	5/1

附表 1.11 南留庄镇古建筑遗存统计表

序号	村名	庄堡	观音殿	龙神庙	关帝庙	真武庙	戏楼	五道庙	泰山庙	佛殿	财神庙	三官庙	马神庙	阎王殿	梓潼庙	魁星阁	文昌阁	仙聚殿	地藏殿	娘娘庙	雷公庙	姜太公庙	灯影楼	玉皇庙	其他
1	南留庄	1	[1]	[1]	1	1	1	1	1		[1]														普救寺
2	史家堡	1	1	1	1	1	1/1	1		1		1	1												
3	张李堡	2			[1]	1		[1]	1			[1]	[1]												
4	涧房	1	1	[1]	[1]	[1]	1	1	1			1	1	1		[1]	1			1					方圆寺
5	斩家窑																								
6	涧岔	1	1																						
7	坝串堡	1	1	1			1	1	1						1										
8	坝部堡	1	1	[1]								1													
9	东人烟寨	1				1	[1]		[1]																
10	西人烟寨	1	1	1	1																			1	
11	孟家堡	1		1	1																				圣灵寺

（续表）

序号	村名	庄堡	观音殿	龙神庙	关帝庙	真武庙	戏楼	五道庙	泰山庙	佛殿	财神庙	三官庙	马神庙	阎王殿	梓潼庙	魁星阁	文昌阁	仙聚殿	地藏殿	娘娘庙	雷公庙	姜太公庙	灯影楼	玉皇庙	其他
12	田家庄	1	1	1	1	1		1					1		1	1		1							
13	曹疃（东堡）	1				1	1						1												
13	曹疃（西堡）	1		1	1	1	1	1																	
14	松树	1	1	1		1	1	2					1		1										
15	滑嘴	1	2	1		1	1	1					1												
16	拐里	1						1				1													
17	水东堡	1	1	1		1	1	1			1	1	1	1	1		1								
18	水西堡	1	1			1	1	1					1		1		1								
18	水西堡（西小堡）	1																							
19	回回墓																								
20	单堠	1	1	1		1	1	1/2		1		1	1										1		
21	朴杨庄	1	1	1	1	1	1	1/1					1		1										
22	白河东	1		1	1		1						1		1				1						
23	白南场	1			1						1					1				1					
24	白中堡	1	1		1	1	1	1			1												1		慈严寺
25	白后堡	1	1		1	1	1	1																	
26	白南堡	1				1	1						1			1	1								
27	白宁堡	1	1		1	1	1								1	1									门神庵
28	大饮马泉	1	1	1	1	1	1										1					1		1	
29	小饮马泉	1	1	1/1		1	1						1												
	合计	29	15/3	8/10	18/4	17/3	14/4	8/10	4/1	1/1	3/1	3/2	8/5	1	6/1	4/2	3	1	2	1	1	1	1	2/1	5

附表1.12 阳眷镇古建筑遗存统计表

序号	村名	庄堡	观音殿	龙神庙	关帝庙	真武庙	戏楼	五道庙	马神庙	三教寺	三官庙	文昌殿	阎王殿	魁星阁	玉皇庙	河神庙	三义庙	药王庙	财神庙	罗汉庙	福神庙	佛殿	窑神庙	其他
1~4	阳眷(南堡)	1	1			[1]																		清泰寺
	阳眷(西堡)	1																						
	阳眷(北堡)	1					1																	
	阳眷(东堡)	[1]																						
5	柳涧沟			1	1		[1]	[1]	1										1		1		1	
6	白草坡																							
7	鹿骨	[1]		1			1																	
8	南石湖																							
9	谷地																							
10	黄崖湾																							
11	半沟			1				1										1						
12	沟门口																							
13	小林岩						[1]		[1]								1			[1]				老君洞
14	大林岩			[1]			[1]	[1]	[1]							[1]			[1]				[1]	
15	宫家庄				[1]			[1]																
16	瓦房	1					1	1																观音圣庙
17	粮草洞																							未知庙
18	古道渠				1																			
19	金泉		[1]	[1]			[1]	1	[1]															未知庙
20	大湾		[1]		[1]		1																	
21	小湾																							

（续表）

序号	村名	庄堡	观音殿	龙神庙	关帝庙	真武庙	戏楼	五道庙	马神庙	三教寺	三官庙	文昌殿	阎王殿	魁星阁	玉皇庙	河神庙	三义庙	药王庙	财神庙	罗汉庙	福神庙	佛殿	窑神庙	其他
22	东师家峪																							
23	西师家峪			1				1	1															
24	丰富村北堡	1	1	1			1	1	1															
	丰富村南堡	1	1			1																		
	丰富村南庄					1																		
25	大南沟																							
26	大红沟														1									
27	白塔																							
28	郑家峪	2	2	1	1	2	1	1		1														金船寺
29	小黑挖塔							1					1											
30	西香沟										1													
31	泉子沟						1		1			1				1	1	1	1	1	1	1		
32	西洗马沟													1										圣水寺 侍女庙
33	东洗马沟		1	1	1		1		1															龙门寺
34	大台		1	1			1	1	1												1			
35	豹峪	2	2	1	1		1	1	1							1			1		1		1	水洞沟
	合计	8/2	4/5	5/5	5/3	5	9/4	3/9	2/5	1	1	1	1	1	1	1/1	1	1	2/1	1	2	1	1/1	5/5

清泰寺内包括：天王殿、观音殿、大雄宝殿；
小林岩村三义庙内包括：观音殿、二郎庙、三义庙；
小林岩村老君洞内包括：老君洞、贤母洞、财神洞、冰月洞、神通宝洞、大清洞；
观音圣庙内包括：关帝庙、观音殿、大雄宝殿、龙神庙、地藏殿；
水洞沟包括：关帝庙、观音殿。

附表 1.13　白草村乡古建筑遗存统计表

序号	村名	庄堡	观音殿	龙神庙	关帝庙	真武庙	戏楼	五道庙	泰山庙	三官庙	文昌殿	梓潼庙	魁星阁	玉皇庙	三教寺	三官殿	财神庙	峪神庙	山神庙	土地庙	其他
1	白草	1	1	1	1	1	1	1													
2	大酒务头	1	1	1		1	1	1	1	1		1									
3	小酒务头	1	1	1	1	1		1					1								
4	姚庄	1																			
5	西户庄	1	1	1	1	1		1													
6	钟楼	1		1	1	1	2	1		1		1		1	1			1			
7	西细庄(东庄)	1	1	1	1		1	2													
7	西细庄(西庄)				1			1/2													元朝殿
8	前梁				1			1	1												
9	后梁			1				1													
10	韩家洼			1				1													
11	王岙							1													
12	郭岙			1				1													
13	西小羊圈	1			1			1													
14	五岔	1	1	1	1	1	1/1	1		1	1					1					西大寺
15	泉子洞		1		1	1		2									1				
16	河洞渠																				
17	小嘴			1				1													
18	白草庵																				老山寺
19	炮岭																				旧岭寺 山洞

序号	村名	庄堡	观音殿	龙神庙	关帝庙	真武庙	戏楼	五道庙	泰山庙	三官庙	文昌殿	梓童庙	魁星阁	玉皇庙	三教寺	三官殿	财神庙	谷神庙	山神庙	土地庙	其他
20	娘子城		1	1	1			1													
21	岳家峪			1				1													
22	蔡家峪																				
23	西黄土梁																				
24	桦树沟			1	1			1	1												
25	楼子湾		1	2				1													
26	董庄子						1	1													鸿门寺
27	水峪	1	1	1	1	1		1	1												
28	北辛庄（东西庄）		1	1/1			1	1/1													
29	咸周	1				1															
30	韩家湾		1	1		1	1	1													
31	狼窝		1	1	1	1		1													
32	王家梁		1	1	1																
33	小官	1		1	1			1	1												
34	他会		1	1	1			1									1	1	1	1	
35	蒋家梁					1		1													
36	周家峪		1	1				1													
37	杨寨子			1		1		1													
38	胡家庄			1				1													
39	烟墩坡			1	1			1													

序号	村名	庄堡	观音殿	龙神庙	关帝庙	真武庙	戏楼	五道庙	泰山庙	三官庙	文昌殿	梓潼庙	魁星阁	玉皇庙	三教寺	三官殿	财神庙	谷神庙	山神庙	土地庙	其他
40	高庄子																				
41	堆金沟							1													
42	刘家峪																				
合计		12	9/7	9/21	8/9	9/4	6/5	7/31	2/2	3	1	2	1	1	1	1	2	1/1	1	1	3/3

注:元朝殿内包括:玉皇庙、佛殿、娘娘庙;
钟楼村三教寺内包括:泰山庙、老君观、观音殿;
西太寺内包括:关帝庙、观音庙、地藏殿、地藏殿、观音殿;
山神庙、龙神庙、财神庙、谷神庙;
老山寺内包括:释迦牟尼殿、观音殿。

附表 1.14　陈家洼乡古建筑遗存统计表

序号	村名	庄堡	观音殿	龙神庙	五道庙	泰山庙	关帝庙	三官庙	戏楼	三官庙	其他
1	陈家洼	1		1		1					
2	下水头	1									
3	下元皂	2		1							
4	上元皂	1									
5	南水头	1				1	1		1		
6	北水头	1		1		1	1/1		1		
7	许家营	1	1	1	1	1	1		1		
8	双井山		1								
9	白庄子									1	
10	吕庄子										

序号	村名	庄堡	观音殿	龙神庙	五道庙	泰山庙	关帝庙	戏楼	三官庙	其他
11	坐坡			[1]	[1]			[1]		
12	南山西岭	1								未知庙
13	北山西岭	1								
14	邓家泉									
15	大岳家山									
16	营子堡	1						1		
17	白马神（南堡）	1								
	白马神（中堡）	1		1						
	白马神（北堡）	[1]		[1]						[万华寺]
18	聂家洞	1								
19	东小关	1	[1]							
20	田家坡（北堡）	1		1		1	1	1		
	田家坡（小南堡）	1								
21	任家堡	1						1		
22	王家嘴	1						1		
23	李家楼							1		三元宫
24	曲家庄									未知庙
	合　计	18/[2]	[2]	5/[3]	[2]	3/[2]	2/[3]	7/[2]	1	3/[1]

注：三元宫内包括：关帝庙、三官庙、龙神庙。

附表 1.15　黄梅乡古建筑遗存统计表

序号	村名	庄堡	观音殿	关帝庙	真武庙	龙神庙	戏楼	泰山庙	三官庙	五道庙	马神庙	佛殿	玉皇庙	白娘娘庙	阎王殿	灯山楼	地藏殿	其他
1	黄梅	2	[1]	[1]	[1]	[1]	1/[1]	1	[1]										黄梅寺
2	常胜疃	1	[1]	[1]	[1]	1	1			[2]	[1]		1						
3	安定县	1	1			[1]	1								1		1		
4	西洼	1	[1]	[1]	[1]	[1]	1			[1]								1	
5	东昌家庄	1	1		[1]	1	1		1		1								
6	木井	4	1	1		1	1												
7	木井庄	[1]			[1]	1				[1]									
8	榆涧	1				1	1	1											
9	黑圪	1	[1]		[1]	1	1				1								
10	柏木瓜	1	[1]	1		1					1								
11	赵家寨	1		[1]	[1]	1	1			[1]	1					1			石峰寺
12	下康庄(西堡)	1		[1]		[1]													
12	下康庄(东堡)	1	1	1	1	1	1												
13	上康庄	1		[1]		[1]	1									1			
14	烟墩庄	1				[1]	1											1	
15	柳家泉	1	1	1	1	1	1												
16	李家梁		1										1						
17	小枣碾																		
合计		18/[1]	6/[5]	4/[4]	1/[7]	7/[4]	12/[1]	2	1/[1]	4	4/[1]	1	1	1	2	1	1	1/1

附表 1.16　吉家庄镇古建筑遗存统计表

序号	村名	庄堡	观音殿	龙神庙	关帝庙	真武庙	戏楼	五道庙	泰山庙	阎王殿	财神庙	文昌阁	玉皇庙	佛殿	土地庙	三官庙	马神庙	老君庙	其他
1	吉家庄一村																		
2	吉家庄二村																		
3	吉家庄三村																		
4	吉家庄四村(堡里头)	1		1	1	1	3	1	1	1	1								大寺
	吉家庄四村(寨上头)	1							1	1	1		1				1		
5	二庄子																		
6	大庄子																		
7	东上碾头	1		1			1												
8	李家碾																		
9	沈家庄	1					1												
10	杨家小庄				1														
11	西太平	1		1		1													泰清寺
12	东太平	1				1	1												大寺
13	宗家太平	1						1				1							
14	长巷太平	1	1	1		1	1				1								
15	红桥	1																	未知庙
16	东水泉	1		1	1		1	1	1										
17	前上营	1		1	1			1											
18	后上营(东堡)	1		1				1										1	
	后上营(西堡)	1		1				1											
19	上营庄	1																	小寺

序号	村名	庄堡	观音殿	龙神庙	关帝庙	真武庙	戏楼	五道庙	泰山庙	阎王殿	财神庙	文昌阁	玉皇庙	佛殿	土地庙	三官庙	马神庙	老君庙	其他
20	永安瞳																		
21	织锦瞳	1	1	1	1	1	1	1	1							1			
22	傅家庄	1	1	1	1	1	1	2	1	1			1			1			祥云寺
23	大蔡庄	1	1	1	1		1	3	1	1				1					东大寺
24	石垛	1	1	1	1		1				1				1		1		
25	石垛寨	1						1											
26	小辛柳	1	1	1	1	1	2	1			1/1				1	1			
27	大辛柳	1	1		1	1		1			1								
28	祁家庄	1	1	1				1											
29	靳家庄	1	1	1	1				1										
30	大张庄	3	1	1	1		1	1			1								
31	八里庄	1	1	1	1		1										1		
32	翟庄子			1		1		1											
33	西贤孝	1	1																
34	东贤孝	1	1			1	1	1											
35	下油涧	1		1				1											
36	王庄子			1				1											
37	沙岭子	1		1	1			1											
38	前李庄			1															
39	彭庄子																		未知庙
40	尹家坡							1											大庙

（续表）

序号	村名	庄堡	观音殿	龙神庙	关帝庙	真武庙	戏楼	五道庙	泰山庙	阎王殿	财神庙	文昌阁	玉皇庙	佛殿	土地庙	三官庙	马神庙	老君庙	其他
41	韩庄子																		
42	高家烟																		
43	曹家沟																		
44	后李庄																		大庙
45	西短嘴																		
46	虎龙沟			1															
47	汗油房	1		1															
48	石峪水		1																
49	宋家峪																		
50	史家湾																		未知庙
51	东韩家洼																		东黄花山
合计		23/7	6/6	13/8	6/8	1/8	10/9	4/17	2/5	3	4/4	1	2	1	1/1	4	2/1	1	3/9

注：东太平村大寺内包括：三神殿（龙母、送子娘娘、观音）、圆通宝殿、地藏殿、财神庙、阎王殿；
东黄花山寺庙群包括：龙神庙、财神庙、五道庙、诸神庙。

附表 1.17　桃花镇古建筑遗存统计表

序号	村名	庄堡	观音殿	龙神庙	关帝庙	真武庙	戏楼	五道庙	泰山庙	佛殿	财神庙	狐神庙	阎王殿	玉皇庙	火神庙	三官庙	马神庙	三教寺	城隍庙	山神庙	梓潼庙	眼光庙	雨师庙	地藏寺	河神庙	魁星阁	其他
1	桃花一	1	1																								
2	桃花二		1			1	1	1			1	1	1	1	1		1	1	1								
3	桃花三															1			1								
4	桃花四																										

序号	村名	庄堡	观音殿	龙神庙	关帝庙	真武庙	戏楼	五道庙	泰山庙	佛殿	财神庙	孤神庙	阎王殿	玉皇庙	火神庙	三官庙	马神庙	三教寺	城隍庙	山神庙	梓潼庙	眼光庙	雨师庙	地藏寺	河神庙	魁星阁	其他
5	桃花五	1	1	1	1		2	6																			
6	桃花六						1																				
7	桃花七	1																									
8	桃花八																										双阳寺
9	桃花九			1																							
10	七百户	1	1	1	2	1	1	3		1																	
11	杨家庄																										
12	盆涧	1	1	1			1	1					1														大庙院
13	榆林沟					1	1																				
14	朱家湾			1																							
15	水沟门			1																							
16	水泉庄			1																							
17	窑儿湾			1																							
18	红崖嘴			1																							
19	武家嘴			1	1			1																			
20	南梁																										
21	西寺沟																										大庙
22	东寺沟			1																							
23	马庄子	1		1																							
24	后湾			1	1			1																			
25	黑山槐			1			1										1										

（续表）

序号	村名	庄堡	观音殿	龙神庙	关帝庙	真武庙	戏楼	五道庙	泰山庙	佛殿	财神庙	狐神庙	阎王殿	玉皇庙	火神庙	三官庙	马神庙	三教寺	城隍庙	山神庙	梓潼庙	眼光庙	雨师庙	地藏寺	河神庙	魁星阁	其他
26	寺梁			1																1							大同寺、黑山寺
27	吴家庄				1			1																			
28	枪杆岭			1																							
29	田庄																										未知庙
30	吴上庄			1	1																						
31	鸦涧	1	1	1	1	1	3	3	1				1	1		1											清凉寺、后寺
32	大寺寺	1		1	1	1	1	1	1				1														南仁庙、大宁寺
33	南董庄	1	1	1			1	2						1		1											
34	中董庄	1	1	1/1	1	1	1	4																			
35	北董庄	1/1	1	4	1	1	1	1	1																		
36	佘家堡	1	1	1	1	1	1	1	1								1				1	1	1				
37	陶家堡	2	1	1			1				1	1		1													寿宁寺
38	小羊圈	1	1/2	1			1	3	1																		
39	马官营	1	1	1	1																1			1	1	1	
40	东辛安皂	1	1	1	1																			1	1	1	
41	西辛安皂																										
42	鲁家庄	1	1	1	1	1	1	1	1																		大庙
43	谢家庙			1			1																				

（续表）

序号	村名	庄堡	观音殿	龙神庙	关帝庙	真武庙	戏楼	五道庙	秦山庙	佛殿	财神庙	孤神庙	阎王殿	玉皇庙	火神庙	三官庙	马神庙	三教寺	城隍庙	山神庙	梓潼庙	眼光庙	雨师庙	地藏寺	河神庙	魁星阁	其他
44	冀家嘴			[1]																							
45	张家梁			1			1																				大庙
46	白家洼	[1]		[1]	[1]																						
47	扯业辛庄	[1]	[1]	1	1		1	[1]		[1]				1	[1]												卧龙庵
48	赤崖堡	1	1	[1]	[1]		1				1					2/1			1	[1]	2	1	1	1	1	1	
合计		17/5	6/12	17/20	5/12	4/5	11/13	1/31	1/4	2	1/1	1	1/2	1/4	1	2/1/2	1	1	1	1	2	2	1	1	1	1	2/12

注：西辛安皂村大庙内包括：龙神庙、释迦殿。

附表1.18 常宁乡古建筑遗存统计表

序号	村名	庄堡	观音殿	真武庙	关帝庙	五道庙	戏楼	龙神庙	玉皇庙	财神庙	泰山庙	三官庙	佛殿	山神庙	其他
1	常宁西堡	1	1												
2	常宁沙河			1		1									
3	常宁司街	[1]			1										
4	常宁东沟		1					1				1			
5	常宁小庄						[1]		[1]						
6	常西庄	[1]								1					
7	东宁远店	1	[1]					[1]			[1]				
8	东宋家庄		[1]					[1]			[1]				
9	西金河口		1	1	1	1	1/2	1			1		1	1	理兴寺 金河寺 金佛寺

序号	村名	庄堡	观音殿	真武庙	关帝庙	五道庙	戏楼	龙神庙	财神庙	泰山庙	三官庙	佛殿	山神庙	其他
10	东金河口													
11	黄土梁		1			1	1	1						
12	安庄		1	1	1		1				1			
13	塔头		1				1	1						永安寺
14	上寺	1	1		1	1	1	1				2	1	上方寺／下寺
15	范家堡	1	1		1		1							
16	庄窠堡	1			1		1		1		1			
17	西店	1	1	1										
	合计	4/4	8/4	4/1	5/1	3/2	8/3	1/7	1	3	2/1	2	1	2/4

附表 1.19　白乐镇古建筑遗存统计表

序号	村名	庄堡	观音殿	龙神庙	关帝庙	真武庙	戏楼	五道庙	泰山庙	阎王殿	财神庙	文昌阁	魁星阁	梓潼庙	玉皇庙	火神庙	佛殿	土地庙	三官庙	马神庙	其他
1	白乐一村（站堡）	1	1	1	1			1	1	1	1	1									普寿寺
	白乐一村（东堡）	1	1					1	1		1	1	1								
	白乐一村（郭家巷）							1													
2	白乐二村																				
3	白乐三村（西堡）	1		1	1			1									1		1		
	白乐三村（南堡）	1	1	1												1	1				未知庙
4	白乐四村（正关）		1	1																	
	白乐四村（北关）							1													

序号	村名	庄堡	观音殿	龙神庙	关帝庙	真武庙	戏楼	五道庙	泰山庙	阎王殿	财神庙	文昌阁	魁星阁	梓潼庙	玉皇庙	火神庙	佛殿	土地庙	三官庙	马神庙	其他
5	白乐五村（卢家堡）	1				1	1	1													
	白乐五村（苗家堡旧堡）	1						1													
	白乐五村（苗家堡新堡）	1																			
6	天照疃南堡	1	1		1		1	1													
7	沙河北							1													
8	沙河南							1													
9	天照疃北堡	1	1		1	1	1/1	1	1						1			1				大寺；未知庙
10	北柳枝水	1	1	1	1			1													
11	南柳枝水	1/2	1	1	1		1	3							1	1						弥陀寺
12	满井	1		1	1	1	1	1											1			未知庙
13	东樊庄	2	1	1	1	2	2	1		1	1			1	1	1	1			1		
14	尹家皂	1		1			1	4	1													
15	三河皂		1				1	1												1		
16	统军庄	1	1	1	1		2	1	1													
17	会子里	1	1				1	1				1		1	1					1		
18	东高庄	3	1	1	1		1	1				1		1								龙泉观
19	马圈庄	1		1				1													1	兴善寺
20	前堡	1	1	1		1		1	1					1								下庙
21	后堡	1	1	1				3	1													
22	方碾		1	1	1	1	1	5				1										

（续表）

序号	村名	庄堡	观音殿	龙神庙	关帝庙	真武庙	戏楼	五道庙	泰山庙	阎王殿	财神庙	文昌阁	魁星阁	梓潼庙	玉皇庙	火神庙	佛殿	土地庙	三官庙	马神庙	其他
23	黎元小庄			1																	
24	黎元下堡（东堡）	1			1																
	黎元下堡（西堡）	1																			
25	章家峪																				
	合　计	18/9	3/11	2/13	4/9	1/9	4/10	33	7	2	1/3	1	5	3	2	2	3	1	4	1	2/7

注：大寺内包括：龙神庙、阎王殿等；
龙泉观观内包括：戏楼、玉皇、灵官殿、火神庙、土神庙、哥哥殿、三清（老君）殿、五祖殿、七正殿。

附表 1.20　柏树乡古建筑遗存统计表

序号	村名	庄堡	观音殿	龙神庙	关帝庙	真武庙	戏楼	五道庙	泰山庙	阎王殿	财神庙	梓潼庙	魁星阁	玉皇庙	山神庙	眼光庙	药王庙	佛殿	二郎庙	三官庙	其他
1	柏树村（下堡）	1	1	1	1		1	1													
	柏树村（上堡）	1	1	1																	
2	西高庄（西堡）	1	1			1	1	2						1							
	西高庄（小东庄）	1		1				2													金台寺
3	王家庄（北堡）	1	1		1			2	1												
	王家庄（南堡）	1		1	1		1	1		1											
4	庄窠	1	1		1		1	1													
5	永宁寨（东堡）	1		1		1	1	1				1	1			1					
	永宁寨（西堡）	1	1					1				1	1						1		
6	李家堡	1	1			1		1													
7	崖头寺			1																	未知庙

序号	村名	庄堡	观音殿	龙神庙	关帝庙	真武庙	戏楼	五道庙	泰山庙	阎王殿	财神庙	梓潼庙	魁星阁	玉皇庙	山神庙	眼光庙	药王庙	佛殿	二郎庙	三官庙	其他
8	侯家庄							1													
9	马头山														1						
10	马驼			1																	
11	苇子水		1	1	1			1													
12	东花岭																				未知庙 4
13	南台子														1						卧云山
14	达沟梁				1																
15	聚财梁																				
16	德纳寺			1		1									1						德纳寺、普贤洞、未知庙
17	荻莉沟			1											1						
18	松树岭			1	1										1						
19	南康庄	1	1	1	1	1		3		1	1						1				
20	松枝口	1	1	1	1	1		3	1							1		1	1		石碾洞、龙门寺、法云寺
21	山门庄		1	1	1																
22	西黎元庄	1	1	1	1	1		2	1					1							大寺
23	东黎元庄		1	1	1	1		1	1												
24	桦榆坡																				
25	白石口																				

（续表）

序号	村名	庄堡	观音殿	龙神庙	关帝庙	真武庙	戏楼	五道庙	泰山庙	阎王殿	财神庙	梓潼庙	魁星阁	玉皇庙	山神庙	眼光庙	药王庙	佛殿	二郎庙	三官庙	其他
26	卧羊台			1	1		1														
27	东任家庄																			1	
28	张家峪			1	1			1													梨园寺
29	车厂			1																	
30	上辉川														1						普贤庙
31	辉川（下辉川）			1											1						下寺
32	下蚕子沟																				南寺
33	上蚕子沟																				
34	观上			1											1			1			
35	郑家庄子			1			1	1	1						1						
36	峪洞			1				1							1						
37	岭南			1										1	1						
38	榆皮			1											1						
39	洋河滩														1						
40	八岭子			1																	
41	东富家庄																				
	合 计	11	4/8	4/23	8/5	2/7	12/1	1/24	1/4	1/1	1	1	1	1/2	13	2	1	2	2	1	1/17

注：西高庄（西堡）玉皇庙包括：玉皇庙、龙神庙、关帝庙；
西高庄（小东庄）龙神庙包括：三官庙、龙神庙；
金台寺内包括：地藏殿、大雄宝殿；
卧云山寺庙群（玄明洞）包括：三清观、禅房洞、玄明洞（具福神）、观音洞、关帝庙、泰山庙；
石碾洞内包括：玉皇阁；
大寺内包括：佛殿、龙神庙、马神庙、关帝庙、戏楼；
下寺内包括：泰山庙、关帝庙等。

附表1.21 草沟堡乡古建筑遗存统计表

序号	村名	庄堡	观音殿	龙神庙	关帝庙	真武庙	戏楼	五道庙	泰山庙	佛殿	财神庙	井神庙	娘娘庙	神仙庙	玉皇庙	山神庙	三官庙	马神庙	老君观	三教寺	土地庙	河神庙	阎王殿	其他
1	草沟堡	1				1	1	1/1																
2	邢山			1												1								大寺
3	大花峪			1																				
4	盘南头			1				1								1								松文寺
5	乱寨							1																青松寺
6	湾嘴							1																
7	丁羊峪																							
8	下丁羊峪			1				1								1								
9	张马梁																							
10	常嘴子							1																
11	仁山				1																			
12	海子		1	1	1			1								1	1	1						鲇鱼寺
13	东杏河			1	1			1	1							1								西大寺
14	往泉			1				1																
15	罗堂子			1												1								未知寺
16	北沟			1				1								1								
17	岳观			1				1																
18	麻田岭		1	1		1											1							
19	南沟			1		1										1								

序号	村名	庄堡	观音殿	龙神庙	关帝庙	真武庙	戏楼	五道庙	泰山庙	佛殿	财神庙	井神庙	娘娘庙	神仙庙	玉皇庙	山神庙	三官庙	马神庙	老君观	三教寺	土地庙	河神庙	阎王殿	其他
20	鲁庄子			1		1	1	1																
21	李家嘴			1				1								1								
22	白家庄子				1		1	1					1											朝阳寺
23	东高庄子			1				1																
24	下庄子			1			1																	
25	西邢岭		1	1				1									1							
26	王家庄子			1				1																
27	南黄庵			1				1																
28	北黄庵			1				1																
29	干沟			1	1			1																
30	麻地沟			1			1/1	1																庙院
31	上麻地沟																							
32	泥沟		1/1	1				1																
33	西草沟																							
34	樊庄子		1/1	1			1	1																
35	陶家小庄		1	1			1	1											1					寺庙
36	匕门子			1	1		1	1									1							庙台
37	甄家湾		1	1	1		1	1			1													
38	曹庄子		1	2		1		1			1	1					1			1				大寺院
39	邓草沟			1		1		1									1							

序号	村名	庄堡	观音殿	龙神庙	关帝庙	真武庙	戏楼	五道庙	泰山庙	佛殿	财神庙	井神庙	娘娘庙	神仙庙	玉皇庙	山神庙	三官庙	马神庙	老君观	三教寺	土地庙	河神庙	阎王殿	其他
40	抢风崖			1	1	1		1																
41	大木厂			1				1																
42	王喜洞			1		1	1	1	1							1								
43	东店							1	1						1										
44	上里罗			1				1																
45	下里罗		1	1	1		1	1							1	1								
46	南水泉		1	1	1		1	1																
47	饮牛渠			1				1								1								
48	马村庵						1	1	1															
49	大台子			1			1	1	2	1											1			
50	石门			1	1				1							1								
51	北岭				1											1								
52	桥峪			1				1	1							1								
53	板厂下庄			1				1								1								
54	板厂上庄			1				1								1								
55	牛道峪			1			1	1		1						1								
56	苜蓿			1	1											1								
57	双窑			1												1								
58	苇子坑			1	1	1										1								
59	行岭			1					1							1		1						

序号	村名	庄堡	观音殿	龙神庙	关帝庙	真武庙	戏楼	五道庙	泰山庙	佛殿	财神庙	井神庙	娘娘庙	神仙庙	玉皇庙	山神庙	三官庙	马神庙	老君观	三教寺	土地庙	河神庙	阎王殿	其他
60	君子铺	1														1								
61	张家店			1			1	1								1								金山寺
62	后堡子			1												1								
63	岳庄																							
64	东坡		1	1																				
65	北路坨庵				1			1								1								
66	南路坨庵						1	2									1							四神庙
67	沙沟		1	1	1		1	1																
68	东庄子			1			2	1	1							1	1	1						
69	曹子水			1				1	1							1								
70	东缘台			1						1						1								
71	阁上			1			1	1								1				1		1	1	
72	茶山			1												1								
73	青崖子			1				1								1								
74	官桥梁			1																				
75	永胜庄			1				1		1														
76	孟家岭			1																				
合计		1	5/6	31/28	5/9	1/8	14/10	23/29	5/4	1/3	1/1	1	1	1	1	11/21	1/6	1/2	1	1	1	1	1	1/12

注：松文寺内包括：泰山庙等；
青松寺内包括：戏楼、泰山庙、山神庙、佛殿、地藏殿、关帝庙等；
四神庙内包括：关帝庙、龙神庙、地藏殿、观音殿。

附表1.22 北水泉镇古建筑统计表

序号	村名	庄堡	观音殿	龙神庙	关帝庙	真武庙	戏楼	地藏殿	五道庙	井神庙	马神庙	三官庙	玉皇庙	诸葛庙	梓潼庙	三教寺	泰山庙	花灯亭	其他
1~3	北水泉堡	1															1		
	北水泉（西堡）	1					1												
	北水泉（上堡）	1					1												
4	向阳站	1		1	1			1	1	1	1								水月寺
5	城墙																		
6	铺路	1																	
7	东箥子头	1	1	1	1	1			1										
8	西箥子头	1	1	1	1				1										
9	杨庄	2/1		1	1	1	1		2		1		1	1	1	1	1		极乐寺
10	醋柳沟																		
11	罗家堡	1	1	1		1			1										
12	苗家堡			1					1			1							
13	南柏山	1		1			1		1										前寺
14	北柏山	2	1	1		1	1		1										崇庆寺
15	龙池沟																		
16	北王庄子																		
17	墁坡			1														1	
18	摩天岭																		
19	彭家洼																		
20	红沙坡																		
21	东沙沟			1					1										

(续表)

序号	村名	庄堡	观音殿	龙神庙	关帝庙	真武庙	戏楼	地藏殿	五道庙	井神庙	马神庙	三官庙	玉皇庙	诸葛庙	梓潼庙	三教寺	泰山庙	花灯亭	其他
22	大石头梁		1				1												
23	赵家嘴	1		1	1	1			1										
24	广少寺				1	1			1										广少寺 / 未知庙
25	杜庄子		1	1	1				1										
26	南井头	1	1	1		1			1				1				1		
27	夹道沟	1		1	1				1		1								三佛寺 / 宝树洼寺
28	红谷嘴			1	1				1										
29	细弦子	1	1	1					1										后寺
30	旦岭子	1		1		1			1										大庙
31	北马圈	1	1				1				1	1		1	1				后寺 / 后小庙 / 大庙
32	上马圈	1	1	1				1		1						1	1	1	
	合 计	16/5	3/7	6/13	2/7	2/4	5/7	1	1/18	1	1/3	2	2	1	1	1	1/2	1	6/7

注：水月寺内包括：关帝庙、释迦庙、孔子殿、财神殿、地藏殿、观音殿；
极乐寺内包括：释迦殿、圆通殿、幽冥殿；
崇乐寺内包括：天王殿、大雄宝殿、后殿（地藏殿）、关帝庙、二郎神殿、达摩祖师殿、观音殿；
三佛洼寺内包括：大雄宝殿、观音殿、泰山、关帝庙、地藏等殿；
宝树洼寺内包括：佛祖、关神庙、关帝庙等；
北马圈后寺内包括：龙神庙、关神庙、地藏庙等；
北马圈大庙内包括：关帝庙、龙神庙等。

附录二 蔚县村名沿革表

乡镇	村名	《（民国）察哈尔省通志》	《（光绪）蔚州志》	《（乾隆）蔚州志补》	《（乾隆）蔚县志》	《（顺治）蔚州志》	《（顺治）云中郡志》	《（崇祯）蔚州志》	《（嘉靖）宣府镇志》	《（正德）宣府镇志》	《（正德）大同府志》
	南关西街	南关镇	南关								
	南关东街										
	一街										
	二街										
	三街	城内东北镇、东南镇、西南镇、西北镇	蔚州城	按蔚州,蔚县分界,城内大街以西属州,大街以东属县	蔚县城	蔚州城	蔚州城	蔚州城	蔚州卫城	蔚州卫城	蔚州城
蔚州镇	四街										
	五街										
	六街										
	七街										
	八街										
	西关	西关镇	西关								
	东关	东关镇	东关								

（续表）

乡镇	村名	《(民国) 察哈尔省通志》	《(光绪) 蔚州志》	《(乾隆) 蔚州志补》	《(乾隆) 蔚县志》	《(顺治) 蔚州志》	《(顺治) 云中郡志》	《(崇祯) 蔚州志》	《(嘉靖) 宣府镇志》	《(正德) 宣府镇志》	《(正德) 大同府志》
蔚州镇	东关外	东关外	东关外								
	三泉庄	三泉庄									
	太平庄	太平庄	太平庄		太平庄						
	大泉坡	大泉坡	大泉坡	大泉坡							
	纸店头	纸店头	纸店头	纸店头		纸店头堡					
	下关	下关里	下关里	下关里							
	李堡子	李堡子	李堡子	李堡子							
	逢驾岭	逢驾岭	逢驾岭	逢驾岭		逢家堡		逢驾岭堡			冯家岭堡
	南张庄	南张庄	南张庄								
	南樊庄	南樊庄	南樊庄	南樊家庄	南樊家庄						
	北樊庄	北樊庄									
	西七里河	西七里河	七里河	七里河	西七里河	七里河堡	七里河堡	七里河堡	七里河	七里河堡	
	东七里河	东七里河			东七里河						
	苗庄	苗家庄	苗家庄								
	稻地	稻地村									
	仰庄	仰家庄	仰家庄		仰家庄子						
涌泉庄乡	涌泉庄	涌泉庄	涌泉庄								
	东陈家洞	陈家洞上堡	陈家洞上堡	陈家洞二堡		陈家洞堡					陈家洞堡
	西陈家洞	陈家洞下堡	陈家洞下堡								
	董家洞	董家洞	董家洞	董家洞							

（续表）

乡镇	村名	《(民国)察哈尔省通志》	《(光绪)蔚州志》	《(乾隆)蔚州志朴》	《(乾隆)蔚县志》	《(顺治)蔚州志》	《(顺治)云中郡志》	《(崇祯)蔚州志》	《(嘉靖)宣府镇志》	《(正德)宣府镇志》	《(正德)大同府志》
涌泉庄乡	任家洞	任家洞	任家洞	任家洞		任家洞堡					
	北方城	北方城	北方城	方城	北方城						
	苑家庄	苑家庄	苑家庄子								
	邸家庄	邸家庄	邸家庄	邸家庄							
	弥勒院	弥勒院	弥勒院	弥勒院							
	土均庄	土均庄	土均庄	土均庄	土均庄						
	寇家庄	寇家庄	寇家庄	寇家庄	寇家庄						
	黄家庄	黄家庄	黄家庄	黄家庄	黄家庄	黄家庄堡					
	独树	独树村	独树村		独树村						
	宿鸦洞	宿鸦洞	宿鸦洞	宿鸦洞		宿鸦洞堡					
	连寨场	连家寨	连家寨	连家寨							
	连寨湾										
	老寨										
	北杨庄	北杨庄	北阳庄	北阳庄		北阳庄堡					
	上陈庄	上陈庄	上陈庄	上陈庄		上陈庄堡	上陈家庄	上陈庄堡			上陈庄堡
	陡涧子	陡涧子	陡涧子	陡涧子							
	西中堡	西韩庄	西韩庄	西韩庄	西韩庄中堡						
	西北堡										
	韩东庄	西韩庄				西韩庄堡					
	韩西庄										
	西南堡				西韩庄南堡						

乡镇	村名	《(民国)察哈尔省通志》	《(光绪)蔚州志》	《(乾隆)蔚州志补》	《(乾隆)蔚县志》	《(顺治)蔚州志》	《(顺治)云中郡志》	《(崇祯)蔚州志》	《(嘉靖)宣府镇志》	《(正德)宣府镇志》	《(正德)大同府志》
涌泉庄乡	西任家堡	任段皮庄	任段皮庄		任段皮庄	任段皮庄堡					
	西任家庄										
	涧北	北厩土洞	北厩头洞	南北厩土洞二堡							撅头洞堡
	崔家寨	崔家寨	崔家寨	崔家寨		崔家寨堡	崔家寨堡	崔家寨堡			崔家寨堡
	高利寺	高利寺	高利寺		高利寺						
	阎家寨	阎家寨	阎家寨	闫家寨		闫家寨堡	阎家寨堡	阎家寨堡			
	麦子坡	麦子坡		麦子坡							
	汤庄子	汤庄子	汤家庄	汤家庄子							
	古今梁	古今梁									
	辛庄	辛庄村	辛庄瓦盆窑								
	西窑头										
	卜南堡	卜家庄	薄家庄南堡	卜家庄南堡		薄家庄堡	薄家庄东西二堡	薄家庄南北二堡			
	卜北堡		薄家庄北堡	卜家庄北堡							
代王城镇	代王城一村	代王城镇	代西堡	代王城西堡							
	代王城二村		代北堡	代王城北堡							
	代王城三村		代东堡	代王城东堡		代王城堡	代王城堡	代王城堡			
	代王城四村										
	代王城五村		代南堡	代王城南堡							
	张南堡	张南堡	张家南堡	东张家庄	东张家庄南堡						
	张中堡	张中堡	张家中堡		张家庄中堡	张家庄堡	张家庄堡	张家庄堡	张家	张家庄堡	
	张北堡	张北堡	张家北堡		张家庄北堡						

乡镇	村名	《(民国)察哈尔省通志》	《(光绪)蔚州志》	《(乾隆)蔚州志补》	《(乾隆)蔚县志》	《(顺治)蔚州志》	《(顺治)云中郡志》	《(崇祯)蔚州志》	《(嘉靖)宣府镇志》	《(正德)宣府镇志》	《(正德)大同府志》
代王城镇	南门子	南门子	南门子	南门子	南门子						
	北门子	北门子	北门子	北门子		北门子堡					
	马家寨	马家寨	马家寨	马家寨	马家寨堡	马家寨堡	马家寨堡	马家寨堡			
	城墙碾	城墙碾	城墙碾								
	大水门头	水门头	水门头	水门头		水门头堡	水门头堡	水门头堡	水头		
	小水门头				小水门头						
	四碾										
	水北一										
	水北二	水北村	水北堡	水北堡	水北堡	水北堡					水北堡
	水北三										
	大德庄	大德庄	大德庄		大德庄堡						
	赵家碾	赵家碾									
	新家庄	新家庄	辛家庄		辛家庄	辛家庄堡	辛家庄堡	辛家庄堡	辛家	辛家庄堡	
	东刘家庄	刘家庄	东刘家庄	东刘家庄		刘家庄堡	刘家庄堡	刘家庄堡			
	东李家碾	东李家碾	东李家碾	东李家碾							
	君子瞳	君子疃	君子疃	君子疃	君子疃	君子疃堡	君子疃堡	君子疃堡	君子	均子町堡	均子疃堡
	北洼										
	马西庄										
	史家碾										
	马家碾	马家碾	马家碾								
	富家堡	富家堡	富家堡								
	石家庄	石家庄	石家庄	石家庄	石家庄堡	石家庄堡	石家庄堡	石家庄堡			

乡镇	村名	《(民国)察哈尔省通志》	《(光绪)蔚州志》	《(乾隆)蔚州志补》	《(乾隆)蔚县志》	《(顺治)蔚州志》	《(顺治)云中郡志》	《(崇祯)蔚州志》	《(嘉靖)宣府镇志》	《(正德)宣府镇志》	《(正德)大同府志》
宋家庄堡	宋家庄	宋家庄	宋家庄	宋家庄		宋家庄堡	宋家庄堡	宋家庄堡	宋家	宋家庄	
	朱家庄	朱家庄	朱家庄	朱家庄		朱家庄堡	朱家庄堡	朱家庄堡			
	辛落塔	辛落塔	新落塔	辛落塔							
	小固城	兴旺庄	兴旺庄	兴旺庄			故城堡	故城堡			故城堡
	大固城	大同村	固城村	固城							
	西大云疃	大云疃	大云疃	大云疃		大云疃堡	大云疃堡	大云疃堡			
	上苏庄	上苏庄	上苏	上苏			上苏庄堡	上苏庄堡			
	郑家庄	郑家庄	郑家庄	郑家庄		郑家庄堡	郑家庄堡	郑家庄堡			
	高院墙堡	高院墙	高院墙	高院墙	高院墙	高院墙堡	高院墙堡	高院墙堡	高院墙	高院墙堡	
	高院墙庄										
	王良庄	王良庄	王良庄	王良庄		王良庄堡					王良庄堡
	石荒	石荒村	石黄村	石黄里		石黄村堡					
	邀渠	邀渠村	邀渠	邀渠里		腰渠	腰曲村堡	腰渠村堡			
	富胜堡	富胜堡	富胜堡								
	南方城	南方城	南方城	南方城	南方城						
	西李家硙	西李家硙	西李家硙								
	小洼	小洼村	小洼村	小洼		小洼村堡	小洼村南北二堡	小洼村二堡			
	崔家庄	崔家庄	崔家庄	崔家庄		崔家庄					
	吕家庄	吕家庄	南吕家庄	吕家庄	吕家庄	吕家庄堡	吕家庄堡	吕家庄堡	吕家	吕家庄堡	
	邢家庄		邢西家庄 邢家庄东堡	邢家庄	东邢家庄	邢家庄堡	邢家庄堡	邢家庄堡	邢家	邢家庄	

乡镇	村名	《（民国）察哈尔省通志》	《（光绪）蔚州志》	《（乾隆）蔚州志补》	《（乾隆）蔚县志》	《（顺治）蔚州志》	《（顺治）云中郡志》	《（崇祯）蔚州志》	《（嘉靖）宣府镇志》	《（正德）宣府镇志》	《（正德）大同府志》
宋家庄堡	南双涧	南双涧	南双涧	南双涧	南双涧	双涧儿堡					
	黑堡子	黑堡子	黑堡子	黑堡子		黑堡子堡		黑堡子堡			
	西柳林	西柳林	西柳林	西柳林二堡		西柳林堡	西柳林堡	西柳林堡			
	大深口	大深口	大探口	大小探口		打探口堡	大炭口堡	大炭口堡			大炭口堡
	小深口	小深口	小探口								
	北口	北口村	北口村	北口							北口寨
	水峪		水峪里								
	黄崖沟	黄崖沟	黄崖沟	黄崖沟	黄崖沟						
	王兰里	王兰里	王兰里	王兰里							
	龙宫	龙宫里	龙宫里	龙宫里							
	蛤蟆嘴	蛤蟆嘴	蛤蟆嘴	蛤蟆嘴							
	岔道	岔道村	岔道	岔道	岔道						
	明铺	明铺村	明铺里								
	北相府	北相府	东西厢府	相府里							
	南相府	南相府									
	小寺沟	小寺沟									
	大寺沟下庄	大寺沟	大小寺沟	大小寺儿沟							
	大寺沟上庄										
	西高庄子	西高庄子	西高家子								
	化圪塔	化圪塔	化圪塔	化圪塔							
	白水泉	白水泉	白水泉	白水泉							

乡镇	村名	《(民国)察哈尔省通志》	《(光绪)蔚州志》	《(乾隆)蔚州志补》	《(乾隆)蔚县志》	《(顺治)蔚州志》	《(顺治)云中郡志》	《(崇祯)蔚州志》	《(嘉靖)宣府镇志》	《(正德)宣府镇志》	《(正德)大同府志》
	伍沟上庄	五沟村									
	伍沟下庄										
	明窑沟	明窑沟		明窑沟							
	大宁	大宁村	大宁村	大宁村	大宁						
	对白沟										
	黑石岭	黑石岭	黑石岭								
	东滩										
	嗅水盆	臭水盆	臭水盆	泉水盆							
	杨大人沟										
	分水岭	风水岭									
	西水泉	西水泉	西水泉	西水泉							
宋家庄堡	永康北庄	永康庄	永康庄	陶王鼻子	陶王鼻子						
	永康南庄										
	尖山	尖山怀	尖山怀		尖山儿						
	长江										
	折腰峪	折腰峪	折腰峪	折腰峪							
	十字										
	西潮陶	西潮海	西潮海	西潮海	西潮海						
	东潮陶	东潮海	东潮海	东潮海	东潮海						
	井沟										
	银王寺										

乡镇	村名	《民国》察哈尔省通志	《光绪》蔚州志	《乾隆》蔚州志朴	《乾隆》蔚县志	《顺治》蔚州志	《顺治》云中郡志	《崇祯》蔚州志	《嘉靖》宣府镇志	《正德》宣府镇志	《正德》大同府志
暖泉镇	西太平庄	大平庄									
	西场庄	西场庄									
	西古堡	西古堡									
	中小堡	中小堡	暖泉东市 暖泉西市	暖泉			暖泉南北中三堡	暖泉三堡			暖泉堡
	北官堡	北辛庄									
	西辛庄	西辛庄									
	砂子坡	砂子坡									
	风水庄	风水庄									
	宏胜庄	福胜庄									
	辛孟庄	辛孟庄	辛孟庄	辛孟庄							
	郝家庄										
	千字	千字村	千字村	千字村		千字村堡					
	光明										
	趄坡	坦坡村	坦坡村	坦坡村		坦坡里堡					
	西下官庄	西下官庄	西下官庄	西下官庄		下官庄堡					
	东下官庄	东下官庄	东下官庄	东下官庄			下官庄堡	下官庄堡			
杨庄窠乡	杨庄窠	杨庄窠									
	南庄子	南庄子									
	青土坡	青土坡									
	容道庄	容道庄									
	尹家沟	尹家沟									

（续表）

乡镇	村名	《(民国)察哈尔省通志》	《(光绪)蔚州志》	《(乾隆)蔚州志补》	《(乾隆)蔚县志》	《(顺治)蔚州志》	《(顺治)云中郡志》	《(崇祯)蔚州志》	《(嘉靖)宣府镇志》	《(正德)宣府镇志》	《(正德)大同府志》
	北庄子	北庄子									
	小南庄										
	条子沟	条子沟									
	圣水泉	胜水泉			圣水泉				圣水泉		
	杜家山	杜家山									
	上水峪	上水峪	上下水峪								
	小岳家山	姚家山									
		甄家沟									
	黄沟	黄家沟		黄家沟							
杨庄窠乡	莲花山	莲花山	沙涧莲花山	沙涧并莲花山							
	下瓦窑	下瓦窑	上下瓦天子	下瓦窑子							
	上瓦窑	上瓦窑		上瓦窑子							
	黄崖	黄崖村	黄崖上	黄崖上							
	沙涧	沙涧村	沙涧莲花山	沙涧并莲花山			沙涧堡	沙涧堡			沙涧堡
	辛窑子	辛窑子		辛窑子							
	胡家庄	胡家庄	胡家庄	胡家庄		胡家庄					
	东坡寨	东破寨	东破寨	东破寨儿			破寨儿堡	破寨儿堡			破寨
	西坡寨	西破寨	西破寨								
	席家嘴	席家嘴	席家咀	席家嘴							
	小辛留	小辛留	小辛留	小辛留庄							
	白草窑	白草窑	白草窑	白草窑		白草窑堡	白草窑堡	白草窑堡			白草窑堡

乡镇	村名	《民国》察哈尔省通志	《光绪》蔚州志	《乾隆》蔚州志朴	《乾隆》蔚县志	《顺治》蔚州志	《顺治》云中郡志	《崇祯》蔚州志	《嘉靖》宣府镇志	《正德》宣府镇志	《正德》大同府志
	磁窑沟	磁窑沟	磁窑沟	磁窑沟							
	北王家梁	王家梁		王家梁							
	鱼家山	佘家山									
	高家洼	高家洼		高家洼							
	辛庄子	辛庄子									
	南德胜庄	南德胜庄	南德胜庄	南得胜庄		得胜庄堡					
	嘴子	嘴子里									
	寨里	宅里	宅里	宅里							
	北庄头	北庄头	北庄头	北庄头							
	北深涧										
	东深涧	大深涧	大小深涧	深涧二堡							深洞堡
	南深涧										
杨庄窠乡	北双涧	北双涧	双北涧		北双涧	双洞儿堡					
	西上平	西上平	上平油	上平油							
	东上平	东上平									
	李家庄	李家庄	李皮庄	李皮庄							
	古家疃	古家疃	古家疃	古家疃	古家疃	古家疃堡		古家疃堡	古家	古家町堡	
	北梁庄	北梁庄	北梁家庄		梁家庄	梁家庄堡	梁家庄堡	梁家庄堡	梁家	梁家庄堡	
	下平油	下平油	下平油	下平油		平由堡					

（续表）

乡镇	村名	《（民国）察哈尔省通志》	《（光绪）蔚州志》	《（乾隆）蔚州志补》	《（乾隆）蔚县志》	《（顺治）蔚州志》	《（顺治）云中郡志》	《（崇祯）蔚州志》	《（嘉靖）宣府镇志》	《（正德）宣府镇志》	《（正德）大同府志》
	新水峪										
	北杨家小庄	杨家小庄	北杨家小庄		北杨家小庄						
	南岭庄	南李邻庄	李邻庄	李邻庄			李邻庄堡	李邻庄堡			
	北岭庄	北李邻庄									
	新胜庄	北得胜庄	北德胜庄	北得胜庄		得胜庄堡					
	下水峪	下水峪	上下水峪		下水峪						
	东双塔	东双塔	东西双塔	东双塔		双塔堡	双塔堡	双塔堡		双塔堡	双塔堡
	西双塔	西双塔		西双塔							
	东蔡家庄								东蔡家	蔡家庄堡	
	中蔡家庄	小蔡家庄	小蔡家庄	小蔡家庄	小蔡家庄	蔡家庄堡	蔡家庄堡	蔡家庄堡			
	西蔡家庄								西蔡家		
	芦子洞	卢子洞	楼子洞	楼子洞							
	赵家峪	赵家峪									
南岭庄乡	西方城	西方城	班家方城	班家方城							
	东方城	东方城									
	甘庄子	甘庄子	甘庄子	甘庄子		甘庄子堡					
	添河洞	天河洞	添河洞		天河洞				天河洞		
	吴家浅	吴家浅	名洞堡	名洞堡							
	苟家浅	苟家浅	苟家庄	苟家庄子							
	李家浅	李家浅	下浅洞	下浅洞			浅洞堡	浅洞堡	浅洞	浅洞堡	
	小贯头	小贯头	小贯头		小贯头	贯头堡	贯头堡	贯头堡	贯头	贯头堡	

（续表）

乡镇	村名	《民国》察哈尔省通志	《光绪》蔚州志	《乾隆》蔚州志补	《乾隆》蔚县志	《顺治》蔚州志	《顺治》云中郡志	《崇祯》蔚州志	《嘉靖》宣府镇志	《正德》宣府镇志	《正德》大同府志
南岭庄乡	北石化	北石化	北石化		北石化						
	中石化	中石化	中石化		中石化	中石化堡					
	南石化	南石化	南石化		南石化	南石化堡					
西合营镇	西合营西庄	西合营东镇	西（合营）集								西合营堡
	西合营东关	西合营西镇	西合营	西合营			西河营上下二堡	西合营上下二堡			
	西合营红旗										
	西合营南场										
	西合营东庄										
	西合营小南关										
	北留庄	北留庄	北留庄	北留庄		北留庄堡					
	西合	西河村		西合							
	东四碾	四碾村									
	赵家湾	赵家湾	赵家湾	赵家湾子	西合岗						
	西合岗	西合岗	西合岗								
	莲花池	莲花池	莲花池	莲花池		莲花池堡			莲花池		
	下利台	下利台	下利台		上利台	利台堡	利台堡	利台堡	利台	利台堡	
	上利台	上利台	上利台		下利台						
	利台庄	利台庄									
	北洗冀	洗冀堡	洗冀南北堡	洗冀北堡			洗冀南北二堡	洗冀南北二堡			洗冀堡
	南洗冀			洗冀南堡							

乡镇	村名	《(民国)察哈尔省通志》	《(光绪)蔚州志》	《(乾隆)蔚州志补》	《(乾隆)蔚县志》	《(顺治)蔚州志》	《(顺治)云中郡志》	《崇祯蔚州志》	《嘉靖宣府镇志》	《(正德)宣府镇志》	《(正德)大同府志》
西合营镇	穆家庄下堡 穆家庄上堡	穆家庄	穆家庄	穆家庄		穆家庄下堡	穆家庄下堡	穆家庄下堡			木家庄堡
	东辛店	东辛店	东辛店		东辛店						
	广德	广德村	广德	广得堡			广德村堡	广德村堡	广德	广德堡	
	宋家小庄	宋家庄	宋家小庄		宋家小庄	宋家小庄堡					
	司家洼	司家洼	司家洼	司家洼		司家洼堡					
	西辛庄	西辛庄	西新庄		西辛庄		辛庄儿堡	辛庄儿堡	西辛		
	东辛庄	东辛庄	东新庄		东辛庄				东辛		
	柳子疃	柳子疃	柳子疃	柳子疃		柳子疃堡	柳子疃堡	柳子疃堡			柳子疃堡
	祁家皂	祁家皂	祁家皂		祁家皂	祁家皂堡	祁家皂堡	祁家皂堡	祁家	祁家皂堡	
	海子洼	海子洼	海子洼		海子洼	海子洼堡	海子洼堡	海子洼堡	海子洼	海子洼堡	
	古守营	古守营	古守营		古守营	古守营堡	张家皂堡	张家皂堡	张家		
	陈家湾	陈家湾	陈家湾		陈家湾						
	西上碾头	西上碾头	西上碾头	上碾头	西上碾头	上碾头堡	上碾头堡	上碾头堡	上碾头		
	羊圈堡	羊圈堡	羊圈堡		羊圈堡	羊圈堡	羊圈村堡	羊圈村堡	羊圈	羊圈堡	
	羊圈庄										
	南大坪	南大神	东大神		东大神	大神店堡	大胜店东西二堡	大胜店二堡	东大神店	大神店堡	
	西大坪	西大神	西大神		西大神	西大神店堡			西大神店		
	北大坪	北大神	北大神		北大神	大神店堡					
	任家庄	任家庄	任家庄		任家庄	任家庄堡	任家庄堡	任家庄堡	任家	任家庄堡	
	小枣堡	小枣堡	小枣堡		小枣堡	小枣堡	小枣村堡			小枣堡	

乡镇	村名	《(民国)察哈尔省通志》	《(光绪)蔚州志》	《(乾隆)蔚州志补》	《(乾隆)蔚县志》	《(顺治)蔚州志》	《(顺治)云中郡志》	《(崇祯)蔚州志》	《(嘉靖)宣府镇志》	《(正德)宣府镇志》	《(正德)大同府志》
西合营镇	横涧	横涧村	横涧堡	横涧堡	横涧堡	横涧堡	横涧堡	横涧堡	横涧	横涧堡	
	夏源	夏源堡	下元堡	下元堡	下元堡		夏源堡	夏源堡	夏源	夏源堡	
	三关	三关堡	三关堡	三关堡	三关堡				三关		
	苗家寨	苗家寨	苗家寨	苗家寨		苗家寨堡					
	南杨庄										
	高店	高店村	高店	高店堡	高店堡	高店堡	高店堡	高店堡	高店	高店堡	
	张家楼										
	西北江	西北江	西北江	北江堡		北江堡	北江堡	北江堡	西北江	北江堡	北江堡
	东北江	东北江	东北江		东北江堡				东北江		
	东大云疃	大云疃	大云疃	大云疃		大云疃堡	大云疃堡	大云疃堡			
	南梁庄	南梁庄	南梁庄								
南杨庄乡	北柳河口	柳河口	柳河口	柳河口		柳河口堡			柳河口		
	南柳河口										
	东寺梁										
	瓦舍子										
	尖疃	尖疃儿	尖疃儿	尖疃儿							
	进寺沟										
	牛大人庄	牛大人庄	牛大人庄		牛大人庄						
	麦子疃	麦子疃	麦子疃	麦子疃	麦子疃	麦子疃堡	麦子疃堡	麦子疃堡			麦子疃堡
	九宫口	九宫口	九宫口	九宫口	九宫口	九宫口堡	九宫口堡	九宫口堡			九空堡
	北湾										
	九辛庄										

（续表）

乡镇	村名	《民国》察哈尔省通志	《光绪》蔚州志	《乾隆》蔚州志补	《乾隆》蔚县志	《顺治》蔚州志	《顺治》云中郡志	《崇祯》蔚州志	《嘉靖》宣府镇志	《正德》宣府镇志	《正德》大同府志
	下宫										
	上宫										
	留家庄南堡										
	留家庄北堡										
	孟家庄	孟家庄	孟家庄	孟家庄		孟家庄堡					
	王家小庄	王家小庄	王家小庄	王家小庄							
	周家庄南堡	周家庄	周家庄	周家庄二堡			周家庄堡	周家庄堡			周家庄堡
	周家庄北堡										
	富家庄	富家庄	富家庄	富家庄							
	筛子绫罗	筛子绫罗	筛子绫罗	筛子绫罗							中绫罗堡
	北绫罗	北绫罗	北绫罗	北绫罗							
	李家绫罗	李家绫罗	李家绫罗	李家绫罗							
	南绫罗	圣井绫罗		盛京绫罗							
下宫村乡	浮图村	浮屠村	浮图村	浮图村		浮图村堡	浮头村堡	浮图村堡		浮头讲堡	
	南马庄	南马庄	南马庄	南马庄		南马庄堡					
	西杨家小庄	杨家小庄	西杨家小庄		西杨家小庄						
	苏宫堡	苏宫堡	苏家疃宫堡	苏家疃宫堡		苏家疃堡					北苏家疃堡
	苏贾堡	苏贾堡	苏家疃贾家堡	苏家疃贾家堡							南苏家疃堡
	苏田堡	苏田堡	苏田堡	苏家疃田家堡							
	苏部堡	苏部堡	苏部堡	苏家疃部家堡							
	张庄	张家庄	张家小庄								

（续表）

乡镇	村名	《民国》察哈尔省通志	《光绪》蔚州志	《乾隆》蔚州志补	《乾隆》蔚县志	《顺治》蔚州志	《顺治》云中郡志	《崇祯》蔚州志	《嘉靖》宣府镇志	《正德》宣府镇志	《正德》大同府志
	东庄头	东庄头	南庄头								
	西庄头	西庄头									
	蔡庄子	蔡庄头									
	新道坡	新道坡	新道坡								
	兴隆	兴隆里	兴隆里								
	七井寺	七井寺	七井寺	七井寺							
	麻黄头	麻黄头	麻黄头	麻黄头							
	东寨沟	东寨沟	东西寨沟	东西寨沟							
	下站	下站里	下站里	下站里							
下宫村乡	贾家坪	贾家坪	贾家坪	贾家平							
	西岭	卢家岭	卢家岭	卢家岭							
	东岭	屯家岭	屯家岭	屯驾岭							
	果庄子	果家庄	果家庄	果家庄子							
	小松洞	小松洞	小松洞	小松洞							
	中庄子	中庄子									
	马铺	马铺里	马铺里	马铺里							
	红土湾	红土湾									
	吴庄子	吴家庄	吴家庄子								
	陈庄子	陈家庄	陈家庄	陈家庄子							
	雷家坡	雷家坡	雷家坡	雷家坡							
	卢家寨	卢家寨	卢家寨	卢家寨							

（续表）

乡镇	村名	《(民国)察哈尔省通志》	《(光绪)蔚州志》	《(乾隆)蔚州志补》	《(乾隆)蔚县志》	《(顺治)蔚州志》	《(顺治)云中郡志》	《(崇祯)蔚州志》	《(嘉靖)宣府镇志》	《(正德)宣府镇志》	《(正德)大同府志》
下宫村乡	红角寺										
	龙神庙										
	歇心庵后洼	歇心庵	歇心庵	歇心庵							
	歇心庵前洼										
	旅篱洼		旅篱洼								
	西桥沟	东西桥沟									
	东桥沟										
	某子石	某子石	某子石								
	果石塘	果石塘	果家石堂	果家石堂							
南留庄镇	南留庄	南留庄	南留庄	南留庄		南留庄堡	南留庄堡	南留庄堡			南留庄堡
	史家堡	史家堡	坰里史堡	史家堡			坰里南北中三堡	坰里三堡			坰里堡
	张李堡	张李堡	张李堡	史家堡							
	洞房	洞房村	乾洞房	乾洞房		乾洞房堡					
	斩家峪	斩家峪									
	洞岔	洞岔	洞岔堡	洞岔堡							
	坰申申堡	坰申堡	坰里申申堡	坰里申心堡			坰里南北中三堡	坰里三堡			坰里堡
	坰郭堡	坰郭堡	坰里郭堡								
	东人烟寨	人烟寨	人烟寨	人烟寨		人烟寨堡					
	西人烟寨										
	孟家堡	孟家堡									
	田家庄	田庄	田家庄	田家庄							

乡镇	村名	《(民国)察哈尔省通志》	《(光绪)蔚州志》	《(乾隆)蔚州志补》	《(乾隆)蔚县志》	《(顺治)蔚州志》	《(顺治)云中郡志》	《(崇祯)蔚州志》	《(嘉靖)宣府镇志》	《(正德)宣府镇志》	《(正德)大同府志》
	曹疃	曹疃村	曹家疃	曹家疃		曹家疃堡					
	松树	松树村	松树村	松树村		松树村堡	松树村堡	松树村堡			
	渭嘴	渭嘴村	渭咀里	渭嘴里							
	拐里	拐里村									
	水东堡	涧子	水涧子	水涧子		水涧子堡	水涧子东中西三堡	水涧子东西三堡			
	水西堡										
	回回墓	回回木									
南留庄镇	单堠	单堠村	单堠村	单堠村	单堠村	单堠村堡					单后村堡
	杜杨庄	杜杨庄	杜阳庄	杜阳庄		杜羊庄堡	杜羊庄堡	杜羊庄堡			
	白河东	白河东	白家庄堡	白家庄东堡并寇家台子		白家庄堡	白家庄东西二堡	白家庄东西六堡			白家庄堡
	白南场	白南场		白家庄中堡并南场							
	白中堡	白中堡	白家中堡	白家庄中堡并南场							
	白后堡	白后堡	白家后堡	白家庄后堡							
	白南堡	白南堡	白家南宁堡	白家庄宁家堡并小南堡							
	白宁堡	白宁堡		白家庄宁家堡并小南堡							
	大饮马泉	大饮马泉	大饮马泉	大饮马泉		饮马泉		西饮马泉堡			
	小饮马泉	小饮马泉	小饮马泉	小饮马泉	小饮马泉			东饮马泉堡			

（续表）

乡镇	村名	《民国》察哈尔省通志	《光绪》蔚州志	《乾隆》蔚州志补	《乾隆》蔚县志	《顺治》蔚州志	《顺治》云中郡志	《崇祯》蔚州志	《嘉靖》宣府镇志	《正德》宣府镇志	《正德》大同府志
白草村乡	白草	白草村	白草村	白草村		白草村堡	白草村堡	白草村堡			
	大酒务头	大酒务头	大酒务头	大酒务头		酒务头堡	酒务头东西二堡	酒务头二堡			
	小酒务头	小酒务头	小酒务头	小酒务头							
	姚庄										
	西户庄	西户庄	西户庄	西户庄		西户庄堡					
	钟楼	钟楼村	钟楼村	钟楼村		钟楼村堡	钟楼村堡	钟楼堡			
	西细庄	西细庄	西细庄	西细庄		西西庄堡	西西庄堡	西西庄堡			
	前梁	前刘家梁									
	后梁	后刘家梁									
	韩家洼	韩家庑									
	王窑	王家窑									
	郭窑	郭家窑									
	西小羊圈	小羊圈	西小羊圈								
	五岔	五岔村	五岔村	五岔村		五岔山寨	五岔山寨	五岔山寨			五岔寨
	泉子洞	泉子洞	泉子洞	泉子洞							
	河洞渠										
	小嘴	小嘴村									
	白草庵										
	炮岭										
	娘子城										
	岳家窑										

乡镇	村名	《(民国)察哈尔省通志》	《(光绪)蔚州志》	《(乾隆)蔚州志补》	《(乾隆)蔚县志》	《(顺治)蔚州志》	《(顺治)云中郡志》	《(崇祯)蔚州志》	《(嘉靖)宣府镇志》	《(正德)宣府镇志》	《(正德)大同府志》
白草村乡	蔡家峪										
	西黄土梁	黄土梁									
	桦树沟	桦树沟									
	楼子湾	楼子湾	楼子湾								
	董庄子	董家庄									
	水峪	水峪村	水峪村	水峪里	水峪村	水峪堡					
	北辛庄	北辛庄	北辛庄								
	咸周	咸周村	咸州村	咸州村							咸州村堡
	韩家湾	韩家湾	韩家湾								
	狼窝	狼窝村	狼窝村		狼窝村						
	王家梁	王家梁	王家梁								
	小官	小关村	小关村		小关村	小关村堡	小关村堡	小关村堡二处		小关村堡	小关子村堡
	他会	他会里	他会里	塌会里							
	蒋家梁	蒋家梁									
	周家窑	周家窑	周家窑子								
	杨寨子	杨寨子									
	胡家庄子	胡家庄子									
	烟墩坡	烟墩坡									
	高庄子	高庄子									
	堆金沟										
	刘家窑	刘家窑									

乡镇	村名	《(民国)察哈尔省通志》	《(光绪)蔚州志》	《(乾隆)蔚州志补》	《(乾隆)蔚县志》	《(顺治)蔚州志》	《(顺治)云中郡志》	《(崇祯)蔚州志》	《(嘉靖)宣府镇志》	《(正德)宣府镇志》	《(正德)大同府志》
陈家洼乡	陈家洼	陈家岽	陈家洼		陈家岽						
	下水头	下水头	下水头	下水头	下水头						
	下元屯	下袁皂	下袁家灶		下元家皂	袁家皂堡	原家早堡	原家皂堡	袁家	原家皂塔	
	上元屯	上袁皂	上袁家灶		上元家皂						
	南水头	南上水头	水头	上水头							
	北水头	北上水头									
	许家营	许家营	许家营		许家营	许家营堡	许家营堡	许家营堡		许家营塔	
	双井山	双井山	双井山		双井山				双井		
	白庄子	白庄子									
	吕庄子	吕庄子									
	坐坡	坐坡	坐坡村								
	南山西岭	山西西岭	山西岭	山西岭						山西岭塔	
	北山西岭	北山西岭									
	邓家泉	邓家泉									
	大岳家山	大岳家山	岳家山								
	营子堡	营子堡	营子堡		营子堡						
	白马神	白马神	白马神	白马神	白马神	白马神堡					
	聂家洞	聂家洞	聂家洞		聂家洞						
	东小关	东小关	东小关	东小关							
	田家坡	田家坡	田家坡	田家坡							
	任家堡	任家堡	任家堡									

乡镇	村名	《民国》察哈尔省通志	《光绪》蔚州志	《乾隆》蔚州志补	《乾隆》蔚县志	《顺治》蔚州志	《顺治》云中郡志	《崇祯》蔚州志	《嘉靖》宣府镇志	《正德》宣府镇志	《正德》大同府志
陈家洼乡	王家嘴	王家嘴	王家明		王家嘴						
	李家楼	李家楼	李家楼		李家楼						
	曲家庄	曲家庄	曲家方庄	曲家方庄	曲家方庄						
黄梅乡	黄梅	黄梅寺	黄梅寺		黄梅寺	黄梅寺堡	黄梅寺堡	黄梅寺堡	黄梅	黄梅寺堡	
	常胜疃	常胜疃	常胜疃		常胜疃	常胜疃堡	长胜疃堡	常胜疃堡	长神	长神町堡	
	安定县	安定县	安定县		安定县				安定		
	西洼	西洼里	西洼里		西岔里						
	东吕家庄	吕家庄	东吕家庄								
	木井	木井堡	木井堡	木井村	木井堡	木井堡			木井		
	木井庄	木井庄	木井庄								
	榆涧	榆涧堡	榆涧堡		榆涧堡	榆涧堡	榆涧堡	榆涧寨堡	榆涧	榆涧砦	
	黑垴	黑垴里	黑垴里		黑垴里				黑垴		
	栢木瓜	栢木瓜	栢木瓜		栢木岔	栢木瓜堡					
	赵家寨	赵家寨	赵家寨		赵家寨	赵家寨堡					
	康庄	下康庄	北康家庄下堡		北康家庄	康家庄堡	康家庄堡	康家堡	康家	康家庄堡	
	上康庄	上康庄	北康家庄上堡								
	烟墩庄	烟墩庄	烟墩庄		烟墩庄					烟墩庄堡	
	柳家泉	柳家泉									
	李家梁	李家梁	李家梁								
	小枣碾	小枣碾	小枣碾		小枣碾						

乡镇	村名	《(民国)察哈尔省通志》	《(光绪)蔚州志》	《(乾隆)蔚州志补》	《(乾隆)蔚县志》	《(顺治)蔚州志》	《(顺治)云中郡志》	《(崇祯)蔚州志》	《(嘉靖)宣府镇志》	《(正德)宣府镇志》	《(正德)大同府志》
吉家庄镇	吉家庄一										
	吉家庄二										
	吉家庄三	北吉家庄镇	南吉家庄		南吉家庄	吉家庄堡	吉家庄南	吉家庄三堡	北吉家		
	吉家庄四	南吉家庄	北吉家集		北吉家庄		北东三堡		南吉家		
	堡里头										
	二庄子										
	大庄子										
	东上碾头	东上碾头	东上碾头	上碾头	东上碾头	上碾头堡	上碾头堡	上碾头堡	上碾头		
	李家碾	李家碾									
	沈家庄	沈家庄	沈家庄		沈家庄						
	杨家小庄	杨家小庄			东杨家小庄						
	西太平	西太平	西太平	太平村	西太平	太平堡					
	东太平	东太平	东太平		东太平		太平堡	太平村四堡	太平	太平堡	
	宗家太平	宗家太平	宗家太平		宗家太平	宗家太平堡					
	长巷太平	长巷太平				太平堡					
	红桥	红桥堡	红桥儿		红桥儿	红桥儿堡	红桥儿堡	红桥儿堡	红桥	红桥儿堡	
	东水泉	东水泉	东水泉		东水泉	东水泉儿堡			东水泉		
	前上营	前上营	前上营		前上营儿	上营儿堡					
	后上营	后上营	后上营		后上营儿						
	上营庄	上营庄									
	永安疃	永安疃	永安疃			永安疃堡					

乡镇	村名	《(民国)察哈尔省通志》	《(光绪)蔚州志》	《(乾隆)蔚州志补》	《(乾隆)蔚县志》	《(顺治)蔚州志》	《(顺治)云中郡志》	《(崇祯)蔚州志》	《(嘉靖)宣府镇志》	《(正德)宣府镇志》	《(正德)大同府志》
吉家庄镇	织锦疃	织锦疃	织锦疃		织金疃		织金疃堡	织金疃堡	织金	织金町堡	
	傅家庄	傅家庄	付家庄		傅家庄	付家庄堡			傅家		
	大蔡庄	大蔡庄	大蔡家庄		蔡家庄	蔡家庄堡	蔡家庄东西二堡	蔡家庄二堡		蔡家庄堡	
	石垛	石垛里	石垛里		石垛堡	石垛堡	石垛里里堡	石垛里堡	石垛	石垛里堡	
	石垛寨										
	小辛柳	小辛柳	小辛柳		小新柳庄	辛柳庄堡	辛柳庄东中西三堡		东辛留、西辛留、中辛留	东辛留堡 中辛留庄堡	
	大辛柳	大辛柳	大辛柳		辛柳庄						
	祁家庄	祁家庄	祁家庄			祁家庄堡					
	靳家庄	靳家庄									
	大张庄	大张庄	大张家庄		张家庄	张家庄堡					
	八里庄	八里庄									
	翟庄子	翟庄子									
	西贤孝	贤孝村	贤孝村		贤孝村						
	东贤孝										
	下油洞	下油洞									
	王庄子	王庄子									
	沙岭子	沙岭子									
	前李家庄	李家庄									
	彭庄子	彭家庄									
	尹家坡	尹家坡									

（续表）

乡镇	村名	《(民国)察哈尔省通志》	《(光绪)蔚州志》	《(乾隆)蔚州志补》	《(乾隆)蔚县志》	《(顺治)蔚州志》	《(顺治)云中郡志》	《(崇祯)蔚州志》	《(嘉靖)宣府镇志》	《(正德)宣府镇志》	《(正德)大同府志》
吉家庄镇	韩庄子	韩庄子									
	高家烟	高家烟									
	曹家沟	曹家沟									
	后李家庄	后李家庄									
	西短嘴	西短嘴									
	虎龙沟	龙虎沟									
	汗油房	汗油房									
	石窑水										
	宋家岩										
	史家湾										
	东韩家洼	韩家洼									
桃花镇	桃花一	桃花堡镇	桃花堡镇		桃花堡		桃花村堡	桃花堡	桃花	桃花堡	
	桃花二										
	桃花三										
	桃花四										
	桃花五										
	桃花六										
	桃花七										
	桃花八										
	桃花九										
	七百户	七百户	七百户		七百户	七百户堡	七百户堡	七百户堡	七百户	七百户堡	

（续表）

乡镇	村名	《(民国)察哈尔省通志》	《(光绪)蔚州志》	《(乾隆)蔚州志补》	《(乾隆)蔚县志》	《(顺治)蔚州志》	《(顺治)云中郡志》	《(崇祯)蔚州志》	《(嘉靖)宣府镇志》	《(正德)宣府镇志》	《(正德)大同府志》
	杨家庄	杨家庄			杨家庄	杨家庄堡 杨家庄堡	杨家庄堡	杨家庄堡 杨家庄堡	杨家	杨家庄砦	杨家庄堡
	岔涧	岔涧堡	岔涧堡		岔涧堡		岔涧堡	岔涧堡	岔涧	岔涧砦	
	榆林沟	榆林沟									
	朱家湾	朱家湾									
	水沟门	水沟门									
	水泉庄	水泉庄									
	窑儿沟	窑儿沟									
	红崖湾	红崖湾									
	武家嘴	武家嘴									
桃花镇	南梁										
	西寺儿沟	西寺儿沟									
	东寺二沟	东寺二沟									
	马庄子	马庄子	马庄								
	后湾里	后湾里									
	黑山槐	黑山槐									
	寺梁										
	吴家庄	吴家庄									
	枪杆岭	枪杆岭									
	田庄	田家庄									
	吴上庄										
	鸦洞	鸦洞堡	鸦洞堡		鸦洞堡	鸦儿洞堡	鸦儿洞堡	鸦儿洞堡	鸦儿洞	鸦儿洞堡	

乡镇	村名	《（民国）察哈尔省通志》	《（光绪）蔚州志》	《（乾隆）蔚州志补》	《（乾隆）蔚县志》	《（顺治）蔚州志》	《（顺治）云中郡志》	《（崇祯）蔚州志》	《（嘉靖）宣府镇志》	《（正德）宣府镇志》	《（正德）大同府志》
桃花镇	太宁寺	太宁寺	太宁寺		太宁寺	太宁寺堡			太宁	太宁寺堡	
	南董家庄	南董家庄	南董家庄	董家庄		董家庄堡	董家庄堡	董家庄堡	董家	董家庄堡	
	中董家庄	中董家庄	中董家庄		中董家庄						
	北董家庄	北董家庄	北董家庄		北董家庄						
	佘家堡	佘家堡	佘家堡		佘家堡	佘家堡					
	陶家堡	陶家堡	陶家堡		陶家堡						
	小羊圈	小羊圈	小羊圈		小羊圈						
	马官营	马官营	马官营								
	东辛安皂	东辛安皂	东辛安皂		辛安皂东堡	辛安皂堡	辛安皂堡	辛安皂堡	辛安	辛安皂堡	
	西辛安皂	西辛安皂	西辛安皂		辛安皂西堡						
	鲁家庄	鲁家庄	鲁家庄								
	谢家庙	谢家庙	谢家庙		谢家庙						
	龚家嘴	龚家沟									
	张家梁	张家梁									
	白家洼	白家洼									
	扯业辛庄	扯业辛庄	扯业新庄								
常宁乡	赤崖堡	赤崖堡	赤崖堡	赤崖堡	赤崖堡	赤崖堡			赤崖		
	常宁西堡	常宁镇	常宁西堡		常宁西堡						
	常宁沙河										
	常宁司街		常宁东堡		常宁东堡	常宁堡	长宁寨	常宁寨堡	长宁	长宁营	长宁堡
	常宁东沟										
	常宁小庄	常宁小庄	常宁小庄		常宁小庄						

乡镇	村名	《民国》察哈尔省通志	《光绪》蔚州志	《乾隆》蔚州志补	《乾隆》蔚县志	《顺治》蔚州志	《顺治》云中郡志	《崇祯》蔚州志	《嘉靖》宣府镇志	《正德》宣府镇志	《正德》大同府志
	常西庄										
常宁乡	东宁远店	东宁远店	东宁远店		东宁远店	明远店堡	明远店堡	明远店堡	明远店	明远店堡	
	东宋家庄	宋家庄									
	西金河口	西金河口	西金河口	西金河口		金河口堡			金河口		
	东金河口	东金河口	东金河口		东金河口	东金河口堡					
	黄土梁	黄土梁	黄土梁		黄土梁						
	安庄	安家庄	安家庄		安家庄	安家庄堡					
	塔头	塔头村	塔头村		塔头村						
	上寺	上寺村	上寺村		上寺村	上寺里堡			上寺		
	范家堡	范家堡									
	庄篡堡	庄篡堡	庄篡堡		庄篡堡	庄篡堡			庄篡		
	西店	西宁远店	西宁远店		西宁远店	明远店堡	明远店堡	明远店堡	明远店	明远店堡	
白乐镇	白乐一										
	白乐二										
	白乐三	白乐镇	白乐站镇	白乐堡	白乐五堡 白乐站	白乐堡	白乐堡	白乐村七堡 四巷	白乐	白乐堡	
	白乐四										
	白乐五										
	天照疃南堡	天照疃	天照疃	天照疃		天照疃堡					
	沙河北										
	沙河南										
	天照疃北堡	天照疃	天照疃	天照疃		天照疃堡					

乡镇	村名	《(民国)察哈尔省通志》	《(光绪)蔚州志》	《(乾隆)蔚州志补》	《(乾隆)蔚县志》	《(顺治)蔚州志》	《(顺治)云中郡志》	《(崇祯)蔚州志》	《(嘉靖)宣府镇志》	《(正德)宣府镇志》	《(正德)大同府志》
白乐镇	北柳枝水	北柳子水	大柳子水	大柳子水	—	柳子水堡					
	南柳枝水	柳子水									
	满井	满井村	满井	满井儿	满井儿						
	东樊庄	东樊庄	东樊庄	东樊家庄	东樊家庄						
	尹家皂	尹家皂	尹家灶		尹家屯	尹家皂堡	尹家皂堡	尹家皂堡	尹家	君家屯堡	
	三河碾	三河碾									
	统军庄	统军庄	统军庄		统军庄	统军庄堡					
	会子里	会子里	会子里		会子里	会子堡					
	东高庄	东高庄	东高家庄		高家庄		高家庄堡	高家庄堡二处	高家	高家庄堡	高家庄堡
	马军庄	马军庄									
	前堡	前千胜疃	前千胜疃	千胜疃	前干胜疃	千数疃堡	千胜疃堡	千胜疃堡	千胜	干胜町堡	
	后堡	后千胜疃	后千胜疃		后干胜疃						
	方碾	龙泉碾	龙泉碾		龙泉碾						
	黎元小庄	梨元小庄									
	黎元下堡	梨元下堡									
	章家峪	张家峪									
柏树乡	柏树	柏树村	柏树村	栢树村		柏树村堡					
	西高庄	西高庄村	西高家庄	西高家庄	西高家庄子						
	王家庄	王家庄	王家庄子	王家庄		王家庄堡	王家庄堡	王家庄堡			王家庄堡
	庄窠										
	永宁寨	永宁寨	永宁寨	永宁寨		永宁寨堡			永宁		

乡镇	村名	《(民国)察哈尔省通志》	《(光绪)蔚州志》	《(乾隆)蔚州志补》	《(乾隆)蔚县志》	《(顺治)蔚州志》	《(顺治)云中郡志》	《(崇祯)蔚州志》	《(嘉靖)宣府镇志》	《(正德)宣府镇志》	《(正德)大同府志》
	李家堡										
	崔头寺	崖头寺									
	侯家庄		侯家庄								
	马头山	马头山	马头山	马头山							
	马驼	马驼里									
	苇子水	苇子水	苇子水	苇子水							
	东花岭	东华岭	东花岭	东花岭							
	南台子	南台子	南台子								
	达沟梁	靴连沟	搭连沟	搭连沟							
	聚财梁	聚财梁									
柏树乡	德纳寺	德纳寺	德纳寺	得纳寺							
	茨莉沟	茨梨沟	茨梨沟	茨梨沟							
	松树岭	光葫芦山	光葫芦山	光葫芦山							
	南康庄	南康庄	南康庄								
	松枝口	松子口	松子口	松子口		松子口堡		松子口堡			
	山门庄	山门庄	山门庄		山门庄						
	西黎元庄	西黎元庄	西黎元庄	西黎元堡	西黎元庄						
	东黎元庄	东黎元庄	东黎元庄		东黎元庄	黎元庄堡					
	桦榆坡	桦榆沟									
	白石口	白石口									
	卧羊台	卧羊台	卧羊台								

乡镇	村名	《(民国)察哈尔省通志》	《(光绪)蔚州志》	《(乾隆)蔚州志补》	《(乾隆)蔚县志》	《(顺治)蔚州志》	《(顺治)云中郡志》	《(崇祯)蔚州志》	《(嘉靖)宣府镇志》	《(正德)宣府镇志》	《(正德)大同府志》
柏树乡	东任家庄	任家庄	任家庄儿								
	张家峪	南张家峪	张家峪子		张家峪子						
	车厂	东厂	东厂里	东厂里							
	上辉川										
	辉川（下辉川）										
	下蛮子沟	蛮子沟	蛮子沟	蛮子沟							
	上蛮子沟										
	观上	观上寺									
	郑家庄子	郑家庄	郑家庄子	郑家庄子							
	峪洞	峪洞村									
	岭南										
	榆皮	榆皮村		榆皮里							
	洋河滩	羊河滩									
	八岭子	八岭子									
	东富家庄										
草沟堡乡	草沟堡	草沟堡	草沟堡	草沟堡							
	邢山	邢山村	邢山儿	邢山儿							
	大花峪										
	盘道南头	盘道南	盘道南头	盘道南头							
	乱寨	乱宅里	乱宅里	乱宅里	乱宅里						
	湾嘴										

乡镇	村名	《(民国)察哈尔省通志》	《(光绪)蔚州志》	《(乾隆)蔚州志补》	《(乾隆)蔚县志》	《(顺治)蔚州志》	《(顺治)云中郡志》	《(崇祯)蔚州志》	《(嘉靖)宣府镇志》	《(正德)宣府镇志》	《(正德)大同府志》
	丁羊峪										
	下丁羊峪										
	张马梁	张马梁	张罗梁	张罗梁							
	常家嘴子	常家嘴	常家嘴子	常家嘴							
	仁山	任山村	任山	任山	任山						
	海子	海子里	海子里	海子里	海子里						
	东杏河	东杏河	东杏河	东西杏河	东西杏河						
	任泉										
草沟堡乡	罗堂子	罗圈里	纲圈里								
	北沟	北贾皮沟	贾皮沟		贾皮沟						
	岳观	岳观里	岳关里	岳观里							
	麻田岭	麻天岭	麻天岭	麻天岭	麻田岭						
	南沟	南贾皮沟	贾皮沟	南贾皮沟	贾皮沟						
	鲁家庄子	鲁家庄子	鲁家庄子	鲁家庄子							
	李家嘴	李家嘴	李家嘴	李家嘴	李家嘴						
	白家庄子	白家庄子	白家庄子	白家庄子							
	东高家庄子	东高家庄子		高家庄子	东高家庄子						
	下庄子				下庄子						
	西邢岭	西邢岭	西邢岭	西邢岭儿	西邢岭						
	王家庄子	王家庄子	王家庄	王家庄子							
	南黄庵										

(续表)

乡镇	村名	《（民国）察哈尔省通志》	《（光绪）蔚州志》	《（乾隆）蔚州志补》	《（乾隆）蔚县志》	《（顺治）蔚州志》	《（顺治）云中郡志》	《（崇祯）蔚州志》	《（嘉靖）宣府镇志》	《（正德）宣府镇志》	《（正德）大同府志》
	北黄庵										
	干沟	干干沟	干干沟	下干沟							
	麻地沟	麻地沟	麻地沟								
	上麻地沟										
	泥沟										
	西草沟	西草沟	西草沟	西草沟							
	樊庄子	樊家庄子	樊家庄子	樊家庄子	樊家庄子						
	陶家小庄										
	包门子										
草沟堡乡	甄家湾	甄家湾	甄家湾子	甄家湾子							
	曹庄子	曹家庄	曹家庄	曹家庄子	曹家庄子						
	邓草沟	凳槽沟	橙槽沟	橙槽沟	橙槽沟						
	抢风崖	抢风崖	抢风崖	抢风崖	抢风崖						
	大木厂										
	王菩洞	王菩洞	王菩洞	王菩洞	王菩洞						
	东店										
	上里罗	上里沟	上里罗		上里罗						
	下里罗	下里沟	下里罗		下里罗						
	南水泉	南水岭			东水泉						
	饮牛渠										
	马杓庵										

乡镇	村名	《民国》察哈尔省通志	《光绪》蔚州志	《乾隆》蔚州志补	《乾隆》蔚县志	《顺治》蔚州志	《顺治》云中郡志	《崇祯》蔚州志	《嘉靖》宣府镇志	《正德》宣府镇志	《正德》大同府志
	大台子	大台村	大台子	大台子							
	石门	石门儿	石门儿	石门儿							
	北岭										
	桥峪	桥儿峪	桥儿峪	桥儿峪							
	板厂下庄	板厂里	板章里	板章里							
	板厂上庄										
	牛道峪	下牛道峪		牛道峪							
	昔箔	昔箔里	木宿里	斜崖并昔箔							
	双峪	双峪村	双峪儿	双峪儿							
	苇子坑	苇子坑	苇子坑	苇子坑							
	行岭	东邢岭	东邢岭	东邢峰儿	东邢岭						
	君子铺	君子铺									
	张家店		张家店	张家店	张家店						
草沟堡乡	后堡子										
	岳庄										
	东坡										
	北骆驼庵	北骆驼庵	骆驼庵								
	南骆驼庵	南骆驼庵			南骆驼庵						
	沙沟	沙沟里	沙沟里	沙沟里							
	东庄子	东庄子	东庄子	东庄子	东庄子						
	曹子水	漕子水	漕子水	曹子水	曹家嘴子						

乡镇	村名	《民国》察哈尔省通志	《光绪》蔚州志	《乾隆》蔚州志补	《乾隆》蔚县志	《顺治》蔚州志	《顺治》云中郡志	《崇祯》蔚州志	《嘉靖》宣府镇志	《正德》宣府镇志	《正德》大同府志
草沟堡乡	东椽台	椽台子	椽台上	椽台上							
	阁上	关儿上	阁儿上	阁儿上							
	茶山	茶药山									
	青崖子	青崖里	青崖子	青崖子	青崖里						
	官桥梁										
	永胜庄	盆儿沟		八岔沟							
	孟家岭										
北水泉镇	北水泉	北水泉村	北水泉集		北水泉	北水泉儿堡		北水泉儿堡	北水泉		
	向阳站	鸳鸯站	鸳鸯站		鸳鸯站				鸳鸯站		
	城墙	城墙村	城墙儿		城墙儿						
	铺路	铺楼村									
	东窑子头	东窑子头	东窑子头		东窑子头	窑子头堡			东窑子头		
	西窑子头	西窑子头			西窑子头				西窑子头及大北犁辕		
	杨庄		柏山杨家庄	杨家庄南堡 杨家庄北堡			杨家庄堡				
	醋柳沟	醋柳沟									
	罗家堡	罗家堡									
	苗家堡	苗家堡									
	南柏山	南柏山	南柏山	柏山村	南柏山		柏山堡	柏山堡	柏山	柏山堡	
	北柏山	北柏山	北柏山		北柏山	柏山北堡	柏山堡				

（续表）

乡镇	村名	《民国》察哈尔省通志	《光绪》蔚州志	《乾隆》蔚州志补	《乾隆》蔚县志	《顺治》蔚州志	《顺治》云中郡志	《崇祯》蔚州志	《嘉靖》宣府镇志	《正德》宣府镇志	《正德》大同府志
北水泉镇	龙池沟	龙池沟									
	北王庄子	王庄子									
	墁坡	墁坡里									
	摩天岭										
	彭家洼	彭家洼									
	红沙坡										
	东沙沟	东沙沟									
	大石头梁	大石头梁									
	赵家嘴	赵家嘴									
	广少寺	广少寺									
	杜庄子										
	南井头	南井头									
	夹道沟	夹道沟	夹道沟		夹道沟						
	红谷嘴	红谷嘴									
	细弦子	细弦子	细弦子		细弦子						
	旦岭子	旦岭村									
	北马圈	北马圈									
	上马圈	南马圈									

附录三　蔚县村名相关问题

我们把《蔚县村名沿革表》中的地名和1984年2月由蔚县地名办公室整理出版的《蔚县地名资料汇编》（以下简称《汇编》）中收录的地名做了对比，将《汇编》中没有收录的村庄列出。如表：

乡　镇	村　名
涌泉村	老寨
	西北堡
杨庄窠乡	青土坡
	窑道庄
	尹家沟
	小南庄
	磁窑沟
南岭庄乡	下水岭
南杨庄乡	北湾
下宫村乡	龙神庙
阳眷镇	南石湖
	谷地
	东洼
	黄崖湾
	小林岩
	东师家窑
	西师家窑
	白塔
	小黑疙瘩
	西香沟

乡　镇	村　名
阳眷镇	泉子沟
	西洗马沟
	东洗马沟
白草村乡	姚庄
	前梁
	后梁
	韩家洼
	王窑
	小嘴
	白草庵
	炮岭
	岳家窑
	西黄土梁
	董庄子
	小庄
	周家窑
	杨寨子
	胡家庄
	堆金沟
	刘家窑
陈家洼乡	邓家泉
吉家庄镇	堡里头
	堡里头后堡
	二庄子
白乐镇	沙河北
	沙河南
	北堡
柏村乡	西高庄小东庄
北水泉镇	铺路
	彭家洼

上表中所列村庄地名均见于该书所附《蔚县标准地名图》，但在文字部分具体列举每个村庄的现状和沿革时却没有具体说明，经过统计我们发现，这些村名有的是无大队驻地的自然村，有的是有大队驻地的行政村，但是以前者居多。鉴于此，我们推测没有收录的

原因是因为自然村面积较小、居民较少、农业发展水平较落后等综合因素所致。

在整理《蔚县村名沿革表》时,我们发现有关蔚县村庄的文献记载,绝大部分能与现今蔚县所属村庄对应,只有少部分村庄无法对应,分析其原因主要是:1.地名更换,诸方志中的村庄地名在1949年后废止并改作他名;2.村庄废弃,由于战乱、天灾、村庄合并,致使一些村庄无人居住,故现今在统计村庄地名时忽略掉;3.行政区变化,诸方志中的蔚县范围与当今蔚县行政区划分多有不同,有些原属明清、民国时蔚县的村庄现如今归并到其他相邻的县,如阳原、逐鹿、涞源、涞水等县,故今人在统计村庄地名时,不列入统计范围。现将无法核对的村庄地名列表如下:

书名	区域/章节	村 名	备注/现地名
《(民国)察哈尔省通志》	第一区	火石涧	无
		许家窑	无
		李家园	无
		南坑里	无
		上寺里	无
		黄花掌	无
		对臼沟	无
	第二区	暖泉镇	只有镇名,镇分数村,无村名
		永泉庄	无
		东中堡	无
		东崖头	现属山西广灵县(东崖头)
		西崖头	现属山西广灵县(西崖头)
		西宜兴	现属山西广灵县(宜兴庄)
		东宜兴	现属山西广灵县(东宜兴)
		集兴疃	现属山西广灵县(集兴疃)
		尚疃村	无
		作疃村	现属山西广灵县(作疃)
		将官庄	现属山西广灵县(蒋官庄)
		唐山口	现属山西广灵县(唐山口)
		苏庄子	无
		北沟子	无
		西井林	现属山西广灵县(井林)
		西刘家庄	无
		登场堡	现属山西广灵县(登场堡)

书名	区域/章节	村　名	备注/现地名
《(民国)察哈尔省通志》	第二区	小峪村	无
		杜家庄	无
		寺上村	无
		三星庄	无
		瓦罐窊	无
		西寨沟	无
	第三区	南水峪	无
		杨家庄	无
		榆林关	现属河北阳原县(榆林关)
		武家庄	无
		赵家庄	无
		贾家庄	无
		王家窊	现属河北阳原县(王家洼)
		墁坡村	无
	第四区	张家小庄	无
		三关河	无
	第五区	东密子头	无
		罗庄子	现属河北阳原县(罗庄子)
		张家沟	无
		王家嘴	无
	第六区	马庄子	无
		刘家庄	无
		暴庄子	现属河北宣化县(保庄子)
		张家山	无
		东短嘴	无
		韩林庄	无
	第七区	任家堡	无
		刘家巷	无
		龙降庄	无
		三里棚	现属河北逐鹿县(三里棚)
		陈家台	现属河北逐鹿县(陈家台)
		水上村	无
		岔道河	现属河北逐鹿县(岔道河)
		烟墨窑	无

书名	区域/章节	村　名	备注/现地名
《（民国）察哈尔省通志》	第七区	瓦子盆	现属河北逐鹿县（瓦子蓬）
		南金石片	现属河北逐鹿县（南金石片）
		南卧羊台	无
		天津沟	现属河北逐鹿县（天津沟）
		沙滩村	无
		齐中里	现属河北省涞水县（其中）
		三里棚口	无
		杨家湖河	无
		黑湖村	无
		下安村	无
		木伏里	现属河北逐鹿县（木府）
		烟口子	现属河北涞水县（烟口子）
		黑石塘	现属河北涿鹿县（黑石塘）
		蓝家河	无
		谢河里	无
		口前村	无
		灰串儿	无
		石片儿	现属河北涞源县（石片）
		包珠户	无
		连家坡	无
		张严梁	无
		张家口	无
		羊家胡	现属河北逐鹿县（羊家胡）
		长连沟	无
		寺摊子	无
		王寺庄	无
	第八区	后河乡	无
		流水沟	无
		上貂蝉	现属河北逐鹿县（上刁蝉）
		南□村	无
		下貂蝉	无
		米家庄	无
		杨家庄	无

书名	区域/章节	村　名	备注/现地名
《（光绪）蔚州志》	东路自东关至桃花堡保安州界，共一百七十四个村庄	三关河	从地图上看位于三关堡和天照疃之间，故应属合并或消失
		白乐任家堡	从地图上看位于白乐和东西梨园庄之间，故应属合并或消失
		白乐刘家堡	
		北宁远店	从地图上看位于东西宁远店之间，故应属合并或消失
		灰串儿	无
		石片儿	现属河北涞源县（石片）
		井头罗家庄	现属河北阳原县（罗庄子）
		流水沟	无
		貂蝉堡	现属河北逐鹿县（上刁蝉）
		谢河里	无
		三里棚	现属河北逐鹿县（三里棚）
		瓦子棚	现属河北逐鹿县（瓦子蓬）
		陈家台	现属河北逐鹿县（陈家台）
		天津沟	现属河北逐鹿县（天津沟）
		齐中里	现属河北省涞水县（其中）
		九厂里	现属河北逐鹿县（九厂）
	西路自西关至唐山口山西广灵县界共七十个村庄	杜家庄	现属山西广灵县（杜家庄）
		东崖头	现属山西广灵县（东崖头）
		西崖头	现属山西广灵县（西崖头）
		登场堡	现属山西广灵县（登场堡）
		翟家疃	翟疃
		东宜兴	现属山西广灵县（东宜兴）
		西宜兴	现属山西广灵县（西宜兴）
		将官庄	现属山西广灵县（将官庄）
		尚家疃	无
		作疃	现属山西广灵县（作疃）
		唐山口	现属山西广灵县（唐山口）
	南路自南关至黑石岭广昌县界共一百五十三个村庄	李家园	无
		西刘家庄	无
		柳家碾	无
		墁坡庄	无
		杨家庄	无

书名	区域/章节	村名	备注/现地名
《（光绪）蔚州志》	南路自南关至黑石岭广昌县界共一百五十三个村庄	虾幕咀	无
		明窑沟	无
		平台里	无
		五沟里	无
		西井林	现属山西广灵县（井林）
		材林儿	无
		兑旧沟	无
		南坑里	无
	北路自邸家庄至榆林关西宁县界共八十九个村庄	杜岳山	无
		王家洼	现属河北阳原县（王家洼）
		武家庄子	无
		员家夭子	无
		赵家沟子	无
		榆林关	现属河北阳原县（榆林关）
《（乾隆）蔚州志补》	东路自大泉坡至太平村蔚县界共一百二十六个村庄	李家园	无
		常家村	无
		梁家庄子	无
		漫坡庄	无
		吉家辛庄儿	无
		并谈家庄儿	无
		石梁里	无
		杨家湖	现属河北逐鹿县（杨家湖）
		石片儿	现属河北逐鹿县（石片）
		灰串儿	无
		金狮片儿	现属河北逐鹿县（南金石片）
		天津沟	现属河北逐鹿县（天津沟）
		木伏里	现属河北逐鹿县（木府）
		祁中里	现属河北省涞水县（其中）
		瓦子棚	现属河北逐鹿县（瓦子蓬）
		三里棚	现属河北逐鹿县（三里棚）
		杨树林儿	无
		黑沟儿里	无

书名	区域/章节	村 名	备注/现地名
《（乾隆）蔚州志补》	东路自大泉坡至太平村蔚县界共一百二十六个村庄	陈家台	现属河北逐鹿县（陈家台）
		隆降庄子	无
		化家旮旯	无
		杓头沟	无
		捉麻里	无
		温家嘴	无
		杨家峪	无
		谢家里	无
		丁家峪	无
		西崖沟	无
		小梁涧并韩家沟	无
		任芽山	无
		大河峪	无
		材林儿	无
		南林里	无
		旧磁沟	无
		黄宸梁	无
		南水峪	无
	南路自张家庄至大宁村广昌县界共一百一十一个村庄	张家庄	无
		新兴铺	无
		柳家碾	无
		玉泉□	无
		西坑里	无
		骆驼井	无
		张家小庄	无
		十八堂	蔚县无此地，无此村
		□地沟	无
		北黄巷里	无
		夏家庄子	无
		贾家庄子	无
		韩家庄子	无
		兑旧沟	无

（续表）

书名	区域/章节	村 名	备注/现地名
《（乾隆）蔚州志补》	南路自张家庄至大宁村广昌县界共一百一十一个村庄	聂门子	无
		朋铺里	无
		罔圈里	无
		郝家沟	无
		井儿沟	无
		辛道坡并黑龙里	无
		南圪里	无
		皂篱宬	无
		岳家山	无
		五沟里	无
		平台里	无
		水泉儿	无
		北水峪	无
		上下寺儿	无
	西路自侯家庄子至暖泉山西广灵县界共四十五个村庄	侯家庄子	无
		牛角堡	无
		郭家堡	无
		张家堡	无
		李家碾	无
		西刘家庄南堡	无
		西刘家庄北堡	无
		幸庄儿并瓦盆窑	无
	北路自陈家涧至五岔村西宁县界共七十五个村庄	杜岳山	无
		冉家嘴	无
		康家庄儿	无
		小北关外	无
		许家窑子	无
		青上坡	无
		黄家庄	无
《（乾隆）蔚县志》	存仁里	东崖头	现属山西广灵县（东崖头）
		黄家庄	无
		西崖头	现属山西广灵县（西崖头）

书名	区域/章节	村 名	备注/现地名
《（乾隆）蔚县志》	存仁里	夜场堡	无
		姚疃堡	现属山西广灵县（东西姚疃）
		马家庄	无
		东宜兴	现属山西广灵县（东宜兴）
		西宜兴	现属山西广灵县（宜兴庄）
	尚义里	赵家沟	无
		南康店	无
		永安庄	无
	崇礼里	东加斗	现属山西广灵县（东加斗）
		北宁远店	无
	永智里	大云庄	无
		翟家疃	现属山西广灵县（翟疃）
		蕙花村	无
		集兴疃	现属山西广灵县（集兴疃）
		榆林堡	现属山西广灵县（榆林堡）
		作疃堡	现属山西广灵县（作疃）
		尚家疃	无
	咸孝里	大师庄	无
		三关河	无
	□弟里	梁家庄	无
		西辛店	无
		杜家小庄	无
		韩家窑子	无
		北小关	无
		负家窑子	无
		尹家庄子	无
		榆林关	现属河北阳原县（榆林关）
		王家窑	现属河北阳原县（东王家窑）
	怀忠里	武家庄子	无
		任家庄卧羊台	无
		东辛庄儿	无
		貂蝉堡	现属河北逐鹿县（上刁蝉）

书名	区域/章节	村 名	备注/现地名
《（乾隆）蔚县志》	敦信里	马家庄子	无
		许家寨	无
		冯家堡	无
		马家营	无
	附山岗	王澜山	无
		五沟里	无
		平台里	无
		皂里宬	无
		贾家庄子	无
		大段地	无
		思家庄子	无
		夏家庄子	无
		牛儿沟	无
		半山水	无
		张家庄子	无
		灰串儿	无
		聂门子	无
		孟津岭	无
《（顺治）蔚州志》	方舆志·州堡	永镇堡	无
		安宁寨堡	无
		西刘家庄堡	无
		悬空寨堡	无
		樊家庄堡	无
		里堡子堡	无
		方域堡	无
		梨园庄堡	无
		水头堡	无
	方舆志·卫屯堡	野场堡	无
		东崖头堡	现属山西广灵县（东崖头）
		上宁远店堡	无
		东加斗堡	现属山西广灵县（东加斗）
		小庄堡	无
		山木庄堡	无
		尚家疃堡	无

书名	区域/章节	村　名	备注/现地名
《（顺治）云中郡志》	武备志·乡堡	故城堡	无
		悬空寨堡	无
		牌树村堡	无
		王连庄堡	无
		大宁寺堡	无
		大北庄堡	无
		水泉儿堡	无
		吉家疃堡	无
		榆林关堡	现属河北阳原县（榆林关）
		马家庄堡	无
		集兴疃堡	现属山西广灵县（集兴疃）
		姚疃堡	现属山西广灵县（东西姚疃）
		榆林堡	现属山西广灵县（榆林堡）
		宜兴莲花堡	现属山西广灵县（东宜兴）
		刑家早堡	无
		北水儿堡	无
《（崇祯）蔚州志》	州堡	故城堡	无
		悬空寨堡	无
		牌树村堡	无
		王连庄堡	无
	卫军堡	大宁寺堡	无
		辛晋庄三堡	无
		大北庄堡	无
		水泉儿堡	无
		榆林关堡	现属河北阳原县（榆林关）
		小□村堡	无
		马家庄堡	无
		集兴疃堡	现属山西广灵县（集兴疃）
		姚疃堡	现属山西广灵县（东西姚疃）
		榆林堡	现属山西广灵县（榆林堡）
		宜兴莲花堡	现属山西广灵县（东宜兴）
		刑家皂堡	无
		马家营堡	无

书名	区域/章节	村　名	备注/现地名
《（嘉靖）宣府镇志》	城堡考·蔚州卫城……本城属堡曰	赤化	无
		宜兴	现属山西广灵县（东西宜兴）
		蔚安	无
		马价	无
		小□	无
		野场	无
		榆林	现属山西广灵县（榆林堡）
		井头	现属河北阳原县（大井头）
		油涧	无
		东崖头	现属山西广灵县（东崖头）
		西崖头	现属山西广灵县（西崖头）
		寺门子	无
		榆林关	现属河北阳原县（榆林关）
		南大神店	无
		鲁家	无
		杜家	无
		晋家	无
		新庄	无
		籍箕	无
		尚家	无
		翟家	现属山西广灵县（翟疃）
		作姚疃	现属山西广灵县（作疃、东西姚疃）
		□马官	无
		达达	无
		南许家	无
		上营	无
	属寨曰	水峪	无
《（正德）大同府志》	土堡·续设	故城堡	无
		马家庄堡	无
		下营村堡	无
		辛兴堡	无
		李陵堡	无

书名	区域/章节	村　名	备注/现地名
《（正德）大同府志》	土堡·续设	红涧堡	无
		悬空山堡	无
		千里村堡	无
		坊城堡	无
		莎泉堡	现属山西广灵县（东中西莎泉）
		狼牙寨	无
		大宁古寨	无
	土堡·创修	西汉庄堡	无
		许家涧堡	无
《（正德）宣府镇志》	城堡·南路	马家庄堡	无
		姚町堡	现属山西广灵县（东西姚疃）
		宜兴堡	现属山西广灵县（东西宜兴）
		未家庄堡	无
		集兴町堡	现属山西广灵县（集兴疃）
		榆林堡	现属山西广灵县（榆林堡）
		大北庄堡	无
		水泉儿堡	无
		榆林关堡	现属河北阳原县（榆林关）
		古家庄砦	无
		张家庄堡	无
		水泉儿堡	无

今蔚县阳眷镇内部分村庄在明至民国时期属山西广灵县（静乐乡）管辖，新中国成立后划归蔚县。现将阳眷镇所属村庄历史沿革统计如下表：

村名	《（光绪）广灵县补志》	《（乾隆）广灵县志》	《（乾隆）大同府志》	《（康熙）广灵县志》	《（顺治）云中郡志》	《（正德）大同府志》
阳眷		羊圈村	羊圈村	羊圈村	羊圈里堡	羊圈堡
柳涧沟						
白草坡						
鹿骨		鹿骨村	鹿骨村	鹿骨村		
南石湖						
谷地						
东洼						
黄崖湾						
半沟						

村名	《（光绪）广灵县补志》	《（乾隆）广灵县志》	《（乾隆）大同府志》	《（康熙）广灵县志》	《（顺治）云中郡志》	《（正德）大同府志》
沟门口						
小林岩		小林岩	小林岩			
大林岩		大林岩	大林岩			
宫家庄			宫家庄			
瓦房		瓦房村	瓦坊村	瓦房村	瓦房村堡	瓦房堡
粮草涧		梁草涧	凉草涧	梁草涧		
古道渠		古道渠	古道渠	古道渠		
金泉						
大湾		大西湾	大西湾			
小湾		小西湾	小西湾			
东师家窑		师家窑	师家窑	师家窑		
西师家窑						
丰富						
大南沟		大小南沟	大南沟	大小南沟		
大红沟						
白塔	白塔	白塔村	白塔村			
郑家窑		郑家窑	郑家窑	郑家窑		
小黑疙瘩		小黑圪塔	小黑圪塔村			
西香沟		香沟庄				
泉子沟						
西洗马沟						
东洗马沟						
大台		大台庄	大台庄			
豹峪		暴峪村	东豹峪、西豹峪	暴峪村	暴峪村堡	

今蔚县阳眷镇、北水泉镇北部县界附近部分村庄在明至民国时期属阳原县（即西宁县）管辖，现将其所属村庄历史沿革统计如下表：

乡镇	村名	《（民国）阳原县志》	《（同治）西宁县新志》	《（康熙）西宁县志》
阳眷镇	西洗马沟	东西洗马沟		
	东洗马沟	东西洗马沟		
北水泉镇	旦岭子	旦岭子	旦岭儿	
	北马圈	北马圈	北马圈	北马圈
	上马圈	南马圈	南马圈	南马圈

附录四 蔚县堡寨统计表

城堡的形状与结构

乡镇	庄堡	形状	平面结构	堡门朝向	结构	堡墙长度（米）东	南	西	北	周长	角台形制（度）东南	西南	东北	西北	门匾 外侧 正题	外侧 前落款	内侧 正题	内侧 前落款
蔚州镇	纸店头堡	矩形	一字街	东门	砖券门					859								
	李堡子堡	矩形	双十字街	西门	砖券门					666								
	连驾岭堡	矩形	双十字街	南门（正） 东门（瓮）	外石券内砖券木梁架顶 砖券门	204	193	214	184	795								
	南张庄堡	矩形	双十字街	南门	砖券门	150	152	152	152	606					张家庄堡	嘉靖十九年		
	北樊庄堡	矩形	十字街	南门														
涌泉庄乡	涌泉庄堡	不规则形	一字街	东门 西门		368	338	356	347	1 409								
	东陈家涧堡	矩形	南十字北丁字街	南门	砖券门木梁架顶	209	177	218	172	776			90	90				
	西陈家涧堡	矩形	南十字北丁字街	南门	砖券门	186	188	164	143	681		90		135	陈家涧新堡	嘉靖二十五年		
	任家涧堡	矩形	南十字北丁字街	南门	砖券门	97	128	95	132	452	90		90	90			任家涧堡	嘉靖八年 万历三十年
	北方城堡	矩形	南十字北丁字街	南门	砖券门木梁架顶	190	172	193	168	723	135	135	135		北方城			
	弥勒院堡	矩形	十字街	南门	砖券门	108	112	112	109	441								
	土均庄堡	矩形	丁字街	东门														
	寇家庄堡	矩形	一字街	南门														
	黄家庄堡	矩形	十字街	南门	砖券门木梁架顶	153	145	157	156	611				90			宁远	嘉靖二十六年

表名：城堡的形状与结构

乡镇	庄堡	形状	平面结构	堡门朝向	堡门结构	堡墙长度（米）东	南	西	北	周长	角台形制（度）东南	西南	东北	西北	门匾·外侧正题	外侧前落款	内侧正题	内侧前落款
涌泉庄乡	宿鸦涧堡	矩形	一字街	南门		146	111	163	108	528				135				
	连寨杨堡	矩形		南门				188	239									
	老寨堡	矩形		南门					88									
	北杨庄堡	矩形	南十字街北丁字街	东门		198	192	200	165	755			135					
	上陕庄堡	矩形	双十字街	南门	砖券门	214	225	221	226	886	90	90	90		上陕堡	乾隆三十八年	永平门	乾隆三十八年
	陕涧子堡	矩形	十字街	南门		93	125	98	125	441								
	西中堡	矩形	十字街	南门	砖券门	93	114	96	113	416			135		西韩庄堡			
	西北堡	不规则形	丁字街	东门／南门	外砖券内顶木梁架门										重寨门置			
	韩西庄	矩形	丁字街	南方	土坯门木梁架顶					615	135			135				
	西南堡	不规则形	一字街	南门	砖券门木梁架顶			102	23			135			西韩庄堡	嘉靖二十七年 同治四年		
	西任家堡	不规则形	一字街	东门														
	涧北堡	矩形	十字街	南门	土坯门木梁架顶	115	111	152	98	476				90				
	崔家寨堡	矩形	双十字街	南门	砖券门木梁架顶	114	201	116	184	615		135	135	135	崔家寨堡	嘉靖二十二年		
	高利寺堡	矩形	一字街	南门		97		49	92				135	135				
	陶家寨堡	矩形	南十字街北丁字街	南门	砖券门	171	170	70	205	749			135		陶家寨堡	万历四十一年		
	汤庄子堡	矩形	一字街	南门	砖券门	94	78	94	76	342	135							
	辛庄堡	矩形	丁字街	南门	砖券门	124	173	109	183	589			135		辛庄堡		永盛门	
	卜南堡	不规则形	双十字街	南门		73		37	117	523				135				
	卜北堡	不规则形	丁字街	东门	砖券门	134	270	36	222	662					卜庄北堡	道光十五年	卜家庄堡	正德十一年 嘉靖三十七年 康熙四十二年
代王城镇	代王城西堡	矩形	双十字街北丁字街	南门（正）东门（瓮）	砖券门	116	126	110	125	477								
	代王城大堡	矩形		南门	砖券门	142	144	144	153	583			135		古代			正德十一年 嘉靖三十一年 雍正十三年 光绪二十五年
	代王城东堡	矩形	一字街	南门	砖券门	135	154	169	124	582								
	代王城东庄	矩形	一字街	南门						607								

（续表）

城堡的形状与结构

乡镇	庄堡	形状	平面结构	堡门		堡墙长度（米）					角台形制（度）					匾　门			
				朝向	结构	东	南	西	北	周长	东南	西南	西北	东北	西北	外侧正题	外侧前落款	内侧正题	内侧前落款
	代王城南堡	矩形	三十字街	北门	砖券门梁架顶	94				555									
	代王城南庄	矩形	十字街	南门			115	99	124	880									
	张南堡	矩形	十字街	南门	砖券门		113	91	112	432						张家庄堡	嘉靖十九年		民国十四年
	张中堡	矩形	十字街	东门／西门	外砖券内顶木梁架门	92				408						方义		仁里	
	南门子堡	矩形	南十字北丁字街	南门／西门		55			206	608				135					
	北门子堡	矩形	丁字街	东门	砖砌门木梁架顶	111	116	114	107	448						清泉门／门子堡	光绪元年／嘉靖十五年		
	马家寨堡	矩形	一字街	南门（正）／东门（侧）	砖砌门木梁架顶	217	194	219	195	825									
	大水门头西堡	矩形	丁字街	南门	砖砌门木梁架顶	98	104	95	100	397									
	大水门头小中堡	矩形	一字街	南门				40	136										
	大水门头东堡	矩形	十字街	北门	外砖券内顶木梁架门			95	87							榆林堡永泰门	嘉靖三十四年／乾隆五十八年		
	小水门头东堡	矩形	南北中丁字街	南门	外砖券内顶木梁架门	103	87	100	86	376	135					水门头堡平安门	嘉靖十九年／嘉靖三十八年		
代王城镇	水北堡	刀把形	双十字北丁字街	南门			165	302	187	654									
	大德庄西堡	矩形	一字街	南门															
	大德庄东堡	矩形	一字街	北门	砖砌门木梁架顶	114	112	122	112	460									
	大德庄小北堡	矩形	一字街	东门	砖券门	52	37	49	37	175					90				
	赵家瞳堡	矩形	三十字街	南门															
	新家庄堡	矩形	三十字街	南门		143	143	135	144	565				135	135				
	东刘家庄堡	矩形	三十字街	东门／南门／西门	外砖券内顶木梁架门	199	212	199	206	816					135				
	君子疃堡	矩形	双十字北丁字街	南门		157	156	155	158	626				90	90				
	马家瞳堡	矩形	十字街	西门		97	89	95	91	372									
	富家堡南堡	矩形	十字街	南门／北门	砖砌门木梁架顶	129	128	124	130	511						富家堡		永远堡	正德十五年
	富家堡北堡	矩形	一字街	南门	砖砌门木梁架顶	83	85	82	85	335						振德门	嘉庆十年		
	石家庄堡	矩形	南十字北丁字街	南门	砖券门	127	178	112	173	590	135				135				

城堡的形状与结构

乡镇	庄堡	形状	平面结构	堡门朝向	堡门结构	堡墙长度（米）东	南	西	北	周长	角台形制（度）东南	西南	东北	西北	匾 外侧 正题	外侧 前落款	内侧 正题	内侧 前落款
	宋家庄堡	矩形	南十字北丁字街	南门	砖券门	159	159	156	150	624			90	135	昌明	嘉靖二十年		
	大固城堡	矩形	南十字北丁字街	东门	砖券门木梁架顶	394	212	382	155	1143			90		故城永安堡	嘉靖十二年	东望休昌	崇祯十年
				西门	砖券门木梁架顶									90				
	大固城西堡	矩形	丁字街	东门		129	144	129	137	539		135						
	大固城北堡	矩形		西门		100			100									
	西大云疃堡	矩形	双十字街	西门	石券门	118	130	119	129	496			90		平安堡永远门	嘉靖二十八年		
	上苏庄堡	不规则形	一字街	北门	砖券门	154	349	51	336	890	90				永安上苏庄堡	嘉靖二十二年		
	郑家庄堡	矩形	十字街	西门	砖券门	169	94	160	97	520					郑家庄	乾隆五十九年	平安门	
	高院墙堡	不规则形	一字街	南门	砖券门	294	171	277	206	948	135	135/90	135		高院墙			
				东门	砖券门													
宋家庄镇	王良庄堡	矩形	十字街	南门（正）	外砖券内顶木梁架顶	223	226	224	228	901				90	王良庄	民国十六年	休景门	民国十三年
				东门（瓮）														
	石荒堡	矩形	一字街	南门	砖砌门木梁架顶	91			39	130								
	邀窑堡	矩形	一字街	南门	砖券门	89	74	90	73	326			90		永镇平安邢家堡	嘉靖十七年		
	富胜堡	矩形	十字街	西门	砖券门木梁架顶	120	120	123	122	485	135		135		南方城			
	南方城堡	矩形	双十字街	北门	外砖券内顶木梁架顶	87	83	96	81	347					南方城			
	小连北堡	矩形		东门		119			109	228								
	小连南堡	矩形		东门			24		67									
	崔家堡	不规则形	一字街	北门	石券门	178	200	250	153	781								
	崔家庄小南堡	矩形	一字街	南门	砖券门	63	56	64	56	239								
	吕家庄北堡	矩形	十字街	南门	外砖券内顶木梁架顶	117	98	120	99	434	135		135		吕家庄堡	嘉靖二十五年	休景门	
	吕家庄南堡	矩形	双十字街	北门	外砖券内顶木梁架顶	124	212	90	164	590				90	吕家庄		南堡	
	邢家庄西堡	矩形	十字街	东门	砖券门木梁架顶	155	89	154	79	477		135	135		镇房邢家堡	嘉靖二十六年		
	邢家庄东堡	矩形	一字街	西门	砖券门木梁架顶	105	103	106	102	416		135	135	135				
	南双涧堡	矩形	一字街	东门	砖砌门木梁架顶	81	102	80	99	362		90	90	90				
	黑堡子堡	矩形	一字街	南门（正） 东门（瓮）		187	172	192	180	731	90	135	135	135				

（续表）

乡镇	庄堡	形状	平面结构	堡门朝向	堡门结构	东	南	西	北	周长	东南	西南	东北	西北	外侧正题	外侧前落款	内侧正题	内侧前落款
宋家庄镇	西柳林北堡	矩形	一字街	南门		116	126	121	119	482								
	西柳林南堡	矩形	三十字街	东门	砖券门	145	108	141	108	502					西柳林迎阳堡	嘉靖二十年		
	大探口堡	矩形	三十字街	东门／西门	砖券门／砖券门	160	168	176	151	655					永镇平安大炭口堡	雍正十年		
	小探口堡	矩形	丁字街	东门	石券门木梁架顶	141	63	132	42	378					小探口堡	雍正十年		正德十四年
	北口南小堡	矩形	十字街	西门				65	57	240		90		135				
	黑石岭堡	矩形	丁字街	东门／南门		41		54	106	201				135				
暖泉镇	西古堡	矩形	十字街	南门（正）／东门（瓮）／北门（正）／东门（瓮）	砖券门	240	243	236	243	962					永盛门西古堡	康熙十九年		
	中小堡	矩形	一字街	南门／北门	砖券门	155	83	171	101	510								
	北官堡	凸字形	南十字北丁字街	南门／西门	砖券门	242	270	306	275	1093			90					
	辛庄庄堡（东中堡）	矩形	丁字街	东门				283	175						东中堡	光绪十一年	永安门	
	辛字堡	刀形	一字街	东门		105	289	147	242	783			135					
	千字堡	矩形	丁字街	南门		99	101	121	63	285	90		135		千字村	道光二十七年	千字村堡石碑	
	趄坡堡	矩形		南门														
	西下官庄堡	矩形		南门														
	东下官庄堡	矩形	一字街	南门		105	127	114	124	470								
杨庄寨乡	杨庄寨	矩形	一字街	东门			40	386	103	346				90				
	下瓦窑堡	矩形		南门		69	105	69	49	221				90				
	下瓦窑南山小堡	矩形		南门		64	40	68	97		90							
	上瓦窑堡	矩形		东南门		43	107	34		281	90	90						
	沙涧堡	矩形	丁字街	东门／西门	砖券门木梁架顶	201	205	233	190	829	135	135		135	沙涧堡	嘉庆五年／嘉庆二十一年		

城堡的形状与结构

乡镇	庄堡	形状	平面结构	堡门		堡墙长度（米）					角台形制（度）				匾（门）			
				朝向	结构	东	南	西	北	周长	东南	西南	东北	西北	外侧正题	外侧前落款	内侧正题	内侧前落款
	胡家庄堡	矩形	丁字街	南门	砖券门木梁架顶	84	110	107	149	450					胡家庄堡			
	东坡寨堡	矩形	一字街	东门	砖券门	150	140	150	140	580	135			135				
	西坡寨堡	矩形	一字街	南门	砖券门木梁架顶	157	161	160	145	623		90	90	90				
	席家寨庄	矩形	丁字街	南西北														
	小辛留堡	矩形	十字街	南门	砖券门木梁架顶	111	107	110	106	434	135							
	白草窑堡	矩形	十字街	南门	砖券门	109	200	95	209	613		135			白草窑堡□平安	嘉靖十六年		
	北王家梁堡	矩形	十字街	南门	砖券门	155	85	148	90	478		135						
	高家洼堡	矩形	一字街	北门	外石券内顶木梁架门	102	109	93	101	405	90							
	辛庄子堡	矩形	一字街	东门		30												
	南德胜庄堡	矩形	一字街	东门					177	1356				135				
	嘴子（老后寨）堡	矩形		西门				176										
杨庄窠乡	寨里堡	矩形	一字街	南门				110	37									
	北深头堡	矩形	一字街	东门					85									
	北深涧堡	矩形	一字街	西门		170	192	135	155	652		135		135				
	东深涧堡	矩形	南十字北丁字街	南门	土坯门木梁架顶	136	161	143	157	597								
	南深涧堡	矩形		西门									90					
	北双涧堡	矩形	一字街	南门														
	西上平堡	矩形	一字街	西门		68	80	69	79	296		135		135				
	东上平堡	不规则形	一字街	东门		83	56	103	83	325		135	135					
	李家堡	矩形	一字街	东门		77	68	83	67	295	135		135					
	古家疃堡	矩形		南门/北门		153							90					
	北梁庄堡	不规则形	一字街	南门		46	179	87	148	460								
	下平油堡	不规则形	丁字街	东门		223	76	199	114	612			90					
	北杨小庄堡	矩形	丁字街	南门	砖券门	87	149	86	149	471		90		135				
南岭庄乡	南岭庄堡	矩形	双十字街	南门	砖券门	190	158	190	154	692		90		90	李邻庄			
	南岭庄南堡	不规则	一字街	南门/北门		141		371	190	702		90						
	北岭庄堡	不规则	一字街	东门	砖券门	131	454	155	464	1204		90			北李邻庄		永安门	

附录四　蔚县堡寨统计表

乡镇	庄堡	形状	平面结构	堡门朝向	堡门结构	东	南	西	北	周长	东南	西南	东北	西北	外侧正题	外侧前落款	内侧正题	内侧前落款
	新胜庄大堡	矩形	十字街	东门		142	163	153	166	624								
	新胜庄前堡	矩形	一字街	西门		72	80	71	84	307								
	东双塔堡	矩形	一字街	南门	土坯门木梁架顶	224	217	200	229	870								
	西双塔堡	矩形	一字街	东门／西门	土坯门木梁架顶	106	106	99	105	416								
	西双塔庄	不规则		南门	土坯门木梁架顶					975								
	中蔡庄堡	矩形	丁字街	南门		107	104	111	106	428								
	中蔡庄庄	不规则	双东西、南北街	东门2／西门	外砖券内顶木梁架门					1322								
	西蔡庄堡	矩形	丁字街	南门	石券门	121	109	114	113	457								
	芦子涧堡	矩形	一字街	东门／西门	石券门	238			199	437								
	赵家窑堡	矩形	丁字街	南门	外土券内顶木梁架门	81	147	71	135	434								
	西方城堡	矩形	丁字街	南门		101	120	99	115	435								
南岭庄乡	西方城西小堡	矩形				85	63	85	65	298		90		90				
	东方城堡	矩形	丁字街	南门		80	100	80	95	355								
	甘庄子堡	矩形	一字街	南门	砖砌门木梁架顶	133	130	133	130	526				135				
	甘庄子废堡	矩形		东门		62	80	64	82	288			135					
	添河涧堡	矩形	十字街	南门	砖券门木梁架顶	119	131	122	133	505					名涧堡			
	添河涧废堡	矩形		南门		89	90	92	84	355								
	吴家浅堡	矩形	丁字街	南门	外石券内顶木梁架门	172	185	154	203	714		90				康熙四十一年		
	苟家浅堡	矩形	丁字街	南门		108	150	106	139	503		135	135	135				
	李家浅堡	矩形	一字街	东门	砖砌门顶木梁架顶	111	90	106	84	391		135	90					
	小贯头村	矩形	丁字街	南门	砖券门	126	121	141	146	534			90		小贯头村	雍正五年		
	北石化庄	矩形	十字街	东门						453								
	北石化庄	矩形	南十字北丁字街	东门／西门						428								
	中石化堡	矩形	一字街	南门	砖券门木梁架顶	135	130	133	132	530				135	中石化堡	光绪十四年		
	南石化堡	矩形	丁字街	南门	土坯门木梁架顶	87	140	91	128	446								

城堡的形状与结构

乡镇	庄堡	形状	平面结构	堡门 朝向	堡门 结构	堡墙长度(米) 东	南	西	北	周长	角台形制(度) 东南	西南	东北	西北	门匾 外侧 正题	外侧 前落款	正题	内侧 前落款
西合营镇	西合营上堡	凸字形	一字街	南门		196	224	201	118	739								
	北留庄堡	矩形	双十字街	北门	砖券门	193	169	197	157	716					镇朔门			
				南门	砖券门										北留庄			
	赵家湾堡	不规则形	一字街	南门														
				西门														
				北门														
	莲花池堡	矩形	一字街	南门		64		76	113	253		135		135				
	上利台堡	不规则形		东门		42	167	70	185	464	135	135		135				
				南门														
	北洗冀堡	矩形		南门	砖券门					792								
	穆家庄上堡	不规则形	南十字北丁字街	东门	砖券门	180	284	179	299	942					穆家庄	嘉庆二十年	大兴门	
				南门														
	东辛店堡			东门														
				西门														
	广德堡	矩形		东门														
				西门														
	宋家小庄北堡	不规则形		东门	外石券内砖券木梁架顶	170	30	167	89	456	90	135	135					
	司家洼堡	矩形	十字街	南门	外石券内顶木梁架门	117	110	114	113	454	135	135	135	135	司家堡	嘉靖二十五年		
	西辛庄堡	矩形	南十字北丁字街	南门	外砖券内顶木梁架门	160	178	156	177	671			90		永昌			
	东辛庄堡	矩形	南十字北丁字街	南门				67	126	569								
	柳子疃堡	矩形	南十字北丁字街	东门		157	107	164	114	542								
	祁家皂东堡	矩形	一字街	西门					348				90					
				南门														
	祁家皂西堡		一字街	东门														
				西门														
	海子洼堡	矩形	三十字街	南门	砖券门	178	250	170	247	845								
	古寺营堡	矩形	十字街	南门		160	172	194	200	726			90		凤鸣村	道光二十二年		
	陈家湾堡	矩形		东门						558								
	羊圈堡	矩形	一字街	南门		124	220	228	114	686	90	90	90	90				

城堡的形状与结构

乡镇	庄堡	形状	平面结构	堡门朝向	堡门结构	东	南	西	北	周长	东南	西南	东北	西北	门匾外侧正题	门匾外侧前落款	门匾内侧正题	门匾内侧前落款
西合营镇	西大坪堡	矩形	一字街	东门		74	104	74	98	350								
	北大坪堡	矩形	丁字街	南门		138	204	158	198	698				135				
	任家庄小堡	矩形		东门		68	69	70	70	277			90					
	任家庄大堡	矩形		南门		188	305	188	306	987				135				
	小枣堡	不规则形		南门						512	90		90					
	横涧东堡	矩形	丁字街	东门	砖券门	373	240	360	197	1170	90	90			□□堡涌泉门	嘉□□		
	横涧东堡内堡	矩形	十字街	南门	砖券门木梁架顶	94	106	93	101	394		90			文明门			
	横涧后堡	矩形	一字街	北门	石券门	54	110	55	106	325	90							
	横涧西堡	刀型	十字街	西门	砖砌门木梁架顶	68	187	104	144	503		90						
	夏源西堡	矩形	双十字街北丁字街	南门		164	165	165	119	568								
	夏源南堡	梯形	一字街	东门		84	112	109	65	370		90						
	夏源东堡	矩形	一字街	东门 / 西门		206	97	191	120	614								
	夏源东辛堡	矩形	一字街	东门						537								
	夏源西辛堡	矩形	一字街	南门						481								
	三岔堡	矩形	南十字街,北丁字街	东门		119	126	124	127	496			90	90				
	苗家寨北堡	不规则形	一字街	东门	土坯门木梁架顶					326								
	苗家寨南堡	矩形	双一字街	东门	土坯门木梁架顶	133	108	131	100	472	135							
	西合堡	矩形	三十字街北丁字街	南门					131	600								
南杨庄乡	南杨场北堡	矩形	一字街	南门 / 北门						970					杨家庄			
	南杨庄北堡	矩形	一字街	南门	砖券门					833							平安堡永远门	嘉靖二十年 同治五年
	高店堡	矩形	双十字街	南门	砖券门	126	126	126	124	502					高店堡	嘉靖二十二年 乾隆三十一年		
	西北江堡	矩形	一字街	南门	砖券门	148	159	108	207	622					北江堡	康熙五十四年		
	东北江江南堡	矩形	丁字街	南门	砖砌门木梁架顶	64	148	68	152	432								
	东北江北堡	矩形	一字街	南门	砖券门木梁架顶	152	123	180	96	551								

城堡的形状与结构

乡镇	庄堡	形状	平面结构	堡门朝向	堡门结构	堡墙长度（米）东	南	西	北	周长	角台形制（度）东南	西南	东北	西北	门匾 外侧 正题	外侧 前落款	内侧 正题	内侧 前落款
	东大云疃徐家堡	矩形	一字街	北门（正） 东门（龛）	石券门	148	96	147	91	482				135	天下太平大云堡永康门	嘉靖二十八年		
	东大云疃东堡	矩形	一字街	北门（正） 西门（龛）	外砖券内顶木梁架门 外石券内顶木梁架门	160	169	126	165	620	135				大云堡永安门	嘉靖十七年		
	东大云疃南庄			东门	土坯门木梁架顶													
	东大云疃北庄			东门	土坯门木梁架顶										吉星庄	民国二十五年		
南杨庄乡	北柳河口堡	矩形	一字街	南门	砖卵门木梁架顶				70	386					柳河口			
	牛大人庄堡			北门	砖券门										牛大人庄			
	麦子疃西堡	矩形	南十字北丁字街	东门 西门		215	200	209	202	826							安定门	
	麦子疃东堡	矩形	南十字北丁字街	西门	砖砌门木梁架顶	140	97	140	114	491					麦子疃堡平安门	嘉靖三十一年		
	九宫口南堡	矩形	一字街	南门	砖券门	75	53	77	50	255								
	九宫口北堡	矩形	南十字北丁字街	南门（正） 东门（龛）	石券门	137	138	141	135	551								
	九辛庄堡	矩形	一字街	南门	石券门	97	94	92	94	377								
下宫村乡	下宫堡	矩形	丁字街	西门 南门 东门	砖券门 砖券门 石券门	159	187	153	182	681			135					
	上宫村中堡	矩形	双一字街	东门 南门	砖券门木梁架顶 石券门	163	202	166	202	733		90		90	远定门 永安门	乾隆五十九年 乾隆十九年	宫村蔡家堡	嘉靖十六年
	上宫村南堡	矩形	十字街	南门 北门	外石券内顶木梁架门	149	141	153	145	588	135		135		上宫村堡	嘉靖八年		
	上宫村北堡	矩形	丁字街	北门						697			90	90				
	留家庄南堡	矩形	丁字街	南门						828								
	留家庄北堡	矩形	一字街															
	孟家庄堡	矩形	丁字街	东门		99	98	99	96	392								
	王家小庄堡	矩形	丁字街	西门		95	96	94	93	378								
	周家庄南堡	矩形	一字街	东门		94	90	95	91	370		90		90	周家庄		安居街	民国十一年
	周家庄北堡	矩形	南十字北丁字街	东门	外砖券内顶木梁架门	113	139	121	142	515		90	90					

城堡的形状与结构

乡镇	堡寨	形状	平面结构	堡门朝向	堡门结构	堡墙长度(米)东	南	西	北	周长	角合形制(度)东南	西南	东北	西北	匾额门外侧正题	外侧前落款	内侧正题	内侧前落款
下官村乡	富家庄堡	矩形	一字街	南门	砖券门	134	188	132	186	640				135				
	狮子峪绫罗堡	矩形	双南北街三东西街	东门/南门	外砖券内顶木梁架门	145	134	159	154	592	90			90				
	北绫罗堡	矩形	十字街	东门	砖券门顶架	151	148	150	150	599				135	永安堡	咸丰十年	勇安堡	
	李家绫罗堡	矩形	三丁字街	南门	砖券顶	105	128	97	121	451					龙潭堡	嘉靖二十六年	永泰门	
	南绫罗堡	矩形	一字街	东门	砖券门	110	115	113	115	453			135					
	浮图村北堡	矩形	丁字街	东门/西门	砖券门	143	119	225	109	596				90	明庆门/浮图村告庆门	嘉靖二十六年		
	浮图村南堡	矩形	十字街	东门/西门	砖券门	160	122	124	119	525					黄寅门/丽景门			
	南马庄堡	矩形	一字街	西门	石券门	78	96	79	94	347	90			90	南马庄堡宝成门	万历四年		
	南马庄北堡	矩形	一字街	东门	砖券门木梁架顶	98	105	105	96	404					南马庄	道光二十三年		
	西杨家小庄堡	矩形		南门	砖券门	90	93		61	371								
	苏官堡	矩形	双十字街	北门	砖券门	146	154	137	150	587				90				
	苏贾堡	矩形	双十字街北丁字街	南门	砖券门	119	284	284	251	815					太平堡永盛门	康熙二十四年		
	苏田堡	矩形	一字街	东门	外砖券内顶木梁架门		17	206	84	647				90	安宁堡太平门	嘉靖二十六年		
	苏部堡	矩形	双十字街北丁字街	南门/北门	砖券门	157	192	159	193	701					神护门			
南留庄镇	南留庄堡	矩形	南十字北丁字街	东门/西门	砖券门	251	275	267	246	1 039					南留庄	嘉靖六年/嘉庆六年	定安门	
	史家堡	矩形	双十字街	南门	砖券门	133	154	141	162	590				90	和阳堡	嘉靖六年/嘉靖五年	宁远门	
	张家堡旧堡	矩形	南十字丁字街	西门/东门	砖券门木梁架顶	109	87	111	88	395			90			嘉靖元年		
	张家堡新堡	矩形		东门		156	143	159		603	135				蔚州北坞两南堡	嘉靖二十九年		
	涧瓈堡	矩形	一字街	东门	砖券门	141	128	147	125	541			90	135	涧瓈村	嘉靖廿年/光绪十年	永清素	光绪五年
	涧岔堡	矩形	一字街	北门	石券门	110	75		69	360				135	镇勇堡安定门/镇房堡平安门	嘉靖二十五年/嘉靖三十七年		

乡镇	庄堡	形状	平面结构	堡门		堡墙长度（米）					角台形制（度）				匾			
				朝向	结构	东	南	西	北	周长	东南	西南	东北	西北	外侧正题	外侧前落款	内侧正题	内侧前落款
	坍申堡	矩形	十字街	东门	砖券门	172	199	173	202	746	90	90						
				西门	砖券门木梁架顶													
	坍郭堡	矩形	双一字街	南门	砖券门木梁架顶	129	231	140	238	738					俗历堡			
				东门	石券门木梁架顶													
	东人烟寨堡	矩形	一字街	南门	砖砌门木梁架顶	70	57		72	291								
	西人烟寨堡	不规则形	一字街	北门	外砖券内顶木梁架门					413								
				南门														
南留庄镇	田家庄堡	矩形	十字街	北门	砖券门木梁架顶	132	165	137	162	596					田家庄昌盛门	嘉靖二十六年		
	曹疃东堡	矩形	南十字北丁字街	南门	砖券门	175	202	169	188	734	135			90	曹家疃堡	嘉靖十年		
	曹疃西堡	矩形	三十字北丁字街	南门	石券门	148	132	143	130	553		90	90	90				
	松树堡	矩形	十字街	南门	砖券门	179	196	192	204	771					松树村村堡	嘉靖八年 康熙二十八年		
	渭嘴堡	矩形	双十字街	南门	砖券门	133	152	136	156	577			90		渭嘴村		安定门	
	水东堡	矩形	一字街	南门	砖券门	104	111	109	118	422	135			135	水涧子东堡	乾隆五十一年	永顺门	
	水西堡	矩形	双十字街	南门	砖券门	167	146	166	146	625	90		90		水涧子中堡	嘉靖四年	昌口门	
				北门	石券门										水涧子中中堡		永和	
	西小堡	梯形	十字街	南门	石券门	63	81	54	104	302			135	135				
	单喉堡	不规则形	三十字丁字街	南门	砖券门	218	143	348	278	987	135	135	135	135	单喉村堡	嘉靖十三年	安定门	
				东门	砖券门										单喉村	康熙四十七年		
	朴杨堡	矩形	双十字街	南门	砖券门	182	190	186	194	752		135			朴杨庄			
	白洹东堡	矩形	南十字北丁字街	南门	砖券门	188	273	169	253	883	135		90		白家庄东堡	嘉靖元年 隆庆三年	平安门	道光二十二年
	白中场堡	矩形	丁字街	北门	砖券门	107	168	104	159	538	90				白家庄中堡	正德十五年 道光三年		
	白中堡中堡	矩形	十字街	南门	砖券门	123	133	119	132	507	90	90			白家庄北中堡	正德十六年 乾隆四十七年	永宁门	
	白后堡	不规则形	一字街	南门	砖砌门木梁架顶	166	216	274	286	942	135			90	永镇门	天启三年		
				东门	砖券门													
	白南堡	矩形	丁字街	南门	砖券门	111	177	119	175	582			135		正南堡	弘治十四年	聚龙	乾隆十四年
	白宁堡	矩形	一字街	东门	砖券门	72	133	71	132	408	90	135			白家庄泉堡		阜安	
	大饮马泉堡	矩形	十字街	南门	砖券门	159	183	163	189	694	135		135		饮马泉堡	嘉靖五年 乾隆十年	永宁门	
	小饮马泉堡	矩形	十字街	南门	砖券门	115	111	115	111	452	90		90		保宁	嘉靖五年	安宁	雍正拾口年

城堡的形状与结构

乡镇	庄堡	形状	平面结构	堡门 朝向	堡门 结构	堡墙长度（米） 东	南	西	北	周长	角台形制（度） 东南	西南	东北	西北	门匾 外侧 正题	外侧 前落款	内侧 正题	内侧 前落款
阳春镇	阳春西堡	矩形		南门						176							宁静堡	
	阳春南堡	矩形	三十字街	南门	砖券门				175	683					阳春村	嘉靖九年 道光六年		
	阳春北堡	矩形	双十字街	南门		125	129	122	126	502								
	瓦房堡	矩形		东门						262								
	丰富北堡	矩形	十字街	南门		139	137	122	130	528								
	丰富南堡	矩形	一字街	北门	砖券门	92	86	90	81	349								
	郑家窑堡	矩形	一字街	南门		61	79	55	68	263								
白草村乡	白草村堡	矩形	南十字街北丁字街	南门	砖券门	149	179	147	177	652	135		135	135	白草村			
	大酒务头堡	矩形	一字街	南门	砖石券门木梁架顶	222	161	220	170	773	90		90	90	蔚州大酒务头堡	弘治十四年 隆庆三年		乾隆四十五年
	小酒务头堡	矩形	双十字街	南门	石券门木梁架顶	129	126	127	125	507				135	咸周村里东酒务头	嘉靖四十年		
	姚庄堡	矩形		南门	外砖券内顶木梁架门													
	西户庄堡	矩形	十字街	南门	石券门	109	121	114	114	458		135	135	135	西庄户堡平安门	嘉靖二十六年		
	钟楼堡	矩形	十字街	东门 / 西门	外石券内顶木梁架门 / 砖石券门木梁架顶	320	269	346	158	1 093		135	90	90	朝阳 钟楼村	嘉靖十三年 民国八年	平安门	
	西细庄堡	矩形	一字街	南门						390								
陈家洼乡	西小羊圈堡	矩形	十字街	东门		94	92	95	93	374								
	五岔堡	矩形	十字街	南门	外石券内顶木梁架门	92	116	87	116	411	135		135		伍岔村堡	嘉靖二十五年		
	水峪堡	矩形	双十字街	南门		134	138	132	139	543	135		135	135				
	咸周堡	矩形	一字街	南门	砖劵门木梁架顶	123	116	129	110	478			135	135	咸周村堡	万历十九年		
	小官堡	矩形	十字街	南门	砖券门	101	86	94	81	362			135	135				
	下水头堡	矩形	十字街	南门		75	144	78	144	441								
	下元皂堡	不规则形	一字街	南门		231	315		264									
	上元皂堡	矩形	十字街	东门		163	99	160	90	512	135		135	135				
	南水头堡	矩形	一字街			74	101	76	92	343								
	北水头堡	不规则形		北门	砖券门					377								
	许家营堡	矩形	南十字街、北丁字街	东门		125	98	127	96	446			90	90	上水头			

城堡的形状与结构

乡镇	庄堡	形状	平面结构	堡门朝向	堡门结构	堡墙长度（米）东	南	西	北	周长	角台形制（度）东南	西南	东北	西北	门匾外侧正题	外侧前落款	内侧正题	内侧前落款
	北山西岭堡	矩形		东门、南门			45	83	99	227								
	南山西岭堡	矩形		南门						391								
陈家洼乡	营子堡	矩形	丁字街	南门		103	112	106	110	431								
	白马神南堡	矩形	一字街	东门		115	183	121	187	606			90	90				
	白马神中堡	矩形	双十字街	南门		240	188	211	186	825	90		90					
	东小关	矩形	一字街	东门		97	68	97	63	325								
	田家坡北堡	不规则形	丁字街	南门		64	87	38	57	246								
	田家坡小南堡	矩形	一字街	南门		97	85	95	86	363	90							
	任家堡堡	矩形	一字街	南门		88	117	88	115	408		135		135				
	王家嘴堡	矩形		南门		152	170	154	146	622	135	135						
黄梅乡	黄梅堡	圆形	丁字街	东门、西门、南门						1 480								
	常胜瞳堡	矩形	三十字街	南门	砖券门	136	152	136	159	583				135	常胜堡	正德二年		
	安定县堡	矩形	一字街	南门		116	112	107	109	444				135	定安县			
	西迁堡	矩形	一字街	南门		100	118	101	115	434			135					
	东吕家庄堡	矩形	双十字街	南门	石券门	182	174	185	182	723	135	135	90	90	吕家堡□□门			
	木井东小堡	矩形	一字街	东门		117	124	109	110	460			135	135	礼义门		元亨利贞	
	木井新寨堡	矩形	丁字街	西门	砖券门	53	57	50	55	215	135	135	135	135	永安门			
	榆涧堡	矩形	一字街	南门	砖券门顶木梁顶					213					榆涧堡			
	黑坞堡	矩形	双十字街	南门	外砖券内顶木梁架门	116	148	132	153	549				135				
	柏木瓜堡	矩形	井字形街	西门			156	156	156	630					永安门			
	赵家寨堡	不规则形	一字街	南门	砖砌门内顶木梁顶		170	170	170	720			135	135				
	下康庄西堡	矩形	丁字街	东门						345			135					
	下康庄东堡	矩形	一字街	南门	外石券内顶木梁架门					471					永安门	正德六年 道光六年		
	上康庄堡	矩形	丁字街	东门	土坯门顶木梁架顶	60	157	68	170	455			135	135				
	烟墩庄	不规则形	一字街	南门、北门						651								

城堡的形状与结构

乡镇	庄堡	形状	平面结构	堡门 朝向	堡门 结构	堡墙长度（米）东	南	西	北	周长	角台形制（度）东南	西南	东北	西北	门匾 外侧 正题	外侧 前落款	内侧 正题	内侧 前落款
吉家庄镇	吉家庄堡	不规则形	一字街	东门／西门	砖券门／砖券门	432	265	426	211	1334								
	吉家庄寨上头堡	不规则形	一字街	东门	砖券门	71	175		150	396								
	东上疃头堡	矩形	双十字街	东门						833			90					
	西太平堡	矩形	双十字街北丁字街	南门					220	481	135			135				
	东太平堡	矩形	双一字街	东门						477								
	宗家太平堡	矩形		东门														
	红桥上堡	矩形	双十字街	南门	砖券门木梁架顶	106	124	109	121	460		135	135	135	红桥上堡		文明	
	东水泉堡	矩形	一字街	南门		18		36	107	370								
	前上营东堡	不规则形	王字形	东门		162	159	199	133	653								
	后上营东堡	矩形	双南北街三东西街	西门		316	204	287	202	1009	135	135	135	135				
	后上营西堡	矩形		东门		140	174	142	175	631			135					
	织绵疃堡	矩形	一字街	南门／北门									135					
	傅家庄堡	矩形	一字街	南门	砖券门	125	133	124	128	510	135	135						
	大疃庄堡	不规则形	十字街	南门	砖券门	161	165	160	164	650	90	90	90	90	大平堡	雍正八年 雍正九年		
	石堠寨堡	矩形	双十字街北丁字街	东门	砖券门	521	322	152	327	1322	135	135	135	135	太平堡			
	小辛柳堡	矩形	一字街	南门		194	267	210	266	937	135	135	135	135／90	李家庄 仁里			
	大辛柳堡	矩形	一字街	南门		27	40	94	64				135	135				
	大张庄西堡	不规则形	一字街	东门	砖砌门木梁架顶	134	156	144	158	592	135	135						
	大张庄东小堡	矩形	双十字街北丁字街	南门								135						
	大张庄东小寨	不规则形	双十字街	东门	砖券门	312	150	432	296	1190	135	135	135	90	张家堡增盛门	嘉靖三十一年	聚积街	
	八里庄堡	矩形		南门		129	137	133	117	516								
	西贤孝堡	矩形	一字街	南门		72	50	57	63	242	135	135	135	135				
	东贤孝堡	矩形	一字街	南门	砖砌门梁架顶	154	174	152	168 169	649	135		135	135				道光五年
	下涧涧堡	矩形	一字街	南门		291	251	278	242	1062	135	135		135				
	汗油房堡	矩形		西门						382								

城堡的形状与结构

乡镇	庄堡	形状	平面结构	堡门朝向	堡门结构	堡墙长度（米）东	南	西	北	周长	角台形制（度）东南	西南	东北	西北	门匾外侧正题	外侧前落款	内侧正题	内侧前落款
桃花镇	桃花堡	梯形	丁字街（西堡）十字街（东堡）	东门2、南门、北门	砖券门	207	776	394	774	2151								
	七百户堡	矩形	双一字街	南门	土坯门木梁架顶	214	222	227	213	876								
	鹈涧洞堡	不规则形	丁字街	南门		84	657	284	604	1629			135					
	太宁寺堡	矩形	南十字街北丁字街	南门	砖券门木梁架顶	135	141	135	136	547			90	90	太宁寺堡	嘉庆二十一年		
	南董庄堡	矩形	双十字街	南门	土坯门木梁架顶	102	146	99	147	494								
	余家堡	矩形	一字街	南门		204	147		265	616	135							
	陶家堡	矩形	一字街	南门	砖碉门木梁架顶	142	129	147	127	545	135		135					
	陶家堡旧堡	矩形					52				90			90				
	小羊圈堡	矩形	三十字街	北门、东门	土坯门木梁架顶					583								
	马官营堡	不规则形	一字街	东门	土坯门木梁架顶					410								
	鲁家堡	矩形	一字街	西门														
	鲁家庄庄	矩形	一字街	南门、北门	土坯门木梁架顶													
	东辛安皂堡	矩形	十字街	西门	砖碉门木梁架顶					316								
	扯业辛庄堡	矩形	十字街	东门、西门、南门														
常宁乡	赤崖堡	矩形	丁字街	南门、东门	砖券门木梁架顶	71	76	67	71	285	90	90	90	90				
	常宁西堡		一字街	东门、西门								90						
	常宁东堡	矩形	一字街	南门														
	东宁远堡	矩形	一字街	北门	外砖石券内顶木梁架门													
	上寺堡	矩形	一字街	南门														
	范家堡	矩形	一字街	南门		179	97	175	106	557			90	90				
	庄窠堡	矩形	一字街	南门														
	西宁远店堡	矩形	一字街	南门						482								

城堡的形状与结构

乡镇	庄堡	形状	平面结构	堡门朝向	堡门结构	堡墙长度（米） 东	南	西	北	周长	角台形制（度） 东南	西南	东北	西北	门匾 外侧 正题	外侧 前落款	内侧 正题	内侧 前落款
白乐镇	白乐站堡	矩形	一字街	东门／西门	砖券门				100	804								
	白乐东堡	矩形	丁字街	南门	砖券门					496								
	白乐西堡	矩形	一字街	东门／西门	砖券门木梁架顶					413								
	白乐南堡	矩形	一字街	东门／西门	砖券门					669								
	白乐苗家堡新堡	矩形	十字街	南门						399								
	白乐户家堡	矩形	丁字街	西门	砖券门					519							永平门	
	天照疃南堡	矩形	丁字街	南门／西门	外砖券内顶木梁架门	171	167	174	133	645					天照疃			
	天照疃北堡	矩形	一字街	南门	砖券门	215	121	195	133	664		90	90		田兆疃永安堡／□□门	嘉靖十九年		道光二十一年
	北柳枝水堡	矩形	双十字街	东门／南门	砖券门													
	南柳枝水大堡	矩形	双十字街	南门	砖券门	167	222	169	218	776			135		平安门	嘉靖二十八年	仁为美	
	南柳枝水小堡	矩形		南门											永定门			
	满井堡	矩形	一字街	南门	砖券门	114	123	122	104	446								
	东樊庄大堡	矩形	一字街	东门	砖券门	114		108	115	460								
	东樊庄小堡	矩形	一字街	南门	砖券门	40	40	40	40	160								
	尹家皂堡	矩形	南十字北丁字街	南门	外石券内砖券门	141	139	130	142	552	90	90	90	90				
	统军庄堡	矩形	一字街	南门		114	151	111	149	525	90				统军庄堡			
	会子里堡	矩形	一字街	东门						320								
	东高庄堡	矩形	一字街	南门		77	46	78	51	252								
	东高庄	矩形	丁字街	南门／西门		131			131	532								
	东高庄小庄	矩形	一字街	南门						240								
	马军庄堡	矩形	十字街	南门						527			90	90				
	前堡	矩形	双十字街	南门／西门				175	175	691			90	90				

（续表）

城堡的形状与结构

| 乡镇 | 庄堡 | 形状 | 平面结构 | 堡门 | | 堡墙长度（米） | | | | | 角台形制（度） | | | | 匾 门 | | | |
| | | | | 朝向 | 结构 | 东 | 南 | 西 | 北 | 周长 | 东南 | 西南 | 东北 | 西北 | 外侧 | | 内侧 | |
															正题	前落款	正题	前落款
白乐镇	后堡	矩形	双一字街	西门		148	173	152	173	646	90			90				
	黎元下堡东堡	矩形	一字街	东门						790				90				
	黎元下堡西堡	不规则形	一字街	西门						375								
柏树乡	柏树下堡（庄）	不规则形	一字街	西门														
	柏树上堡	矩形	一字街	东门	土坯门木梁架顶	107	83	109	91	390								
	西高庄西堡	矩形	双十字北丁字街	东门 西门	石券门砖券顶	113	107	112	101	433					永安	嘉靖三十二年		
	西高庄东堡	矩形	一字街	南门	砖券门				60	274								
	王家庄东堡	矩形	十字街	东门	砖砌门木梁架顶				112	466								
	王家庄北堡	矩形	一字街	北门	砖砌门木梁架顶	102	116	106	108	432								
	庄疃堡	矩形	一字街	东门	石券门木梁架顶	91	81	91	81	344		90			永宁塞庄窠村福禄门	嘉靖二十四年		
	永宁寨东堡	矩形	十字街	东门		217	115	226	136	694								
	永宁寨西堡	矩形	一字街	东门	砖券门	115	232	122	241	710								
	南康庄堡	矩形	丁字街	南门					70	328								
	西黎元庄堡	矩形	一字街	东门	土坯门木梁架顶													
草沟堡乡	草沟堡	矩形	一字街	南门 西门	砖砌门木梁架顶	104	81	106	76	367								
北水泉镇	北水泉上堡	矩形	一字街	北门 西门 南门		113	117	96	140	480			135					
	向阳站堡	矩形	一字街	南门		50			180	450			135	135				
	铺路堡	矩形	一字街	西门			100	100										
	东舍子头堡	矩形	一字街	南门	砖券门木梁架顶	51	100		100	400				90				
	西舍子头堡	矩形	一字街	东门						428								

1740 明清以来蔚县庄堡寺庙调查与研究

（续表）

乡镇	庄堡	形状	平面结构	堡门朝向	堡门结构	东	南	西	北	周长	东南	西南	东北	西北	外侧正题	外侧前落款	内侧正题	内侧前落款
北水泉镇	杨庄北堡	矩形	双十字街	南门（外）／南门（内）	石券门	115	112	107	107	443			135		福地人九	咸丰十一年	六九都春	
	杨庄南堡	不规则形	一字街	北门／南门／西门	石券门					662					杨庄品字堡	嘉靖二十七年 光绪二十三年	重华门	道光二十七年
	罗家堡	矩形	丁字街	南门						369								
	南柏山堡	矩形	一字街	南门	外石券内顶木梁架门	90	173	101	171	535			135		柏山峁南劝门	嘉靖十五年		
	北柏山上堡	矩形	十字街	南门	砖券门	100	120	98	112	430	90	90		90				
	北柏山下堡	矩形	十字街	南门	砖券门木梁架顶					511					永宁门	乾隆四十一年		
	南井头堡	矩形	一字街	南门						325			135	135				
	夹道沟庄	矩形		南门／北门														
	细涝子堡	矩形		南门		78	78	83	83	322	135		135	135				
	日岭子堡	矩形								191								
	北马圈堡	矩形	一字街	南门	外石券内顶木梁架门	80	162	119	61	562	135				安定门	道光二十八年		
	上马圈堡	矩形	丁字街	南门		63	208	114	257	642	90		135	135				

附录五 河北蔚县明清寺庙壁画颜料的科学分析检测

张登毅 沈 彤 刘柏桐

（北京联合大学应用文理学院）

壁画作为一种古老的绘画艺术形式，描绘了一方的风俗信仰和历史文化。河北省张家口市蔚县保存着丰富的建筑壁画遗产。本文以取自蔚县2个乡镇13处明清寺庙壁画样品为研究对象，对其宏观结构（超景深显微镜）、物相结构（拉曼光谱）、颜色表征（色差）、化学成分（X荧光光谱）进行检测分析，以期对河北壁画历史研究提供有意义的科学数据，现将测试结果报告如下。

一、样品描述和分析方法

（一）取样

依据壁画的色彩差异和特点，分别在蔚县的13处寺庙进行取样，共取样53个。其中蓝色颜料样品13个、红色颜料样品12个、绿色颜料样品12个、黑色颜料样品5个、沥粉金色颜料样品4个、黄色颜料样品3个、棕色颜料样品1个、灰色颜料样品1个、粉色颜料样品1个、肉粉色颜料样品1个（附表5.1）。

附表 5.1 蔚县寺庙壁画颜色样品清单

样品背景			序号	实验室编号	颜 色
乡镇	村庄	寺庙			
宋家庄镇	大固城村	故城寺	1	YX-5	绿色
			2	YX-6	红色
			3	YX-7	黄色
			4	YX-8	黑色
			5	YX-9	蓝色

样品背景			序号	实验室编号	颜　色
乡镇	村庄	寺庙			
宋家庄镇	宋家庄村	五道庙	6	YX-10	黄色
			7	YX-11	绿色
			8	YX-12	蓝色
			9	YX-13	红色
	辛落塔村	龙神庙	10	YX-14	蓝色
			11	YX-15	绿色
			12	YX-16	红色
			13	YX-17	肉粉色
	吕家庄村南堡	真武庙	14	YX-18	红色
			15	YX-19	蓝色
			16	YX-20	绿色
			17	YX-21	沥粉金色
	邢家庄村西堡	三官庙	18	YX-22	绿色
			19	YX-23	黄色
			20	YX-24	黑色
			21	YX-25	蓝色
	王良庄村	真武庙	22	YX-26	蓝色
			23	YX-27	粉色
			24	YX-28	棕色
			25	YX-29	绿色
			26	YX-30	红色
			27	YX-31	灰色
杨庄窠乡	席家嘴村	奶奶庙	28	YX-40	绿色
			29	YX-41	红色
			30	YX-42	蓝色
			31	YX-43	沥粉金色
		龙神庙	32	YX-44	蓝色
			33	YX-45	绿色
			34	YX-46	红色
		老爷庙	35	YX-47	蓝色
			36	YX-48	红色
			37	YX-49	绿色
			38	YX-50	黑色

样品背景			序号	实验室编号	颜　色
乡镇	村庄	寺庙			
杨庄窠乡	高家洼村	真武庙	39	YX-51	蓝色
			40	YX-52	绿色
			41	YX-53	黑色
			42	YX-54	红色
	小辛留村	三官庙	43	YX-55	绿色
			44	YX-56	蓝色
			45	YX-57	红色
		龙神庙	46	YX-58	绿色
			47	YX-59	黑色
			48	YX-60	红色
			49	YX-61	蓝色
		观音殿	50	YX-62	红色
			51	YX-63	蓝色
			52	YX-64	绿色
			53	YX-65	金色

（二）分析方法

首先使用超景深三维显微镜对所取样品进行形貌观察,观察样品宏观结构;然后用色差仪对样品颜料层进行检测,以确定颜料层的色调;再次用拉曼光谱仪对样品进行物相检测,分析样品颜料层矿物质组成;接着用便携式 X 荧光光谱仪分析颜料层化学成分。

超景深显微镜观察在北京联合大学历史文博系科技考古实验室完成,仪器为基恩士（中国)有限公司生产的 VHX-2000C 型超景深显微镜,仪器是集观察、记录、测量等功能于一体的显微镜装置。

颜色检测在北京联合大学历史文博系科技考古实验室完成,仪器为深圳三恩驰科技有限公司生产的 NH310 高品质便携式电脑色差仪。照明条件为 CIE 推荐方式:8°/d;光源为 LED 蓝光激发;传感器为光电二极管阵列。测量次数为 3 次,取其平均值。

拉曼光谱检测在中国文化遗产研究院激光拉曼光谱实验室完成,使用仪器为法国 JY 公司生产的 HORIBA 型拉曼光谱仪,搭配 Olympus BX-41 显微镜,激光器波长为 638 nm,激光能量约为 12.5 mw,曝光时间 30 s,扫描次数 30,扫描范围 $100 \sim 2\,000\ cm^{-1}$。

XRF 检测在北京联合大学历史文博系科技考古实验室完成,仪器为美国赛摩费舍尔（Thermo-Fisher)公司生产的 Niton XL3t 型手持式便携 X 荧光光谱仪,分析采用土壤模式,分析时间为75 s。需要说明的是,由于仪器原因,无法检测出 P、Al 等元素。

二、检测分析结果

(一) 超景深三维显微镜观察

将样品置于显微镜下,放大50至500倍对全貌及重点部位进行观察,以观察其颜料表征、分层情况及制作痕迹等,显微镜照片见附图5.1至图5.4,分析结果见附表5.2。

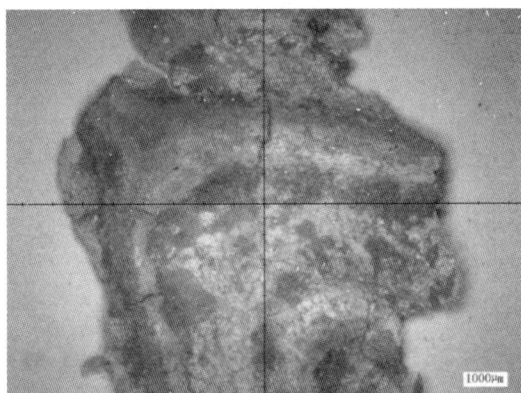

附图5.1　YX-7 显微照片 20×

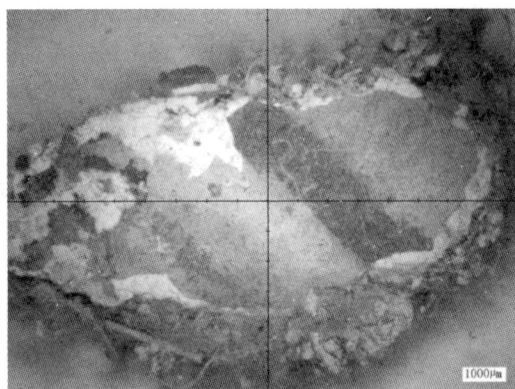

附图5.2　YX-40 显微照片 20×

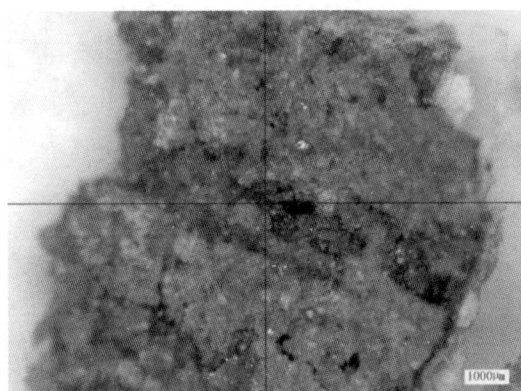

附图5.3　YX-20 显微照片 200×

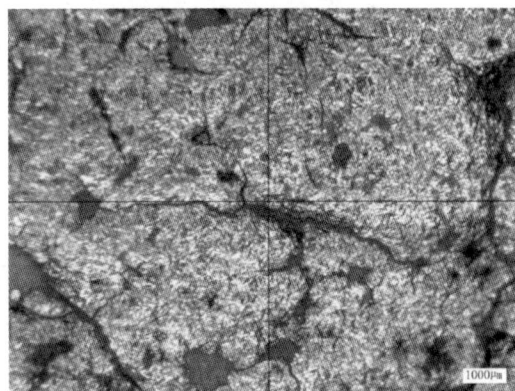

附图5.4　YX-65 显微照片 200×

附表 5.2　部分壁画颜料层显微镜观察结果

样品编号	取样地点	颜色	样品描述	显微镜观察
YX-5	大固城村故城寺	绿色	颜料层较完整,颜料脱落呈白色,有局部黑色勾勒痕迹。	颜料层表面有细小的裂痕,绿色颗粒细小,黑色勾勒痕迹宽约2 000 μm。
YX-6	大固城村故城寺	红色	颜料层有小面积脱落,红色区域中有黑色、白色、青色勾勒痕迹。	颜料层表面有细小的裂痕,黑色勾勒痕迹宽约1 300—1 450 μm,白色勾勒痕迹宽约1 400—1 500 μm,青色勾勒痕迹宽约1 300—2 600 μm。

样品编号	取样地点	颜色	样品描述	显微镜观察
YX-7	大固城村故城寺	黄色	颜料层有小面积脱落,颜料层表面有突起。	颜料层表面有细小的裂痕,颜料层脱落呈土黄色,局部呈金色。
YX-8	大固城村故城寺	黑色	颜料层完整,有大量黑色和白色勾勒痕迹。	颜料层呈棕黑色,表面有絮状物突起。
YX-9	大固城村故城寺	蓝色	颜料层有脱落,不完整。	颜料层局部呈深蓝色,脱落处呈浅蓝色和土色,蓝色颗粒粗大。
YX-10	宋家庄村五道庙	黄色	颜料层较完整,颜料脱落呈白色,有大裂痕。	颜料层表面有明显刮痕,局部呈金色。
YX-11	宋家庄村五道庙	绿色	颜料层较完整,颜料脱落呈白色,表面有裂痕。	颜料层表面夹杂白色物质。
YX-12	宋家庄村五道庙	蓝色	颜料层有脱落,不完整,脱落处呈白色。表面有裂痕。	颜料层局部呈深蓝色,表面凹凸不平并夹杂黑色物质。
YX-13	宋家庄村五道庙	红色	颜料层有脱落,脱落处呈白色,有大裂痕。	颜料层表面夹杂白色物质,局部呈黑色,红色颗粒小。
YX-14	辛落塔村龙神庙	蓝色	颜料层完整,颜色呈深蓝色。	颜料层表面夹杂白色物质,蓝色颗粒细小。
YX-15	辛落塔村龙神庙	绿色	颜料层较完整,颜料脱落呈白色,表面有裂痕。	颜料层表面夹杂白色、黑色和黄色物质,绿色颗粒细小。
YX-16	辛落塔村龙神庙	红色	颜料层较完整,颜料层有小面积脱落,有裂痕。	颜料层表面平整,红色深浅不一,有细小裂痕,红色颗粒细小。
YX-17	辛落塔村龙神庙	肉粉色	颜料层较完整,有多条裂痕。	颜料层表面平整,夹杂棕色物质。
YX-18	吕家庄村南堡真武庙	红色	颜料层较完整,颜料层有脱落,脱落处呈白色。	颜料层有细小裂痕,局部呈鲜红色,夹杂细小白色物质。
YX-19	吕家庄村南堡真武庙	蓝色	颜料层不完整,表面有断裂。	颜料层表面夹杂白色和黑色物质,蓝色颗粒细小。
YX-20	吕家庄村南堡真武庙	绿色	颜料层不完整,表面有断裂。	绿色颜料层覆盖一层蓝色颜料层,绿色颜料层表面夹杂白色物质。
YX-21	吕家庄村南堡真武庙	沥粉金色	颜料层有小面积脱落,颜料层表面有突起。	金色颜料层覆盖一层蓝色颜料层,金色颜料大面积脱落。
YX-22	邢家庄村西堡三官庙	绿色	颜料层不完整,颜料脱落较严重。	颜料层呈浅绿色,局部呈白色,表面夹杂大量白色和黄色物质。
YX-23	邢家庄村西堡三官庙	黄色	颜料层不完整,表面有断裂。	颜料层表面有疑似棕色勾勒痕迹,表面夹杂大量白色物质。
YX-24	邢家庄村西堡三官庙	黑色	颜料层不完整,有大面积脱落,脱落处呈白色。	颜料层表面有细小裂痕,黑色颜料脱落严重,局部呈深蓝色。
YX-25	邢家庄村西堡三官庙	蓝色	颜料层不完整,有大面积脱落,脱落处呈白色。	颜料层表面平整,蓝色深浅不一,蓝色颗粒细小。
YX-26	王良庄村真武庙	蓝色	颜料层较完整,表面有断裂。	颜料层表面夹杂大量白色物质,表面凹凸不平。
YX-27	王良庄村真武庙	肉粉色	颜料层较完整,有小面积脱落,表面有断裂。	颜料层表面有细小裂痕,表面夹杂大量黑色细小物质。

样品编号	取样地点	颜色	样品描述	显微镜观察
YX-28	王良庄村真武庙	棕色	颜料层较完整，表面有断裂。	颜料层表面有少量金色颜料，棕色颗粒细小。
YX-29	王良庄村真武庙	绿色	颜料层有大面积脱落，脱落处呈白色。	颜料层表面有细小裂纹，夹杂白色、黄色颗粒。
YX-30	王良庄村真武庙	红色	颜料层多处断裂，有小面积脱落。	颜料层表面平滑，表面夹杂少量白色颗粒，红色颗粒细小。
YX-31	王良庄村真武庙	灰色	颜料层不完整，表面有断裂，有小面积脱落。	颜料层表面平滑，表面夹杂少量白色颗粒。
YX-40	席家嘴村奶奶庙	绿色	颜料层脱落明显，颜色较浅，局部有黑色勾勒痕迹。	颜料层表面有细小的裂痕，绿色颗粒细小，黑色勾勒痕迹宽约 2 000 μm。
YX-41	席家嘴村奶奶庙	红色	颜料层脱落明显，部分区域颜色较浅。	颜料层表面有细小的裂痕，颜料表面杂质较多。
YX-42	席家嘴村奶奶庙	蓝色	颜料层脱落明显，部分区域白灰显露。	看到黑色勾勒痕迹，但由于颜色脱落明显及破损无法进一步观察测量。
YX-43	席家嘴村奶奶庙	金色	颜料层脱落明显，破损明显。	颜料层不完整，金色大面积脱落。
YX-44	席家嘴村龙神庙	蓝色	颜料层脱落明显，白灰显露。	颜料层局部有蓝色颜料，大面积脱落显露出白灰。
YX-45	席家嘴村龙神庙	绿色	颜料层较完整	颜料层表面有明显刮痕。
YX-46	席家嘴村龙神庙	红色	颜料层较完整，表面有裂痕。	颜料层表面杂质较多，覆盖在红色颜料上。
YX-47	席家嘴村老爷庙	蓝色	颜料层脱落明显，脱落处显露白灰，表面有裂痕。	颜料层局部深蓝色明显，大部分颜料有杂质覆盖。
YX-48	席家嘴村老爷庙	红色	颜料层有脱落，局部破碎，裂痕明显。	颜料层黑色勾勒痕迹脱落明显不可辨，表面夹杂灰色物质。
YX-49	席家嘴村老爷庙	绿色	颜料层较完整，颜色深浅分明。	颜料层黑色勾勒痕迹脱落明显不可辨，表面夹杂灰色物质。
YX-50	席家嘴村老爷庙	黑色	颜料层较完整，局部破碎有裂痕。	可明显看出黑色颜料有深浅之分，但由于颜料脱落并夹有杂质具体形状不可辨。
YX-51	高家洼村真武庙	蓝色	颜料层局部较完整，蓝色较深，局部破碎有裂痕。	颜料层表面平整，杂质较多。
YX-52	高家洼村真武庙	绿色	颜料层较完整，颜色深浅分明。	颜料层细小裂痕较多。
YX-53	高家洼村真武庙	黑色	颜料层较完整，黑色勾勒痕迹明显。	通过观察推测黑色勾勒痕迹似三角形，但由于样品破损无法完整判断。
YX-54	高家洼村真武庙	红色	颜料层较完整，红色深浅不一，表面有断裂。	黑色勾勒痕迹为两道，上浅下深。
YX-55	小辛留村三官庙	绿色	颜料层脱落明显，裂痕明显。	绿色颜料层极不完整，绿色颗粒明显可见。

样品编号	取样地点	颜色	样品描述	显微镜观察
YX-56	小辛留村三官庙	蓝色	样品为粉末状无法取出观察。	样品为粉末状无法取出观察。
YX-57	小辛留村三官庙	红色	颜料层较完整，黑色勾勒痕迹较浅。	颜料层表面有大面积灰色杂质覆盖。
YX-58	小辛留村龙神庙	绿色	颜料层较完整，表面有断裂。	颜料层黑色勾勒痕迹脱落明显不可辨，表面夹杂灰色物质。
YX-59	小辛留村龙神庙	黑色	颜料层脱落明显，黑色勾勒痕迹破损较多。	颜料层表面裂痕明显，黑色颜料脱落较多，黑色灰色混杂。
YX-60	小辛留村龙神庙	红色	颜料层脱落明显，破损明显，裂痕较多。	颜料层表面不平整，杂质较多。
YX-61	小辛留村龙神庙	蓝色	样品为粉末状无法取出观察。	样品为粉末状无法取出观察。
YX-62	小辛留村观音殿	红色	颜料层脱落明显，表面有断裂。	颜料层表面有细小裂痕，表面覆盖的杂质较多。
YX-63	小辛留村观音殿	蓝色	颜料层脱落明显，裂痕较大，黑色勾勒痕迹不可辨。	颜料层表面夹杂灰色杂质，细小裂痕较多。
YX-64	小辛留村观音殿	绿色	颜料层较完整，裂痕较大，有白色勾勒痕迹	颜料层表面有细小裂纹，较平整。
YX-65	小辛留村观音殿	金色	颜料层脱落明显，金色颜料凹凸不平。	颜料层凹凸不平，无明显杂质，较为清晰。

（二）拉曼光谱分析

用拉曼光谱仪对壁画颜料样品进行检测，以确定颜料的物相结构。由于大部分样品表面风化严重，并加上杂质较多，用拉曼光谱检测没有得出理想的数据。有 10 个样品，分别为红色颜料样品 YX-6、YX-46 和 YX-48，蓝色颜料样品 YX-12、YX-14、YX-42 和 YX-47，黄色颜料样品 YX-23，肉粉色颜料样品 YX-27，绿色颜料样品 YX-40 测出了比较准确的数据。

附图 5.5 为 YX-6 红色颜料的拉曼光谱图。由图可知，所取样品的拉曼峰位于 $251\ cm^{-1}$、$342\ cm^{-1}$ 等处，样品强峰位于 $251\ cm^{-1}$ 附近。经过与标准谱图对比，所取样品的拉曼谱图与朱砂［Vermilion］的标准谱图一致，可以确定该红色样品为朱砂。朱砂也称辰砂，主要化学成分为 HgS，是来自汞矿的天然矿物颜料。作为颜料的朱砂是通过对天然矿物进行筛选去除杂质，然后研磨、水飞等加工后制成的，朱砂的红色可经久不褪，但在特定条件下朱砂的晶体结构发生变化，成为黑辰砂（3-HgS），而黑辰砂加热后可以转变为朱砂。早期朱砂十分稀少，非常昂贵不易得到，东汉之后，随着炼丹术的兴起，人们逐渐开始运用化学方法生产朱砂，从而其使用也变得更加广泛。

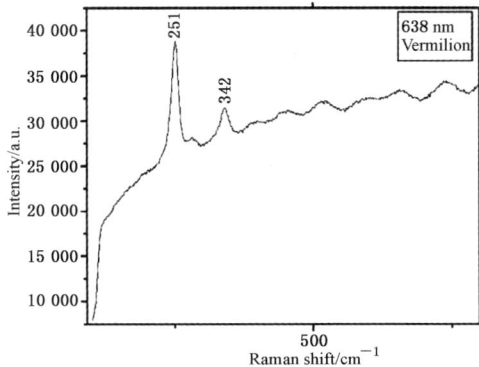

附图 5.5　YX-6 红色颜料拉曼谱图

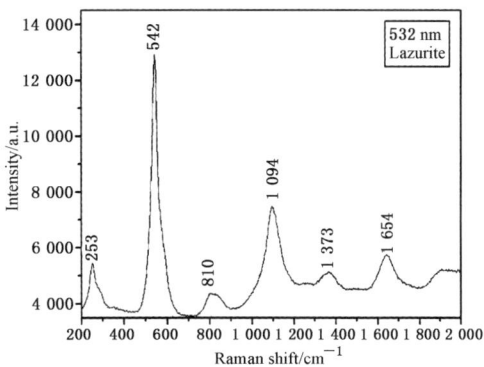

附图 5.6　YX-12 蓝色颜料拉曼谱图

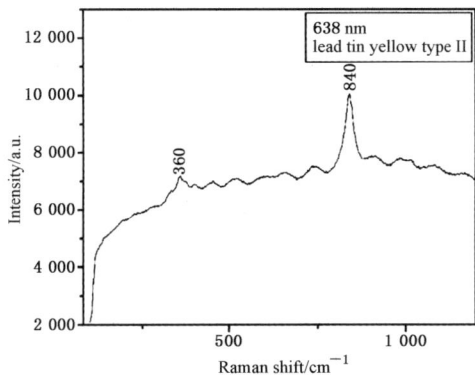

附图 5.7　YX-23 黄色颜料拉曼谱图

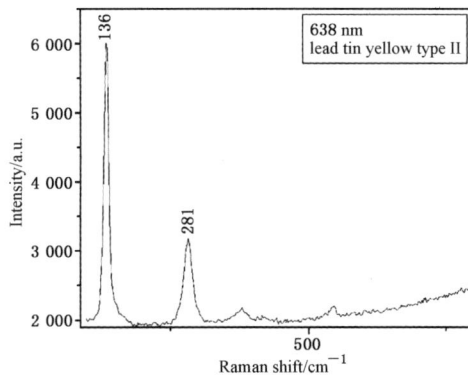

附图 5.8　YX-23 肉粉色拉曼谱图

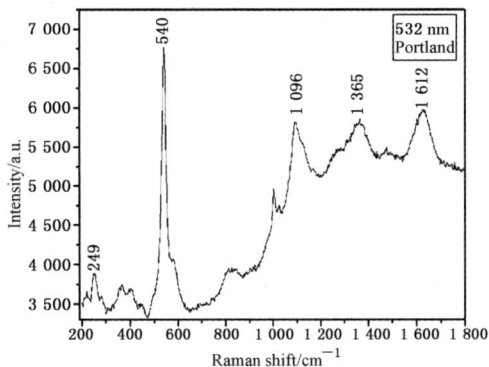

附图 5.9　YX-40 绿色颜料拉曼谱图

附图 5.6 为蓝色颜料的拉曼光谱图。由图可知,所取样品的拉曼峰位于 253 cm^{-1}、542 cm^{-1}、810 cm^{-1}、1 094 cm^{-1}、1 373 cm^{-1}、1 654 cm^{-1} 等处,样品强峰位于 542 cm^{-1} 附近。经过与标准谱图对比,所取样品的拉曼谱图与青金石［Lazurite］的标准谱图一致,可以确定蓝色样品为青金石。青金石又称天青石,是一种不透明或半透明的蓝色、蓝紫色或蓝绿色的半宝石,主要化学成分为 $(Na, Ca)_{7\sim8}(Al, Si)_{12}(O, S)_{24}[SO_4,$

$C_{12}(OH)_2$〕，是一种较为贵重的天然矿物颜料。世界上只有阿富汗、俄罗斯等少数国家出产青金石，青金石颜料是对青金石矿物进行研磨、水飞、提纯而获得的，其性能稳定，颜色鲜亮。民间俗称"鬼子蓝"。中国古代通常用青金石作为上天威严崇高的象征，在敦煌莫高窟、麦积山石窟以及甘肃永靖炳灵寺石窟等地的壁画中，都曾使用青金石作为蓝色颜料。

附图5.7为黄色颜料的拉曼光谱图。由图可知，所取样品的拉曼峰位于360 cm⁻¹、840 cm⁻¹、等处，样品强峰位于840 cm⁻¹附近。经过与标准谱图对比，所取样品的拉曼谱图与铅锡黄〔lead tin yellow typeⅡ〕的标准谱图一致，可以确定黄色样品为铅锡黄Ⅱ型。铅锡黄Ⅱ型颜料主要化学成分为$PbSn_2SiO_7$，是人工合成的颜料。

附图5.8为肉粉色颜料的拉曼光谱图。由图可知，所取样品的拉曼峰位于136 cm⁻¹、281 cm⁻¹等处，样品强峰位于136 cm⁻¹附近。经过与标准谱图对比，所取样品的拉曼谱图与铅锡黄〔lead tin yellow typeⅡ〕的标准谱图一致，可以确定肉粉色样品颜料中有铅锡黄的存在。

附图5.9为绿色颜料的拉曼光谱图。位于540 cm⁻¹处的强峰与数据库中绿松石的拉曼光谱图颇为一致，但位于249 cm⁻¹、1 096 cm⁻¹、1 365 cm⁻¹、1 612 cm⁻¹处的弱峰与绿松石仅有相似之处。原因为颜料层表面杂质较多，导致测量偏差较大，所以初步确定该绿色样品的颜料为绿松石〔Turquoise〕。

（三）色差分析

对颜料层的颜色分析是根据国际照明委员会提出的 CIE 1976L＊a＊b＊色度系统进行研究。L＊、a＊、b＊是代表物体颜色的色度值，也就是该颜色的色空间坐标，任何颜色都有唯一的坐标值。三个基本坐标分别表示为：L＊代表明暗度（L＝0 为黑色，L＝100 为白色；＋L 表示偏白，－L 表示偏暗）；a＊、b＊表示为色度（＋a＊表示红，－a＊表示绿，＋b＊表示黄、－b＊表示蓝）。用 NH310 高品质便携式电脑色差仪对壁画样品的颜色进行检测，检测结果见附表5.3。

附表5.3　部分壁画颜料颜色测试 L＊a＊b＊值

样品编号	村庄	寺庙	L＊	a＊	b＊	颜色
YX-5	大固城村	故城寺	－47.74	－7.31	10.44	绿色
YX-6	大固城村	故城寺	－3.16	0.88	0.82	红色
YX-7	大固城村	故城寺	－20.17	4.24	10.19	黄色
YX-8	大固城村	故城寺	－3.13	0.25 ？	1.12 ？	黑色
YX-9	大固城村	故城寺	－6.86	0.44	0.98 ？	蓝色
YX-10	宋家庄村	五道庙	－22.16	2.99	7.94	黄色
YX-11	宋家庄村	五道庙	－17.94	2.17 ？	4.48	绿色
YX-12	宋家庄村	五道庙	－11.38	1.46	2.57 ？	蓝色
YX-13	宋家庄村	五道庙	－28.89	7.65	8.84	红色

样品编号	村庄	寺庙	L*	a*	b*	颜色
YX-14	辛落塔村	龙神庙	/	/	/	蓝色
YX-15	辛落塔村	龙神庙	−23.18	1.93 ?	7.31	绿色
YX-16	辛落塔村	龙神庙	−10.01	2.02	2.21	红色
YX-17	辛落塔村	龙神庙	−17.64	3.8	5.9	肉粉色
YX-18	吕家庄村南堡	真武庙	−3.37	0.95	1.89	红色
YX-19	吕家庄村南堡	真武庙	−4.8	0.45	1.15 ?	蓝色
YX-20	吕家庄村南堡	真武庙	−12.75	−1.48	1.72	绿色
YX-21	吕家庄村南堡	真武庙	−30.33	3.47	8.54	沥粉金色
YX-22	邢家庄村西堡	三官庙	−24.02	−1.41	12.03	绿色
YX-23	邢家庄村西堡	三官庙	−12.7	2.63	8.15	黄色
YX-24	邢家庄村西堡	三官庙	−36.42	5.25 ?	13.97 ?	黑色
YX-25	邢家庄村西堡	三官庙	−20.06	0.36	−1.67	蓝色
YX-26	王良庄村	真武庙	−13.97	1	−0.7	蓝色
YX-27	王良庄村	真武庙	−23.32	9.73	12.15	肉粉色
YX-28	王良庄村	真武庙	−25.39	4.33	7.85	棕色
YX-29	王良庄村	真武庙	−17.94	−2.2	4.76	绿色
YX-30	王良庄村	真武庙	−32.49	21.14	9.43	红色
YX-31	王良庄村	真武庙	−33.92	1.47 ?	7.21 ?	灰色
YX-40	席家嘴村	奶奶庙	−42.61	−1.48	9.74	绿色
YX-41	席家嘴村	奶奶庙	−32.44	8.56	13.06	红色
YX-42	席家嘴村	奶奶庙	−29.96	1.34	2.02	蓝色
YX-43	席家嘴村	奶奶庙	−40.4	8.74	23.9	金色
YX-44	席家嘴村	龙神庙	−18.2	2.29	11.96	蓝色
YX-45	席家嘴村	龙神庙	−20.01	0.99	8.53	绿色
YX-46	席家嘴村	龙神庙	−29.49	8.3	12.44	红色
YX-47	席家嘴村	老爷庙	−27.73	1.59	−0.4	蓝色
YX-48	席家嘴村	老爷庙	−33.59	18.55	14.91	红色
YX-49	席家嘴村	老爷庙	−34.85	0.57	15.81	绿色
YX-50	席家嘴村	老爷庙	−36.77	0.04	6.59	黑色
YX-51	高家洼村	真武庙	−48.66	−0.87	2.58	蓝色
YX-52	高家洼村	真武庙	−36.67	−1.76	20	绿色
YX-53	高家洼村	真武庙	−42.74	3.29	10.37	黑色
YX-54	高家洼村	真武庙	−40.32	18.42	16.59	红色
YX-55	小辛留村	三官庙	−32.17	−9.89	14.54	绿色
YX-57	小辛留村	三官庙	−34.48	13.85	12.7	红色
YX-58	小辛留村	龙神庙	−36.36	−2.98	14.49	绿色
YX-59	小辛留村	龙神庙	−36.95	3.27	16.21	黑色
YX-60	小辛留村	龙神庙	−31.27	11.31	16.61	红色
YX-62	小辛留村	观音殿	−31.55	21.84	18.77	红色
YX-63	小辛留村	观音殿	−16.92	1.01	−0.68	蓝色
YX-64	小辛留村	观音殿	−27.67	−9.2	8.88	绿色
YX-65	小辛留村	观音殿	−23.02	10.29	29.63	金色

"/"代表色差仪没有检测出该 L* a* b*值，"?"代表数据存在问题。

（四）XRF 分析

XRF 分析是一种快速、无损的元素分析方法，非常适合细小样品的分析。此次分析中，对同一个样品多个点进行多次扫描，最后获得壁画颜料层表面的元素信息，见附表 5.4。

由表可知，各颜料中都大量含有 S、K、Ca、Pb、Ti。K 元素可能为颜料层表面泥土污染所致，Ca 元素为白灰层的元素。在所有样品中都分析到了极高的 S、Pb 元素，可能是在制作壁画时，大量使用含铅的颜料。铅和钛是制作壁画颜料的优质原料，但是铅的主要成分是碱式碳酸铅，与含有硫化氢的空气接触，进而生成硫化铅。

其中蓝色样品检测出大量 Ti、Ni、Co、As 元素。检测到较多的 Ni、Co、As 元素，可能为 Co 元素可以生成深蓝色，而 Co 元素往往伴生于 Ni、Zn、Pb、Mn、As 等硫化物矿床中。

三、结论

通过对河北蔚县 13 处寺庙壁画样品的分析，可得以下结论：

（一）运用超景深三维显微镜分析手段得出部分样品金色颜料覆盖在其他颜料层之上，推断壁画可能采用了沥粉贴金工艺。

（二）经拉曼光谱实验和 XRF 分析，壁画颜料大部分为矿物颜料，其中主要颜料有：红色、蓝色、黄色、肉粉色、绿色颜料。其中红色颜料为朱砂和铅丹，蓝色颜料为青金石，黄色颜料为铅锡黄 II 型，肉粉色颜料中存在铅锡黄，绿色颜料为绿松石。

（三）通过色差仪分析手段得出，宋家庄镇壁画颜料层样品的 L＊ a＊ b＊检测值的色调与视觉效果基本一致。

（四）通过便携式 X 射线荧光进行元素分析可知，在所有样品中都分析到了极高的 S、Pb 元素，推断可能是在制作壁画时大量使用含铅的颜料。铅与含有硫化氢的空气接触，进而生成了硫化铅。此外，部分样品颜料层检测出 Au 元素，佐证了壁画可能采用沥粉贴金工艺。

附表 5.4 部分壁画颜料 XRF 检测值（ppm）

样品编号	乡镇	村庄	寺庙	S	K	Ca	Sc	Ti	V	Cr	Mn	Co	Ni	Zn	As	Se	Rb	Sr	Zr
YX-1	代王城镇	南门子村	三官庙	22714.7	34571.5	47139	138.07	640.75	31.14	65.45	351.21	8162.56	1398.1	191.11	18036.3	18.29	117.73	261.43	25.73
YX-2	代王城镇	南门子村	三官庙	70198.8	6771.4	63903	140.37	1018.27	28.01	63.67	498.32	263.9	102.64	669.65	7315.68	69.88	370.26	27.67	94.92
YX-5	宋家庄镇	大固城村	故城寺	15707.7	4762.47	26647.1	120.5	790.8	57.01	183.35	420.07	761.92	231.98	195.37	619.03	12.74	121.15	177.03	96.27
YX-6	宋家庄镇	大固城村	故城寺	4955.73	5729.16	11803.6	30.19	768.05	25.74	83.68	969.74	1205.64	908.36	277.94	3385.61	102.89	113.22	289.41	101.7
YX-7	宋家庄镇	大固城村	故城寺	16535.5	16247.9	50057.6	150.27	2860.55	102.9	182.36	603.96	272.14	155.68	287.6	15900	58.69	113.92	247.41	188.23
YX-10	宋家庄镇	宋家庄村	五道庙	25833.2	14707.2	63710.4	144.29	4316.94	129.15	28.7	402.79	111.75	351.23	96.3	351.03	26.5	74.84	560.84	120.45
YX-11	宋家庄镇	宋家庄村	五道庙	18332	10282.8	35901.5	146.72	4024.6	105.79	111.88	669.15	143.15	426.25	49.7	6485.96	12.62	68.8	613.4	149.21
YX-15	宋家庄镇	辛落塔村	龙神庙	33073.4	4554.38	125905	233.6	1000.4	155.4	83.5	818.23	197.49	548.96	86.82	17011.2	10.29	62.31	1278.36	145.44
YX-16	宋家庄镇	辛落塔村	龙神庙	157639	1197.13	20064.3	85.92	255.89	23.83	20	545.93	493.61	355.49	130.39	57157.5	214.68	63.61	157.4	66.59
YX-17	宋家庄镇	辛落塔村	龙神庙	150711	3953.85	17405	71.07	806.27	25.36	17.96	132.4	292.79	78.79	54.3	11178.7	52.05	51.33	159.18	47.45
YX-21	宋家庄镇	吕家庄村南堡	真武庙	40311.3	11117.4	81540	317.39	1238.05	36.84	76.7	370.01	2563.08	888.77	332.88	19350.7	109.55	87.6	227.96	44.05
YX-22	宋家庄镇	邢家庄村西堡	三官庙	21655.9	13447.5	46420.7	124.92	2327.56	74.52	97.08	2248.1	255.47	241.93	40.46	16622.8	10.09	114.54	364.48	235.77
YX-23	宋家庄镇	邢家庄村西堡	三官庙	125271	5501.98	39054.3	115.31	881.2	121.13	2697.2	871.14	250.09	575.51	128.38	9390	42.78	121.79	668.14	172.8
YX-26	宋家庄镇	王良庄村	真武庙	7604.92	5027.26	14191.1	38.9	728.2	31.05	48.46	1114.7	452.86	493.51	107.69	416.88	12.9	137.82	307.4	430.35
YX-27	宋家庄镇	王良庄村	真武庙	74753.5	17948.5	8545.8	59.25	5315.95	129.25	67.74	206.41	342.73	182.18	89.04	7751.69	22.47	135.69	243.33	262.32
YX-36	下宫乡	南马庄村	五道庙	9755.53	17769.9	26616.2	94.63	3470.73	94.38	92.96	287.71	228.01	274.04	26.54	9159.98	8.12	100.49	235.49	238.82
YX-37	下宫乡	南马庄村	五道庙	36556.2	15171.2	21676.9	72.41	3097.42	84.68	77.49	198.57	142.53	334.59	50.11	551.32	10.57	93.01	223.12	223.11
YX-42	杨庄窠乡	席家嘴村	奶奶庙	71827.8	8906.29	62301.8	126.21	1602.88	49.42	17.66	193.85	187.64	252.74	230.87	1269.47	9.33	98.53	602.16	156.3
YX-43	杨庄窠乡	席家嘴村	奶奶庙	52408.2	4051.63	54536.2	204.21	540.66	25.79	21.05	195.84	108.85	120.53	104.83	3918.12	49.4	88.88	400.42	87.6
YX-44	杨庄窠乡	席家嘴村	龙神庙	11734.3	17667.5	54640.3	143.36	2170.51	68.29	110.41	653.7	1011.14	423.36	85.56	1516.36	5.51	128.61	903.87	156.07
YX-45	杨庄窠乡	席家嘴村	龙神庙	9990.94	9909.79	34962.1	135.13	1465.92	48.89	74.81	361.2	225.44	213.49	567.45	629.75	10.18	112.26	677.72	145.11
YX-46	杨庄窠乡	席家嘴村	龙神庙	122754	8848.23	32137	113.45	1528.17	41.34	22.67	135.41	215.44	71.2	56.08	2204.59	68.88	391.91	41.75	161.7
YX-49	杨庄窠乡	席家嘴村	老爷庙	16638.8	8573.77	32949.9	119.05	1450.62	67.62	108.95	264.02	267.25	63.51	61.81	30180.9	13.76	70.7	360.43	100.34
YX-50	杨庄窠乡	席家嘴村	老爷庙	48132.7	14989.3	92834	96.3	3425.38	126.24	43.85	273.86	122.62	284.07	59.62	1594.55	11.68	106.47	474.78	154.35
YX-53	杨庄窠乡	高家庄村	真武庙	168470	3448.02	59220.2	282.01	437.97	27.25	19.1	303.59	236.37	135.67	184.22	4373.84	15.45	86.4	510.99	139.67
YX-54	杨庄窠乡	高家庄村	真武庙	96703.1	6548.8	80724.9	128.19	1065.5	28.07	16.94	345.28		136.52	35.41	6832.94	34.59	135.13	419.94	128.48
YX-55	杨庄窠乡	小辛留村	三官庙	55908.2	6984.92	61612.8	300.87	978.65	43.65	21.86	290.1	219.35	250.57	184.87	730.28	6.1	69.82	437.31	184.77
YX-56	杨庄窠乡	小辛留村	三官庙	19079.7	3027.23	16818.7	87.12	886.41	68.21	126.82	512.96	777.92	287.25	1295.6	6443.11	28.73	156.59	227.82	14.07
YX-57	杨庄窠乡	小辛留村	三官庙	221936	1968.89	6085.36	61.72	523.67	32.72	24.46	557.13	546.93	345.19	46.53	50238.2	171.31	1935.6	60.69	62.91
YX-58	杨庄窠乡	小辛留村	龙神庙	51806	8736.97	88842.4	259.62	1177.45	42	35.27	298.01	165.18	274.36	30.35	867.02	8.17	65.04	516.05	88.56
YX-59	杨庄窠乡	小辛留村	龙神庙	13279.2	10050.9	194686	427.31	1182.02	36.16	21.99	375.21	139.17	327.34	174.26	48.85	9.26	61.27	542.55	101.97
YX-64	杨庄窠乡	小辛留村	观音殿	39950.7	9272.4	36314.6	132.84	1798.6	60.34	58.65	238.55	266.56	105.29	238.65	37166.9	49.22	207.15	390.72	48.68
YX-65	杨庄窠乡	小辛留村	观音殿	35821.2	5710.99	184898	555.69	770.7	36.35	21.36	414.13	133.18	281.97	69.18	161.99	35.01	78.87	804.79	154.61
YX-67	阳眷乡	豹峪村	观音殿	94183.3	15240.8	12412.7	91.42	1896.94	54.65	48.79	219.33	477.75	222.3	157.76	3426.4	12.86	88.38	252.12	145.17
YX-68	阳眷乡	豹峪村	观音殿	16764.5	44666.9	21612.8	104.57	1137.22	44.95	52.44	176.13	8851.96	2028.8	859.81	29782.5	16.29	208.9	207.8	10.58
YX-72	柏树乡	王家庄村	真武庙	130465	3551.97	59071.8	152.92	613.43	29.87	22.21	159.05	216.49	86.66	82.51	1278.41	84.25	489.53	29.23	150.13
YX-73	柏树乡	王家庄村	真武庙	35046.8	20086.5	78993.2	167.67	838.57	72.3	38.77	377.23	767.55	889.75	77.71	7011.38	13.84	86.47	433.59	154.91
YX-74	柏树乡	庄窠村	龙神庙	25442.3	9186.43	33226.4	158.02	2089.78	82.7	117.49	344.82	214.86	313.15	34	251.8	6.56	87.67	276.56	101.06
YX-78	柏树乡	庄窠村	龙神庙	7223.87	10759.5	94986	818.6	2008.48	58.59	45.18	352.25	109.3	371.23		337.17	8.33	91.77	389.95	127.25
YX-79	柏树乡	庄窠村	龙神庙	31135.9	30496.8	70763.7	366.52	1576.98	36.61	44.96	380.98	6319.68	470.53	167.12	3104.89	28.89	93.12	303.13	294.33

（续表）

样品编号	乡镇	村庄	寺庙	Mo	Pd	Ag	Cd	Sn	Sb	Te	Cs	Ba	W	Au	Hg	Pb	Th	U
YX-1	代王城镇	南门子村	三官庙	20.98	15.63	13.81	28.33	164.9	27.08	51.52	18.09	159.55	78.49	39.09	42.17	14 582.41	602.08	35.89
YX-2	代王城镇	南门子村	三官庙	96.97	20.61	18.3	27.09	94.2	31.89	62.21	22.93	122.5	121.74	114.6	36 225.46	27790.91	69.27	73.5
YX-5	宋家庄镇	大固城村	故城寺	8.17	17.21	15.64	22.26	62.65	28.18	52.29	19.63	106.39	273.31	23.26	185.3	2 786.7	26.62	16.48
YX-6	宋家庄镇	大固城村	故城寺	36.18	185.07	101.55	185.24	121.19	227.87	464.06	185.5	2 051.58	1 228.78	179.71	2 412.73	10 768.34	148.02	92.59
YX-7	宋家庄镇	宋家庄村	五道庙	22.07	15.31	95.22	20.04	13.71	26.64	48.3	19.48	101.7	648.03	5 280.82	1 158.78	5 574.13	31.19	31.31
YX-10	宋家庄镇	宋家庄村	五道庙	8.51	11.56	77.27	14.81	79.41	17.91	34.27	12.57	68.67	282.36	1 388.26	115.97	1 534.69	10.37	10.57
YX-11	宋家庄镇	宋家庄村	五道庙	10.56	13.77	11.62	18.52	78.74	21.96	41.62	15.35	90.84	250.67	14.25	22.02	214.53	5.93	8.07
YX-15	宋家庄镇	辛落塔村	龙神庙	12.15	14.35	11.4	18.52	92.7	22.94	42.91	16.03	770.13	334.66	27.26	19.68	656.98	9.46	10.94
YX-16	宋家庄镇	辛落塔村	龙神庙	16.97	279.64	213.71	499.41	1 258.78	788.78	1 353.85	649.61	4 103.34	429.34	367.06	192.31	375 583.41	497.55	79.64
YX-17	宋家庄镇	辛落塔村	龙神庙	6.29	30.57	30.75	45.36	190.8	31.09	59.22	21.21	115.59	85.17	59.44	51.04	46 386.67	76.91	16.56
YX-21	宋家庄镇	昌家庄村南堡	真武庙	19.96	15.87	211.07	20.06	75.1	24.38	44.94	16.8	89.5	469.66	8 026.33	474.41	8 789.5	333.18	27.85
YX-22	宋家庄镇	那家庄村西堡	三官庙	11.37	14.47	11.51	19.24	51.49	23.02	43.49	16.4	88.67	105.29	26.42	19.22	1187.11	11.85	10.53
YX-23	宋家庄镇	那家庄村西堡	三官庙	9.75	17.21	15.57	23.59	133.71	28.52	54.2	20.88	1 122.13	306.37	56.68	34.49	40 516.11	74.83	19.11
YX-26	宋家庄镇	王良庄村	真武庙	22.37	28.48	21.65	35.51	23.67	44.69	83.94	33.4	182.91	284.56	22.14	37.89	348.68	15.84	20.04
YX-27	宋家庄镇	王良庄村	真武庙	10.01	13.62	10.6	17.49	100.51	21.27	40.35	15.46	82.74	79.33	45.52	27.12	33 812.23	59.83	15.76
YX-36	下官乡	南马庄村	五道庙	12.84	12.73	10.35	16.74	63.1	19.7	38.08	14.29	76.1	138.4	17.17	13.85	138.02	8.18	8.49
YX-37	下官乡	南马庄村	五道庙	13.05	12.83	10.36	16.55	62.47	20.04	38.62	14.35	76.58	241.61	10.63	10.33	1 849.95	11.63	7.95
YX-42	杨庄窠乡	席家嘴村	奶奶庙	14.29	12.15	10.5	15.95	66.95	20.47	38.36	14.44	79.4	207.83	16.42	20.73	5 941.39	21.04	9.8
YX-43	杨庄窠乡	席家嘴村	奶奶庙	6.85	20.4	174.91	44.59	187.16	39.9	83.22	37.32	924.15	427.09	5 714.75	725.34	16 912.2	83.56	23.75
YX-44	杨庄窠乡	席家嘴村	龙神庙	18.11	13.56	11.05	17.88	45.94	20.84	41.43	15.5	89.24	260.07	11.29	21.48	636.45	82.63	10.79
YX-45	杨庄窠乡	席家嘴村	龙神庙	15.94	18.58	16.86	24.55	26.59	30.81	57.18	21.63	120.62	137.52	19.57	203.61	2 252.36	34.77	14.75
YX-46	杨庄窠乡	席家嘴村	龙神庙	98.89	20.18	25.06	31.73	161.86	29.06	55.21	19.2	737.1	85.94	96.98	39 356.93	8 668.39	35.04	66.27
YX-49	杨庄窠乡	席家嘴村	老爷庙	5.5	15.68	19.73	31.23	136.22	29.87	55.62	19.26	729.69	97.79	37.62	42.55	736.58	10.96	10.49
YX-50	杨庄窠乡	席家嘴村	老爷庙	9.92	11.92	10	15.91	88.66	18.98	36.72	13.54	75.68	209.22	14.51	14.08	5 310.13	17.92	8.87
YX-53	杨庄窠乡	席家嘴村	真武庙	11.13	13.03	11.33	18.34	110.82	21.77	42.02	15.32	85.76	93.5	26.37	16.74	15 181.72	65.72	10.6
YX-54	杨庄窠乡	高家庄村	真武庙	26.63	15.84	14.4	23.81	145.81	27.52	52.33	19.04	106.99	81.57	53.11	6 085.13	26 248.39	104.42	27.46
YX-55	杨庄窠乡	小辛留村	三官庙	15.57	13.32	18.49	19.06	122.38	23.97	44.5	15.62	259.1	164.53	12.12	49.19	2 496.82	27.8	8.55
YX-56	杨庄窠乡	小辛留村	三官庙	24.65	16.75	16.89	22.89	14.46	27.76	55.33	22.28	116.88	152.45	60.2	107.58	23 585.52	73.34	52.9
YX-57	杨庄窠乡	小辛留村	三官庙	56.28	301.34	221.58	564.15	1 362.07	934.17	1785.39	887.51	7 138.46	386.34	387.22	26 858.17	329 547.6	1 138.51	135.81
YX-58	杨庄窠乡	小辛留村	龙神庙	4.49	13.86	12.6	19.59	123.31	24.06	45.56	16.26	384.7	79.2	15.04	19.21	4 030.78	22.61	9.63
YX-59	杨庄窠乡	小辛留村	龙神庙	5.22	11.81	10.2	16.8	114	20.26	39.01	13.78	212.64	210.72	6.09	8.18	85.36	5.16	7.02
YX-64	杨庄窠乡	小辛留村	观音殿	34.97	32.55	72.31	38.34	170.03	31.83	60.2	21.64	429.49	151.02	115.35	18 662.46	26 429.47	98.77	61.74
YX-65	杨庄窠乡	小辛留村	观音殿	21.44	13.19	31.05	17.05	54.39	21.57	40.51	15.37	85.39	560.16	5 903.35	589.5	367.99	10.35	20.73
YX-67	阳眷乡	豹峪村	观音殿	7.1	12.87	11.16	17.07	111.25	20.85	39.3	14.35	77.79	160.36	22.76	15	12 101.07	67.58	9.68
YX-68	阳眷乡	豹峪村	观音殿	18.78	13.71	12.7	19.58	108.81	24.69	44.82	16.21	89.48	84.57	38.52	52.91	4 635.81	1 256.5	103.02
YX-72	柏树乡	王家庄村	真武庙	136.7	33.19	42.68	72.39	215.3	143.31	324.46	156.84	1 641.27	105.17	122.98	53 786.03	5 620.85	33.48	84.71
YX-73	柏树乡	王家庄村	真武庙	6.53	14.02	11.82	19.12	139.79	23.38	45.01	15.95	447.5	117.23	27.49	118.05	12 990.14	166.8	11.3
YX-74	柏树乡	庄窠村	龙神庙	5.22	24.88	20.32	44.05	172.49	73.59	139.79	83.57	1 049.7	124.63	11.68	19.83	637.97	33.1	10.6
YX-78	柏树乡	庄窠村	龙神庙	4.9	13.47	12.34	19.27	132.55	24.36	46.08	15.92	327.93	170.17	8.36	11.55	418.61	12.83	8.31
YX-79	柏树乡	庄窠村	龙神庙	7.43	14.01	92.7	19.06	121.95	23.05	44.97	15.87	443.58	353.97	4 685.38	386.27	2 569.74	95.4	18.69